国家级一流专业（工商管理）建设成果系列教材
普通高等院校工商管理类专业系列教材

项目评价理论与实务

主　编　董　华
副主编　边伟军

北京理工大学出版社
BEIJING INSTITUTE OF TECHNOLOGY PRESS

内 容 简 介

本书共由 10 章构成。第 1 章为概论,主要阐述项目评价的有关概念,项目评价与项目管理、项目决策、项目生命周期的关系等。第 2 章介绍了项目评价的基础理论与方法。第 3 章介绍了项目评价的基本原理以及项目评价基本指标的计算方法。第 4 章介绍了项目财务评价、国民经济评价、社会影响评价和环境影响评价的基本内容与方法。第 5~8 章分别介绍了项目的选择评价、项目的综合评价、项目过程评价以及项目后评价的有关理论与方法。鉴于与竞争性项目评价存在较大不同,在第 9 章专门介绍了公共项目的评价。为了便于读者学习,本书最后,即第 10 章中列举了不同行业的项目评价案例。

本书配有习题和视频等教学辅助资源,可作为理工科专业、经管类专业本专科学生和研究生的教材,也可作为工程技术人员、项目管理人员、政府管理部门以及投资和咨询机构的参考书。

版权专有　侵权必究

图书在版编目（CIP）数据

项目评价理论与实务 / 董华主编. --北京：北京理工大学出版社，2022.3（2022.6 重印）

ISBN 978-7-5763-1125-9

Ⅰ. ①项… Ⅱ. ①董… Ⅲ. ①项目评价 Ⅳ. ①F224.5

中国版本图书馆 CIP 数据核字（2022）第 040885 号

出版发行 / 北京理工大学出版社有限责任公司

社　　址 / 北京市海淀区中关村南大街 5 号

邮　　编 / 100081

电　　话 /（010）68914775（总编室）

　　　　　（010）82562903（教材售后服务热线）

　　　　　（010）68944723（其他图书服务热线）

网　　址 / http：//www.bitpress.com.cn

经　　销 / 全国各地新华书店

印　　刷 / 涿州市新华印刷有限公司

开　　本 / 787 毫米×1092 毫米　1/16

印　　张 / 18　　　　　　　　　　　　　　　　　责任编辑 / 孟祥雪

字　　数 / 417 千字　　　　　　　　　　　　　　文案编辑 / 孟祥雪

版　　次 / 2022 年 3 月第 1 版　2022 年 6 月第 2 次印刷　责任校对 / 周瑞红

定　　价 / 49.80 元　　　　　　　　　　　　　　责任印制 / 李志强

图书出现印装质量问题，请拨打售后服务热线，本社负责调换

前言

近年来，人类社会正在进入一个快速变化的数字经济时代，项目管理作为一种节约资源、提高效率、灵活现实而又利于创新的管理手段在世界各国获得了广泛的推广和应用。在项目管理中，项目评价对项目的成功起着关键作用，因而成为项目管理知识体系中不可或缺的组成部分。

随着项目管理的普及、社会经济的发展以及人类社会发展观的进步，项目评价的发展呈现出一些新的趋势。首先，项目管理应用领域的不断扩展使得项目评价不再仅仅局限于工程项目的评价，项目评价的对象变得更加广泛。其次，随着社会资源和竞争压力的不断增大，人们更加重视项目生命周期全过程的评价，有利于提高项目管理能力的项目过程评价，并使项目决策科学化水平的项目后评价得到了一定的发展。最后，随着可持续发展观的建立，人们更加注重项目与自然资源和生态环境的协调发展，项目的社会评价、环境评价和可持续发展评价的方法理论正快速发展起来。正是基于这样的背景，本书在编写中力求突出以下几点：一是注重项目评价活动的过程完整性。本书强调贯穿于整个项目管理过程的项目评价活动，因而除了项目前评价之外，还将项目过程评价和项目后评价纳入项目评价活动。二是注重项目评价体系的内容完整性。除了项目的财务评价和国民经济评价，本书将近几年人们日益关注的项目社会影响评价和项目环境影响评价纳入项目评价体系。三是注重项目评价方法的系统性和适用性。为了适应项目管理应用领域不断扩大的趋势，本书除了基本的项目经济评价方法，还将项目综合评价、项目比较选择评价、项目过程评价以及项目后评价方面的理论和方法以及近些年发展起来的、适用性更广的一些理论和方法纳入项目评价方法体系。

在本书的立项出版、编写和修改定稿过程中，得到了本书各位编写顾问的大力支持和无私帮助，没有这些帮助，本书难以完成。出版社的编辑们为本书提出了许多宝贵的意见，为本书的出版付出了很多心血，在此表示衷心的感谢。

本书在编写过程中参考采纳了大量国内外有关专家的著作、论文和研究成果，在此一并向原著作者表示诚挚的谢意。

项目评价的理论和方法至今仍在不断发展之中，限于编者的水平，本书难免有许多不妥之处，恳请广大同行和读者不吝批评指正，以便今后改进。

编　者

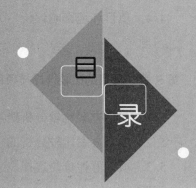

目录

第1章 概论 … 1
- 1.1 项目评价概述 … 1
- 1.2 项目评价与项目管理 … 8
- 1.3 项目评价的主要内容和基本原则 … 15
- 习题 … 22

第2章 项目评价理论与方法 … 24
- 2.1 项目评价的理论基础 … 24
- 2.2 项目评价的方法论体系 … 28
- 2.3 项目评价理论方法的发展趋势 … 44
- 习题 … 47

第3章 项目评价原理与指标 … 49
- 3.1 资金的时间价值与等值计算 … 49
- 3.2 项目经济评价的基本指标及计算方法 … 53
- 3.3 项目不确定性分析与风险评价 … 64
- 习题 … 73

第4章 项目评价内容与体系 … 76
- 4.1 项目财务评价 … 76
- 4.2 项目国民经济评价 … 86
- 4.3 项目社会影响评价 … 95

4.4 项目环境影响评价 ………………………………………………………… 103
习题 …………………………………………………………………………… 109

第 5 章 项目的比较选择与项目群评价 …………………………………… 113

5.1 项目方案比较分析概述 ……………………………………………… 113
5.2 项目方案比较分析的一般方法 ……………………………………… 115
5.3 项目群评价与选择 …………………………………………………… 122
习题 …………………………………………………………………………… 130

第 6 章 项目综合评价 ………………………………………………………… 134

6.1 项目综合评价概述 …………………………………………………… 134
6.2 项目综合评价的定性与定量方法 …………………………………… 139
6.3 项目综合评价报告的撰写 …………………………………………… 148
6.4 项目综合评价案例——尼尔基水利枢纽项目综合评价 …………… 151
习题 …………………………………………………………………………… 156

第 7 章 项目过程评价 ………………………………………………………… 159

7.1 项目过程评价概述 …………………………………………………… 159
7.2 项目过程评价的方法 ………………………………………………… 162
7.3 组织的项目管理成熟度评价 ………………………………………… 172
习题 …………………………………………………………………………… 179

第 8 章 项目后评价 …………………………………………………………… 183

8.1 项目后评价概述 ……………………………………………………… 183
8.2 项目后评价的主要内容与方法 ……………………………………… 187
8.3 项目后评价的实施与管理 …………………………………………… 195
8.4 项目后评价——某船厂 10 万吨级修船坞项目后评价报告 ……… 202
习题 …………………………………………………………………………… 208

第 9 章 公共项目评价 ………………………………………………………… 211

9.1 公共项目及其特点 …………………………………………………… 211
9.2 公共项目的经济评价 ………………………………………………… 216
9.3 公用设施项目分析 …………………………………………………… 223
9.4 公共项目的民间参与——特许权经营 ……………………………… 224

习题 …………………………………………………………………………… 229

第 10 章 项目评价案例 ………………………………………………………… 232

10.1 工业项目——某新建化工项目的评价 …………………………………… 232
10.2 农业项目——某综合治理盐碱地种植业项目财务评价 ………………… 251
10.3 交通建设项目——国道 318 线（遂蓬段）国民经济评价 ……………… 258
10.4 城市基础设施项目——泰安市排水工程项目可行性研究报告 ………… 263

附录 部分行业财务评价参数表 ……………………………………………… 270

参考文献 …………………………………………………………………………… 273

第 1 章 概 论

1.1 项目评价概述

1.1.1 项目与项目评价

1. 项目的概念、特征及分类

1) 项目的概念

美国项目管理专业资质认证委员会主席格瑞斯（Paul Grace）曾说过，在当今社会中，一切都是项目，一切也将成为项目。事实上，项目对社会、对企业、对个人的意义都是非常重要的。从不同的角度，许多组织和学者对项目下了很多种定义。

联合国工业发展组织在《工业项目评估手册》中把项目定义为对一项投资的一个提案，用来创建、扩建或发展某些工厂企业，以便在一定周期时间内增加货物的生产或社会的服务。世界银行指出，项目一般指同一性质的投资，或同一部门内一系列有关或相关的投资，或不同部门内的一系列投资。

国际项目管理协会（IPMA）认为，项目是由一组有起止时间的、相互协调的受控活动所组成的特定过程，该过程要达到符合规定要求的目标，包括时间、费用和资源等方面的约束条件。

美国项目管理协会（Project Management Institute，PMI）主张，项目是为完成某一独特的产品或服务所做的一次性努力。

英国项目管理协会（APM）提出，项目是为了在规定的时间、费用和性能参数下，满足特定目标而由一个人或组织所进行的具有规定的始终时间，相互协调的活动集合。

从项目建设角度，项目就是按照一个总体设计进行施工的基本建设工程。例如，我国建筑业对"建设项目"的定义是：在批准的总体设计范围内进行施工，经济上实行统一核算，行政上有独立组织形式，实行统一管理的建设单位。

从项目管理学角度，可把项目理解为为了完成特定的目标，在一定的资源约束下，有组织地开展一系列非重复性的活动。

视频 1：项目的概念

2）项目的特征

尽管表述的角度不同，但从这些定义可以看出，项目的内涵和特征是一致的。简单来说，项目的特征包括：

（1）一次性。

项目的一次性是指每一个项目都有一个明确的开始时间和结束时间。当项目目标已经实现、由于项目目标明显无法实现或者由于项目需求已经不复存在而终止项目时，就意味着项目结束了。一次性是项目的基本属性。

（2）目的性。

项目的目的性是指任何一个项目都是为实现特定的组织目标服务的。任何一个项目都必须根据组织目标确定出项目的目标。项目的目标贯穿于项目工作的始终，所有的项目工作都围绕这个目标进行。

（3）独特性。

项目的独特性是指每个项目都有某些方面是以前所没有做过的，或者说任何项目都有自己不同于其他事物的特性。

（4）制约性。

项目的制约性是指每个项目都在一定程度上受客观条件和资源的制约。客观条件和资源对于项目的制约涉及项目的各个方面，其中最主要的制约是包括人、财、物、时间、技术、信息等方面的资源制约。

（5）系统性。

项目的系统性是指项目不是一项孤立的活动，而是由一系列活动有机组合而形成的一个完整过程。项目是为围绕着实现目标而开展的任务的集合，它强调的是项目的系统性，也就是强调项目的过程性和整体性。

（6）其他特性。

项目除了上述特性以外还有其他一些特性，包括项目的创新性和风险性、项目过程的渐进性、项目成果的不可挽回性、项目组织的临时性和开放性等。

3）项目分类

按不同的标准，项目存在多种分类：

视频2：项目的属性与特征

（1）按项目是否具有竞争性分类。根据是否具有竞争性，项目可分为竞争性项目与公共项目。竞争性项目是指投资收益和风险比较高、市场调节比较灵敏，可由私人部门提供，竞争性较强的项目，如IT项目、制造业项目等。公共项目是指由于其产品或服务在消费上具有非竞争性和非排他性，无法通过市场机制由私人部门提供，而必须由各级政府或其他公共部门筹划、出资或运行的项目，如国防项目、水利项目、公共卫生项目等。

（2）按行业分类。根据所在的行业，项目可以分为建筑业项目、制造业项目、农业项目、医疗项目、金融项目、电子项目、纺织项目、交通项目等。

（3）按项目性质分类。根据性质，项目可分为工程项目和非工程项目两大类，具体又可分为研制项目、技改项目、引进项目、风险投资项目、产品开发项目、转包生产项目、组织活动项目等。

（4）项目综合分类。还可根据其持续时间、风险、复杂程度、技术等方面的情况对项目进行综合分类，见表1-1。

表 1-1 项目的综合分类

类别	持续时间	风险	复杂程度	技术	出问题的可能性
A 类项目	>18 个月	高	高	突破性技术	确定
B 类项目	9~18 个月	中	中	现行技术	可能
C 类项目	3~9 个月	低	低	熟练技术	一些
D 类项目	<3 个月	很低	很低	实践	无

2. 项目评价的概念

项目所具有的基本特性，使人们在项目决策和项目实施中必须对项目进行深入的分析和研究，结果使项目评价成为项目管理中最为重要和必不可少的内容之一。

一般而言，项目评价是在项目的生命周期全过程中，根据国家的政策、法规，采用合适的评价尺度，应用科学的评价理论和方法，从项目、国民经济和社会的角度出发，对拟建投资的项目的可行性、必要性、建设条件、生产条件、产品市场需求、工程技术、财务效益、经济效益和社会效益进行全面分析和论证，并就该项目是否可行提出相应职业判断的一项技术经济评价工作。项目评价的结论是投资者、贷款银行和政府部门进行投资决策的重要依据。

项目评价概念可以从广义和狭义两方面来论述。

狭义的项目评价是指在项目可行性研究的基础上，分别从宏观、中观、微观的角度，对项目进行全面的技术经济的预测、论证和评价，从而确定项目的投资经济效果和未来发展的前景。项目评价主要包括技术评价、财务评价、国民经济评价、社会评价、不确定性分析、风险评价等内容。狭义的项目评价概念实际上只是对应于项目生命周期的初始阶段——概念与论证阶段。

广义的项目评价是从项目生命周期全过程的角度来理解项目评价这一概念。它认为项目评价是在项目决策与实施活动过程中所开展的一系列分析与评价活动，包括项目决策阶段对其必要性、技术可行性、经济合理性、环境可行性和运行条件的可行性等方面进行的全面系统的分析与论证工作，目的是为项目决策提供依据；在项目实施过程中对项目实施情况和未来发展进行跟踪评价，目的是对项目实际进展进行监督和跟踪检查；在项目完成以后一段时间里对项目进行后评价，目的是检验项目前期决策和调整未来项目决策标准和政策。

本书所指的项目评价是指广义的项目评价，具有以下基本特性：

(1) 决策支持特性。

不管是项目前评价、项目后评价还是项目跟踪评价，所有的项目评价都是为项目决策提供支持和服务的，只是它们支持的项目决策阶段和内容不同而已。人们需要借助项目评价给出的分析研究结果，再加上自己的判断和选择，做出最终的项目决策。

(2) 比较分析特性。

不管是广义的评价还是狭义的评价，任何项目评价都具有比较分析的特性，因为这些论证和评价都需要对项目各种备选方案（包括不开展项目的方案）在各种可能情况下的技术经济投入和结果进行分析，并比较和找出其中相对最优的项目方案，从而对项目决策提供支持。

(3) 假设前提特性。

在项目论证和评价中，所使用的项目数据有两种：一种是项目既定实际情况的描述数据；另一种是根据项目各种假设前提条件确定的预测数据。不管是项目的前评价和后评价还是项目的跟踪评价，在评价时人们都必须对尚未确定下来的各种情况做出必要的假设，然后确定出相应的预测数据，并根据它们开展项目论证和评价。没有哪个项目的论证和评价不需要给定假设前提条件，所以项目评价具有假设前提的基本特性。

项目评价还有一些其他的特性。例如，项目评价的时效性，表现为项目评价结果必须及时使用，过期可能出现失效而不能使用；项目评价的主观与客观的集成性，表现为主观假设判断和反映客观实际情况的数据相结合；项目评价的目的性是指评价结果为项目决策和项目实施提供支持。这些项目论证和评价的特性在很大程度上影响着项目评价和论证的作用和成败。

1.1.2 项目评价的应用领域及社会意义

项目评价应用领域非常广泛，几乎涵盖了经济社会的各个方面，无论是在商业投资项目中，还是在社会公益项目中，项目评价的理论与方法都得到了很好的应用。

项目评价的根本作用是为项目决策和实施提供决策支持的依据，不管是项目前评价、项目后评价，还是项目跟踪评价都是如此。通常情况下，由于项目的独特性、一次性和风险性等特征，项目决策都需要依据项目评价作为支持，因为单纯凭借个人的判断和经验去进行项目决策容易出现错误且很难避免失误。在项目决策中，运用项目评价的方法，对项目各个备选方案和各种情况下可能出现的结果进行必要的分析与评价，这对于加强项目决策的科学性和优化项目决策结果以及提高项目实施绩效等方面都有积极和重要的作用。具体来讲，项目评价的意义主要体现在以下几个方面。

（1）提供项目决策依据和保证项目决策的科学性。

在项目决策过程中，首先必须开展项目评价，任何项目决策都离不开项目评价所给出的各种信息和数据的支持。项目决策的质量取决于项目评价工作的有无与好坏。确切地说，项目评价所给出的项目备选方案分析和比较数据以及其他各种项目评价的结果都是项目决策的前提和保障。这些不但能够为减少或避免项目决策失误提供保证，而且能够大大改善项目决策优化的结果。

（2）获得项目融资的凭证。

任何项目都需要投资和成本，在很多情况下项目投资的一定比例是融资得到的，而提供项目融资的一方多数都是以项目评价结果作为项目融资的凭证和依据的，尤其是那些采用有限追索权的项目融资方式的情况更是如此。因此，绝大多数金融机构在进行项目融资的时候都要求申请融资者提供相应的项目评价文件，并且多数要由自己的工作人员对项目做进一步的论证和评价。目前，国内外金融组织与机构都设有自己的项目评价机构，或者是由第三方项目论证和评价机构为自己提供相应的项目评价服务，甚至多数这类组织和机构都规定不经论证和评价的项目融资是不允许的。例如，现有很多商业银行都明确规定任何项目融资都必须以项目评价结果作为依据和凭证，凡是未经项目评价的项目融资申请一律不能予以贷款。

（3）提高项目管理水平的手段。

项目评价所提供的各种信息与数据都是项目业主、投资人或实施者以及供应商等开展项目管理的出发点。人们可以通过项目前评价去预见项目可能出现的情况与变化，通过项目跟踪评价去发现项目实施中的问题和变更，通过项目后评价去找出项目决策中的问题和指导以后的项目管理实践。因此，项目评价是促进项目管理和提高项目效益的基本手段和方法。特别是在项目实施过程中，通过项目跟踪评价，可以及时地发现项目设计、实施、进度、成本和资源供应等方面的问题，进而采取措施纠正偏差，以使项目能够顺利完成。

（4）开展宏观经济调控的重要手段。

根据多数国家的投资管理和社会管理部门的规定，超过一定规模的项目就需要由地方或中央政府的主管部门进行有关的项目国民经济评价、项目社会影响评价和项目环境影响评价，政府主管部门有权依据这些评价的结果做出批准和不批准项目的决定，以确保整个国民经济的正常运转和整个环境的不受破坏。实际上，多数国家的这类政府部门都在使用项目评价作为手段去合理调整和优化投资结构和产业结构，去保护社会环境和自然环境，去协调企业经济效益与国民经济效益的矛盾。

1.1.3 项目评价的发展阶段及现实背景

1. 国外项目评价的发展

作为社会科学活动，项目评价的历史可以追溯到17世纪。国外项目评价的发展大致可以划分为三个时期：

第一，产生与发展阶段（1830—1930年）。1844年，法国工程师杜皮特发表了《公共工程项目效用的度量》的论文，首先提出了消费者剩余这一概念，并用几何图形表示了它的含义。根据消费者剩余的观点，他提出了公共工程的社会效益的概念，认为公共项目的最小社会效益等于项目净产出乘以产品市场价格。这个最小社会效益与消费者剩余就构成了公共项目的评价标准。

第二，传统社会费用—效益分析方法的发展应用阶段（1930—1968年）。20世纪30年代，世界范围内的经济大萧条标志着资本主义自由放任经济体系的崩溃，一些国家政府运用新的财政政策、货币政策和公共建设工程来挽救萧条的经济。其中，在加大公共投资项目和兴办基础设施与公共工程中出现了最初的公共项目评价方法，从而产生了现代项目评价最初的原理和方法。例如，1936年美国为了有效控制洪水而大兴水利工程并颁布了《全国洪水控制法》，该法正式规定了运用成本效益分析方法评价洪水控制和水域资源开发项目。在该法中提出了这样的一些原则：只有当一个项目产生的效益（不论受益人是谁）大于其投入成本时才能被认为是可行的。此后，美国还公布了一系列的相应法规，对项目评价的原则与程序做出了最初的一些规定。英国、加拿大等国家政府也相继就项目评价给出了自己的一些规定。各学科的社会科学家也开始致力于用严格的研究方法评价社会项目，由此使得系统的项目评价活动变得越来越频繁。与此同时，传统经济学以强调寻求利润最大化动机而取得的进展也推动了以财务分析为主要手段的投资项目决策分析。

第三，项目评价系统方法的产生与应用阶段（1968年至今）。现代项目评价的系统方法形成于20世纪60年代末期，在这个时期一些西方发展经济学家致力于研究对于发展中国家投资项目的评价理论和方法。这时的项目评价从单纯财务分析转向宏观经济评价。例如，英国牛津大学的里特尔教授和米尔里斯教授于1968年合作出版了《发展中国家工业项目分析手册》一书，该书首次系统地阐述了项目评价的基本原理和方法，他们的观点被称为L-M方法。随后，在1972年联合国工业发展组织出版了由英国伦敦经济学院达斯古普塔、森和美国哈佛大学马格林3人合作撰写的《项目评价准则》，他们所提出的方法被公认为UNIDO

方法。1975年，世界银行斯夸尔与范德塔克合作出版了《项目经济分析》一书，该书所提出的观点被称为S-T-V方法。

L-M方法与UNIDO方法的主要区别在于经济评价价格的确定，L-M方法主张以国际市场价格为评价价格的基础，而UNIDO方法主张以国内市场价格为评价价格的基础。S-T-V方法的主要观点则与L-M方法较为接近。1977年，联合国工发组织与阿拉伯国家工业发展中心联合编制了《工业项目评价手册》，其观点被称为"阿拉伯方法"。这些经典性著作出版标志着项目评价的原理与方法在不断地成熟和发展并被广泛地应用。

进入20世纪80年代之后，人类社会进入知识经济和信息时代，整个社会创造精神和物质财富的手段越来越倚重于各种以项目形式出现的开发与创新活动，结果使得项目评价工作越来越受到各国政府和企业，尤其是发展中国家政府和企业的重视，从而在全世界获得了极大的应用和推广。现在，不管是项目业主还是项目承包商的各种项目决策都要进行项目的论证和评价，而且项目的贷款银行和政府的经济与环境保护部门等在做出各种项目决策的时候都要做项目评价工作，只是各自论证和评价的内容与方法有所不同而已。

2. 我国项目评价的发展

我国投资项目评价始于20世纪50年代初，我国中央政务院财政经济委员会发布了《基本建设工作程序暂行办法》，对项目管理做了"先设计、后施工"等规定，并借鉴了苏联的技术经济分析方法，起到了一定的经济效果，基本上保证了项目的顺利建设。但从20世纪50年代后期至20世纪70年代后期的近20年中，基本建设程序被否定，搞起了"边勘察、边设计、边施工、边生产"的所谓"四边"和"当年设计、当年施工、当年建成、当年投产"的所谓"四当年"，给建设工作造成了极大混乱和损失。

20世纪70年代末期，我国开始实施改革开放政策，项目论证和评价工作又重新受到国家和企业的重视。1978年国家计委、建委、财政部联合颁布了《关于加强基本建设管理工作的几项规定》等文件，规定了建设项目必须先编制计划任务书，批准以后进行勘察设计，初步设计批准以后列入年度计划的决策程序。1980年恢复我国在世界银行的地位以后，我国安排大批专业人员在世界银行的经济发展学院接受了相关的培训，这为我国与国际投资项目评价做法和惯例的全面接轨提供了很好的机会。1981年，国务院批准颁发的《技术设备进口工作暂行条例》中规定了所有技术引进和设备进口项目，都要编制项目建议书和可行性研究报告。1982年9月，国家计委颁发的《关于编制建设前期工作计划的通知》中，开始把"勘测、科研、试验和可行性研究"列为第一项前期工作，这些文件都提出了项目要进行可行性研究的要求。

1983年2月，国家计委在颁发的《关于建设项目进行可行性研究的试行管理办法》中正式把可行性研究列入基本建设程序，要求项目审批手续分为项目建议书、可行性研究报告、设计任务书、初步设计、开工报告五道手续。随后各部门又结合自身特点，制定了本部门的可行性研究编制办法。1985年年末，国务院批准对我国投资决策工作实施改革，要求今后重大项目的可行性研究报告都要由国家计委委托中国国际工程咨询公司进行评价，评价以后再由国家计委研究是否列入建设项目。

在我国开展项目评价并取得一定经验的基础上，国家计委于1987年9月颁布了《关于建设项目经济评价工作的暂行规定》《建设项目经济评价方法和参数》。1993年4月国家计委根据投资环境变化和改革的深化又重新颁布了我国建设项目经济评价方法与参数。2006年

7月，国家发展改革委员会和建设部联合发布了修改后的《关于建设项目经济评价工作的若干规定》《建设项目经济评价方法》和《建设项目经济评价参数》①，并于8月出版了《建设项目经济评价方法与参数》（第三版）。这些都为我国投资项目评价在中国实际操作和应用提供了方法论依据。随着国家体制改革的深化、社会主义市场经济的发展，项目投资纳入市场经济的轨道，项目评价也越来越被重视，并成为决策者的自觉行为。

1.1.4 项目评价与相关学科

项目评价几乎涉及社会科学和自然科学的各个领域，经济学、技术经济学、管理学、企业管理学、心理学、社会学、政治学、人类学，生态科学、人口科学、环境科学、工程技术、医学、教育学等。

项目评价与其他相关学科的关系是确定项目评价独立学科地位的一个关键要素。由于项目评价研究范围的不断扩大，项目评价分析的理论基础和涉及学科也在不断扩充。按照项目评价研究对象的基本属性及实现目标的范围，其经济学的理论基础很大一部分分别来自微观经济学（如各种财务评价指标，各种企业、行业的经济活动分析原理）和宏观经济学（如各种社会经济评价指标、国民经济分析原理），其技术科学的理论基础分别来自科学学、科学哲学、工程技术学等，其管理科学的理论基础分别来自管理学原理、企业管理学等。此外，还容纳、汲取了其他学科领域的一些基本理论（如环境科学、生态科学、人口科学、社会学等）。

项目评价与经济学理论和方法的关系是一种在学科层次上自然的延拓、发展和交叉的关系。事实上，项目评价与传统的经典的经济学理论的主要区别在于，后者主要是描述性的（即它是试图描述经济如何运行的一门科学，而不涉及应该怎样运行的问题），项目评价则主要是规范性研究，即它是在尝试建立一系列规则和方法以实现特定的经济目标。例如，对可行性研究和项目评价这样的问题，传统的经济学所关注的是与项目投入产出有关系的消费者理论、财务杠杆原理及效用最大化、投入产出物的定价方式、利润及成本函数、国民经济的收入分配、货币及通货膨胀、投融资市场及内外效应、投资和消费、经济周期及均衡市场、货币制度及货币政策等；而项目评价考虑的是项目应该怎样确定其规模、财务论证的原理和方法、经济评价的原理及资源配置的准则、技术市场的确认、技术创新的原理与方法、社会价格及货币和资金的时间价值分析等，这是两门学科间最重要的区别所在。

项目评价在吸收大量经济学理论的同时，必须吸收大量的其他学科发展的理论，如技术管理及技术创新的理论、风险管理与风险决策的理论、价值评价与价值管理的理论、社会学研究的理论、生态经济学与环境经济学研究的理论、可持续发展的理论等，这是项目评价得以不断完善并发展的必然，也是这一学科实证分析及理论运用的基本特性。例如，技术管理及技术创新理论的存在与发展便对项目评价存在与发展产生重要的推进作用，在方案比选的讨论中，技术管理与技术创新的理论为经济论证不同方案的建立和论证效果提供了方向，项目评价分析通过运用预测技术、最优决策原理为决策者比选最佳方案、为决策依据提供了服务，在这其中，又不乏对传统的及现代的数学理论的运用。项目评价十分注重同数学理论、统计学理论等定量分析学科的结合，这对经济变量间的相关因素分析、数值的统计及预测是

---

① 《国家发展改革委、建设部关于印发建设项目经济评价方法与参数的通知》（发改投资〔2006〕1625号），2006-07-03。

至关重要的。事实上，定性分析与定量分析的结合，是项目评价分析最为突出的一个特色。项目评价分析较之于宏、微观经济管理的学习有以下两个方面的重要作用：第一，项目评价的理论和课程，同财务会计定量分析及管理信息系统等理论和课程一样，为其他课程提供了基本的分析原理及基本的分析工具，如项目评价学、财务、银行信贷管理学和保险经济学这样的课程；第二，项目评价分析的理论起了一个综合的作用，它可以把若干自然科学和社会科学的理论融入现实的经济活动过程中，使人们认识到技术管理、技术创新、生产、财务、经济、市场、环境甚至社会等各方面都必须视作一个系统整体来考虑。

1.2　项目评价与项目管理

1.2.1　项目评价在项目管理中的地位

项目管理就是将各种知识、技能、工具和技术应用于项目之中，以达到项目的要求。项目管理是通过诸如启动、规划、实施、控制与收尾等过程进行的。项目管理的基本职能包括项目计划、项目组织、项目评价与控制。

项目管理的评价与控制职能所要解决的问题是如何识别偏差、消除偏差或调整计划，以保证项目目标的实现。项目组织实施过程中之所以会产生偏差是因为项目计划只是根据预测而对未来做出的安排，而在编制计划时有很多难以预见的问题。

项目评价是项目决策、实施和控制的基础和依据，项目决策、实施和控制则是项目评价的目的和归宿。由此可见，项目评价在项目管理中占有非常重要的地位。

1.2.2　项目评价与项目生命周期

1. 项目生命周期

任何项目都是一次性的活动，因而任何项目都是有始有终的。项目从始至终的整个过程构成了一个项目的生命周期。项目生命周期也称项目发展周期，是指一个项目从提出项目提案开始，经过立项和项目决策，然后到项目计划与设计，进一步到开展项目开发与实施，最终到项目完工和交付使用，这样一个被划分成一系列阶段的完整周期过程。虽然，由于每个项目的实质内容和所属专业领域的不同以及所处社会经济、技术和政治环境等不同，会使得不同项目的生命周期的内容有很大的不同，但是所有的项目生命周期都涉及项目定义与决策阶段、项目计划与设计阶段、项目组织与实施阶段和项目完工与交付阶段等主要的阶段。图1-1所示为典型的项目生命周期示意图。

2. 项目生命周期的主要内容与特征

1) 项目生命周期的主要内容

不同的项目有不同的项目生命周期，包括不同的项目阶段划分、不同的项目阶段产出物和项目里程碑等。但是，任何一个项目的生命周期中都应该包括以下几个方面的基本内容。

(1) 项目的时限。这是指由一个项目的起点和终点以及一个项目各个阶段的起点和终

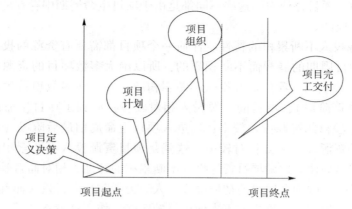

图 1-1　典型的项目生命周期示意图

点所构成的对于项目的时间限制,任何一个项目的生命周期都必须严格给出项目的时间限制。

(2) 项目的阶段。这是指一个项目的主要阶段划分和项目各主要阶段之间存在的相应接续关系。一般的项目生命周期原理认为,任何项目都必须划分阶段,每个阶段都有自己的产出物和里程碑,各个阶段之间一般必须排定先后,不能跨阶段开展项目活动。

(3) 项目的任务。这是指项目各个阶段的主要任务以及项目各阶段主要任务中的主要活动。它们是项目阶段的具体内容,所以在项目生命周期中必须给予具体的说明和描述。

(4) 项目的成果。这是指项目各阶段的成果以及描述项目各阶段成果的项目阶段里程碑和项目阶段产出物等方面的内容。一个项目的生命周期及其阶段划分必须要用这类项目成果予以标示。

(5) 项目生命周期的描述。这是指使用不同的方法对于不同的项目生命周期给出相应的描述。一般的项目生命周期描述方法可以采用文字描述的方法,也可以使用图表的描述方法。

2) 项目生命周期的主要特征

项目生命周期也有自己的一些基本特征,这些特征对项目论证与评价是有直接影响的,这些特征主要有以下几个方面。

(1) 项目确定性不断提高的特性。这是指随着项目生命周期阶段的展开,项目的信息会逐步增多,人们对项目的认识会不断地深入,因此项目的不确定性会下降,而确定性会不断上升。人们对项目的认识和了解在项目后续阶段要远比在项目前期阶段深刻得多和接近实际得多。因为人们在项目初期阶段对项目的许多特性和项目所面临的实际环境以及项目的可行性等方面的认识都是靠收集的历史资料和凭借现有的经验做出的,而且使用了大量的假设前提条件,故很多情况与项目实际相差较远。但是随着项目的实施和展开,人们在实践中获得了大量有关项目和项目环境的实际数据资料,再加上人们的分析判断,这样对于项目的认识就会逐步深入,而项目的确定性就会不断提高且更贴近实际。实际上在各种项目评价中,项目前评价是最为困难和最为不确定的,因为此时人们使用的都是一些预测数据和历史经验与数据;相对来说,到开展项目过程中评价时人们就已经开始使用一部分实际数据资料了,所以它的确定性就相对较高;对项目后评价而言,人们使用的多数是项目实际数据,所以它的确定性是最高的。项目评价中的这些不同都是由于项目生命周期中存在的项目确定性不断提高的这一特性造成的。

（2）项目资源投入不断累积的特性。任何一个项目都需要有资源的投入，这种项目资源的投入是随着项目周期的展开而不断积累的，所以绝大多数项目的资源消耗会呈现一种"S"曲线，这种曲线表明了项目资源投入不断累积的特性。在多数项目生命周期的前期阶段（项目定义与决策阶段），项目的资源投入相对较少；而到了项目生命周期的中间阶段（项目实施阶段），项目的资源投入较多；当进入项目生命周期最后阶段（项目完工与交付阶段）时，项目的资源投入又会相对较少。这就是项目资源投入不断累积的特性所造成的项目资源投入的基本规律。这种项目资源投入不断累积的特性，相对而言是项目论证与评价等工作的需要造成的。因为在项目的初期阶段，人们为了防止盲目投入而首先进行项目的论证与评价，在未完成论证与评价之前不去做项目的实施工作，这就形成了"S"上半部分的平缓曲线；而在完工交付之前人们需要对项目实施结果做相应的评价之后才能交付使用，这就形成了"S"下半部分的平缓曲线。

（3）项目全过程的阶段特征。项目生命周期是划分成不同阶段的，这些项目生命周期的不同阶段构成了一个项目的全过程。根据项目生命周期理论，任何一个项目前后阶段是相互接续的，但是一般项目的前一个阶段未完成以前不能够开展项目后续阶段的工作。因为项目的后续阶段是要以前一阶段的产出物和工作结果作为基础和前提的，任何跨越不同阶段的项目工作都会将上一阶段中的问题导入后续阶段。同时，项目的各个阶段的前后接续是过程性的，而不是周而复始不断重复的，因为项目是一次性的多阶段工作，而不是像日常运营那样不断地重复和循环的。这些就是项目的过程性和阶段性的特征。

3. 项目评价与项目生命周期

项目评价与项目生命周期是紧密相关的，最主要的关系表现为项目评价本身就是项目生命周期中的一个重要组成部分。

为了进一步说明项目评价与项目生命周期的关系以及项目评价在项目生命周期各个阶段中的作用，我们将项目全过程中的项目评价工作予以图示，如图1-2所示。

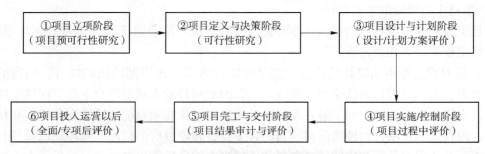

图1-2 项目生命周期和项目评价的关系示意图

从图1-2中可以看出，典型项目生命周期的各个阶段中都有广义的项目评价工作，只是各个阶段的项目评价工作的实质内容和详细程度不同而已。图1-2中，①和②两个阶段中的项目评价工作属于项目前评价的范畴，③和④两个阶段中的项目评价工作属于项目过程中评价的范畴，而⑤和⑥两个阶段中的项目评价工作属于项目后评价的范畴。其中，项目投入运营一段时间（三年左右）所做的全面后评价和专项后评价属于严格意义上的项目后评价工作。

在项目生命周期中,这三种项目评价工作在内容和对象上是有所区别的。其中,项目前评价是在项目实施和决策之前对项目和项目所涉及的各种因素与条件所做的可行性分析和评价,它所论证和评价的对象是整个项目以及项目的各种备选方案;项目过程中评价是在项目设计与计划阶段和项目实施阶段对项目的实施方案和具体实施情况所做的评价,它的评价对象是项目实施方案和项目实施实际进度;项目后评价是在项目完工交付阶段和项目投入运营一段时间以后对已经完成的项目(或规划)实际情况所做的评价,它的评价对象包括项目前期决策和项目实际实施结果。不管哪一种项目评价,它们的基本作用都是为未来的决策提供支持,就是项目后评价也是为项目改进和改善未来项目决策质量服务的。

1.2.3 项目评价与项目决策

项目定义与决策是项目生命周期中的首要环节,它涉及项目目标决定、项目可行性分析和项目最优方案选择等一系列的工作,它要解决诸如项目提案、项目选择、项目必要性、技术可行性、经济合理性和运行条件等重大问题以做出判断和决定。因此,项目决策实际上直接与项目论证与评价相互关联,项目论证与评价为项目决策提供数据与信息支持,而项目决策为项目论证与评价提供评价对象和内容。

1. 项目决策的概念、内容和程序

与决策相对应,项目决策也有广义决策与狭义决策之分。狭义的项目决策是指对是否实施项目所进行的"拍板"活动;广义的项目决策是指按照一定的程序、方法和标准,对项目规模、投资与收益、工期与质量、技术与运行条件、项目的环境影响等方面所做的调查、研究、分析、判断和选择。项目决策是决策理论在项目管理领域中的具体应用,是项目的相关利益主体为了实现自己组织的目标,运用相关的决策原理与方法对项目是否实施以及按照哪种项目方案实施的选择过程。

项目决策涉及很多方面的工作,其中最主要的项目决策工作包括以下几方面。

(1) 调查研究,收集资料。

在项目决策中,人们首先必须进行调查研究和收集相关的数据与资料,这是项目决策工作中的基础性工作,因为不管项目决策的下一步项目目标确定还是最终的项目方案优化抉择都需要以这些有用的项目信息和资料为依据。项目决策所需的信息中既有与项目相关的历史信息,也有对于未来的预测信息;既有确定性信息,也有不确定性信息;既有项目相关的技术信息,也有相应的经济信息等。所有可以为项目决策提供支持的信息都属于被收集的范畴。

(2) 确定项目目标。

项目决策的最重要的任务之一是确定一个项目要达到预定目标,从而根据确定的项目目标去进一步开展项目决策的后续工作。相反,如果项目目标不明确或不切合实际,最终的项目决策也不可能正确和有效。项目目标的确定通常都是从组织战略规划出发的,因为实际上任何一个项目都是为实现组织的战略规划服务的。因此,项目目标需要从组织的战略目标中获取和提炼,然后按照目标明确、具体、系统、便于度量和切实可行等原则确定出项目目标或项目目标体系。

(3) 确定项目产出物。

在确定了项目目标以后,就需要进一步确定为了实现这些项目目标必须生成哪些项目产出物,这包括实物性的项目产出物和非实物性的项目产出物(如各种服务等)。确定项目产出物的根本原则有两条:一是所有能够为实现项目目标服务的项目产出物一项也不能少;二是任何不是为实现项目目标服务的项目产出物一项也不能要。在项目决策中必须严格把握这两条原则,使最终确定的项目产出物能够很好地为实现项目目标服务,否则无法保障项目目标的实现。

(4) 拟定项目备选方案。

在确定了项目目标和项目产出物以后,人们就可根据既定的项目目标和项目产出物要求去拟定各种可行的项目备选方案了。项目备选方案的拟定需要从项目产出物的特性和要求出发,因为任何一个项目备选方案都是为生成项目产出物服务的,只有能够生成项目产出物的项目备选方案才是可行的方案或者叫可替代的项目备选方案。同时,在项目备选方案的拟定过程中还必须考虑各个项目备选方案的可替代性和可比性,以确保后续的项目备选方案论证、评价和优选的有效性。

(5) 分析和评价各备选方案的可行性。

有了项目备选方案以后就可以对项目各备选方案的收益和成本、资源和条件、风险和问题等各个方面进行分析、预测和评价了。这种分析和评价包括对于项目现有条件和未来发展变化的预测和风险的分析,包括对于项目技术、经济、运行条件和环境影响等多方面的可行性评价,包括对于项目不确定性的分析预测和各种敏感性风险因素的分析等。这一工作的最终结果是给出各个项目备选方案的可行性分析与评价的结论和信息资料以供"抉择方案"时使用。

(6) 选择项目备选方案,做出项目决策。

在有了各项目备选方案的可行性分析以后,首先人们可以筛选掉那些不可行的项目备选方案,其次就可以通过对可行项目备选方案的选优,最终做出项目决策。这一项目决策工作就是前面提到的狭义的项目决策工作,在这种项目备选方案优化选择的过程中必须坚持一个基本原则,即满意的原则。这是指在项目备选方案的选择中不必坚持去选择绝对最优的项目备选方案,只要找到能够使项目各相关利益主体都满意的项目备选方案即可。

2. 项目评价与项目决策

项目决策与项目论证与评价是紧密相关的,两者是一种互为前提和结果的关系。因为人们要做项目决策,所以先要对项目备选方案进行论证和评价,因此项目论证与评价是项目决策的前提,而项目决策是在项目论证与评价的基础上得到的结果。反过来,不断深入的项目评价都是以项目的前期决策为前提条件的。例如,在项目立项以后开展的项目详细可行性研究都必须以项目立项这一前期的项目决策结果为前提,未做出项目立项决策的项目是不能进行项目详细可行性研究的,做出不进行项目立项的决策就更不会有进一步的项目详细可行性研究这样的项目论证与评价了。

项目评价和项目决策之间的关系可以用图 1-3 表示。

由上述分析可知,项目决策与项目评价有着非常密切的关系。其中,项目前评价是项目初始决策的前提和基础;项目过程中评价是对项目实施各种决策的前提和保障;项目后评价是对于项目前评价和项目决策的检验与评价,同时项目后评价还具有总结经验和修订未来项目决策准则和政策，为提高项目评价和项目决策水平提供经验和教训的作用。

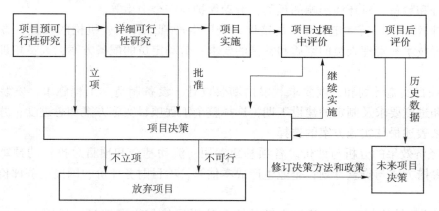

图 1-3 项目评价和项目决策之间的关系

1.2.4 项目评价与项目可行性研究

1. 可行性研究的概念、内容和作用

可行性研究是在投资项目拟建之前，通过对与项目有关的市场、资源、工程技术、经济和社会等方面的问题进行全面分析、论证和评价，从而确定项目是否可行或选择最佳投资方案的一项工作。它是提高投资决策科学性的重要工具。

1) 可行性研究的内容

项目可行性研究是在对项目进行深入细致的技术经济论证的基础上做多方案的比较和优选，提出项目投资最后决策的结论性意见。因此，它的内容应能满足作为项目投资决策的基础和重要依据的要求。可行性研究的基本内容和深度应根据国家规定确定，一般工业建设项目的可行性研究应包括以下十个方面的内容。

（1）总论。综述项目概况、可行性研究的主要结论概要和存在的问题与建议。

（2）产品的市场需求和拟建规模。调查国内外市场近期需求情况；国内现有工厂生产能力的估计；销售预测、价格分析、产品竞争能力、进入国际市场的前景；建设项目的规模，选择产品方案和发展方向的技术经济比较和分析。

（3）资源、原材料、燃料及公用设施情况。经过国家正式批准的资源储量、品位、成分以及开采、利用条件的评述；所需原料、辅助材料、燃料的种类、数量、质量及其来源和供应的可能性；有毒、有害及危险品的种类、数量和储运条件；材料试验情况；所需动力（水、电、气等）公用设施的数量、供应方式和供应条件、外部协作条件以及签订协议和合同的情况。

（4）建厂条件和厂址方案。建厂地区的地理位置，即与原料产地和产品市场的距离，地区条件等；厂址面积、占地范围、厂区总布置方案、建设条件、地价、拆迁及其他工程费用情况；对厂址选择进行多方案的技术经济分析和比选，提出选择意见。

（5）项目工程技术方案。在选定的建设地点内进行总图和交通运输的设计，进行多方案比较和选择，确定项目的构成范围，主要单项工程（车间）的组成，场内为主体工程和公用辅助工程的方案比较论证；项目土建工程总量估算；土建工程布置方案选择等。

（6）环境保护与劳动安全。环境现状调查，拟建项目"三废"（废气、废水、废渣）种类、成分和数量，对环境影响的预测；劳动保护与安全卫生等。

（7）生产组织、劳动定员和人员培训。全厂生产管理体制、机构的设置，方案的选择论证；工程技术和管理人员的素质和数量的要求；劳动定员的配备方案；人员培训的规划和费用估算。

（8）项目实施计划和进度要求。根据勘察设计、设备制造、工程施工、安装、试生产所需时间和进度要求及制定的建设工期，选择整个工程项目实施方案和总进度，并用线条图和网络图来表述最佳实施方案的选择。

（9）经济效果的分析与评价。各项基建费用、流动基金和项目总投资的预算；项目资金来源和筹措方式与贷款计划；企业生产成本估算；项目财务评价、国民经济评价和不确定性分析。

（10）评价结论与建议。建设方案的综合分析评价与方案选择；运用各项数据，从技术、经济、社会、财务等各方面论述建设项目的可行性，推荐一个以上的可行方案，提供决策参与，提出项目存在的问题；提出结论性意见和改进建议。

2）可行性研究的作用

可行性研究的最终成果是可行性研究报告，是投资者在前期准备工作阶段的纲领性文件，是进行其他各项投资准备工作的主要依据。对投资者而言，可行性研究有如下作用：①为投资者进行投资决策提供依据；②为投资者申请项目贷款提供依据；③为商务谈判和签订有关合同或协议提供依据；④为工程设计提供依据。

此外，可行性研究报告还可为寻求合作者、设备订货、施工准备、机构设置和人员培训等提供依据。

2. 项目评价与可行性研究的关系

项目评价（这里主要指项目前评价）与可行性研究都是以分析和论证项目可行与否为己任的工作，两者关系密切，有许多共同之处，也各有特点。

1）项目评价与可行性研究的联系

（1）均处于项目发展周期的建设前期。项目评价与可行性研究均处于项目投资前期阶段。可行性研究是在项目建议书（相当于国外的机会研究）批准之后，对项目可行与否进行全面分析论证；项目评价则是对项目的可行性研究进行审查与分析，进而判断其是否可行。两者都是重要的前期准备工作。这两项工作的质量，会对项目投资决策产生极大影响。

（2）工作内容基本相同。这两项工作无论是经济评价指标计算的基本原理、分析对象、分析依据还是分析内容都是相同的。就同一个投资项目而言，从经济评价的角度看，无论是项目评价还是可行性研究，计算评价指标的基本原理都是相同的，都是通过比较计算期的所费与所得，计算一系列技术经济指标，得出可行与否的结论；其分析的对象是一致的，都是项目；其分析的某些依据是相同的，都是国家的有关规定和有关部门为拟建项目下达的批复文件等；其所分析的内容均包括建设必要性、市场条件、资源条件、工程技术、经济效益等几大部分。

（3）最终工作目标及要求相同。为拟建项目进行评价和开展可行性研究的最终工作目标都是一致的，都是通过分析论证，判断项目的可行与否，实现投资决策的科学化、程序化和民主化，提高投资效益，使资源得到最佳配置。两者的要求也是相同的，都是在调查研究的基础上进行分析和预测,得出客观公正的结论。

2) 项目评价与可行性研究的区别

(1) 行为主体不同。可行性研究在我国是由投资主体（项目业主）及其主管部门主持的,并委托给有资格的工程咨询公司或设计单位等中介机构去执行,而委托的单位或机构的工作主要体现投资者的意见和建设目的,是为决策部门和投资主体服务的,并对项目业主负责。项目评价则是由贷款银行或有关部门负责组织委托的。委托机构和人员在执行过程中应体现国家和地区发展规划与政策,明确宏观调控意见,向投资和贷款的决策机构负责。

(2) 立足点不同。可行性研究是站在直接投资者的角度来考察项目的,项目评价则是站在贷款银行或有关部门的角度来考察项目的。角度不同,可能导致对同一问题的看法不同,结论也可能有差异。

(3) 侧重点不同。由于立足点不同,两者考察项目的侧重点也可能不同,可行性研究主要从企业角度考察,侧重于产品市场预测,对建设必要性、建设条件、技术可行性和财务效益合理性进行分析,估量项目的盈利能力决定其取舍,因此重视项目投资的微观效益。项目评价则主要侧重于考察项目建设的可能性与借款的偿还能力。

(4) 概念与作用不同。可行性研究是在投资决策前对工程建设项目从技术、经济和社会各方面进行全面的技术、经济分析和论证的科学方法,其研究结果的可行性研究报告是项目投资决策的基础,为项目投资决策提供可靠的科学依据。

项目评价是对项目可行性研究报告进行全面的审核和再评价的工作,审查与判断项目可行性研究的可靠性、真实性和客观性,对拟建项目投资是否可行和确定最佳投资方案提出评价意见,编写评价报告,作为项目投资最终审批决策的主要依据,它为决策部门和人员提供结论性意见,具有一定的权威性和法律性作用。

(5) 所处的阶段不同。尽管两者同处于项目建设周期中的建设前期,但在此时期内,可行性研究在先,项目评价在后,这一工作顺序是不能颠倒的。可行性研究是投资决策的首要环节,但仅有这一环节是不够的,还必须在此基础上进行项目评价。项目评价人员要充分利用可行性研究的成果,进行周密的调查研究与分析论证,独立地提出决策性建议。可行性研究为项目评价提供工作基础,而项目评价则是可行性研究的延伸、深化和再研究。

1.3 项目评价的主要内容和基本原则

1.3.1 项目评价的对象和主体

项目评价的对象和主体也是项目评价十分重要的两个基本要素,因为项目评价主体不同项目评价的角度就不同,项目评价的内容也会有所不同;如果项目评价的对象不同,那么项目评价的内容和方法都会有很大的不同。

1. 项目评价的主体

项目评价是为不同决策者提供决策支持的,这些决策者的信息需求决定了项目评价的内容和所使用的评价方法,因此可以将这些项目的决策者称为项目评价主体。不同的项目评价主体会有不同的项目评价目的和要求,所以项目评价就会有不同的内容与方法。项目评价主体主要有项目业主、项目实施者、资金供应者和政府主管部门等,他们分别从所有者、承包商、银行和国民经济管理者的角度分别对项目做出不同的论证和评价。将这些不同项目评价主体所做的项目评价内容和所使用的项目评价方法分述如下。

(1) 项目业主或发起人。

项目业主或发起人进行项目评价的主要目的是要保证项目能够为实现组织的战略目标服务。所以,这种评价主要是从项目业主或发起人自身的利益出发,根据国家现行财税制度、价格情况和经济状况,对项目财务、技术、运行和风险等方面开展的项目评价。其中,这些项目评价主体最关心的是项目能否盈利和项目风险是否在可接受范围之内。同时,项目业主或发起人的项目评价所使用的指标和方法都偏重于确保自己的利益不受损失和努力实现项目利益的最大化。通常,项目业主或发起人的项目评价是比较全面的,所以在多数时间它又被其他项目评价主体用作他们项目评价的基础或者是数据基本来源之一。

(2) 项目实施者或承包商。

项目实施者或承包商是承担整个项目工作的组织,他们开展项目评价的根本目的是确认项目实施的可行性和他们能否通过项目实施而获得最大的经济利益和规避相应的项目风险。实际上,任何一个项目不但需要项目本身就有可行性,同时项目的实施也必须具有很好的科学性和经济性,因为项目的实施作业本身就是一个完整的项目,所以项目实施者或承包商也需要从保护自身利益的角度出发对项目的实施特性进行必要的评价。这种项目评价的主要目标是在给定资源和环境条件下完成项目实施的可行性以及相应的实施风险和成本效益情况。这种项目评价一方面需要使用项目业主评价的相关数据,另一方面需要使用项目设计以及项目实施计划的一些相关数据。项目实施者或承包商的评价主要包含:一是项目的可实施特性评价;二是项目实施条件的评价;三是项目实施的经济特性评价;四是项目实施的风险评价。

(3) 贷款银行或融资者。

项目的贷款银行或融资者作为项目重要的相关利益主体也需要对项目进行相应的评价。这一评价主体所做的项目评价主要是从项目贷款银行和融资者自身利益的角度出发,对项目的经济、技术、运行和风险等所做的全面性评价。确切地说,贷款银行或融资者对于项目的贷款或融资本身就是一个独立的项目,所以项目贷款银行或融资者必须对这一贷款项目从贷款到宽限期收息一直到还本付息的整个生命周期进行全面的评价。但是这一项目评价是为支持贷款或融资决策服务的,所以是以项目的资金贷放和回收为中心,以现金流量分析和风险分析为主的,对贷款项目所进行的评价。这种项目评价的主要内容包括:对于项目机会的评价、市场和运行环境的评价,财务评价与国民经济评价以及项目不确定性和贷款风险的评价等,这种评价的主要方法是使用考虑资金时间价值的动态现金流量分析等方法。

(4) 政府或主管部门。

政府或主管部门也是项目评价的主体之一,他们主要是从发展国民经济和保障全社会利益的角度出发对项目的国民经济可行性和项目对于社会与自然环境的影响进行全面的论证和评价。这种项目评价涉及社会政治、经济、文化、环境、技术政策等方面,并且要全面考虑项目业主和全社会的总体利益与长远利益,全面考虑项目对于整个社会的稳定和健康发展与繁荣的利与弊。同时,这种项目评价主要是一种宏观性的评价,所以还需从项目是否符合国家和社会发展的要求、是否会对国家或地方的自然生态环境和社会文化环境造成危害和不利影响进行评价。政府或主管部门的项目评价在很多时候还是一种审查批准性的项目评价，所以它的内容范围十分全面，不仅涉及项目业主、项目实施者和项目融资者的各种评价内容，还涉及对于项目业主评价等的全面审查的内容。另外，由于这种评价主要是从宏观的角度进行的，因此这种项目评价更多地使用影子价格和影子汇率等全社会资源合理配置的评价方法。

2. 项目评价的对象

项目评价的主要对象就是项目和项目备选方案，所有的项目评价都是对于项目本身的可行性和项目备选方案的优劣所做的分析和比较。但是，不同阶段项目评价的对象和不同项目评价主体所做的项目评价的对象是有一些差别的。

（1）不同阶段项目评价的对象。

在项目前评价、项目过程评价和项目后评价这三个不同阶段的项目评价中，项目评价的对象是不同的，甚至同样是项目前评价阶段的项目立项评价和项目可行性研究的评价对象也是不同的。项目立项评价的对象通常就是项目本身，而项目可行性研究阶段的评价对象除了项目本身以外，项目的各个备选方案也是项目评价的对象。项目过程评价的对象是项目按照某个既定方案和计划开展实施以后的一定时点上的项目整体情况，而项目后评价的对象是项目实施的实际情况。

（2）不同评价主体的评价对象。

对不同的项目评价主体而言，他们的项目评价对象也是有所区别的。项目业主评价的对象就是项目本身及其备选方案，而项目实施者评价的对象是项目的实施方案以及像项目合同之类的有关文件，项目融资者评价的主要对象是项目的融资方案和还本付息计划安排以及项目融资方案，政府及其主管部门的评价对象除了上述几个方面的评价对象以外还有对上述评价结果的全面审查。

1.3.2 项目评价的主要内容

1. 项目建设的必要性评价

项目建设的必要性评价是从战略规划的角度考察项目投资对企业生存和发展的作用、对国民经济和社会发展的影响，衡量项目建设的必要性。其具体包括：

（1）分析项目是否符合企业发展战略、资产结构，是否符合国家产业政策和产业结构，是否符合地区和行业经济结构等。

（2）通过市场调查与预测，得出对市场的简要描述，包括市场范围、运输方式、现有的运输费率、销售途径、常用的贸易经验等；分析过去和现有的需求，包括确定消费量和金额，识别产品的主要消费群；分析过去和现在的供应数量（无论是进口的还是国内的）以及有助于确定产品竞争地位的信息，如售价、质量和竞争者的市场经验；估计产品的未来需求；估计产品的市场份额，考虑需求、供应、竞争状况和项目的市场计划。

2. 项目建设和经营条件评价

项目建设条件和经营条件的评价，主要包括：

（1）项目选址，如工程地质、水文地质、地形、气象等自然条件是否适宜。

（2）原材料、燃料、动力等的供应，交通运输等，是否有保障，是否经济合理。
（3）相关及配套项目是否同步建设。
（4）项目对环境影响的评价。
（5）筹资渠道是否畅通。
（6）项目建成后的经营机构能否有效营运等。

3. 项目技术评价

项目技术评价的内容包括：

（1）分析项目采用的工艺、技术、设备是否先进、经济、适用，并开展技术、设备的可靠性、协调性评价，技术开发能力和应用能力的评价等。其具体内容包括对选择的制造过程的描述，表示详细的流程图以及设备选取过程，为选择方案说明理由；机械和设备的选择，如说明书、准备购买的设备、产地、供应商的询价、交货资料、支付条件和在成本、可靠性、状况和零部件合适性等方面的比较分析。

（2）产品方案与资源综合利用是否合理等。其具体内容包括说明产品物理、机械和化学特性；对废物处理的类型和数量描述，同时描述废物处理的方法及其成本、得到市政环保部门必要的许可。

（3）工厂规模和生产进度的确定，包括在给定时间周期内的期望产量，考虑起动和技术因素；工厂选址的识别，对其距离原材料来源地和销售市场情况做出评价。工厂布局的设计和各类建筑物和场地条件改善的成本估计。

4. 项目基础数据的预测和估算

关于项目投资成本、未来收益的预测和分析，如果是企业已有项目的扩展，则对企业目前的资产负债表、损益表、现金流量表进行评价；如果涉及新项目，则需要更多的资料作为预测和分析的依据。基础数据预测和估算的主要内容包括：

（1）分析项目固定资产投资、流动资产投资、建设期利息等。
（2）比较各种筹资方式的筹资成本。
（3）预测项目经营期间各年的销售收入、经营成本、纳税支出、税后利润、现金流量等。

5. 项目财务评价

按国家财税法规和制度，从企业微观角度，预测项目在整个寿命期内的收益和成本，分析企业的盈利能力和偿还贷款的能力。

财务分析通常采用静态分析指标有投资回收期、投资报酬率，动态分析指标有净现值、内部报酬率、现值指数等。

6. 项目国民经济评价和社会评价

作为政府和公共机构的规划者，即使从项目财务评价中得到理想结论，也仍必须从宏观角度分析投资项目对整个国民经济以至整个社会带来的效益。在对项目进行国民经济评价时，应调整企业的费用与效益；并运用影子价格、影子汇率、社会折现率等，测算项目可为国民经济带来的净增量效益。对项目的社会效益评估，侧重于对国民经济带来的辅助和间接的经济效益，如项目对社会的就业效果和分配效益、对提高人民物质文化生活和社会福利的影响、对提高资源综合利用率的影响、对环境保护和生态平衡的影响等。

7. 项目的风险评价

考虑项目评价采用的数据大部分来自预测与估算，存在一定的不确定性。在项目评价中，要善于把握住主要的不确定性，研究不确定因素的变化及其对投资项目的影响程度，分析项目的抗风险能力。

8. 项目总评价

项目总评价是在上述全面调查、预测和分析的基础上对投资项目进行总结性评价。总评价时要对项目建设的必要性、技术可行性和经济合理性总的评价，做出明确结论，从而提出评价报告和建议。

1.3.3 项目评价的基本原则

科学而正确的项目评价对加强项目管理、实行项目科学决策和提高项目经济效果等方面起着相当关键的作用。为此，在做项目评价工作时必须明确和掌握以下原则。

1. 实事求是的原则

实事求是指从实际情况出发找出事物的客观规律。这是一种正确认识客观事物的原则和方法，在项目论证与评价中也不例外，人们必须坚持实事求是的原则去分析和评价项目与项目备选方案。在项目论证与评价中坚持实事求是原则还具有极高的现实意义，因为现在仍有不少人为了争取项目能够获得批准而人为地缩小项目所需投资和风险，同时又夸大项目所能带来的社会和经济效益，等到项目批准后再进一步追加投资，项目的经济与社会效益也不能兑现。有些人甚至还为了应付国家有关规定程序或屈从某种压力，在项目评价中故意不实事求是、不真实反映情况，做虚假的项目评价，将项目可行性研究搞成了"可批性研究"等。这些都是违背项目评价的实事求是原则的。

在项目评价中坚持实事求是的原则意味着要坚持科学态度、采用科学方法和遵循科学规范的程序，只有这样才能进行客观而公正的评价。其中，坚持科学的态度就需要项目评价工作人员深入实际，对项目本身及其各种条件做周密的调查和研究，全面而系统地掌握可靠而充足的项目信息与资料，并进行认真而深入的分析与研究。采用科学的方法是指在项目评价中必须使用国内外实践证明了的项目评价方法。遵循科学与规范的程序是指项目评价要按照一定的程序进行以便从过程控制上保障项目评价的实事求是原则。

2. 客观公正的原则

在项目评价中要坚持实事求是的原则就必须先坚持客观公正的原则，因为实事求是必须以客观和公正作为前提条件。在项目评价的客观公正原则中，客观是指项目评价要尊重客观实际，不能具有主观随意性和自以为是。公正是指项目评价者的立场必须公正，在分析和评价中不能够受权威或利益的干扰，既不屈从权威的任何压力而违心地进行项目评价，也不能出于私心和小团体的利益而放弃项目评价的公正立场。只有坚持客观公正的原则，人们在项目评价中才能为项目决策者提供客观、科学而公正的支持信息和依据。此外，坚持客观公正的原则也是项目评价者基本的职业道德要求。

3. 独立性原则

独立性原则是指项目评价工作应当独立进行的原则。其含义包括：
（1）项目评价人员的独立地位。在正式开展项目评价工作之前，应当成立具有独立地位的项目评价小组。其成员应当由非决策人员组成。并且，同一个项目的评价人员和评价审查（审批）人员不得同时担任，更不能由同一人既担任项目的评价小组组长又担任该建设项目的项目评价审查（审批）小组组长。这是在实际工作中非常容易被人们忽视但又是非常重要的问题。被人忽视的主要原因在于没有一种强有力的评审分离的制度安排。

（2）项目评价人员独立地开展评价工作。项目评价人员不能接受任何行政领导的任何干预，项目评价人员的行政领导不得以任何方式诱导或施加压力以促使评价人员做出不实评价。同时，项目评价人员有权拒绝有关领导要求其做出不实评价的指示。

项目评价的独立性原则，既是保证项目评价工作质量的基本行为准则，又是保证项目评价工作顺利开展的基本前提。因此，项目评价的独立性原则，不但在理论上应当引起理论工作者的充分关注，而且应当引起实际部门的高度重视。

4. 现时性原则

现时性原则是指项目评价所用的数据、资料、依据等都应当是现时的或现行的，评价工作（包括评价报告）应当在规定的时间内完成的原则。这一原则的内容包括：

（1）评价数据、资料的现时性。这是指在项目评价中采用的数据资料都必须是反映评价时的现实或能够反映现实的数据资料，主要数据资料是当前从实际调查中得到的。只有在不太重要的情况下或得不到现时数据的情况下，才可以利用非现时的数据资料（如在进行产品销售量预测时用到历史数据资料），但也必须是反映现时的或近期发展趋势的。

（2）评价依据的现时性。在项目评价中用到的评价依据，如各种规范、标准、制度（财税制度等）必须是现行有效的；若采用已经不再使用的或非本项目可以适用的"依据"，必然会导致评价失真乃至评价无效。

（3）评价工作的现时性。项目评价具有广泛的内涵，包括项目管理的每一个阶段，其中还包括事中评价和事后评价。应该指出的是，不同阶段的评价都应该是当时情况下的真实反映。

5. 规范性原则

项目评价的规范性原则是指整个项目评价所使用的方法和程序应该符合统一规范的基本原则。这包括在项目评价中用国家或地方政府以及组织自身的各种规范化的评价办法、规范化的评价参数和指标以及规范化的项目评价程序和步骤三个方面。其中，任何组织使用的项目评价规范化方法都需要参照相关权威部门发布的具体方法和规定。例如，我国建设项目评价就必须参照国家计委和建设部发布的《建设项目经济评价方法与参数》中规定的方法进行。另外，任何组织的项目评价方法必须符合国家和地方政府的相应法律和规定，如任何项目的财务评价就必须依据国家现行的财税法律和规定进行。

对规范化的项目评价参数和指标而言，首先是指任何项目评价都需要采用相对规范的统一评价指标进行评价，其次是指任何项目的评价要使用国家或地方主管部门发布或规定的评价参数。项目评价的规范程序是指项目评价所必须包括的环节和步骤，如我们国家规定的项目决策程序包括项目立项和项目批准两个阶段，所以我国的项目评价就包括项目立项服务的预评价阶段和为项目批准服务的详细评价两个阶段。

6. 成本效益的原则

项目评价必须坚持成本效益原则，即任何项目的评价都必须从成本和效益两个方面进行全面的评价。项目的成本效益原则是项目评价的根本原则,是因为实际上成本效益原则是我们人类经济生活中的一个最根本的原则,即任何人类的社会活动最终都是以较小的成本去获得更大的效益。任何一个项目是否可行最终是以能否通过该项目取得经济效益及其经济效益的高低作为判断标准的。

任何一个项目的评价都必须坚持全面评价项目的微观和宏观成本与效益的原则。其中,微观方面是指项目业主或项目承包商等组织的成本和效益;而宏观方面是指考虑整个国民经济的成本和效益。按照我们国家的要求,如果宏观和微观的成本效益评价结果相互矛盾,那么项目最终的取舍决策应该以宏观的国民经济成本和效益评价为准。换句话说,不允许出现为了某个组织的私利而损害整个国家利益的项目出现。所以,在坚持项目评价的成本效益原则中,项目决策必须放弃那些微观成本效益好而宏观成本效益差的项目。

7. 系统性的原则

严格地讲,任何一个项目都是一个系统,都是由诸多相互关联和相互制约的子系统或要素构成的整体。同时,任何一个项目都有自己的环境和外部条件,都与社会的各种技术经济条件有着广泛而深入的联系。因此,要评价一个项目的好坏和是否可行,都必须坚持系统性的原则,都必须全面评价一个项目的各个方面和与其相关的各种环境条件。

在项目评价中坚持系统性原则还意味着评价工作者在考虑评价问题时必须要有系统的观念,即要系统地考虑问题、系统地收集信息、系统地确定评价指标体系和系统地综合评价项目各方面的思想。项目评价者如果没有系统的观念就会出现片面评价项目的问题,不是过分强调了项目的好处,就是过分突出了项目的坏处;不是注重了项目的收益而忽视了项目的风险,就是评价了项目的技术可行性而漏掉了项目环境影响的评价。这些都会导致错误的项目决策,都是不被允许的。

8. 比较择优原则

项目评价的另一个重要原则是比较择优的原则,即任何项目的评价应该包括对于多个项目备选方案比较分析和优化选择的工作。项目评价是一种项目决策支持工作,虽然它属于广义的项目决策范畴,但必须为狭义的项目决策提供可供抉择的方案,因此项目评价不能是对于单个项目方案的评价,而必须是对于多个项目备选方案的评价和对于各个项目备选方案的优化工作。即使是一些小而相对比较确定的项目也应该有对"干"和"不干"两种项目方案进行必要的分析与评价,然后为项目决策提供支持。

项目备选方案的择优包括两个方面的内容:一是项目方案本身的不断优化;二是各备选方案的比较和优选。前者是在项目评价中随着项目信息增多和对于项目认识的深入而对各个项目备选方案的不断修订和改进,这将为项目决策者提供经过优化后的各种方案;后者是对最终的项目备选方案所做的评价分析和比较排序,这将给项目评价者提供有关各个方案优劣的信息,以供他们进行选择。

9. 动态评价的原则

所谓动态评价的原则包括两个方面:一是在项目评价中必须考虑项目投资的货币时间价值;二是项目评价工作本身必须坚持动态滚动的原则。通常当一个项目生命周期和运营周期的时间跨度比较大时,项目评价就必须按照动态评价进行,而不能只进行静态的项目评价。这里的动态评价主要内容是:评价中全面考虑货币的时间价值,即资金的机会成本或利息。

在项目评价中考虑资金时间价值的原则一般需要采用对于项目生命周期甚至运营周期各个时点的现金流量进行贴现，然后计算有关项目动态评价指标。此外，随着人们不断获得更多的项目信息和对项目有了更为深刻的认识，人们对于项目的评价也要逐步深化，这同样也形成了一种动态的过程。任何项目的论证与评价都应该遵循项目动态评价的原则，都必须从实际出发和发展变化出发，重视被评价项目的特点和发展变化情况，做好动态评价。

习　题

一、判断题

1. 项目投资的特点包括投资资金使用的长期性、投资收益的不确定性、投资影响的可逆性和投资风险与收益均衡性。（　　）
2. 项目评价要求动态分析与静态分析相结合、定量分析与定性分析相结合。（　　）
3. 国民经济评价重点关注项目的宏观经济效益。（　　）
4. 项目设想阶段需要开展初步可行性研究。（　　）
5. 投资机会研究是为项目选择提供依据的。（　　）
6. 一般机会研究和具体机会研究通常由企业、银行、咨询机构、个人进行。（　　）
7. 项目评价的主体不仅仅是项目投资者。（　　）
8. 可行性研究是项目评价的对象和基础，项目评价是可行性研究的延伸和再评价。（　　）
9. 可行性研究的第一个阶段是初步可行性研究。（　　）
10. 项目的国民经济评价主要是分析与评价项目对国民经济的净贡献，评价项目在财务上的可行性。（　　）

二、选择题

1. 项目评价的主体是（　　）。
   A. 项目投资者　　B. 项目建设承包商　　C. 项目贷款银行　　D. 项目利益相关者
2. 财务评价和国民经济评价是项目（　　）的主要内容。
   A. 经济评价　　B. 社会评价　　C. 环境评价　　D. 技术评价
3. 项目评价与可行性研究的相同之处不含（　　）。
   A. 同处于项目投资前期　　　　　　B. 出发点一致
   C. 内容与方法相同　　　　　　　　D. 行为主体相同
4. 项目评价要求中不包括（　　）。
   A. 动态分析与静态分析相结合　　　B. 定量分析与定性分析相结合
   C. 宏观效益分析与微观效益分析相结合　　D. 效益分析与风险分析相结合
5. 可行性研究工作处于项目投资的（　　）。
   A. 建设前期　　B. 建设初期　　C. 建设中期　　D. 建设后期
6. 项目可行性研究的阶段一般可划分为三个阶段，以下（　　）选项不属于项目可行性研究的阶段。
   A. 投资机会研究阶段　　　　　　　B. 初步可行性研究阶段
   C. 高级可行性研究阶段　　　　　　D. 详细可行性研究阶段

7. 项目可行性研究的作用体现在多个方面，以下（　　）选项不属于项目可行性研究的作用。

　　A. 为投资者投资决策提供依据

　　B. 为商务谈判和签订合同/协议提供依据

　　C. 向政府公安、消防等部门申请许可文件的依据

　　D. 为工程设计提供依据

8. 国民经济效益评价的角度是（　　）。

　　A. 项目财务盈利能力　　　　　　　　B. 贷款偿还能力

　　C. 国民经济和社会角度　　　　　　　D. 财务角度

9. 评价项目建设是否符合国民经济平衡发展的需要，依据不包括（　　）。

　　A. 产业结构是否合理

　　B. 是否符合国民经济总量平衡的发展需要

　　C. 是否符合国家生产力布局的要求

　　D. 是否符合国家的产业政策、技术政策

10. 国民经济评价与财务评价的区别不包括（　　）。

　　A. 评价的前提不同　　　　　　　　　B. 评价的基本出发点不同

　　C. 评价所使用价格体系不同　　　　　D. 评价使用的参数不同

　　E. 评价中费用和效益的含义和划分范围不同

三、问答题

1. 简述项目的概念及特征。
2. 简述项目评价的概念和基本特征。
3. 简述项目评价的主要内容和基本原则。
4. 简述项目决策的概念、内容和程序。
5. 简述可行性研究的概念、内容和作用。
6. 简述项目评价与可行性研究的关系。

习题参考答案

第 2 章 项目评价理论与方法

2.1 项目评价的理论基础

2.1.1 项目评价理论与方法的发展阶段

项目评价理论与方法的发展大致经历了三个阶段[①]：

第一阶段（20世纪50年代前），以西方传统经济学古典经济学派为代表的微观效益分析时期。项目评价等同于项目财务可行性评价，实行的是项目财务评价，即分析项目在财务上的获利能力和偿债能力，其特点是寻求投资项目以带来最大的企业利润。在盈利能力分析上，从最初使用投资回收期和简单投资利润率等静态分析指标作为项目取舍的依据，发展为采用财务净现值和内部收益率等动态分析指标作为项目取舍的判断依据，这一阶段的项目评价是分指标单列的逐项评价。

第二阶段（20世纪50年代以后），以凯恩斯的经济理论为代表的福利经济学进行的宏观效益分析。由于项目评价是以宏观经济效益和社会效益为主，单纯采用企业盈利性分析进行财务评价便不能反映其真实的社会效益，于是形成了一种为社会评价公共项目所需的社会效益分析的方法——SCBA（Social Cost Benefit Analysis），这种方法在形式上与传统的项目盈利性分析并没有大的差别，只是在收益和支出的计算上充分考虑企业利益与社会利益不一致的情况。

第三阶段，以现代管理学、系统论为基础的多目标效益分析。自20世纪70年代以来，在投资项目财务评价和经济评价的基础上，投资项目的环境评价、社会评价等的理论方法逐步形成并得到发展，从而导致以效益—费用为核心的项目评价指标体系的范围发展。这一阶段的项目评价所面对的被评项目的内外部影响因素、指标体系的层次性、复杂性、权重的确定方法，对项目综合评价都提出了更高的要求。

2.1.2 项目评价体系发展的现实背景和理论基础

项目评价体系从最初的财务评价发展为现在的由财务评价、经济评价、社会影响评价、

---

① 骆绯，林晓言. 项目评价体系发展的现实背景及理论基础［J］. 铁道经济研究，2004(3)：41-43.

环境影响评价和后评价组成的综合评价，经历了由微观到宏观，由追求单一目标到多目标的发展过程。每一阶段的项目评价体系有何不同？为什么会在特定的时期出现这些评价体系？通过对体系发展的现实背景和理论基础的分析，可以找到这些问题的答案。

1. 财务评价发展的现实背景和理论基础

在资本主义早期，即1929年西方国家出现经济大萧条前的百余年间，西方国家一直推崇自由竞争的市场经济，因此，私人投资项目在西方国家的经济成分中占了绝大部分。私营企业为了尽可能获得最大利润、减少投资风险，在对项目投资之前会站在企业自身的角度，以利润为主要评价目标，用市场价格计算相关效益指标，分析项目的盈利能力和清偿能力。这种项目评价实际上与现在的财务评价的出发点是一致的。

在西方经济大萧条之前，新古典经济学在西方经济学界居统治地位。在此背景下发展起来的财务评价的理论基础主要是新古典经济学的微观经济理论。经济学家们偏重于分析企业微观效益，且将分析集中于私有企业追求利润最大化的行为。经济学家们认为，在市场完全竞争、全民充分就业以及私人效益和社会效益基本一致等假设条件下，用合理的市场价格计算企业利润与社会效益一致，并且私人效益之和就是社会总效益。古典经济学中能作为项目财务评价理论基础的有完全竞争模式、边际效用理论、社会效用理论等。

2. 经济评价发展的现实背景和理论基础

1) 经济评价发展的现实背景

（1）经济萧条和战后重建促进经济评价在西方国家的应用。20世纪30年代，西方国家运用新的财政政策和公共工程项目等措施来挽救萧条的经济。在第二次世界大战和战后时期，在政府公共工程项目不断增多的现实背景下，原有的财务评价已不能满足全面评价的需求。一方面，因为财务评价的目标是企业投资项目的利润，是一种私人效益；政府公共工程项目的评价目标则以宏观经济效益和社会效益为主。评价目标已不再局限于企业利润最大化，费用与效益的含义也不再局限于企业的成本和收入。另一方面，随着政府干预经济的需要和作用逐渐增强，从主观上要求从国民经济整体的角度，以国民收入和社会净收益为主要评价目标，来分析项目的经济合理性。这样就逐步形成了以传统费用—效益分析为基本方法的经济评价。

（2）技术援助促使经济评价在发展中国家的应用。第二次世界大战后，许多发展中国家进入经济稳步发展时期，且其中大部分国家都采用宏观管理、中央计划和公共投资等手段加速经济发展，具有中央集权、计划性强、政府投资较多、市场机制不完善及经济发展不稳定等特点。这些发展中国家的项目评价主要是随着国际组织和发达国家的资金和技术援助一起引入的。但是，在市场机制比较完善的西方国家产生的经济评价方法并不适用于这些发展中国家。在发展中国家，由于通货膨胀、外汇缺乏、劳动力（非技术型）过剩、实行保护性措施等原因，造成商品价格严重失真，从而大大增加了项目评价的难度，也直接影响了项目评价在发展中国家的广泛推行。针对在价格失真的情况下如何调整价格这一关键性问题，西方经济学家提出了不同的观点，逐步形成了一些适合发展中国家的以现代费用—效益分析为主要方法的经济评价。

2) 经济评价发展的理论基础

（1）宏观经济学。在经济大萧条时期，古典经济学否认长期中不自愿失业存在可能性的思想与现实相矛盾，资本主义自由竞争经济体系崩溃。在这种情况下，凯恩斯建立了一个能够证明市场价格机制不能自动消除不自愿失业的宏观经济学体系，从理论上论证了政府干预宏观经济运行，特别是以财政政策干预宏观经济运行的必要性。宏观经济学使项目评价能够扩展为单个微观项目的宏观意义分析，从而为项目经济评价体系的产生奠定了理论基础。

（2）福利经济学。福利经济学研究的核心问题是在资源稀缺的情况下，如何最适度地配置资源，使产出的国民收入（全社会经济福利）达到最大值。福利经济学中能作为项目经济评价理论基础的内容，主要是支付意愿（Willing to Pay）和消费者剩余（Consumer Surplus）理论、资源最优配置理论（帕累托最优及补偿原则）、外部效果和无形效果等。

是否将消费者剩余、外部效果和无形效果纳入费用效益的计算是经济评价与财务评价的一个区别，而利用支付意愿代替市场价格衡量项目效益是经济评价与财务评价的另一个区别。

帕累托最优状态是指资源的重新配置已经不可能在使其他人的处境不变的条件下使任何一个人的处境变好。潜在帕累托准则构成了项目经济评价费用—效益分析方法的理论基础：如果某项目的实施使社会所得（受益）补偿社会所失（费用），那么该项目的实施是对社会的一种改进，则项目是可取的。这种费用—效益分析方法隐含下述假设：政府有能力借助于财政和货币政策实现公平分配，项目评价只以增长为目标，即以项目对国民收入增长所做贡献的大小作为项目取舍的标准。然而，多年的实践证明，项目产生的效益不公平地分配于该国不同地区与阶层之间；各种社会、行政、制度方面的约束条件也限制了政府通过财政和货币政策实现公平分配的能力。特别是在发展中国家，这种限制作用更为明显。

（3）发展经济学。发展中国家为了能制定出切合实际的经济发展政策和国家计划，也必须对拟建项目做出科学的决策。但是发展中国家的经济有一些自己的特点，不能完全照搬西方宏观经济学和福利经济学的理论，而以发展中国家经济问题为研究对象的发展经济学就成为发展中国家项目经济评价的理论基础。

3. 社会影响评价发展的现实背景和理论基础

20世纪60—70年代，通过内部积累和外部援助，许多发展中国家的国民生产总值和国民收入有所增长，人均国民生产总值也有所提高。经济增长的最终目的是满足人们的基本需求、提高生活水平，但是60—70年代的经济增长并没有改善已有的社会问题，有些社会问题甚至更为严重。这些社会问题积累下来制约着下一轮的经济增长。忽视了社会因素对经济增长的促进作用是一些发展中国家没有从根本上摆脱经济衰退，发达国家内部贫富差距也越来越大的重要因素之一。因此，项目评价由单纯的经济评价发展为经济评价加收入分配分析，最后发展为独立的社会影响评价。

经济学家们认为，项目评价的经济目标从根本上来说就是要提高一个国家的福利水平，即效率目标。这种福利水平应该反映在两个方面：一是国民收入的大小；二是国民收入的分配。效率目标要求增加国民收入，实现经济增长；公平目标要求增加的国民收入在不同收入阶层、不同地区以及不同时期（现期消费和未来消费）之间进行合理分配，实现公平分配。两者合称为国民福利目标。一个项目的净效益再大，如果将其过多地分配于当前消费（或积累）或过多地分配于某一本来就很富裕的阶层或地区，那么这个项目对国民福利目标的贡献不大，所以一个项目的价值不仅取决于净效益的大小，还取决于净效益的分配。

在这种理论的指导下，项目经济评价的方法由传统费用—效益分析方法发展为引入收入分配、就业等社会发展目标的现代费用—效益分析方法。由于现代费用—效益分析方法包括了经济效率目标和社会公平分配目标两部分的分析，因此也有学者把现代费用—效益分析方法称为社会费用—效益分析方法，把这种社会费用—效益分析方法的应用称为狭义的社会评价。

社会影响评价的理论基础除了福利经济学的相关理论外，还有发展社会学的相关理论。发展社会学认为，20世纪50—60年代，发展等同于经济增长；70年代，发展等同于满足人类的基本物质需求；80年代至今，发展是人的发展，而且是一个持续的过程。从发展概念的变化中可以看出，发展越来越贴近人类自身素质的提高、人类生存空间的改善和全社会的进步。因此，社会影响评价也获得了一个完全不同于经济评价的评价目标，即"以人为中心"的评价。这也就是为什么对项目社会效果的评价会从经济评价中分离出来，成为独立的社会影响评价体系。

4. 环境影响评价发展的现实背景和理论基础

在人口数量不多、生产规模不大时，人类活动对环境的影响并不太大，即使发生环境问题也只是局部性的，所以在20世纪60年代以前，项目评价除了在经济评价的外部性中涉及环境问题之外，并没有针对环境问题的独立评价体系。20世纪60年代以后，科学技术突飞猛进，人口数量急剧增长，人类征服自然界的能力大大增强，但是与此同时，环境污染的后果日益强烈地显露出来，以致危及人类的生存和发展。

环境影响评价的理论基础之一是适度人口论。20世纪五六十年代以来，人口增长引起的环境资源危机已非常严重，具体表现在对环境资源、就业收入、城市建设的冲击，使经济增长受到制约。因此，采取适当的人口政策，控制人口增长，已经成为环境保护的重要原则。

环境影响评价的理论基础之二是代际平等论。1974年，联合国环境规划署和贸易发展会议联合举办的"资源利用方式、环境和发展战略方针专题讨论会"上提出："这一代人应具有长远的眼光，应考虑后代的需要，不应超前占用本星球有限的资源和其生命支持系统而危及人类未来的幸福甚至人类的生存。"1987年，联合国世界环境与发展委员会的报告书——《我们共同的未来》中主张应"在不危及后代人满足其需要的能力的前提下，寻求满足我们当代人需要和愿望的发展途径。"这就向我们提出了一个过去人们很少考虑的新的公正与平等问题——当代人和下一代人之间的平等。为了下一代有一个良好的生存与发展环境，不仅要求当代人更加合理、适度地开发利用环境资源，而且要求建立起包含当代人之间、当代人与后代人之间机会平等的持续性环境伦理道德观。

环境影响评价的理论基础之三是协调发展论。所谓协调发展，是指经济、社会与生态环境之间的协调发展。它是发展战略的一种选择，主要是针对传统发展战略而言的。第二次世界大战后，世界各国特别是发展中国家所采取的都是传统发展战略，其突出的共同特征是强调高投资、高积累、低消费的战略方针，强调工业化，轻视农业的地位和作用，忽视国民的收入分配和社会福利，把人均国民生产总值的增长作为社会发展的首要的甚至是唯一的目标。传统发展战略确实带来了一定的经济增长，但也造成了各种日益严重的社会问题，这种增长被称为"没有发展的经济增长"。协调发展战略是新型发展战略的一种。它的目标在于追求整个社会的全面、持续的发展，促进社会、经济和环境关系的协调，尤其是经济发展和环境保护的协调。在这种战略中，经济发展要考虑自然生态环境的长期承载能力，环境保护工作也要充分考虑一定经济发展阶段下经济的支持能力，从而避免贫困与环境恶化之间的恶性循环。

5. 后评价发展的现实背景和理论基础

后评价的概念最早产生于 20 世纪 30 年代的美国，主要是为罗斯福政府提出的社会计划服务。这种方法被欧洲国家和国际援助机构接受后开始用于对外援助项目的评价。在 20 世纪 80 年代，大多数发展中国家都面临经济衰退和债务危机，这也促使他们在公共领域开展后评价工作，总结经验教训，不断修正发展计划。由此后评价开始大范围的应用。

在社会经济政治环境的不确定因素增加的现实背景下，如果把后评价的结果反馈到项目本身或其他新的项目，可以总结评价经验，提高决策水平，为国家投资计划、政策的制订提供依据。因此，后评价逐渐成为项目评价不可分割的一部分。

后评价的理论基础是现代系统和控制论的基本原理。项目系统是由 4 个基本要素构成的，即输入、处理、输出、反馈。项目系统是一个开放的闭环系统。根据现代控制论，对闭环系统的控制采用反馈控制方法。控制论的创始人维纳指出："反馈是控制论的一种方法，即将系统以往操作结果再送入系统中去"，其特点是"根据过去的操作情况去调整未来的行为"。

2.2 项目评价的方法论体系

项目评价有其自身的方法论体系。本章重点介绍与项目评价相关的市场分析方法、效益分析方法、风险分析方法、环境分析方法和系统分析方法等。

2.2.1 市场分析方法

项目的获利能力不仅取决于可利用的各种资源，在市场经济条件下，更应取决于满足社会对项目所生产的产品的现有或潜在的需求。这就要求项目的各级决策者都应面向市场来考虑问题，将现有的或潜在的需求，放在项目建设和企业生产经营活动的中心位置。只有通过市场分析，才能了解拟建项目所生产的产品或所提供劳务的市场状况，并预测其未来发展趋势。市场分析是项目可行的重要前提，也是投资项目财务评价和国民经济评价的重要基础。

1. 市场调查的方法

市场调查的目的是获得市场预测所需的第一手资料。市场调查的方法可以分为普遍调查和抽样调查两类。由于普遍调查在实际中很难操作，因此大部分调查采用抽样调查的方式。

抽样调查时抽取样本数量的多少应依据调查的要求和母体的特点来确定。一般而言，抽取样本的数量越多，调查结果准确性越高；但调查的成本也比较昂贵。因此，调查者在确定抽取样本数量时要权衡准确性、成本和时间之间的关系。

抽样调查一般有以下两种方法。

1）单纯随机抽样调查

这种抽样调查比较简单，就是将母体中的全部个体分别编号，然后使用抽签的办法或利用随机取数表，抽出所需的样本。这种方法要求抽取必须是随机的，即总体中的每一个单位都具有同等被选择的机会，但实际中很难达到这种理想状态。大多数样本在某种程度上都存在着偏向，最简单的办法就是不受限制地随机抽样。

2）分层随机抽样调查

将母体的基本单位分为若干层次，把特性相同的基本单位划在同一层次内，再从每一个层次中随机抽样，并按照母体内每个层次的比例进行加权组合。每个层次样本的多少是由全部层次的相对大小决定的。这是当母体中各基本单位之间有较大差别时，为避免调查结果出现较大误差而采取的一种方法。

经过市场调查取得的大量数据进行统计处理，主要有以下几种统计方法。

(1) 频数分布法。在经过调查获得了大量的数据后，可以将之压缩为表格形式加以表示。如将某一对象按某一可变性质特征进行分类（如可将家庭按收入分类），也可以用"组矩数列"图形表示，每个收入阶层的家庭数列可以用若干矩阵中的一个单元区域来表示。

(2) 平均数。对数字的下一步分析是得出它们的统计，而最为常用的对数字的统计方法就是平均数，它代表了对数据中心趋势的衡量。平均数有不同的种类，应根据数据的特点选出最佳的方法。最普遍使用的平均数是算术平均数、中位数和众数。中位数是位于数据中间位置（中点）的数，众数则是在数据中出现频率最高的数。

(3) 正态分布。正态分布是所有抽样调查方法中的一个基本概念。正态分布是指数据对称地分散在其平均值周围时，其算术平均数、中位数和众数相等。在正态分布中，所有各项中的68%发生在平均数加减一个标准差的全矩内；95%发生在平均数加减两个标准差的全矩内。正态分布使用算术平均数和标准差来描述，并用"正态曲线"来体现。

当明确了抽样的调查方法后，针对不同的调查对象和不同的调查内容可以选择不同的调查形式。企业根据自身的情况，可以进行直接面对面的访问，也可以采用间接的电话访问、留卷访问，或者观察法和实验法，得到所需要的有关需求状况和消费者状况的信息。

2. 市场预测的方法

企业在经过市场调查获得了有关需求状况的第一手资料后，就应该运用具体的预测方法来预测未来市场状况。

1）市场预测的原则

在进行市场的预测时，应该遵循这样几条原则。

(1) 相似性原则。当人们对预测对象的过去和现在的情况并不了解时，无法掌握其发展的规律性。但是，许多产品的需求存在着相似的演变规律，可以利用一致的、详尽的事物发展变化规律来类推对象的情况。预测者也可以利用预测对象在某种场合下的已知规律性推测它在不同条件下的发展规律性。

(2) 相关性原则。因为与预测对象有关的各种因素之间存在着相互依存、相互制约、相互促进的因果关系，所以预测者无须掌握预测对象的发展规律，只需掌握影响预测对象的主要因素的发展规律，以此来推测预测对象的发展趋势。

(3) 延续性原则。预测对象的市场状况经常按一定的规律发展变化，并且在一定时期内以这种规律持续发展。

2）市场预测的方法

市场预测的方法一般可以分为定性预测和定量预测两大类。定性预测的方法往往适用于预测对象受到各种因素的影响，又无法对其影响因素进行定量分析的情况，预测者只能凭积累的经验、少量的数据资料和主观判断等，对事物的发展趋势和未来状态进行解释、分析和判断，如建设项目的效益与费用关系中无法量化的部分只能进行定性分析。定性预测法的基本原理是运用逻辑学的方法，来推断预测对象未来发展趋势的一种方法。定性预测法往往带有预测者主观的色彩，受个人经验判断的影响，因而具有一定的局限性。

定量预测是建立在历史数据和统计资料的基础上选择或建立合适的数学模型，通过分析和计算推断出未来的经济发展和市场变化情况。定量预测仅仅依据事物历史和现在的统计资料和情况，分析研究其发展变化规律并对未来做出预测。然而，影响事物的因素是多方面的，很多因素的变化是无可预知的，也是难以量化的，如国家政策的变化、人们消费偏好的改变，都无法用定量的指标来表示。因此，定量预测的结果也是存在一定误差并需要修正的。

（1）定性预测的方法——专家调查法。

专家调查法是应用较为广泛的一种定性预测法。专家调查法是运用一定的方法，综合专家们分散的个人经验和知识，对预测对象未来的趋势、规律、状态做出主观的判断和描述。在可行性研究中，可以根据预测对象的范围和种类选择专家，并成立专家小组。这些专家应该是在预测问题相关领域或学科有一定专长和丰富经验的人。如果项目由于资金和时间问题无法成立专家组，则也可以请一些专家短期协助预测。

专家调查和搜集索取信息数据的方式有很多种，较为常用的有专家个人判断法、专家会议法、德尔菲法。

①专家个人判断法。这是最早出现的专家调查法，以征求专家个人意见为形式。这种方法简单易行，专家的判断不受外界因素的干扰，可以最大限度地发挥专家的能力；但由于受专家个人的知识水平和资料占有的影响，预测结果带有一定的片面性。

②专家会议法。专家会议有助于与会专家们的相互启发、相互交流、取长补短、求同存异。由于参加会议的人数多，考虑问题比较全面，故可以克服专家个人判断导致的片面性，有助于得出正确的结论。但这种方式容易使专家在面对面讨论时受到心理压力的影响，易屈从于权威和大多数人的意见，受劝说性意见的影响，不愿公开发表自己的意见，影响预测结果的正确性。

③德尔菲法。这是在专家个人判断法和专家会议法的基础上发展起来的一种专家调查法。此方法尤其适用于长期需求预测，特别是当预测时间跨度长达 30~50 年，其他定量预测方法无法做出较为准确的预测，以及预测中缺乏历史数据、应用其他方法存在较大困难时，采用德尔菲法能够取得较好的效果。

德尔菲法是采用匿名函询的方法，设计出一系列简明的调查表向专家征询意见，通过有控制的反馈，取得尽可能统一的意见，从而对事物未来的发展状况做出预测。德尔菲法具有匿名性、反馈性、收敛性三大特点。

（2）定量预测方法。

对需求来说，其长期趋势的定量分析主要有以下几种常用方法。

①回归分析法。一个事物的发展变化，经常与其他事物存在直接与间接的联系，如居民收入水平的增加会引起多种物品销售量的增加。但这种关系多是随机的，很难用确定的函数关系来描述，要通过统计分析才能找到其中的规律。回归分析法是描述分析相关因素相互关系的一种数理统计方法，通过建立一个或一组自变量与相关随机变量的回归分析模型，来预测相关随机变量的未来值。

②趋势外推法。趋势外推法是根据市场预测各种变量的历史数据的变化规律，对未来进行预测的定量预测方法。用趋势外推法进行预测需具有以下条件：一是预测变量的过去、现在和将来的客观条件基本保持不变，历史数据解释的规律可以延续到未来；二是预测变量的发展过程是渐变的，而不是跳跃式的或大起大落的。只要符合上述条件，就可以以时间为自变量，以预测对象为因变量，按照历史数据的变化规律，根据参考线型对历史数据进行拟合，从而建立预测模型并进行预测。

③弹性分析方法。弹性分析是一种相对简单易行的定量预测方法。弹性也称弹性系数，是一个相对量，用来衡量某一变量的改变所引起的另一变量的相对变化。弹性总是针对两个变量而言的。例如，需求的价格弹性系数所考察的两个变量是某一特定商品的价格和需求量。而能源弹性是考察工农业总产值与能源消费量之间的关系。

④投入产出分析法。投入产出分析法是从宏观角度，通过编制投入产出表来分析预测工业产品的供需关系的方法。

⑤简单移动平均法。简单移动平均法是预测将来每一时期的平均预测值的一种方法。该方法对过去若干历史数据求算术平均数，并把该数据作为以后时期的预测值。

移动平均法的主要优点是简单易行、容易掌握。其缺点是：只在处理水平型历史数据时才有效。而在现实经济生活中，历史数据的类型远比水平型复杂，这就大大限制了移动平均法的应用范围；只简单地考虑对最近几个时期的观测值，并求平均数，而把以前的数据统统给予为 0 的权重；不存在一个确定时期"平均值"的规则。事实上，不同时期的选择对所计算的平均数是有较大影响的。

⑥简单指数平滑法。简单指数平滑法又称指数加权平均法，它是选取各时期权重数值为递减指数数列的均值方法。简单指数平滑法是一种较为灵活的时间序列预测方法，这种方法在计算预测值时对于历史数据的观测值给予不同的权重。这种方法与简单移动平均法相似，两者之间的区别在于简单指数平滑法对先前预测结果的误差进行了修正；和简单移动平均法一样，都能够提供简单适时的预测。

除此之外，还有霍特双参数线性指数平滑法、三次指数平滑法（二次曲线指数平滑法）、时间序列分解法、产品终端消费法、比价法等市场预测方法。

2.2.2 效益分析方法

1. 项目净效益评价方法

1) 净现值法

净现值（NPV）是指投资项目在寿命期内收入（或称现金流入）的现值总额（PCI）与支出（或称现金流出）的现值总额（PCO）的差额。它表示投资项目在整个寿命期内各年的收益按一定折现率折算为起始点的总净效益。

若 NPV≥0，则说明项目能获得一定的经济效益，项目可行；若 NPV<0，则表示达不到预期的经济目的，项目不可行。

多方案选优时，若各方案的寿命期相同，则净现值最大的方案最优；若各方案的寿命不等，则必须采用一些假设，使各方案具有相同的研究寿命期，以保证方案的可比性。

2) 净年值法

净年值（NAV）是指投资项目在寿命期内收入的等额年值（ACI）与支出的等额年值

（ACO）之差。它表示投资项目"平均"（或折算为）每年的净效益。

多方案选优时，净年值大于0且最大的方案最优。

3）净未来值法

净未来值（NFV）是指投资项目在寿命期内收入的未来值总额（FCI）与支出的未来值总额（FCO）的差额。它表示投资项目在整个寿命期内折算为终点的总净效益。

多方案选优时，净未来值大于0且最大的方案最优。

净现值法、净年值法和净未来值法从表面上看是三种不同的评价方法，净现值法把方案的现金流折算到起始点，净年值法把现金流折算成等额序列，净未来值法把现金流折算到终点，但它们都是反映投资项目净效益的指标，是等效的，并且具有确定的完全相关的关联性。因此，进行方案选优只需任选一种方法，一般将净现值法作为首选方法。净现值与净年值和净未来值的关联性为：

$$NPV = NAV(P/A, i_0, n) = NFV(P/F, i_0, n)$$

2. 项目经济效率评价方法

1）收益费用比率法

收益费用比率（BCR）是指投资项目在寿命期内收入的现值总额（或等额年值或未来值额）与支出的现值总额（或等额年值或未来值总额）之比。它代表项目的经济效率。

多方案选优时，收益费用比率大于1且最高的方案最优。

2）内部收益率法

内部收益率（IRR）是指投资项目在寿命期内收入的现值总额（或等额年值或未来值总额）等于支出的现值总额（或等额年值或未来值总额）时的收益率，即净现值（或净年值或净未来值）为0时的收益率。它是项目在整个寿命期内未回收投资的收益率，说明项目有经济效率。

多方案选优且投资规模相近时，内部收益率大于基准收益率且最高的方案最优。

3）投资回收期法

投资回收期是指用项目的净收益补偿其投资额所需要的年限。这个指标反映了投资的回收速度，同时也能部分描述项目的风险。投资回收期越短，投资的回收速度越快，项目的风险越小。

4）简单投资收益率法

简单投资收益率（ROI）又称投资效果系数，等于年净收益除以投资总额，表示单位投资每年可获得的净收益。

采用简单投资收益率评价单一方案的标准是：当标准投资效果系数为 E_0 时，若 ROI ≥ E_0，则方案可行；若 ROI < E_0，则方案不可行。

3. 项目边际分析法

所谓边际，是指由于自变量的微量变化而产生的因变量的变化率。设 $y=f(x)$，则边际函数为 $\frac{dy}{dx}$。

假设 x 为支出，y 是收入，则 $\frac{dy}{dx}$ 就是支出的边际收入；若 y 是经济效益，则 $\frac{dy}{dx}$ 就是支出的边际效益。

把边际效益和边际收入引入投资项目经济分析,则称为边际分析。若用差分代替微分,就是增量分析。使用较多的方法主要有增量收益费用比率法和增量内部收益率法。

1) 增量收益费用比率法

增量收益费用比率是指两方案比较时,方案 k 比方案 j 多获得的收入现值总额(或等额年值或未来值总额)除以其多支出现值总额(或等额年值或未来值总额)增量。它表示每单位支出增长额可获得的收入增长额,即支出的边际收入。

增量收益费用比率可说明增加的支出是否可行、效益如何。增量收益费用比率越大,说明增加的支出所产生的效益越好。

2) 增量内部收益率法

增量内部收益率是指两方案比较时,被比较方案 k(投资较多或净现金流量总和较大的方案)相对于基准方案 j(投资较少或净现金流量总和较小的方案)所增加(或追加)投资的内部收益率。它代表所增加投资的盈利能力,即每单位投资增长额可获得的净效益增加额,也就是投资的边际效益。

增量内部收益率可说明增加(或追加)的投资是否可行、效益如何。增量内部收益率越大,说明增加的投资所产生的效益越好。

增量内部收益率法主要适用于由增量净现金流量构成的常规投资项目。

3) 投资回收期和简单投资收益率的增量分析法

(1) 追加投资回收期法。

追加投资回收期也称增量投资回收期,是指两个方案比较时,某一方案 k 比另一方案 j 多支出的投资,通过其多获得的净收益(盈利的增加或成本的节约)来补偿其所需要的年限。

将追加投资回收期与标准投资回收期进行比较,可以反映追加(或增加)的投资是否可行、效益如何,并且可以说明两方案在标准投资回收期内的效益的优劣。

(2) 追加投资效果系数法。

追加投资效果系数也称为增量投资收益率,是指两方案比较时,年净收益增量除以投资增量,表示单位投资的增长额可获得的净收益增量,即投资的边际效益。若投资发生在起始点、各年净收益的增量均相等,则追加投资效果系数与静态追加投资回收期互为倒数。

项目的效益分析方法将在本书后面的章节进行详细介绍。

2.2.3 风险分析方法

1. 风险分析的含义

风险分析就是对项目从质与量两个方面分析潜在的风险性及风险后果,进行定性、定量或综合评价,从风险的角度考虑取舍,并对所选择方案的关键风险因素,制定控制措施以适应内外部条件的变化,达到减少资源损失,提高投资效益的目的。风险分析过程包括发现风险、拒绝或接受风险及防范风险三个主要阶段。

2. 风险分析的步骤

(1) 确定一个或几个不确定因素或风险因素。

(2) 估计不确定性因素的概率分布。

该项工作非常重要但又不易准确地计算出概率值,需要借助大量的历史统计资料和数据以及评价人员的丰富经验,根据过去的情况及未来的状态确定一个比较合理的主观概率分布。

(3) 计算变量的期望值。

变量的期望值按下列公式计算：

$$E(x) = \sum_{j=1}^{n} X_j P(X_j)$$

式中，$E(x)$ 为变量 x 的期望值；j 为 $1,2,\cdots,n$；X_j 为第 j 个状态下不确定因素的值；$P(X_j)$ 为不确定因素出现第 j 个状态的概率。

对式中 $P(X_j)$ 项，有

$$\sum_{j=1}^{n} P(X_j) = 1$$

3. 风险分析的方法

常见的风险分析方法有清单调查法（Checklist）、层次分析法（AHP）、模糊数学法（Fuzzy Set）、统计和概率法（Statistics）、敏感性分析法（Sensitive Analysis）、蒙特卡罗模拟法（Monte-Carlo Simulation）。其中前两种方法侧重于定性分析，中间三种方法侧重于定量分析，最后一种方法侧重于综合分析。

1) 清单调查法

清单调查法也叫调查和专家打分法（Checklist），是一种最常用、最简单、易于应用的分析方法。它的应用由两步组成：首先，辨识出某一特定项目可能遇到的所有风险，列出风险调查表（Checklist）；其次，利用专家经验，对可能的风险因素的重要性进行评价，综合成整个项目风险。它的具体步骤如下（以某项目为例，见表2-1）：

第一步：确定每个风险因素的权重，以表征其对项目风险的影响程度。

第二步：确定每个风险因素的等级值，按可能性很大、比较大、中等、不大、较小这五个等级，分别以 1.0，0.8，0.6，0.4 和 0.2 打分。

第三步：将每项风险因素的权数与等级值相乘，求出该项风险因素的得分，再求出此工程风险的因素总分。显然，总分越高说明风险越大。

表中 $\sum W \cdot C$ 叫风险度，表示一个项目的风险程度。若 $\sum W \cdot C = 0.56$，则说明该项目的风险度属于中等水平，可以投标，报价风险也可取中等水平。

表 2-1 风险调查表

可能发生的风险因素	权数 (W)	风险因素发生的可能性 (C)					$W \cdot C$
		很大 1.0	比较大 0.8	中等 0.6	不大 0.4	较小 0.2	
政局不稳	0.05			√			0.03
物价上涨	0.15		√				0.12
业主支付能力	0.10			√			0.06
技术难度	0.20					√	0.04
工期紧迫	0.15			√			0.09
材料供应	0.15		√				0.12
汇率浮动	0.10			√			0.06
无后续项目	0.10				√		0.04
$\sum W \cdot C = 0.56$							

为进一步规范这种方法，可根据以下标准对专家评价的权威性确定一个权重值：

（1）在国内外进行国际工程承包工作的经验。

（2）是否参加了投标准备，对投标项目所在国及项目情况的了解程度。

（3）知识领域（单一学科或综合性多学科）。

（4）在投标项目风险分析讨论会上发言的水平等。

该权威性的取值建议为 0.5~1.0，1.0 代表专家的最高水平，其他专家取值可相应减少。投标项目的最后的风险度的值为每位专家评定的风险度乘以各自的权威性的权重值，所得之积合计后再除以全部专家权威性的权重值的和。

该方法适用于决策前期。这个时期往往缺乏项目具体的数据资料，主要依据专家经验和决策者的意向，得出的结论也不要求是资金方面的具体值，而是一种大致的程度值。它只能是进一步分析的基础。

2）层次分析法

在项目风险分析中，层次分析法提供了一种灵活的、易于理解的项目风险评价方法。一般都是在项目投标阶段使用 AHP 来评价项目风险。它使风险管理者能在投标前就对拟建成项目的风险情况有一个全面认识，判断出工程项目的风险程度，以决定是否投标。

应用层次分析法进行风险分析的过程如图 2-1 所示。

（1）通过工作分解结构（WBS），按工作相似性质原则把整个项目分解成可管理的工作包，然后对每一个工作包进行风险分析。

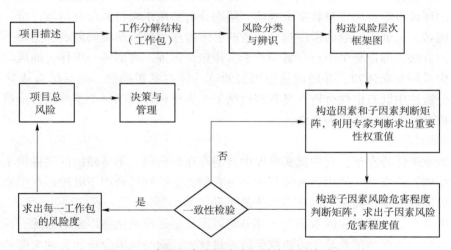

图 2-1　应用层次分析法进行风险分析的过程

（2）首先，对每一个特定的工作包进行风险分类和辨识，常用的方法是专家调查法，如德尔菲法；然后构造出该工作包的风险框架图，如图 2-2 所示。

（3）构造因素和子因素的判断矩阵，请专家按照一定的规则对因素层和子因素层各元素的相对重要性给予评判，可求出各元素的权重值。

（4）构造反映各个风险因素危害的严重程度的判断矩阵。严重程度通常用高风险、中风险、低风险三个概念来表示，求出各子风险因素相对危害程度值。

（5）利用 AHP 计算机软件，对专家评判的一致性加以检验。

（6）把所求出的各子因素相对危害程度值统计起来，即可求出该工程包风险处于高、

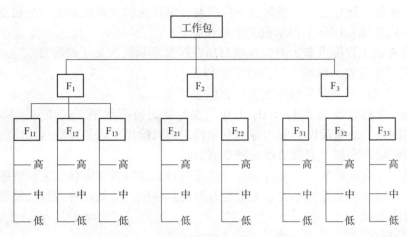

图 2-2 层次分析法风险分析框架

中、低各等级的概率值大小，由此可判断该工作包的风险程度。

（7）把组成项目的所有工作包都如此分析评价，并把各工作包的风险程度统计起来，就可得出项目总的风险水平。

（8）根据分析评价结果制定相应的决策并实行有效的管理。

项目风险的分析和评价是主观、客观结论相结合的过程，而对某些过程中潜在风险因素或子因素的评价也很难用定量数字来描述。层次分析法用于项目风险分析与评价，较好地解决了这个困难。它处理问题的程序与管理者的思维程序、分析解决问题的思路相一致，并用系统分析的方法，即把整个项目分解为若干工作包，再逐一考虑每一工作包的风险程度。在考虑过程中采用专家评判，并用定量原则检验这一评判的正确性，最后综合成整个项目风险。层次分析法中既有定性分析，又有定量结果，为管理者提供一个了解项目全过程中的风险情况的机会，使其决策更为科学。

3）模糊数学法

模糊数学的优势在于：它为现实世界中普遍存在的模糊、不清晰的问题提供了一种充分的概念化结构，并以数学的语言去分析和解决它们；它特别适合用于处理那些模糊、难以定义的并难以用数字描述而易于用语言描述的变量。

项目中潜含的各种风险因素很大一部分难以用数字来准确地加以定量描述，并且现有的绝大多数风险分析模型都是基于需要数学的定量技术，而与风险分析相关的大部分信息却是难以用数字表示的，但易于用文字或句子来描述，这种性质最适合于采用模糊数学模型来解决问题。

4）统计和概率法

风险管理要求人们在制定决策时必须考虑一笔应急费。为了解决这类问题，有效地处理可能的失误，遂统计和概率的方法被引用到该项领域中。

应用统计和概率法分析项目风险是比较传统的做法，是受 PERT（Program Evaluation and Review Technology）中分析成本—进度变化的启示。这种方法优点在于：理论基础扎实，分析过程简单。不足之处在于：其估价风险分类等级时多依靠专家个人判断，在这个方法中没有对如何处理多个专家的判断准确性做出解释。

5）敏感性分析法

敏感性分析法只考虑影响工程目标成本的几个主要因素的变化，如利率、投资额、运行成本等。敏感性分析法的结果可以为决策者提供这样的信息：工程目标成本对哪个成本单项因素的变化最为敏感，哪个其次，因而可以相应排出对成本单项的敏感性顺序。

一般在项目决策阶段的可行性研究中使用敏感性分析法分析工程风险。这种方法可以帮助决策者在最终决策时考虑这些因素的影响，并有利于决策者考虑某种最敏感因素对成本或收益的影响。因此，敏感性分析法一般被认为是一个有用的决策工具。

敏感性分析法将在后面的章节详细介绍。

6）蒙特卡罗模拟法

蒙特卡罗模拟法又称为随机抽样技巧或统计实验方法。在一般研究不确定因素问题的决策中，通常只考虑最好、最坏和最可能三种估计。如果这些不确定的因素有很多，只考虑这三种估计便会使决策发生偏差或失误。蒙特卡罗模拟法的应用就可以避免这些情况的发生，使复杂情况下的决策更为合理和准确。

使用蒙特卡罗模拟技术分析工具风险法的基本过程如下：第一步，编制风险清单；第二步，采用专家调查法确定风险因素的影响程度和发生概率；第三步，采用模拟技术，确定风险组合；第四步，分析与总结。

应用蒙特卡罗模拟技术可以直接处理每一个风险因素的不确定性，并把这种不确定性在成本方面的影响以概率分布的形式表示出来。

2.2.4 环境分析方法

1. STEP 分析

STEP 分析是一种对外部一般环境的分析方法，其中包括社会文化、技术、经济、政治四个方面。

1）社会文化环境

社会文化环境包括一个国家或地区的居民教育程度和文化水平、宗教信仰、风俗习惯、审美观点、价值观念等。文化水平会影响居民的需求层次；宗教信仰和风俗习惯会禁止或抵制某些活动的进行；价值观念会影响居民对组织目标、组织活动及对组织存在本身的认可与否的判断；审美观点则会影响人们对组织活动内容、活动方式及活动成果的态度。

2）技术环境

任何组织的活动都需要利用一定的物质条件，这些物质条件反映着一定的技术水平。社会的进步会影响这些物质条件所反映的技术水平的先进程度，从而影响利用这些条件进行组织活动的效率。

技术环境对企业的影响更为明显。企业生产经营过程是一定的劳动者借助一定的劳动条件生产和销售一定产品的过程。不同的产品代表着不同的技术水平，对劳动者和劳动条件有着不同的技术要求。技术的进步可能使企业产品被反映新技术的竞争产品所代替，可能使生产实施和工艺方法显得落后，可能使生产作业人员的操作技能和知识结构不符合要求。因此，企业必须关注技术环境的变化，以及时采取应对措施。技术环境的研究，除了要考察与所处领域的活动直接相关的技术手段的发展变化外，还应及时了解：第一，国家对科技开发的投资和支持重点；第二，该领域技术发展动态和研究开发经费总额；第三，技术转移和技术商品化速度；第四，专利及其保护情况等。

3）经济环境

经济环境是影响组织，特别是作为经济组织的企业活动的重要环境因素，主要包括宏观和微观两个方面的内容。

（1）宏观经济环境。其主要是指一个国家的人口数量及其增长趋势，国民收入、国民生产总值及其变化情况，以及通过这些指标能够反映的国民经济发展水平和发展速度。人口众多既为企业经营提供丰富的劳动力资源，决定总的市场规模庞大，又可能因其基本生活需求难以充分满足，从而构成经济发展的障碍。经济背景的繁荣显然为企业等经济组织的发展提供了机会；而宏观经济的衰退则可能给所有经济组织带来生存的困难。

（2）微观经济环境。其主要是指企业所在地区或所需服务地区的消费者的收入水平、消费偏好、储蓄情况、就业程度等因素。这些因素直接决定着企业目前及未来的市场大小。假定其他条件不变，一个地区的就业越充分，收入水平越高，该地区的购买能力就越高，对某种活动及其产品的需求就越大。一个地区的经济收入水平对其他非经济组织的活动也是有重要影响的。

4）政治环境

政治环境包括一个国家的社会制度，执政党的性质，政府的方针、政策、法令等。不同的国家有着不同的社会制度，不同的社会制度对组织活动有着不同的限制和要求。即使社会制度不变的同一个国家，在不同时期，由于执政党的不同，政府的方针特点、政策倾向对组织活动的态度和影响也是不断变化的。对于这些变化，组织可能无法预测，但一旦变化产生后，它们对组织活动可能产生何种影响，组织则是可以分析的。组织必须通过政治环境研究，了解国家和政府目前禁止组织干什么，允许组织干什么，鼓励组织干什么，从而使组织活动符合社会利益，受到政府的保护和支持。

2. SWOT 分析

SWOT 分析即分析企业优势（Strengths）、劣势（Weaknesses）、机会（Opportunities）和威胁（Threats）。因此，SWOT 分析实际上是将对企业内外部条件各方面内容进行综合和概括，进而分析组织的优劣势、面临的机会和威胁的一种方法。其中，优劣势分析主要着眼于企业自身的实力及其与竞争对手的比较；而机会和威胁分析将注意力放在外部环境的变化及对企业的可能影响上。

1）优势与劣势分析（SW Analysis）

当两个企业处在同一市场或者说它们都有能力向同一顾客群体提供产品和服务时，如果其中一个企业有更高的盈利率或盈利潜力，那么就认为这个企业比另外一个企业更具有竞争优势。换句话说，所谓竞争优势，是指一个企业超越其竞争对手的能力，这种能力有助于实现企业的主要目标——盈利。

竞争优势可以指消费者眼中一个企业或它的产品有别于其竞争对手的任何优越的东西，可以是产品线的宽度，产品的大小、质量、可靠性、适用性、风格和形象，以及服务的及时、态度的热情等。虽然竞争优势实际上指的是一个企业比其竞争对手有较强的综合优势，但是应明确企业究竟在哪一个方面具有优势更有意义，因为只有这样，才可以扬长避短，或者以实击虚。

企业竞争优势来源的广泛性，决定在做优劣势分析时必须从整个价值链的每个环节上，将企业与竞争对手做详细的对比，如产品是否新颖、制造工艺是否复杂、销售渠道是否畅通及价格是否具有竞争性等。如果一个企业在某一方面或几个方面的优势正是该行业企业应具备的关键成功要素，那么该企业的综合竞争优势就强一些。

企业在维持竞争优势过程中，必须深刻认识自身的资源和能力，采取适当的措施。因为一个企业一旦在某一方面具有了竞争优势，势必会吸引竞争对手的注意。一般地，企业经过一段时期的努力，建立起某种竞争优势；然后就处于维持这种竞争优势的态势，竞争对手开始逐渐做出反应；而后，如果竞争对手直接进攻企业的优势所在，或采取其他更为有力的策略，就会使这种优势受到削弱。影响企业竞争优势的持续时间，主要是三个关键因素：①建立这种优势要多长时间？②能够获得的优势有多大？③竞争对手做出有力反应需要多长时间？如果企业分析清楚这三个因素，就会明确自己在建立和维持竞争优势中的地位了。

2）机会与威胁分析（OT Analysis）

随着经济、社会、科技等诸多方面的迅速发展，特别是世界经济全球化、一体化过程的加快，全球信息网络的建立和消费需求的多样化，企业所处的环境更为开放和动荡，环境分析对于企业来说日益重要。

环境发展趋势分为两大类：一类表示环境威胁；另一类表示环境机会。环境威胁指的是环境中一种不利的发展趋势所形成的挑战，如果不采取果断的战略行为，这种不利趋势将导致企业的竞争地位受到削弱。环境机会就是对企业行为富有吸引力的领域，在这一领域中，企业将拥有竞争优势。

对环境的分析可以从不同的角度进行。例如，一种简明扼要的方法就是前述的 STEP 分析，即从政治（法律）的、经济的、社会文化的和技术的角度分析环境变化对本企业的影响。

哈佛大学商学院教授迈克尔·波特的名著《竞争战略》中，提出了一种结构化的环境分析方法，有时也被称为"五力分析"。他选取的五种环境要素如下：

（1）产业新进入者的威胁，如进入本行业有哪些壁垒？它们阻碍新进入者的作用有多大？本企业怎样确定自己的地位（自己进入或者阻止对手进入）？

（2）供货商的议价能力，如供货商的品牌或价格特色、在供货商的战略中本企业的地位、与供货商之间的关系、从供货商之间转移的成本等，都影响企业与供货商的关系及其竞争优势。

（3）买方的议价能力，如本企业的部件或原材料产品占买方成本的比例、各买方之间是否有合谋的危险、本企业与买方是否具有战略合作关系等。

（4）替代品的威胁。替代品限定了公司产品的最高价，替代品对公司不仅有威胁，也可能带来机会。企业必须分析：替代品给公司的产品或服务带来的是"灭顶之灾"，还是提供了更高的利润或价值？购买者转而购买替代品的转移成本有多大？公司可以采取什么措施来降低成本或增加附加值来降低消费者购买替代品的风险？

（5）现有企业的竞争。行业内竞争者的均衡程度、增长速度、固定成本比例、本行业产品或服务的差异化程度等，决定了一个行业内的竞争激烈程度。显然，最危险的环境是进入壁垒、存在替代品、由供货商或买方控制、行业内竞争激烈的产业环境。

2.2.5 系统分析方法

系统分析（System Analysis）产生于 20 世纪 40 年代末期，是因美国兰德（RAND）公司的工作而出名的。其早期主要用于武器系统的成本和效益分析，是一种定量分析方法。60年代以后，人们开始将系统分析方法广泛地用于社会经济系统，并且在实践中逐步认识到仅有定量分析是不够的，还必须同时对众多的相互交叉影响的社会因素进行定性分析，这样才有可能使系统分析成为研究社会经济系统的有力的工具。系统分析为自然科学与社会科学的紧密结合创造了有利条件，系统分析的应用范围十分广阔。

1. 系统分析的定义

目前对于系统分析的解释有广义与狭义之分。广义的解释是把系统分析作为系统工程的同义语，认为系统分析就是系统工程；狭义的解释是把系统分析作为系统工程的一个逻辑步骤，系统工程在处理大型复杂系统的规划、研制和运用问题时，必须经过这个逻辑步骤。

美国学者奎德（E. S. Quade）认为，系统分析是通过一系列的步骤帮助领导者选择最优方案的一种系统方法。这些步骤归纳起来主要是：研究领导者提出的整个问题，确定目标，建立方案，并且根据各个方案的可能结果，使用适当的方法比较各个方案，以便能够依靠专家的判断能力和经验处理问题。

我们认为，系统分析是对一个系统内的基本问题，采用系统方法进行分析研究。具体内容包括研究决策者意图、明确主要问题、确定系统目标、开发可行方案、建立系统模型、进行定性与定量相结合的分析、全面评价和优化可行方案，从而为领导者的科学决策（即选择最优方案或者满意方案）提供可靠的依据。由此可见，系统分析是辅助领导者实现科学决策的一种重要工具。

2. 系统分析的要素

系统分析的基本要素包括：目标、可行方案、费用、模型、效果、准则和结论。下面对它们分别加以说明。

（1）目标。

系统的目标就是对系统的要求，它是系统分析的基础。系统分析人员最初的、也是最重要的任务，就是了解领导者的意图，明确存在的问题，确定系统的目标。

（2）可行方案。

可行方案是指能够实现系统目标的各种可能的途径、措施和办法。其中哪一种最合适，正是系统分析所要解决的问题。

（3）费用。

费用是每一方案用于实现系统目标所需消耗的全部资源（用货币表示）。系统分析要研究费用的构成，计算系统的"寿命周期总费用"（Life Cycle Cost）。由于各种方案的费用构成可能很不一样，因此必须用同一种方法去估算它们，这样才能进行有实际意义的比较。

（4）模型。

模型是对系统本质的描述，是方案的表达形式。凭借模型，可以对不同方案进行分析、计算和模拟，以获得各种方案的性能、数据和其他信息。

（5）效果。

系统达到目标所取得的成果就是效果。衡量效果的尺度是效益和有效性，效益可以用货币形式表示，有效性则是用货币尺度以外的指标来评价。对于不同方案的效果，必须使用同一种方法去估算它们，这样才能进行直接比较。

(6)准则。

准则是目标的具体化,是系统价值的量度,用以评价各种可行方案的优劣。准则必须定得恰当,而且要便于度量才行。

(7)结论。

结论就是系统分析得到的结果,具体形式有报告、建议或意见等。对其主要的要求是:一定不要用难懂的术语和复杂的推导,而要让决策者容易理解和使用。结论的作用只是阐明问题与提出处理问题的意见和建议,而不是提出主张与进行决策。因此,结论只有经过领导者的决策以后,才能付诸行动,发挥它的社会效益和经济效益。

以上七个要素组成了图 2-3 所示的系统分析要素结构图。

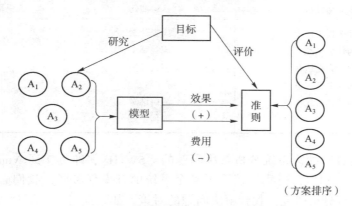

图 2-3 系统分析要素结构图(方案排序)

从这个要素结构图可以看到,系统分析是在明确系统目标的前提下进行的,经过开发研究得到能够实现系统目标的各种可行方案以后,首先要建立模型,并借助模型进行效果—费用分析;其次依据准则对可行方案进行综合评价,以确定方案的优先顺序;最后向决策者提出系统分析的结论(报告、意见或建议),以辅助领导者进行科学决策。

3. 系统分析的原则

(1)内部因素与外部因素相结合。

系统的内部因素往往是可控的,而外部因素往往是不可控的,系统的功能或行为不仅受到内部因素的作用,而且受到外部因素的影响和制约。因此对系统进行分析,必须把内、外部因素作为约束条件,用一组联立方程式来反映它们之间的相互关系。

(2)当前利益与长远利益相结合。

选择最优方案,不仅要从目前利益出发,还要同时考虑长远利益,要两者兼顾。如果两者发生矛盾,则应该坚持当前利益服从长远利益的原则。

(3)局部效益与总体效益相结合。

局部的最优并不意味着总体最优。总体的最优往往要求局部放弃最优而实现次优或次次优。所以进行系统分析时,必须坚持"系统总体效益最优、局部效益服从总体效益"的原则。

(4)定性分析与定量分析相结合。

定量分析是指采用数学模型进行数量指标的分析,但是一些政治因素与心理因素、社会效果与精神效果的影响，目前还无法建立数学模型进行定量分析，只能依靠人的经验和判断力进行定性分析。因此在系统分析中，必须把定性分析与定量分析结合起来进行综合分析，或者交叉地进行，这样才能达到系统选优的目的。

4. 系统分析的要点与步骤

1) 系统分析的要点

系统分析是运用逻辑思维推理方法对问题进行分析，在分析时往往要通过一系列的"为什么"而使问题得到圆满的解答。我们可以借用表2-2来理解系统分析的要点。

表2-2 系统分析的要点

项目	为什么	应该如何	采取什么对策
目的	为什么提出这个问题	应提什么	删去工作中不必要的部分
对象	为什么从此入手	应找哪个	
时间	为什么在这时做	应何时做	合并重复的工作内容
地点	为什么在这里做	应在何处做	
人	为什么由此人做	应由谁做	使工作尽量简化
方法	为什么这样做	如何去做	

有人把上述内容归纳为系统分析解决问题的"5W1H"，即英文词 What、Why、When、Where、Who、How。例如，当我们接受了某个系统的开发任务时，我们必须先设定问题，然后才能对问题进行分析研究，找到解决问题的对策。如果此时拟出下列设问句自问自答，就很容易抓住问题的要点，找到解决问题的关键。

（1）任务的对象是什么（即要做什么）？（What）

（2）这个任务何以需要（即为什么这样做）？（Why）

（3）它在什么时候和什么样的情况下使用（即何时做）？（When）

（4）使用的场所在哪里（即在何处做）？（Where）

（5）是以谁为对象的系统（即谁来做）？（Who）

（6）怎样才能解决问题（即如何做）？（How）

2) 系统分析的步骤

任何问题的分析与研究，均有一定的逻辑推理步骤，这里所讲的系统分析步骤是霍尔三维结构中的逻辑维的进一步明确化，两者之间没有本质的区别。因此，系统分析的步骤可以概括如下。

（1）明确问题与确定目标。当一个有待研究分析的问题确定以后，首先要将问题做有系统的合乎逻辑的阐述。其目的在于确定目标，说明问题的重点与范围，以便进行分析研究。

（2）搜集资料，探索可行方案。在问题明确以后，就要拟定解决问题的大纲和决定分析方法，然后依据已搜集的有关资料找出其中的相互关系，寻求解决问题的各种可行方案。

（3）建立模型。为便于对各种可行方案进行分析，应建立各种模型，借助模型预测每一方案可能产生的结果，并根据其结果定性或定量分析各方案的优劣与价值。

（4）综合评价。利用模型和其他资料所获得的结果，将各种方案进行定性与定量相结合的综合分析，显示出每一种方案的利弊得失和效益成本，同时考虑到各种有关的无形因素，如政治、经济、军事、科技、环境等，以获得对所有可行方案的综合评价和结论。

（5）检验和核实。以试验、抽样、试运行等方式检验所得到的结论，提出应该采取的最佳方案。

在系统分析过程中可以利用不同的模型，在不同的假定下对各种可行方案进行比较，从中选优，获得结论，提出建议。但是否实施，则取决于决策者。

5. 系统分析方法

系统分析没有一套特定的普遍适用的技术方法，随着分析的对象不同，分析的问题不同，所使用的具体方法可能很不相同。一般说来，系统分析的各种方法可分为定性和定量的两大类。定量方法适用于系统结构清楚，收集到的信息准确，可建立数学模型等情况，例如投入产出分析法、效益成本分析法等。如果要解决的问题涉及的系统结构不清，收集到的信息不太准确，或是由于评价者的偏好不一，对所提方案评价不一致等，难以形成常规的数学模型，则可以采用定性的系统分析方法，例如目标—手段分析法、因果分析法、KJ法等。

1）目标—手段分析法

目标—手段分析法就是将要达到的目标和所需要的手段按照系统展开，一级手段对应二级目标，二级手段对应三级目标，依次类推，便产生了层次分明、相互联系又逐渐具体化的分层目标系统。在分解过程中，要注意使分解的分目标与总目标保持一致，分目标的集合一定要保证总目标的实现。分解过程中，分目标之间可能一致，也可能不一致，甚至是矛盾的，这就需要不断调整，使之在总体上保持协调。将总目标分解为若干个阶层的分目标，需要有很大的创造性和掌握丰富的科学技术知识与实践经验。目标分解需反复地进行，直到满意为止。

目标—手段分析法实质是运用效能原理不断进行分析的过程。图2-4所示为发展能源的目标—手段分析图。发展能源的手段主要有发展现有能源生产、开发研究新能源和节约能源，而节约能源的主要手段是综合利用能源和开发节能设备。

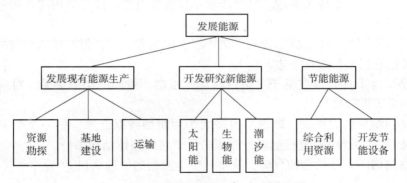

图2-4 发展能源的目标—手段分析图

2）因果分析法

系统某一行为（结果）的发生，绝非是一种或两种原因造成的，而往往是多种复杂因素的影响所致。因果分析法是利用因果分析图来分析影响系统的因素，并从中找出产生某种结果的主要原因的一种定性分析方法。这种方法是在图上用箭头表示原因与结果之间的关系（见图2-5），形象简单、一目了然，特别是分析复杂问题时，更能发挥其长处。因为它把人们头脑中所想问题的结果与其产生的原因结构图形化、条理化。在许多人集体讨论一个问题时，这种方法便于把各种不同意见加以综合整理，从而使大家对问题的看法逐渐趋于一致。

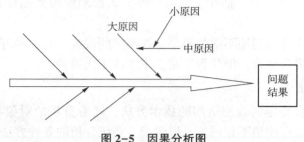

图 2-5　因果分析图

3) KJ 法

KJ 法是一种直观的定性分析方法，它是由日本东京工业大学的川喜田二郎教授开发的。KJ 法是从很多具体信息中归纳出问题整体含义的一种分析方法。它的基本原理是：把一个个信息做成卡片，将这些卡片摊在桌子上观察其全部，把有"亲近性"的卡片集中起来合为子问题，依次做下去，最后求得问题整体的构成。这种方法把人们对图形的思考功能与直觉的综合能力很好地结合起来，不需要特别的手段和知识，不论是个人或者团体都能简便地实行，因此 KJ 法是分析复杂问题的一种有效方法。

KJ 法的实施按下列步骤进行：

(1) 尽量广泛地收集与问题可能有关的信息，并用关键的语句简洁地表达出来。

(2) 一个信息做一张卡片，卡片上的标题记载要简明易懂。如果是团体实施，则要在记载前充分协商好内容，以防误解。

(3) 把卡片摊在桌子上通观全局，充分调动人的直觉能力，把有"亲近性"的卡片集中到一起作为一个小组。

(4) 给小组取个新名称，其注意事项同步骤 (1)。这个小组是由小项目 (卡片) 综合起来的，应把它作为子系统来登记。这个步骤不仅要凭直觉，还要运用综合和分析能力，发现小组的意义所在。

(5) 重复步骤 (3) 和 (4)，分别形成小组、中组和大组，但对难以编组的卡片不要勉强地编组，可把它们单独放在一边。

(6) 把小组 (卡片) 放在桌子上进行移动，根据小组间的类似关系、对应关系、从属关系和因果关系等进行排列。

(7) 将排列结果画成图表，即把小组按大小用粗细线框起来，把一个个有关系的框用"有向枝"(带箭头的线段) 连接起来，构成一目了然的整体结构图。

(8) 观察结构图，分析它的含义，取得对整个问题的明确认识。

2.3　项目评价理论方法的发展趋势

2.3.1　在财务评价和国民经济评价的基础上，进一步加强社会评价和综合评价

从财务评价，到国民经济评价，再到社会评价和综合评价，这一过程是人们对项目评价

从局部到整体、从感性到理性、从落后到进步的认识过程，也是项目评价理论与方法的进步过程。随着社会的进步和技术的发展，在项目评价中所考察的目标越来越多，研究的范围越来越广，分析的问题越来越深。在项目评价的初期，由于发展和认识的局限性，人们只注重企业或项目的本身效益，没有看到更广、更深的层面，因此当时的项目评价指的就是财务评价；后来人们逐渐认识到建设项目对整个国民经济的影响，发现有必要从整个国民经济的角度对项目重新建立评价指标体系，即上升到国民经济评价的高度；近几十年，随着社会财富的不断积累和人类生活水平的不断提高，人们在关注建设项目经济效益的同时，开始关注建设项目的非经济效益，如社会效益、心理效益、环境效益、国际关系效益、可持续发展效益等，而且社会越发展，对项目的非经济因素的影响就越重视。因此，今后在项目财务评价和国民经济评价的基础上，项目的社会评价和综合评价有被加强的趋势。

2.3.2 在社会评价和综合评价的基础上进一步建立可持续发展评价体系

对项目的评价在某种意义上来说是对以项目为中心的未来环境的预测和评价。项目的未来环境应该与项目前环境保持连续性，至少不应该向环境恶化的方向突变。项目社会评价和综合评价的一个目标就是确保环境的连续性，即符合"可持续发展"的要求。"可持续发展"是建设项目社会评价和综合评价中不可不考察的一个目标。随着全球环境（包括生态环境和社会环境）的不断恶化，人们越来越认识到不能再牺牲后代的发展来换取当代的一时发展，否则，发展将是暂时的、短暂的和自取灭亡的。因此，应该坚决贯彻"可持续发展"战略，走"可持续发展"之路；任何有悖于该发展战略的项目应在评价中得分不及格，也就是赋予"可持续发展评价"一票否决权。掌握项目的"生杀大权"，就应该在社会评价和综合评价的基础上尽快建立可持续发展评价体系，确定其评价地位。

2.3.3 项目评价中更加注重"以人为本"

项目早期的财务评价注重的只是低投入、高利润、低风险，即以"财"为本，不注重或很少注重人的发展。这是因为当时西方正处于工业革命时期，绝大部分产业属于劳动密集型或机器密集型产业，对项目建设者或投资者来说，劳动力是一种并不比机器更优越的资本。再者，当时的竞争主要表现为对劳动生产率的竞争，因此对能动的人的影响重视不够。现如今是知识经济时代，竞争主要表现为知识的竞争、信息的竞争，即归根到底是人才的竞争。人才即人力资源，是最为重要也是最为优越的资本。因此，项目能否顺利建设并长久地盈利运营，在很大程度上取决于参与项目建设和运营的人才规模、人才质量和人才储备。所以，拟建项目能否营造一个舒适和具有广泛发展前景的环境以留住人才和吸引更多的人才加入，应该成为建设项目微观评价的一个指标。此外，"以人为本"的评价思想不但要体现在项目的建设者身上，而且更应该体现在项目的使用者身上。项目终究是要竣工并投入运营的，是要为一个地区或一个国家的人民造福的。因此，在项目设计时要充分考虑人的需求，既要考虑人们个性化需求，也要考虑有助于人类整体发展的社会需求，满足人们和社会的需求程度也应该作为建设项目微观评价的一个指标。

2.3.4 绿色会计与社会责任会计体系的建立将进一步推动项目评价理论方法的改进和创新

传统的项目评价侧重于项目的经济评价，项目评价的方法和数据的取得均是建立在传统会计核算体系之上的，而传统会计核算体系没有将项目的社会成本和社会效益考虑在内，这势必决定了传统项目评价更注重项目的经济效益而忽视社会效益。近年来人们逐渐认识到，在传统的经济核算体系引导下，自然资源毁损、环境破坏、生物多样性下降，从而导致人类有效生存空间减少等这些本来是经济价值的巨大"亏空"或"损失"，却以经济增长形式体现在传统 GDP 中，歪曲了经济发展的本来面貌。因此，改变传统的 GDP 核算与会计核算体系，构建与自然环境和谐发展的绿色核算体系是当前可持续发展社会的必然趋势。

绿色会计核算体系中各会计要素的概念和范围将被重新界定，除了资金之外，绿色会计要考虑资源环境、生态循环价值的核算。如在资产中增加"自然资产"的项目，即人类共同拥有的淡水资源、海洋、矿产资源等；将企业应承担的环保社会责任加以确认列为负债，将"自然资本"列入企业所有者权益；收入包括企业在推行环保政策、积极治理污染所享受的补贴、奖励、税收减免和因治理环境使企业形象、信誉度提高而带来的社会效益；费用包括社会成本、环境成本、耗用资源、征收的生态环境补偿费、环境治理研究与开发费等。绿色会计将项目的社会效益和社会成本纳入核算体系中，这为项目评价中更多的考虑社会效益提供可能，传统以经济评价为主的项目评价理论方法体系将得以进一步改进。应该说，企业绿色社会责任会计体系的建立为项目评价理论方法的创新带来了新的契机。

2.3.5 大力开创信息化项目评价手段

项目评价是建立在对该项目有关信息的广泛收集基础之上的，没有相关的信息和数据支持，评价便无从谈起。而且，评价工作的质量在很大程度上取决于所掌握的信息的完备性、真实性和处理的科学性。高速发展的计算机技术和网络技术为项目评价工作注入了新的生机与活力。首先使信息收集途径多样化、立体化，信息收集更为方便快捷；其次使信息处理更为高效化、科学化。

项目评价与其他评价工作相比一个显著的特点就是"超前性"，即所评价的对象都是还没有发生的未来事务，具有显著的不确定性。而且，评价目标错综复杂、相互制约。用静态的评价方法虽然操作简单，但不符合实际情况，准确度不高；用动态分析方法比较能符合实际情况，准确度较高，但是操作复杂，关键就是把握不好各因素之间的制约力度。以计算机技术和信息技术为基础的"虚拟现实"技术可有效解决这一矛盾。"虚拟现实"技术和项目评价理论与方法相结合，可人为"创造"一个虚拟的"未来环境"，在一定条件下运营，便可从中得到很多有价值的评价数据，比其他方法更为直接、高效。"虚拟现实"技术在项目评价中的应用只是项目评价理论和方法与信息技术相结合的一个实例，随着科学技术的不断发展，信息技术在建设项目评价中的应用将更加广泛。近年来，各个行业的数据总量在以互联网、云计算、物联网为基础的信息时代下呈现出爆炸式增长的态势，大数据思维与大数据技术成为行业适应信息时代的重要支撑。传统的项目评价分析由于数据不充分以及评价过程主观性太强等缺点，已经不能适应项目投资分析决策的需要。因此，基于大数据、云计算、互联网的评价方法的创新和投资决策思维的转变是必要的和大势所趋的。企业运用大数据与人工智能技术实施投资项目评价，有利于解决信息不对称、收益和风险预测不准确等问题。例如，利用大数据平台的海量数据，通过数据挖掘与人工智能算法，可以帮助寻找新建项目关于投资规模、投资额等指标的优化方案。大数据平台的建设与人工智能应用，必将较大程度地提高项目评估的效率和水平。

一、判断题

1. 经济学家们认为，项目评价的经济目标从根本上来说就是要提高一个国家的福利水平，即效率目标。（　）
2. 社会影响评价的理论基础只有福利经济学的相关理论。（　）
3. 项目系统是由"输入""处理""反馈"三种基本要素构成。（　）
4. 项目的获利能力取决于可利用的各种资源。（　）
5. 风险分析过程包括发现风险、拒绝或接受风险及防范风险三个主要阶段。（　）
6. 市场调查的目的是获得市场预测所需的第一手资料。（　）
7. 定量预测法相比于定性预测法，更带有预测者主观的色彩。（　）
8. 项目评价是建立在对该项目有关信息的广泛收集基础之上的，没有相关的信息和数据支持，评价便无从谈起。（　）
9. 宏观经济学中能作为项目经济评价理论基础内容的，主要包括支付意愿和消费者剩余理论、资源最优配置理论、外部效果和无形效果等。（　）
10. 德尔菲法是最早出现的专家调查法，以征求专家个人意见为形式，具有匿名性、反馈性、收敛性三大特点。（　）
11. 系统分析的基本要素有目标、可行方案、收入、模型、效果、准则和结论。（　）
12. 项目早期的财务评价注重的只是高投入、高利润、低风险，即以"财"为本，不注重或很少注重"人"的发展。（　）
13. STEP 分析包括社会环境、技术环境、经济环境和政治环境。（　）
14. SWOT 分析是分析企业优势、劣势、机会和威胁。（　）
15. 项目评价理论与方法大致经历四个发展阶段。（　）

二、选择题

1. 经济评价发展的理论基础不包括以下哪一项？（　）
   A. 宏观经济学　　　B. 福利经济学　　　C. 发展经济学　　　D. 产业经济学
2. 环境影响评价的理论基础不包括以下哪一项？（　）
   A. 适度人口论　　　B. 代际平等论　　　C. 协调发展论　　　D. 可持续发展论
3. （　）研究的核心问题是在资源稀缺的情况下，如何最适度地配置资源，使产出的国民收入（全社会经济福利）达到最大值。
   A. 宏观经济学　　　B. 福利经济学　　　C. 发展经济学　　　D. 产业经济学
4. 一个国家的福利水平应该反映在两个方面：一是国民收入的（　）；二是国民收入的分配。
   A. 大小　　　　　　B. 增长　　　　　　C. 提高　　　　　　D. 公平
5. 以下哪一项不是在进行市场的预测时应该遵循的原则？（　）
   A. 相似性原则　　　B. 相关性原则　　　C. 独立性原则　　　D. 延续性原则
6. （　）的目标在于追求经济发展和环境保护的协调。
   A. 协调发展战略　　B. 可持续发展战略　C. 平等发展战略　　D. 适度发展战略

7. 以下哪一项不是系统分析的基本要素？（   ）
   A. 可行方案   B. 模型   C. 效果   D. 前景
8. 以下哪一项不属于定性的系统分析方法？（   ）
   A. 目标—手段分析法   B. 因果分析法
   C. KJ法   D. 投入产出分析法
9. 以下哪一项是定性预测的方法？（   ）。
   A. 专家调查法   B. 回归分析法   C. 弹性分析方法   D. 简单移动平均法
10. 根本上讲，项目评价就是要提高一个国家的（   ）。
    A. 福利水平   B. 环境水平   C. 文化水平   D. 消费水平
11. 以下哪项不属于市场预测方法的原则？（   ）
    A. 相关性原则   B. 相似性原则   C. 延续性原则   D. 可靠性原则
12. 以下不属于环境分析方法的是（   ）。
    A. STEP 分析   B. 敏感性分析   C. 五力分析   D. SWOT 分析
13. 以下属于常见的风险分析方法的是（   ）。
    A. 专家调查法   B. 净现值法   C. 敏感性分析法   D. 内部收益率法
14. STEP 分析中的"S"指的是（   ）。
    A. 社会   B. 优势   C. 经济   D. 机会
15. 以下哪项不属于与项目评价相关的市场分析方法？（   ）
    A. 专家调查法   B. 回归分析法   C. 趋势外推法   D. 净现值法

三、问答题

1. 项目评价理论与方法的发展，大致经历哪三个阶段？
2. 请简述系统分析的原则和步骤。
3. 请简述项目评价理论方法的发展趋势。
4. 市场预测的方法一般可以分为定性预测和定量预测两大类，请写出几种定量分析主要运用的方法。
5. 请简述调查和专家打分法的具体步骤。
6. 微观经济环境和宏观经济环境分别指什么内容？
7. 简述迈克尔·波特提出的"五力分析"的内容。

习题参考答案

第 3 章　项目评价原理与指标

3.1　资金的时间价值与等值计算

3.1.1　资金的时间价值

在不同的时间付出或得到同样数额的资金在价值上是不等的。也就是说，资金的价值会随时间发生变化。今天可以用来投资的一笔资金，即使不考虑通货膨胀因素也比将来可获得的同样数额的资金更有价值。因为，当前可用的资金能够立即用来投资并带来收益，而将来才可取得的资金无法用于当前的投资，也无法获取相应的收益。不同时间发生的等额资金在价值上的差别称为资金的时间价值。

对于资金的时间价值，可以从两个方面理解：

首先，随着时间的推移，资金的价值会增加，这种现象叫资金增值。资金是属于商品经济范畴的概念，在商品经济条件下，资金是不断运动的。资金的运动伴随着生产与交换的进行，生产与交换活动会给投资者带来利润，表现为资金的增值。从投资者的角度来看，资金的增值特性使资金具有时间价值。

其次，资金一旦用于投资，就不能用于现期消费。牺牲现期消费是为了能在将来得到更多的消费，个人储蓄的动机和国家积累的目的都是如此。从消费者的角度来看，资金的时间价值体现为对放弃现期消费的损失所应做的必要补偿。

由于工程项目的建设、方案的实施等都有一个时间上的持续过程，期间投入的成本资金或者获得的收益资金同样也具有时间价值，因此我们在对工程项目进行经济评价时，必须考虑资金的时间价值，这样才能真实、客观地评价工程项目的经济效果。

3.1.2　利息与利率

利息作为占用资金所付出的代价或放弃使用资金所获得的报酬，其实是资金时间价值的一种表现形式。利息的计算实际上就是对借贷资金时间价值的计算。

利息率简称利率，是指一个计息周期内利息额同借贷资本额（本金）的比率。它体现了借贷资本增值的程度，是计算利息额的依据。利率通常用 i 来表示，表达式为

$$i=\frac{I_1}{P} \tag{3-1}$$

式中，I_1 为一个计息周期的利息额；P 为本金。

式（3-1）表明，利率是单位本金经过一个计息周期后的增值额，它反映了资金增值的程度，是衡量资金时间价值的相对尺度。

1. 单利和复利

利息的计算有单利计算和复利计算两种方法。

单利计算是指仅对本金计算利息，对所获利息不纳入本金计算下期利息的计算方法。单利的计算公式如下。

$$I_n = P \cdot i \cdot n \tag{3-2}$$

式中，I_n 为 n 个计息周期的利息额；i 为利率；n 为计息周期数。

n 个计息周期后的本利和为

$$F_n = P(1+i \cdot n) \tag{3-3}$$

式中，F_n 为本利和。

复利计算是指不仅对本金计算利息，而且将所获利息纳入本金来计算下期利息的计算方法。复利计算的本利和公式为

$$F_n = P(1+i)^n \tag{3-4}$$

利息额为：

$$I_n = P[(1+i)^n - 1] \tag{3-5}$$

对于相同的本金和计息周期，复利计算的本利和要大于单利计算的本利和。因为在复利计算中，本金产生的利息作为资金也具有时间价值，也可以继续产生新的利息；而在单利计算中，忽略了利息本身的时间价值。因此，用复利计算利息更能体现出全部资金（包括增值部分）的时间价值。在实际的工程项目中，资金总是在不断地周转、循环和增值的，为了更好地反映资金的时间价值，以准确地评价项目的经济效果，我们通常采用复利的计算方法。

2. 名义利率和实际利率

在工程项目经济分析中，复利计算通常以年为计息周期。但在实际的经济生活中，也有按季、月、周、日等计息周期来计算的。当利息的实际计算不是按名义上的计息周期来计算时，就会产生名义利率和实际利率的问题。例如名义上的年利率，在实际计算中以月为单位分 12 次计算利息，此时，年利率称为名义利率，而实际计算产生的利息占本金的比率称为实际利率。

假如我们用 r 表示名义利率，用 m 表示一年中计息次数，可推导出实际利率与名义利率的关系为

$$i = \left(1+\frac{r}{m}\right)^m - 1 \tag{3-6}$$

实际利率概念的引入有利于我们比较在不同计息方式下（如在相同的名义利率下按不同的计息次数计息）的真实利率，进而避免因按各种不同方式计息时可能造成的混乱。

3. 连续复利与间歇复利

复利计算又可分为连续复利和间歇复利两种计算方法：如果计息周期为一定的时间

（如年、季、月、日等），则称为间歇复利计算；如果计息周期趋向于零（即计息次数趋向于无限多），则称为连续复利计算。

连续复利计算时，实际利率的公式为

$$i = \lim_{m \to \infty}\left[\left(1+\frac{r}{m}\right)^m - 1\right] = e^r - 1 \tag{3-7}$$

连续复利计算通常用于经济研究中。因为一般情况下，现金交易活动总是倾向于平均分布，而不是集中在某一特定的日期，用连续复利计算更接近于实际情况。同时，在有些数学模型中，采用连续复利计算比间歇复利计算更加方便。尽管如此，在目前实际的项目经济效果评价中，仍主要采用间歇复利计算。因为在目前的会计制度下，通常都是在年底结算一年的进出款，财务上也是按年支付税金、保险金和抵押费用等。因此，在一般的项目经济效果计算中，通常采用间歇复利计算，而且以年作为计息周期。

3.1.3 资金等值换算公式

1. 现金流量图

如果把项目看成一个系统，那么对这个特定的系统而言，在其运行的期间，将会有大量的现金流入与流出，且其发生的数额和时间均不尽相同，现金流量图便可以图的形式将系统的现金流动情况直观地表示出来，如图3-1所示。

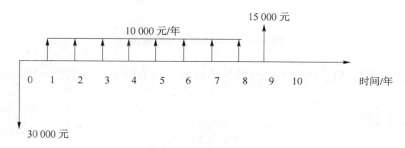

图3-1 现金流量图

在图3-1中，横轴表示时间，与横轴相连的垂直线表示流入或流出的现金流量，箭头向下表示现金流出，箭头向上表示流入，其长度与现金流量的大小成比例。

2. 资金等值计算公式

在考虑时间因素的情况下，不同时点发生的绝对值不等的资金额，在数值上不能直接相加减，只能利用等值的概念，把一个时点发生的资金额换算成另一个时点的等值金额来进行，这一过程称为资金的等值计算。

资金等值计算公式与银行复利计算公式在形式上是一样的，只不过在实际的项目中，资金的时间价值形式更多地体现为资金投资的收益。

1) 公式的符号说明

P（Present Value）：现值，指资金在某一基准起始点的金额。通常我们把将来某一时点的资金金额换算成某一基准起始点的等值金额的过程称为"折现"或"贴现"；折现后的资金金额便是现值。值得注意的是，"现值"并非专指一笔资金"现在"的价值，而是一个相对的概念。如以第t个时点作为计算的基准起始点，则第$t+k$个时点上发生的资金折现到第t

个时点，所得的等值金额就是第 $t+k$ 个时点上资金金额的现值。在项目评价中，我们通常以投资首次发生的时间作为基准起始点，但有时也把投产年初作为基准起始点。

F（Future Value）：将来值或终值，是相对现值而言的。它发生在现值之后，即将来某一时点上的金额。

A（Annual Value）：年均值或等额年值，指每年均发生的等额现金流的金额。在经济评价分析中，A 通常表现为从第 1 年年末至第 n 年年末连续发生的等额现金流序列。

i（Discount Rate or Interest Ratio）：折现率或利率，是反映资金时间价值的参数。需要指出的是，在项目经济评价分析中，利率 i 主要指工程项目的收益率，而不是专指银行贷款利率。

n（Number）：计息时间周期数，计息时间周期通常以年为单位。

2）常用的 6 个基本公式

（1）一次支付类型。一次支付（或整付）是指项目的现金流入和现金流出仅发生一次的情况。如图 3-2 所示，现金流出 P 和现金流入 F 只发生一次，分别在时间零点和第 n 年年末发生。

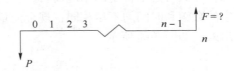

图 3-2 一次支付现金流量图

考虑资金的时间价值，P 与 F 之间的等值计算公式有两个，分别为一次支付终值公式和一次支付现值公式。

①一次支付终值公式。

$$F = P(1+i)^n$$

该公式表示在折现率为 i，周期为 n 的条件下，终值 F 与现值 P 之间的等值关系。其中，$(1+i)^n$ 称为一次支付终值系数，可表示为 $(F/P, i, n)$。

②一次支付现值公式。

$$P = F(1+i)^{-n}$$

这是已知终值求现值的等值计算公式，$(1+i)^{-n}$ 称为一次支付终值系数，可表示为 $(P/F, i, n)$。

（2）等额分付类型。等额分付是多次支付形式中的一种。所谓多次支付，是指现金流入和流出在多个时点发生，而不是集中在某个时点，其数额大小可以不等，也可以相等。等额分付是多次支付形式中的一种，即现金流是连续发生的，且数额相等。根据分付类型的不同，可分为四种情况。

③等额分付终值公式。

$$F = A\left[\frac{(1+i)^n - 1}{i}\right]$$

式中，系数 $\frac{(1+i)^n - 1}{i}$ 称为等额分付终值系数，可表示为 $(F/A, i, n)$。

④等额分付偿债基金公式。

$$A = F\left[\frac{i}{(1+i)^n - 1}\right]$$

式中，系数 $\frac{i}{(1+i)^n - 1}$ 称为等额分付偿债基金系数，可表示为 $(A/F, i, n)$。

⑤等额分付现值公式。

$$P = A\left[\frac{(1+i)^n - 1}{i(1+i)^n}\right]$$

式中，系数 $\frac{(1+i)^n - 1}{i(1+i)^n}$ 称为等额分付现值系数，可表示为 $(P/A, i, n)$。

⑥等额分付资本回收公式。

$$A = P\left[\frac{i(1+i)^n}{(1+i)^n - 1}\right]$$

式中，系数 $\frac{i(1+i)^n}{(1+i)^n - 1}$ 称为等额分付资本回收系数，可表示为 $(A/P, i, n)$。

以上是常用的资金等值计算的六个基本公式。为便于理解公式的意义及相互间联系与区别，将其汇总于表3-1中。

表3-1　常用资金等值计算公式

类别		已知	求解	公式	系数名称及符号	经济含义
一次支付	终值公式	现值 P	终值 F	$F = P(1+i)^n$	一次支付终值系数 $(F/P, i, n)$	一次支付 n 年后的本利终值
	现值公式	终值 F	现值 P	$P = F(1+i)^{-n}$	一次支付现值系数 $(P/F, i, n)$	n 年后的本利终值一次支付为现值
等额分付	终值公式	年值 A	终值 F	$F = A\left[\frac{(1+i)^n - 1}{i}\right]$	等额分付终值系数 $(F/A, i, n)$	每年等额分付，n 年后的本利终值
	偿债基金公式	终值 F	年值 A	$A = F\left[\frac{i}{(1+i)^n - 1}\right]$	等额分付偿债基金系数 $(A/F, i, n)$	n 年后的本利终值以每年等额分付的方式还清
	现值公式	年值 A	现值 P	$P = A\left[\frac{(1+i)^n - 1}{i(1+i)^n}\right]$	等额分付现值系数 $(P/A, i, n)$	每年等额分付，n 年后的本利现值
	资本回收公式	现值 P	年值 A	$A = P\left[\frac{i(1+i)^n}{(1+i)^n - 1}\right]$	等额分付资本回收系数 $(A/P, i, n)$	n 年后的本利现值，以每年等额分付的方式回收

3.2　项目经济评价的基本指标及计算方法

项目的重要财务目标是盈利。如何识别项目的盈亏呢？我们可通过一系列的经济效果指标衡量，小到一个简单的企业技改项目，大到三峡工程这样举世瞩目的工程都是如此。虽然这些项目功能各异、规模不同、形式千差万别，但是用来评价它们的经济效益指标是相同的。

项目经济效果评价的指标是多种多样的,不同指标考察问题的角度、侧重点不同,适用范围和应用条件也不同。因此,工程项目的经济效果分析和评价,仅用某一指标衡量是不够全面的,需要用指标体系来描述。

项目经济效果的评价指标可从投资回收时间、投资盈利能力、投资使用效率三个方面进行分类,如图3-3所示:一是以时间为计量单位的时间型指标;二是以货币单位计量的价值型指标;三是反映资源利用效率的效率型指标。在这些指标中,也可按是否考虑资金的时间价值,将其分为静态评价指标和动态评价指标两类。

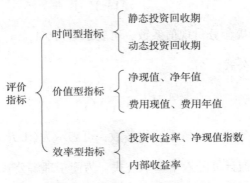

图 3-3 项目经济评价分类

3.2.1 时间型指标

时间型指标用于评价项目的投资回收能力,即全部投资回收所需要的时间,称为投资回收期。如果项目预测的投资回收期小于或等于行业基准投资回收期,则项目可行;否则,不可行。

1. 静态投资回收期 P_t

投资回收期是指以项目的净收益抵偿全部投资所需要的时间,一般从项目开始投资之年算起,如果从投产年或达产年算起,则应予以注明。

投资回收期有静态和动态之分。静态投资回收期是在不考虑资金的时间价值条件下,考察项目的投资回收能力。它从一个侧面反映项目的经济效益,计算公式为

$$\sum_{t=0}^{P_t}(CI-CO)_t=0 \tag{3-8}$$

式中,CI 为现金流入量;CO 为现金流出量;$(CI-CO)_t$ 为第 t 年的净现金流量;P_t 为静态投资回收期(年),反映项目全部投资回收需要的时间。

以上是静态投资回收期的理论公式。但实际应用不方便,因为使式(3-8)成立的 P_t 值一般并不正好是整数。在实际计算中,一般根据投资项目财务分析中使用的现金流量表进行计算,公式如下:

$$P_t = (T-1) + \frac{第\ T-1\ 年的累计净现金流量的绝对值}{第\ T\ 年的净现金流量} \tag{3-9}$$

式中,T 为项目各年累计净现金流量首次出现正值或零的年份。

在项目评价中,项目的投资回收期必须小于或等于行业基准投资回收期 P_c;否则,表示项目未满足行业项目投资盈利性和风险性的要求。

静态投资回收期指标概念易于理解、计算方法简便，而且在一定程度上反映了项目的经济性和项目的风险性。一般而言，P_t 越长，项目风险越大。因为时间越长，人们所能确知的东西就越少，不确定性所带来的风险就越大。但是，静态投资回收期指标没有反映资金的时间价值，而且舍弃了回收期以后的收入与支出，不能全面反映项目在寿命期内的真实效益，因此一般用作项目经济评价的辅助性指标。

2. 动态投资回收期 P'_t

动态投资回收期是指在考虑资金时间价值的条件下，按设定的行业基准收益率收回投资所需的时间。其计算公式为

$$\sum_{t=0}^{P'_t} (CI-CO)_t (1+i_c)^{-t} = 0 \quad (3-10)$$

式中，P'_t 为动态投资回收期；i_c 为行业基准收益率。

与静态投资回收期类似，在实际计算中，一般用财务现金流量表中的累计净现金流量现值计算动态投资回收期。其计算公式如下：

$$P'_t = (T-1) + \frac{\text{第}(T-1)\text{年的累计净现金流量现值的绝对值}}{\text{第 }T\text{ 年的净现金流量现值}} \quad (3-11)$$

式中，P'_t 为动态投资回收期；T 为项目各年累计净现金流量现值开始出现正值或零的年份。

在项目评价中，项目的动态投资回收期必须小于或等于行业基准投资回收期 P_c。

[例 3-1] 某项目的净现金流量见表 3-2。设行业基准收益率为 10%，试计算该项目的动态投资回收期。如果行业的基准投资回收期为 8 年，判断项目是否可以被接受。

解：计算各年净现金流量现值和各年累计净现金流量现值。以 $n=3$ 年为例，有：

净现金流量现值 = $(CI-CO)_{t=3}(P/F, i, n) = 12(P/F, 10\%, 3) = 9.0156$（万元）

各年累计净现金流量现值 = $\sum_{t=0}^{3}(CI-CO)_t(P/F, 10\%, n) = -24.24$（万元）

类似计算，得到各年净现金流量现值和各年累计净现金流量现值，结果列于表 3-2。

表 3-2 累计净现金流量的现值表　　　　　　　　　　　　单位：万元

年份	0	1	2	3	4	5	6	7	8	9
净现金流量	-25	-20	12	12	12	12	12	12	12	12
折现系数（$i=10\%$）	1	0.9091	0.8264	0.7513	0.6830	0.6209	0.5645	0.5132	0.4665	0.4241
净现金流量现值	-25	-18.18	9.9168	9.0156	8.196	7.4508	6.774	6.1584	5.598	5.0892
累计净现金流量现值	-25	-43.18	-33.26	-24.24	-16.04	-8.59	-1.82	4.34	9.94	15.03

各年累计净现金流量现值首次出现正值的年份为 $T=7$ 年，该年对应的净现金流量现值为 6.1584 万元，$T-1=6$ 年对应的累计净现金流量现值绝对值为 1.82 万元。代入式（3-11），得动态投资回收期为

$$P'_t = (7-1) + (1.82/6.1584) \approx 6.30 \text{（年）}$$

由于 $P'_t \leq P_c$，因此该项目可以考虑接受。

与静态投资回收期相比，动态投资回收期指标的优点是考虑了资金的时间价值，然而计算复杂。在投资回收期不长和基准收益率不大的情况下，两种投资回收期的计算结果差别不大，不至于影响方案的选择，因此动态投资回收期指标不常用。只有在静态投资回收期较长

和基准收益率较大的情况下，才计算动态投资回收期。

3. 借款偿还期

借款偿还期是指以项目投产后可用于还款的资金偿还固定资产投资所需要的时间，它反映项目偿还借款的能力。其计算公式为

$$\text{借款偿还期} = \frac{\text{借款偿还后开始}}{\text{出现盈余的年份数}} - \text{开始借款的年份} + \frac{\text{当年偿还借款额}}{\text{当年可用于还款的资金额}} \quad (3\text{-}12)$$

式（3-12）中的数据可通过资金来源与运用表和国内借款还本付息计算表得到。当借款偿还期满足贷款机构的要求期限时，即认为项目具有还贷能力。

3.2.2 价值型指标

价值型指标评价项目的盈利能力，用项目寿命周期的总净现值或净年值表示。

视频3：项目投资回收期、借款偿还期及其计算

1. 净现值

净现值（Net Present Value，表示为 NPV）是指按一定的折现率（如行业的基准收益率）将方案寿命期内各年的净现金流量折现到计算基准年（通常是期初）的现值之和。其计算公式为

$$\text{NPV} = \sum_{t=0}^{n}(\text{CI-CO})_t(1+i_c)^{-t} = \sum_{t=0}^{n}(\text{CI-CO})_t(P/F, i_c, t) \quad (3\text{-}13)$$

式中，NPV 为净现值，反映项目寿命期内净收益情况；i_c 为基准收益率①（基准折现率）；n 为项目寿命期。

若 NPV=0，则表示方案刚好达到规定的基准收益率水平；

若 NPV>0，则表示方案除能达到规定的基准收益率水平以外，还能得到超额收益；

若 NPV<0，则表示方案达不到规定的基准收益率水平。

因此，用净现值指标评价单一方案的判别准则是：如果 NPV≥0，那么项目方案可行；如果 NPV<0，那么项目方案不可行。用净现值指标评价多方案时，比较各方案的净现值，以净现值最大且非负的方案为最优方案。

净现值法的主要优点，首先是考虑了资金的时间价值因素并全面考虑了方案在整个寿命期的经营情况；其次是直接以货币额代表项目的收益大小（净现值并不直接代表利润），经济意义明确直观。但在计算净现值时，须事先给定行业基准收益率 i_c。

净现值是动态评价方法中最普遍使用的指标，既可用于单方案评价，也可用于多个互斥方案的评价与优选。当净现值指标用于多方案比较时，由于未考虑各方案投资额的大小，因而不能直接反映资金的利用效率。为了考察资金的利用效率，通常在对多个互斥方案进行评价与优选时，除了使用净现值指标外，还使用净现值率（NPVR）作为辅助指标。

2. 净年值

净年值（Net Annual Value，表示为 NAV）是通过资金等值换算将项目净现值分摊到寿命期内各年的等额年值。其计算公式为

---

① 如果项目评价的目的是测算项目的效益能否达到投资者的期望收益率，则 i_c 应代表期望收益率。

$$NAV = NPV(A/P, i_c, n) = \sum_{t=0}^{n}(CI-CO)_t(P/F, i_c, t)(A/P, i_c, n) \quad (3-14)$$

式中，NAV 为净年值。

若 NAV≥0，则意味着项目在整个寿命期内平均净年值大于或等于零，即年均现金流入大于或等于现金流出。所以，若 NAV≥0，则项目在经济效果上可以接受；若 NAV<0，则项目在经济效果上不可接受。

比较净年值和净现值的计算公式及其判别准则可知，净年值和净现值在方案评价时是一对等价的评价指标。当用于寿命期相同的多方案比较优选时，两种方法等价。但用于寿命期不同的多方案优选时，使用净现值评价方法不大方便，需对寿命期进行等同化，而年值法反映的是各方案寿命期内每年的平均收益，它不需要对寿命期进行等同化。此时，净年值方法比净现值方法更方便。

3. 费用现值和费用年值

对于多个方案进行比选时，如果各方案的产出价值相同，或各方案能满足同样的需要，但产出效益难以用价值形态计量（如教育、环保、国防等）时，可以通过各方案的费用现值（Present Value of Cost，PC）或费用年值（Annual Value of Cost，AC）计算来优选方案。显然，费用最少的方案为最优方案。计算公式为：

费用现值的表达式为

$$PC = \sum_{t=0}^{n} CO_t(P/F, i_c, t) \quad (3-15)$$

费用年值的表达式为

$$AC = PC(A/P, i_c, n) = \sum_{t=0}^{n} CO_t(P/F, i_c, t)(A/P, i_c, n) \quad (3-16)$$

式中，PC 为费用现值；AC 为费用年值。

费用现值和费用年值指标只适用于产出价值相同或能满足同样需要的多方案的比较。其判别准则是：费用现值或费用年值最小的方案为最优方案。

费用现值和费用年值指标都适用于产出效益相同的多个互斥方案的比选，以费用最小者为优，但不能进行单一方案的可行性评价。因为费用法只考虑了方案的一方面，即费用，而没有考虑收益，故是不全面的。费用现值是净现值的特例，费用年值是净年值的特例，从方案评价的结论来看，费用现值和费用年值又是一对等效的评价指标。同样，对于寿命期不同的比较方案的优选，由于不需要进行寿命期等同化，故费用年值法比费用现值法更为方便。

3.2.3 效率型指标

1. 投资收益率

投资收益率（ROI）是指技术方案投产后的年净收益与初始投资之比，属于静态指标。其计算公式为

$$ROI = \frac{R}{K_0} \times 100\% \quad (3-17)$$

式中，R 为年净收益；K_0 为初始投资。

当 R 或 R_0 的取值不同时，投资收益率对应有几种不同的内涵。

对于年净收益 R：

（1）如 R 取投产后各年的平均净收益，则 ROI 就是平均投资收益率；

（2）如 R 取投产后某一具体年份的净收益，则 ROI 就是该年份的投资收益率；

（3）如 R 取达到设计生产能力后的一个正常生产年份的净收益额，则 ROI 就是正常生产年份的投资收益率。

对于初始投 K_0：

（1）若以固定资产投资与流动资金之和作为初始投资 K_0，则 ROI 就是全部投资收益率；

（2）若仅以固定资产投资作为初始投资 K_0，则 ROI 就是固定资产投资收益率。

因为 ROI 有不同的含义，所以在进行方案比较时，一定要考虑指标的可比性问题，即它们必须是相同意义的投资收益率才能进行比较。

ROI 是衡量技术方案单位投资盈利能力的静态指标之一，它适用于简单而且产出变化不大的技术方案的初步经济评价和优选。判别方法是，当 ROI $\geq i_c$（行业或部门的基准收益率）时，认为该方案初步可行。

2. 净现值指数

由于净现值指标在进行多方案比较时，未考虑各方案投资额的大小，因而不能直接反映资金的利用效率。为了考察资金的利用效率，通常用净现值指数（NPVI）指标作为净现值指标的辅助性指标。

净现值指数（NPVI）是指按基准收益率求得方案计算期内的净现值与其全部投资现值的比率。其计算公式为

$$\mathrm{NPVI} = \frac{\mathrm{NPV}}{K_P} = \frac{\sum_{t=0}^{n}(\mathrm{CI}-\mathrm{CO})_t(P/F, i_c, t)}{\sum_{t=0}^{n} K_t(P/F, i_c, t)} \tag{3-18}$$

式中，NPVI 为净现值指数；K_P 为项目总投资现值。

净现值指数的经济含义是单位投资现值所能产生的净现值。因此，净现值指数的最大化将有利于实现有限投资的净贡献最大化。用净现值指数方法进行项目评价时，NPVI ≥ 0 方案可行；NPVI < 0 方案不可行；进行多方案比较时，以净现值指数较大的方案为优，该指标主要适用于多方案的优劣排序。

在实际的计算中，用净现值指数法与净现值法计算的结论有时相反，此时应以净现值法为方案决策依据。因为 NPVI 指标对投资额不等的备选方案进行优选时，有时会导致片面性的结论。一般只有对投资额相近的方案进行优选时，才使用 NPVI 作为辅助性指标。

3. 内部收益率

净现值法虽然简单易行，但它只能判断项目是否达到或超过要求的投资报酬率，即行业的基准收益率或投资者的期望收益率，不能求出项目实际达到的报酬（收益）率，而内部收益率（IRR）法能够解决这个问题，它所求出的是项目实际的投资报酬率。因此，在所有的经济评价指标中，内部收益率是除净现值外最重要的动态评价指标。

1）内部收益率定义

项目的内部收益率就是净现值（或净年金）为零时的收益率。它所满足的方程为

$$\sum_{t=0}^{n}(\mathrm{CI}-\mathrm{CO})_t(1+\mathrm{IRR})^{-t} = 0 \tag{3-19}$$

式中，IRR 为内部收益率。此式中，IRR 是方程要求解的变量。

2）内部收益率计算

由式（3-13）可知，净现值 NPV 与折现率 i 呈反方向变化。当 i 值较小时，NPV 为正；当 i 值较大时，NPV 为负。因此，必有一个 i 值使 NPV=0。由此得到内部收益率的几何意义，即内部收益率是净现值函数曲线与横坐标轴交点处的折现率，如图 3-4 所示。

判别准则：若 IRR$\geqslant i_c$（基准收益率），则表明项目实际的投资收益率已达到或超过基准收益率水平，在经济效果上可以接受；若 IRR$<i_c$，则表明项目实际的投资收益率未达到基准收益率水平，在经济效果上不可接受。

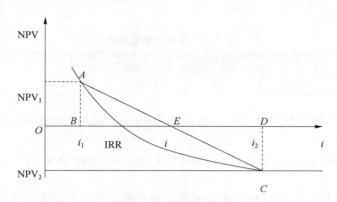

图 3-4 线性插值法求解 IRR

由于式（3-19）是一个高次方程，不易直接求解，故通常采用线性插值法求 IRR 的近似解。其基本思想是：任取图 3-4 中 NPV 曲线上符号相异的两点，如图中 A 点与 C 点，作连线 AC，AC 必与横轴相交，相交点记为 i。A、C 两点越靠近，i 就越趋近于 NPV 曲线与横轴的交点 IRR，因此可用 i 近似代替 IRR。于是求解式（3-19）的高次方程就转化为用图 3-4 的几何关系求解 i 的问题。由图 3-4 可知

$$\frac{i-i_1}{i_2-i}=\frac{\mathrm{NPV}_1}{|\mathrm{NPV}_2|}$$

经整理，得到

$$\mathrm{IRR}\approx i=i_1+\frac{\mathrm{NPV}_1}{\mathrm{NPV}_1+|\mathrm{NPV}_2|}(i_2-i_1) \tag{3-20}$$

计算的具体步骤为：

（1）设定一个 i 值，代入式（3-20）计算相应的净现值。通常以静态的投资收益率（ROI）作为最大的试验值，因为内部收益率不可能高于静态的投资收益率。

（2）由大到小逐步修正 i 值，反复试算净现值（i 值修正原则：使净现值趋于 0 直至改变符号）。

（3）在多个 i 值中，找到两个折现率 i_1、i_2，它们对应的净现值符号相异，即 $\mathrm{NPV}_1(i_1)>0$，$\mathrm{NPV}_2(i_2)<0$，并且它们的绝对值都较接近，然后根据式（3-19）计算得到内部收益率（IRR）。

由图 3-4 可知，用线性插值法求内部收益率只能得到近似值，其近似程度依赖于（i_2-i_1）。为控制误差，一般取（i_2-i_1）不超过 0.05。

3）内部收益率的意义

内部收益率是净现值（或净年金）为零时的收益率，它对应于项目寿命结束时，全部收益正好偿还全部投资费用的折现率。内部收益率是由项目本身的现金流量决定的，即内生决定，反映了投资的使用效率，内部收益率由此得名。但是，内部收益率所反映的是项目寿命期内没有回收的投资的盈利率，也就是说，在项目的寿命周期内，项目始终处于"偿付"未被回收的投资的状况。内部收益率正是反映了项目"偿付"未被回收的投资的能力，它取决于项目内部。

[例3-2] 某企业用10 000元购买设备，寿命为5年，各年的现金流量如表3-3所示。求项目的内部收益率。

表3-3 设备现金流量表 单位：元

年	0	1	2	3	4	5
设备现金流量	-10 000	2 000	4 000	7 000	5 000	3 000

解：本项目现金流的特点是在0~5年内各年的现金流入或流出的金额不同。净现值是关于i的函数，即

$$NPV = -10\,000 + 2\,000(P/F, i, 1) + 4\,000(P/F, i, 2) + 7\,000(P/F, i, 3) + 5\,000(P/F, i, 4) + 3\,000(P/F, i, 5)$$

（1）取式（3-17）定义的静态平均投资收益率作为第一个试算i值，有

$$i = ROI = \frac{(2\,000 + 4\,000 + 7\,000 + 5\,000 + 3\,000)/5}{10\,000} \times 100\% = 42\%$$

（2）修正i值，取$i = 30\%$，得$NPV = -350$（元）。

（3）再取试验值$i = 25\%$，得$NPV = 775.1$（元）。

上述两个试验i值对应的NPV值互为异号，且两个试验i值之差为0.05，符合要求。故取$i_1 = 25\%$，$NPV_1 = 775.1$（元）；$i_2 = 30\%$，$NPV_2 = -350$（元）。代入式（3-20），计算得到内部收益率，有

$$IRR = 25\% + \frac{775.1}{775.1 + 350} \times (30\% - 25\%) \approx 28.44\%$$

4）内部收益率的唯一性问题

由于内部收益率方程是一个可分解为多项式的高次方程，故内部收益率方程的解不一定唯一。

可以证明，若项目的净现金流序列的正负号仅变化一次，内部收益率方程肯定有唯一解，而当净现金流序列的正负号有多次变化时，内部收益率方程可能有多解。我们将净现金流序列符号只变化一次的项目称为常规项目，将净现金流序列符号变化多次的项目称为非常规项目。

还可以证明，对于非常规项目，只要内部收益率方程存在多个正根，则所有的根都不是真正的项目内部收益率。但如果非常规项目的内部收益率方程只有一个正根，则这个根就是项目的内部收益率。

4. 外部收益率

内部收益率（External Rate of Return，ERR）计算隐含着一个基本假定：项目寿命期内所获得的净收益可全部用于再投资，再投资的收益率

等于项目的内部收益率。不过通常情况是,已回收的资金用于再投资的收益率往往低于初期投资的收益率;为了反映这一差别,给出一个回收资金再投资的收益率(通常取基准收益率i_c),于是就产生了外部收益率。

外部收益率是对内部收益率的一种修正。计算外部收益率时,假定项目寿命期内所获得的净收益全部可用于再投资,不同的是假定再投资的收益率等于基准收益率。

外部收益率的计算公式为

$$\sum_{t=0}^{n} NB_t (1 + i_c)^{n-t} = \sum_{t=0}^{n} K_t (1 + ERR)^{n-t} \tag{3-21}$$

式中,ERR 为外部收益率;K_t 为第 t 年的净投资;NB_t 为第 t 年的净收益。

判别准则:若 ERR$\geq i_c$,则项目可以接受;若 ERR$<i_c$,则项目不可接受。

外部收益率指标的应用虽然不十分广泛,但外部收益率与内部收益率相比,有两个优点:一是可以直接求解,不必用线性插值法;二是没有多根的问题,对非常规项目评价有明显的优越性。

3.2.4 基准收益率的选择

基准收益率是某一行业或部门进行项目投资时应达到的最低收益率标准,是进行财务评价的动态分析和选择投资方案的重要依据。以 NPV 为例,如果选取的基准折现率 i_c 大,计算出的 NPV 小,能够通过检验的方案就少;反之,计算出的 NPV 大,能够通过检验的方案就多。因此,基准收益率的选定对投资项目的财务评价和投资决策有着十分重要的意义。国家可以通过制定各行业的基准收益率,作为投资调控的手段之一。

1. 行业基准收益率的测定

行业基准收益率的测定,一般可根据历史资料分析测算,即通过计算抽样调查新企业和老企业的财务内部收益率的平均值,再考虑国家的产业政策、技术进步、资源的利用条件和价格变化等因素加以调整确定。在具体运用时,还应考虑地区间的不平衡性并加以修正。然而,恰当地确定基准折现率是一个相当困难的问题,它不仅取决于资金来源的构成和未来的投资机会,还要受到项目风险和通货膨胀等因素的影响。目前,我国各行业采用的基准收益率等指标可参照国家计委与建设部共同颁布的标准(见附录)。

2. 影响基准收益率的因素

1)资金成本

企业因筹集和使用资金付出的代价就是资金成本(Cost of Capital)。通常所说的资金成本是指支付给投资者的报酬与筹集到的资金额之比,即资金成本率。企业的资金来源通常有三种,即借贷资金、权益资金和企业再投资资金。不同来源资金,其资金成本是不同的。

2)最低希望收益率

最低希望收益率(Minimum Attractive Rate of Return,MARR),又称最低可接受的收益率或最低要求收益率,是投资者可接受的投资收益率的下临界值。

确定一项投资的最低期望收益率,应综合考虑各种影响因素:

首先,一般情况下,最低希望收益率不应低于借贷资金的资金成本,不应低于全部资金的加权平均成本,对于竞争性项目,最低期望收益率还应不低于投资的机会成本。

其次,确定最低期望收益率,还应考虑投资项目的风险情况。风险大的项目最低希望收益率要相应提高。

第三，在预计未来存在通货膨胀的情况下，应考虑通货膨胀的因素。

第四，由于企业的单项投资活动是为企业整体发展战略服务的，因此单项投资决策应服从于企业的全局利益和长远利益。例如，为了增强竞争优势开展多元化经营等而进行的投资，取得直接投资收益就只是投资目标的一部分，而不是全部，此时，应取较低（甚至低于资金成本）的最低希望收益率。

3）截止收益率

根据凯恩斯的经济学理论，资本边际效率呈现递减趋势，即随着投资规模的扩大，新增投资项目的收益率会越来越低。当新增投资的收益仅能补偿其资金成本时，投资规模的扩大就应停止，此时的投资收益率就是截止收益率（Cut off Rate of Return）。

以上是有关部门在确定基准收益率时应主要考虑的因素。由于最低期望收益率已充分考虑了企业各种资金来源的资金成本和投资风险，体现了投资者对资金成本和风险的估计，因此可将其作为具体投资项目的基准收益率；而截止收益率主要体现投资计划整体优化的要求，如果从全部项目投资角度出发，为实现全部投资净收益的最大化，则可选择截止收益率为基准收益率。

3.2.5 经济评价指标的比较

前面介绍了许多经济效益评价指标，其中净现值、内部收益率和投资回收期是最常用的项目评价指标。费用现值和费用年值分别是净现值和净年值的特例。净现值和净年值是一对等效评价指标，费用现值和费用年值是另一对等效评价指标。当有两个或两个以上方案进行比较时，采用内部收益率最大原则与采用净现值最大原则评价的结果可能不同，净现值最大原则始终是正确的，而内部收益率最大原则不一定。

视频5：项目经济指标体系及比较

为便于比较各经济评价指标的特点、计算公式、判别准则以及应用范围，将这些指标归纳于表3-4。

表3-4 经济评价指标比较

指标分类	指标名称及符号	计算公式	判别准则	特点	应用范围
时间型指标	静态投资回收期 P_t	$\sum_{t=0}^{P_t}(CI-CO)_t=0$	若 $P_t \leq P_c$（基准投资回收期），则方案可以考虑接受；否则，应予拒绝	概念清晰、简单易用，能反映项目的风险大小。但未反映资金的时间价值，且舍弃了回收期以后的收入与支出，无法全面反映项目在整个寿命期内的真实效益	一般作为辅助指标，而不单独使用
	动态投资回收期 P_t'	$\sum_{t=0}^{P_t'}(CI-CO)_t(1+i_c)^{-t}=0$	若 $P_t' \leq P_c$，则项目可以被接受；否则，应予以拒绝	考虑资金的时间价值，能反映项目的风险大小。但仍不能全面反映项目在寿命期内的真实效益	不常用，只有在静态投资回收期较长和基准收益率较大的情况下，才计算动态投资回收期

续表

指标分类	指标名称及符号	计算公式	判别准则	特点	应用范围
价值型指标	净现值（NPV）	$NPV = \sum_{t=0}^{n}(CI-CO)_t \cdot (P/F, i_c, t)$	独立方案的可行性评价时：若 NPV≥0，方案可行；否则方案不可行。互斥方案选优时：若无资金限制，以净现值非负且最大者为优	考虑了资金的时间价值因素；直接以货币额表示项目收益，经济意义明确直观。但计算净现值时，须事先给定基准收益率	既可用于独立方案可行与否的判别，也可用于互斥方案的选优，但不能单独用于多个独立方案的优劣排序
	费用现值（PC）	$PC = \sum_{t=0}^{n}CO_t(P/F, i_c, t)$	多个互斥方案比选时，以费用最小者为优	净现值指标的特例。当各方案的产出价值相同，或产出效益难以用价值形态计量时，可通过对各方案的费用现值进行计算来比选方案	适用于产出价值相同的多个互斥方案的比选，但不适用于单方案评价
	净年值（NAV）	$NAV = NPV(A/P, i_c, n)$	若 NAV≥0，则方案可行；若 NAV<0，则方案不可行	考虑了资金的时间价值；经济意义明确直观	尤其适用于寿命期不等的方案的比选
	费用年值（AC）	$AC = PC(A/P, i_c, n)$	多个互斥方案的比选时，以费用最小者为优	净年值指标的特例。当各方案的产出价值相同时，可通过对各方案的费用年值进行计算来比选方案	适用于多个互斥方案的比选，但不适用于单方案评价
效率型指标	简单投资收益率指标（ROI）	$ROI = \dfrac{R}{K_0} \times 100\%$	当 ROI≥i_c（行业或部门的基准投资收益率）时，该方案可以接受；否则，应予拒绝	经济含义明确，计算简单，不足之处是未考虑资金的时间价值	适用于简单而且产出变化不大的技术方案的初步经济评价和优选
	净现值率（NPVR）	$NPVR = \dfrac{NPV}{K_P} = \dfrac{\sum_{t=0}^{n}(CI-CO)_t(P/F,i_c,t)}{\sum_{t=0}^{n}K_t(P/F,i_c,t)}$	对于单方案评价：当 NPVR≥0 时，方案可行；否则，方案不可行。对于互斥方案选优：当存在明显资金限制时，选 NPVR 较大者。对于独立项目：按大小排序，满足资金条件且 NPV 总和最大的项目组合为优	考虑资金的时间价值因素；NPVR 是一个确定独立项目优劣顺序的方便实用的指标	适用于单方案评价、互斥方案选优以及多个独立方案的优劣排序的最优组合，尤其适用于资金有限且要求发挥资金最大效率的情况
	内部收益率（IRR）	$\sum_{t=0}^{n}(CI-CO)_t(1+IRR)^{-t} = 0$	对于单方案评价：若 IRR≥i_c（基准收益率），则项目可以接受；否则，应予拒绝。对于互斥方案选优：一般不直接用，而用 ΔIRR。当 ΔIRR≥i 时，以投资大的方案为优	考虑了资金的时间因素及项目的在整个寿命期内的全部情况，且不必事先确定基准收益率。不足之处是不能反映期初投资的收益率	适用于单方案评价；互斥方案评价一般优先使用 AIRR；一般不用于独立方案的优劣排序
	外部收益率（ERR）	$\sum_{t=0}^{n}NB_t(1+i_c)^{n-t} = \sum_{t=0}^{n}K_t(1+ERR)^{n-t}$	若 ERR≥i_c，则项目可以接受；若 ERR<i_c，则项目不可接受	与内部收益率计算相比，可直接求解，且解是唯一的	尤其适用于非常规项目的经济评价，只是目前未普遍应用

3.3 项目不确定性分析与风险评价

在项目的设计、实施、运行过程中，不可避免的外部环境影响，如经济形势、技术发展、资源条件的变化以及意外灾难等；不可忽视的内部环境变更，如投资超支、生产能力达不到设计要求等，都会使项目的经济效果实际值偏离预期值。因此，工程经济学对拟建工程项目的经济评价，除了运用各种经济性评价指标进行"确定性分析"外，为了估计项目可能承担的风险大小，必须分析各种不确定性因素对经济评价指标的影响，以此来制定相应的方法去提高经济评价的可靠性、提高经济决策的科学性，这就是工程项目评价的不确定性分析。不确定性分析包括盈亏平衡分析、敏感性分析和概率分析。

3.3.1 盈亏平衡分析

盈亏平衡分析所要测算的是项目在投产运行后正常生产年份的财务盈亏平衡点（Break Even Point，表示为BEP），用以衡量项目适应生产或销售情况变化的能力，从侧面考察项目的风险承受能力。具体来说，当项目的成本和收益达到平衡时，所必需的最低生产水平或销售水平就是项目的盈亏平衡点。它表示达到这样的生产水平或销售水平时，项目既无盈利，也不亏损。

盈亏平衡点通常采用正常生产年份的产品产量或销售量、可变成本、固定成本、产品价格和销售税金及附加等数据计算，一般分为线性和非线性两种盈亏平衡分析。

1. 线性盈亏平衡分析

如果所分析的不确定性因素为产品销售量，并且假定项目的总销售收入和总成本均是销售量的线性函数，那么我们称之为线性盈亏平衡分析（或线性量—本—利分析）。

设：B 为销售收入；C 为总成本费用；Q 为产品销售量（或产量）；P 为单位产品售价；C_f 为固定成本；C_V 为单位变动成本；NB 为年净收益（或年利润）。则有：

$$B = PQ \tag{3-22}$$

$$C = C_f + C_V Q \tag{3-23}$$

$$NB = (P - C_V)Q - C_f \tag{3-24}$$

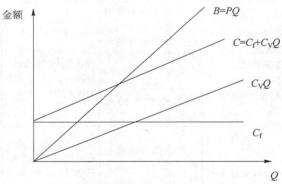

图 3-5 线性量—本—利分析图

图 3-5 中，销售收入线 B 与总成本线 C 的交点就是盈亏平衡点（BEP），也就是项目盈利与亏损的临界点。在 BEP 的左边，总成本大于销售收入，项目亏损；在 BEP 的右边，销售收入大于总成本，项目盈利；在 BEP 上，项目不盈不亏。

在盈亏平衡点项目的利润为零。设平衡点产量为 Q^*，则根据式（3-24）有

$$NB = (P - C_V) \cdot Q^* - C_f = 0$$

盈亏平衡点产量为

$$Q^* = C_f/(P-C_V) \tag{3-25}$$

若项目设计生产能力为 Q_c，则盈亏平衡点生产能力利用率为

$$E^* = \frac{Q^*}{Q_c} \times 100\% = \frac{C_f}{(P-C_V)Q_c} \times 100\% \tag{3-26}$$

若按设计能力进行生产和销售，则盈亏平衡点销售价格为

$$P^* = B/Q_c = C/Q_c = C_V + C_f/Q_c \tag{3-27}$$

若按设计能力进行生产和销售，且销售价格已定，则盈亏平衡点单位变动成本为

$$C_V^* = P - C_f/Q_c \tag{3-28}$$

2. 成本结构与经营风险的关系

因销售量、产品价格及单位变动成本等不确定因素发生变动所引起的项目净收益的波动称为项目的经营风险。由销售量及成本变动引起的经营风险的大小与项目固定成本占总成本费用的比例有关。

设项目按设计生产能力 Q_c 产量生产，其对应的总成本费用为 C_c，固定成本占总成本费用的比例为 S，则有

$$\text{固定成本 } C_f = C_c \cdot S$$

单位产品变动成本 $C_V = C_c(1-S)/Q_c$

设产品价格为 P，则盈亏平衡点产量为

$$Q^* = C_f/(P-C_V) = C_c S/[P-C_c(1-S)/Q_c]$$
$$= Q_c C_c / [(PQ_c - C_c)/S + C_c] \tag{3-29}$$

盈亏平衡点单位产品变动成本

$$C_V^* = P - C_c S/Q_c \tag{3-30}$$

由式（3-28）和式（3-22）可以看出，固定成本占总成本费用的比例 S 越大，则盈亏平衡点产量 Q^* 越高，盈亏平衡点单位产品变动成本 C_V^* 越低。说明在总成本费用组成结构中，固定成本所占比重越大，项目在面临不确定因素变动时发生亏损的可能性越大，即风险越大。

我们再看一看成本结构与年净收益的关系。根据式（3-24）有

$$\text{NB} = (P-C_V)Q - C_f = PQ - C_c S - C_c(1-S)Q/Q_c$$
$$= [P-C_c(1-S)/Q_c] \cdot Q - C_c S \tag{3-31}$$

式（3-24）反映了 NB 是 Q 的函数，且两者呈直线关系。
NB 对 Q 的微分反映了这条直线的斜率，或者说是 Q 对 NB 的边际贡献。

$$d(\text{NB})/dQ = P - C_c(1-S)/Q_c \tag{3-32}$$

从式（3-32）可以看出，成本结构中固定成本所占比例 S 与 Q 对 NB 的边际贡献呈正相关关系，即 S 越大，Q 对 NB 的边际贡献越大，或者说 NB 对 Q 的依赖度越大。

从风险的角度可以这样表述：固定成本的存在起着扩大项目经营风险的客观作用，而且，固定成本在成本结构中所占比重越大，这种扩大作用越强，带给项目的经营风险也就越大。这种现象在经济学上被称为"运营杠杆效应"。

固定成本占总成本的比例取决于产品生产的技术要求和工艺特点。一般地，资金密集型和技术密集型项目固定成本占总成本的比例较高，因而经营风险也较大。

3. 非线性盈亏平衡分析

在现实中，产品成本与产量、销售收入与销售量之间常常呈非线性关系，即成本与销售收入相等的点（即盈亏平衡点）往往不止一个，如图3-6所示。

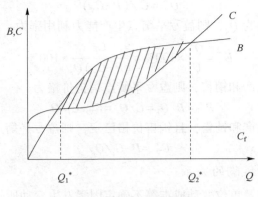

图 3-6 非线性盈亏平衡图

[例 3-3] 某项目的销售收入与产销量之间的关系为 $B=-Q^2+3\,080Q$，总成本与产销量之间的关系为 $C=3Q^2-7\,020Q+250\,000$，求以产量表示的盈亏平衡点。

解：在盈亏平衡点 $B=C$，$Q=Q^*$，有

$$-Q^{*2}+3\,080\,Q^*=3\,Q^{*2}-7\,020\,Q^*+250\,000$$

由上式解得盈亏平衡点的产量为

$$Q_1^*=25(台/年)$$
$$Q_2^*=2\,500(台/年)$$

在本例中，能使项目恰好达到盈亏相抵的产量有两个。在实际决策中，项目要想盈利，应将产量控制在 Q_1^*、Q_2^* 之间，最佳经济规模也应该位于两者之间。

视频6：项目不确定性分析——盈亏平衡分析

3.3.2 敏感性分析

敏感性分析是指通过测定一个或多个不确定因素的变化所导致的决策评价指标的变化幅度，了解各种因素的变化对实现预期目标的影响程度，找出敏感因素和不敏感因素，从而判断出投资方案应对不同外部因素变化时的承受能力。敏感性分析是项目经济评价中常用的一种风险分析评价方法，一般分为单因素敏感性分析和多因素敏感性分析。

1. 单因素敏感性分析

单因素敏感性分析是就单个不确定因素的变动对方案经济效果的影响程度所做的分析。实质上，单因素敏感性分析并不代表方案的经济效果只受一个因素影响，而是在分析一个因素时假定其他因素均不变，类似于高等数学里对多元函数的偏微分。

单因素敏感性分析的步骤与内容如下：

（1）选定需要进行分析的不确定因素。对于工业投资项目，要进行分析的因素一般从下列因素中选定：投资额，包括固定资产投资与流动资金占用等；产品产量（或销售量）；产品价格；成本费用，包括固定成本与单位可变动成本；项目寿命周期，包括建设期、投产期等；最低希望收益率（或折现率）；项目寿命期末的资产残值；外汇汇率；等等。

（2）确定分析指标。一般来说，项目经济效果评价所采用的评价指标，如净现值、净年值、费用现值、费用年值、内部收益率、投资回收期等，都可以作为敏感性分析的指标。由于敏感性分析是在确定性分析的基础上进行的，因此敏感性分析的指标应尽量与确定性经

济分析所使用的指标一致。若确定性分析中使用的指标较多，那么在进行敏感性分析时可选择其中一个或几个最重要的指标。

(3) 计算各不确定因素在一定的变动范围内发生不同幅度变动所导致的方案经济效果指标的变动结果，建立起一一对应的数量关系，并用图或表的形式表示出来。

(4) 确定敏感因素，对方案的风险情况做出判断。所谓敏感因素，就是其数值的变动能显著影响方案经济效果的因素。判别敏感因素的方法有两种：第一种方法是相对测定法，即设定要分析的因素均从确定性分析中所采用的数值开始变动，且每次变动的幅度相同，比较在同一变动幅度下各因素的变动对经济效果指标的影响，据此判断方案经济效果对各因素变动的敏感程度。第二种方法是绝对测定法，即设各因素均向对方案不利的方向变动，并取其有可能出现的对方案最不利的数值，据此计算方案的经济效果指标，看其是否可达到使方案无法接受的程度。

如果某因素可能出现的最不利数值能使方案变得不可接受，则表明该因素是方案的敏感因素。方案能否接受的判据是各经济效果指标能否达到临界值，如净现值是否大于等于零、内部收益率是否大于等于基准折现率等。

绝对测定法的一个变通方式是先设定有关经济效果评价指标等于其临界值，然后求出分析因素的最大允许变动幅度，并与其可能出现的最大变动幅度相比较。如果某因素可能出现的变动幅度超过其最大允许变动幅度，则表明该因素即为方案的敏感因素。

在实践中往往把上述两种方法结合起来使用。

[例 3-4] 某项目设计生产能力为 10 万吨，计划总投资 1 800 万元，建设期为一年，投资采用期初一次性投入。预计产品销售价格为 63 元/吨，年经营成本为 250 万元，项目生产期为 10 年，期末预计设备残值收入 60 万元，基准折现率为 10%，试就投资额、产品价格（销售收入）、经营成本等影响因素对该投资方案进行敏感性分析。

解：选择净现值作为方案的经济效果评价指标，根据公式，可以算出项目的净现值为

$$NPV = -1\ 800 + (63 \times 10 - 250)(P/A, 10\%, 10) + 60(P/F, 10\%, 10) = 558.07(万元)$$

因为 NPV>0，所以该项目可行。

下面用净现值指标分别就投资额、产品价格（销售收入）、经营成本这三个不确定因素对项目进行敏感性分析。

令待分析的三个因素分别逐一在其初始值的基础上按±10%和±20%的幅度变动，分别通过净现值的公式计算相对应的净现值（在计算一个因素变动时，假设其他因素不变），所得结果如表 3-5 和图 3-7 所示。

表 3-5 敏感性分析表

序号	因素变动幅度			分析结果和数据		
	投资额	销售收入	经营成本	NPV/万元	平均+1%	平均−1%
0				558.07		
1	10%			378.07	−3.23%	3.23%
2	20%			198.07		
3	−10%			738.07		
4	−20%			918.07		
5		10%		945.17	6.94%	−6.94%

续表

序号	因素变动幅度			分析结果和数据		
	投资额	销售收入	经营成本	NPV/万元	平均+1%	平均-1%
6		20%		1 332.28		
7		-10%		170.96		
8		-20%		-216.15		
9			10%	404.45	-2.75%	2.75%
10			20%	250.84		
11			-10%	711.98		
12			-20%	865.29		

表3-5表现的是相对测定法的结果，从中可以看出，在各个变量因素变化率相同的情况下，产品销售收入的变动对净现值影响程度最大；当其他因素不变时，产品销售收入每下降1%，净现值将下降6.94%。所以，项目的最敏感因素是产品价格（销售收入），其次是投资额，最后是经营成本。

图3-7标出了绝对测定法的结果，即经济指标达到临界点时变量因素的变动幅。为使净现值不小于零（极限情况），允许各变化因素的最大变动幅度为：其他因素不变，产品销售收入的下降不得超过14.42%；或者其他因素不变，投资额的增加不得超过31%；抑或其他因素不变，经营成本的增加不超过36.33%。如果有一个变量因素超过极限，则项目不可行。

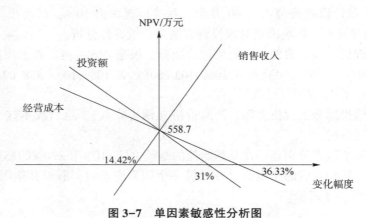

图3-7 单因素敏感性分析图

可见对该项目来说，必须对产品未来的价格进行严格的分析论证，才能最有效地避免或减小风险。

2. 多因素敏感性分析

多因素敏感性分析由于要考虑可能发生的各种因素不同变动情况的多种组合，因此计算起来要比单因素敏感性分析复杂得多，一般可以采用解析法和作图法相结合的方法进行。当同时变化的因素不超过三个时，一般采用作图法；当同时变化的因素超过三个时，就只能采用解析法了。

下面以两个因素同时变化为例，说明多因素敏感性分析方法。

双因素敏感性分析一般是在单因素敏感性分析的基础上进行的,即首先通过单因素敏感性分析确定两个关键因素,然后用作图法来分析两个因素同时变化时对投资效果的影响。

双因素敏感性分析的步骤如下:

(1) 先要设定敏感性分析的研究对象,即确定分析的经济效果评价指标。

(2) 从众多的不确定因素中,选择两个最敏感的因素作为分析的变量因素。

(3) 列出敏感性分析的方程式,并按分析的期望值要求,将方程式转化为不等式(如 NPV≥0 等)。

(4) 作出敏感性分析的平面图。以横轴和纵轴分别代表两种因素的变化率,并将不等式等于零的一系列结果描绘在平面图上,形成的一条线即为临界线。直线的一边(使不等式成立的那边)代表项目可行的域,另一边则代表项目不可行。

[例 3-5] 利用 [例 3-14] 的数据和分析结果,对该工程项目方案进行双因素敏感性分析。

解:根据 [例 3-14] 的计算结果比较得出,产品销售收入和投资额是影响工程项目方案经济效果评价指标的两个敏感因素,下面就这两个因素来进行敏感性分析。

设 X 表示投资额变化的百分率,Y 表示产品价格变化的百分率,则净现值可表示为

$$NPV = -1\,800 \times (1+X) + [63 \times 10 \times (1+Y) - 250](P/A, 10\%, 10) + 60(P/F, 10\%, 10) = 558.07 - 1\,800X + 3\,871.08Y$$

如果 NPV<0,则有 $Y < 0.46X - 0.14$。

将上述不等式绘成图形,就得到双因素敏感性分析图,如图 3-8 所示。

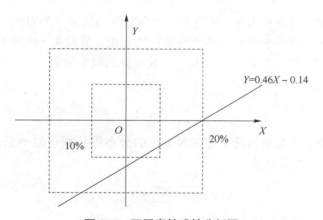

图 3-8 双因素敏感性分析图

由图 3-8 可以看出,直线 $Y = 0.46X - 0.14$ 为 NPV=0 的临界线,在临界线的左上方的区域,表示 NPV>0;在临界线的右下方的区域,表示 NPV<0。在各个正方形内净现值小于零的面积占整个正方形面积的比例反映了因素在此范围内变动时方案风险的大小。例如,在<10%的区域内,净现值小于零的面积几乎为零,这就表明当投资额和产品销售收入在<10%的范围内同时变动时,方案盈利的可能性在 100%左右,出现亏损的可能性几乎没有;在<20%的区域内,净现值小于零的面积约占 25%,表明当投资额和产品销售收入在<20%的范围内同时变动时,方案盈利的可能性在 75%左右,出现亏损的可能性约占 25%。

如果要同时对三个因素进行敏感性分析,也可以在二维的直角坐标图上进行,方法与双

因素分析法相似，所不同的只是要根据第三个因素（Z）的系列变化幅度画出一组平行的直线，而不仅仅是一条直线。一组平行线分别表示了 Z 的变动幅度分别为 $\pm 10\%$、$\pm 20\%$ 等时，项目经济效果评价指标的可行域与不可行域，从而可同时兼顾到三个因素的允许变动范围。

敏感性分析在使用中也存在一定的局限性，因为它只能说明经济效果评价指标对不同因素的敏感性，而不能说明不确定因素在未来发生变动的概率。这样就会出现某个变量因素虽然是敏感因素，但它发生变动的可能性（概率）很小，实际上带给项目的风险并不大；相反，某个变量因素虽然不是敏感因素，但它发生变动的可能性（概率）很大，实际上带给项目的风险比敏感因素还大。所以，对于这样的问题更好的解决办法还是概率分析法。

3.3.3 概率分析

概率分析是通过研究各种不确定因素发生不同幅度变动的概率分布及其对方案经济效果的影响，对方案的净现金流量及其经济效果指标做出某种概率描述，从而对方案的风险情况做出比较准确的评价和判断。概率分析的方法很多，现仅介绍期望值法。

1. 随机现金流的期望值

严格来讲，影响方案经济效果的大多数因素（如投资额、经营成本、产品销售量、产品价格、项目寿命期、设备期末残值等）都是随机变量。我们可以预测其未来可能的取值范围，估计各种取值或值域发生的概率，但不可能肯定地预知它们取什么值。实质上，项目经济分析中各年的现金流量客观上都是由这些随机变量所决定的，因而我们将其称为随机现金流。

假定某项目方案的寿命期为 n，理论上，寿命期内的任何一个周期（t）的净现金流 NB_t 都不是一个常数，而是有许多取值可能性的随机现金流。假设第 t 周期的随机现金流取值有且仅有 m 个，即序列 $\mathrm{NB}_t^{(1)}, \mathrm{NB}_t^{(2)}, \cdots, \mathrm{NB}_t^{(m)}$，其对应的概率分别为 $P_1, P_2, \cdots, P_m$，则全部的概率值应该满足

$$\sum_{j=1}^{m} P_j = 1$$

以往的经验表明，大多数情况下随机现金流的分布服从或近似于正态分布。那么，第 t 周期随机现金流 NB_t 的期望值为

$$E(\mathrm{NB}_t) = \sum_{j=1}^{m} \mathrm{NB}_t^{(j)} \cdot P_j \tag{3-33}$$

第 t 周期随机现金流 NB_t 的方差为

$$D(\mathrm{NB}_t) = \sum_{j=1}^{m} [\mathrm{NB}_t^{(j)} - E(\mathrm{NB}_t)]^2 \cdot P_j \tag{3-34}$$

2. 方案净现值的期望值

根据前面的分析，由于各个周期的净现金流量都是随机变量，所以把各个周期的净现金流折现值相加得到的方案净现值一定也是一个随机变量，称为随机净现值。一般情况下，随机净现值的分布也应服从或近似于正态分布。其公式为

$$\mathrm{NPV} = \sum_{t=0}^{n} \mathrm{NB}_t \cdot (1 + i_0)^{-t} \tag{3-35}$$

式（3-35）得出的是随机净现值，是根据各周期的某一随机现金流（NB_t）加总求得

的。如果对各周期的随机现金流的期望值 $E(NB_t)$ 加总,即可得出方案净现值的期望值,为

$$E(\text{NPV}) = \sum_{t=0}^{n} E(\text{NB}_t) \cdot (1 + i_0)^{-t} \tag{3-36}$$

式中,i_0 为基准折现率;n 为项目寿命周期。

在实际工作中,如果能通过统计分析或主观判断给出在方案寿命期内影响方案现金流量的不确定因素可能出现的各种状态及其发生概率,就可通过对各种因素的不同状态进行组合,求出所有可能出现的方案净现金流量序列及其发生概率,从而就可以不必计算各年净现金流量的期望值与方差,而直接计算方案净现值的期望值与方差。

设有 l 种可能出现的方案现金流状态,各种状态所对应的现金流序列为 $\text{NB}_t^{(j)}$ ($j = 1, 2, \cdots, l$),各种状态的发生概率为 P_j ($j = 1, 2, \cdots, l$),且

$$\sum_{j=1}^{l} P_j = 1$$

则在第 j 种状态下,方案的净现值为

$$\text{NPV}^{(j)} = \sum_{t=0}^{n} \text{NB}_t^{(j)} \cdot (1 + i_0)^{-t} \tag{3-37}$$

方案净现值的期望值为

$$E(\text{NPV}) = \sum_{j=0}^{l} \text{NPV}^{(j)} \cdot P_j \tag{3-38}$$

式(3-38)与式(3-36)等效。净现值方差的计算公式为

$$D(\text{NPV}) = \sum_{j=1}^{l} [\text{NPV}^{(j)} - E(\text{NPV})]^2 \cdot P_j \tag{3-39}$$

由于净现值的方差与净现值具有不同的量纲,为了便于分析,通常使用与净现值具有相同量纲的参数标准差反映随机净现值取值的离散程度。方案净现值的标准差为

$$\sigma(\text{NPV}) = \sqrt{D(\text{NPV})} \tag{3-40}$$

[例 3-6] 假设影响某新产品生产项目未来现金流量的主要不确定因素是产品的市场前景和原材料价格。据分析,项目面临三种可能的产品市场状态(好、中、差,分别记为 θ_1、θ_2、θ_3)和三种可能的原材料价格状态(高、中、低,分别记为 θ_I、θ_{II}、θ_{III})。假设三种产品市场状态和三种原材料价格状态是相互独立的,各自的概率分别为 $P_1 = 0.2$、$P_2 = 0.6$、$P_3 = 0.2$、$P_I = 0.4$、$P_{II} = 0.4$、$P_{III} = 0.2$。三三相乘最终的状态组合有九种,九种状态组合对应方案的现金流如表 3-6 所示。试计算方案净现值的期望值与方差($i_0 = 12\%$)。

解:根据相互独立事件状态组合的概率性质,每个状态组合的概率即为各个独立状态概率的乘积,可以求出各个状态组合的概率;然后根据式(3-37)求出各状态组合对应的净现值,计算结果如表 3-6 所示。

表 3-6 各种状态组合的净现金流及发生概率

序号	状态组合	发生概率 P_j	现金流/万元		净现值(NPV)($i_0 = 12\%$)
			0 年	1~5 年	
1	$\theta_1 \cap \theta_I$	0.08	-1 000	390	405.86
2	$\theta_1 \cap \theta_{II}$	0.08	-1 000	450	622.15

续表

序号	状态组合	发生概率 P_j	现金流/万元		净现值（NPV）$(i_0=12\%)$
			0 年	1~5 年	
3	$\theta_1 \cap \theta_\mathrm{III}$	0.04	-1 000	510	838.44
4	$\theta_2 \cap \theta_\mathrm{I}$	0.24	-1 000	310	117.48
5	$\theta_2 \cap \theta_\mathrm{II}$	0.24	-1 000	350	261.67
6	$\theta_2 \cap \theta_\mathrm{III}$	0.12	-1 000	390	405.86
7	$\theta_3 \cap \theta_\mathrm{I}$	0.08	-1 000	230	-70.90
8	$\theta_3 \cap \theta_\mathrm{II}$	0.08	-1 000	250	-98.81
9	$\theta_3 \cap \theta_\mathrm{III}$	0.04	-1 000	270	-26.71

根据式（3-38），可求得方案净现值的期望值，为

$$E(\mathrm{NPV}) = \sum_{j=0}^{1} \mathrm{NPV}^{(j)} \cdot P_j = 232.83 (\text{万元})$$

根据式（3-39），可求得方案净现值的方差为

$$D(\mathrm{NPV}) = \sum_{j=1}^{1} [\mathrm{NPV}^{(j)} - 232.83]^2 \cdot P_j$$
$$= -60\,710.07$$

根据式（3-40），方案净现值的标准差为

$$\sigma(\mathrm{NPV}) = \sqrt{D(\mathrm{NPV})} = \sqrt{60\,710.07} = 246.39 (\text{万元})$$

求出了项目方案净现值的期望值和标准差之后，我们还可以运用概率统计的有关知识，对方案的风险进行评价。

[例 3-7] 假定在 [例 3-6] 中，方案净现值服从正态分布，请利用已经求出的净现值的期望值和标准差，分析评价项目净现值小于零的概率。

解：根据概率统计的有关知识，若连续型随机变量 X 服从参数为 μ,σ 的正态分布，x 具有分布函数

$$F(x) = \frac{1}{\sqrt{2\pi} \cdot \sigma} \int_{-\infty}^{x} e^{-(t-\mu)^2/2\sigma^2} dt$$

为了将上述非标准正态分布函数化为标准正态分布函数，可令 $u=(t-\mu)/\sigma$，则有

$$F(x) = \frac{1}{\sqrt{2\pi}} \int_{-\infty}^{x} e^{-u^2/2} du = \Phi[(x-\mu)/\sigma]$$

又令 $Z=(x-\mu)/\sigma$，由标准正态分布表可直接查出 $x<x_0$ 的概率值，即

$$P(x<x_0) = P[Z<(x_0-\mu)/\sigma] = \Phi[(x_0-\mu)/\sigma]$$

在本例中，我们已知：

$$\mu = E(\mathrm{NPV}) = 232.83 （万元）$$
$$\sigma = \sigma(\mathrm{NPV}) = 246.39 （万元）$$

则

$$Z = [\mathrm{NPV} - E(\mathrm{NPV})]/\sigma(\mathrm{NPV}) = (\mathrm{NPV} - 232.83)/246.39$$

所以，净现值小于零的概率为

$$P(\text{NPV}<0) = P(x<0) = P[Z<(0-232.83)/246.39] = P(Z<-0.945\,0)$$
$$= 1-P(Z<0.945\,0) = 1-0.827\,6 = 0.172\,4 = 17.24\%$$

即本项目方案净现值小于零的概率为 17.24%，可以说风险还是不大的。

另外，我们也可以不进行具体的计算，而是根据正态分布的特点，对方案的风险做出大致的判断。我们知道，在正态分布条件下，随机变量的取值为 $\mu \pm \sigma$ 范围内的概率为 68.27%；在 $\mu \pm 2\sigma$ 范围内的概率为 95.49%；在 $\mu \pm 3\sigma$ 范围内的概率为 99.73%。

对于［例 3-16］来说，意味着方案的实际净现值在（232.83±246.39）万元范围内的可能性为 68.27%；在（232.83±492.78）万元范围内的可能性为 95.49%；在（232.83±739.17）万元范围内的可能性为 99.73%。

习 题

一、判断题

1. 从消费者的角度来看，资金的时间价值体现为对放弃现期消费的损失所应做的必要补偿。（　　）
2. 复利计算是指仅对本金计算利息，对所获利息不纳入本金计算下期利息的计算方法。（　　）
3. 用 r 表示名义利率，用 m 表示一年中计息次数，则实际利率与名义利率的关系为 $i = \left(1+\dfrac{r}{m}\right)^m - 1$。（　　）
4. 在一般的项目经济效果计算中，通常采用间歇复利计算，而且以年作为计息周期。（　　）
5. 一次支付现值公式为 $F = P(1+i)^n$。（　　）
6. 项目经济效果的评价指标可从投资回收时间、投资盈利能力、投资使用效率三个方面进行分类。（　　）
7. 价值型指标用来评价项目的盈利能力，它用项目寿命周期的总净现值或净年值表示。（　　）
8. 费用现值和费用年值指标可以适用于产出价值不相同的多方案的比较。（　　）
9. 单因素敏感性分析代表方案的经济效果只受一个因素影响。（　　）
10. 一般来说，资金密集型和技术密集型的项目固定成本占总成本的比例较高，因而经营风险也较大。（　　）
11. 单因素敏感性分析是就单个不确定因素的变动对方案经济效果的影响程度所做的分析。（　　）
12. 所谓敏感因素，就是其数值的变动能显著影响方案经济效果的因素。（　　）
13. 净现值是动态评价方法中最普遍使用的指标，它只能用于单方案评价。（　　）
14. 投资收益率是指技术方案投产后的年净收益与初始投资之比。（　　）
15. 基准收益率是某一行业或部门进行项目投资时应达到的最高收益率标准。（　　）

二、选择题

1. （　　）是指占用资金所付出的代价或放弃使用资金所获得的报酬。
A. 利息　　　　B. 利率　　　　C. 年金　　　　D. 报酬

2. （　　）计算是指不仅对本金计算利息，而且将所获利息也纳入本金来计算下期利息的计算方法。
　　A. 单利　　　　　　B. 复利　　　　　　C. 利息　　　　　　D. 年金
3. 以下哪一项表示等额分付终值系数？（　　）
　　A. $(F/A,i,n)$　　B. $(A/F,i,n)$　　C. $(P/A,i,n)$　　D. $(A/P,i,n)$
4. 以下哪一项属于时间性指标？（　　）
　　A. 净现值　　　　　B. 净年值　　　　　C. 投资收益率　　　D. 动态投资回收期
5. （　　）是指按一定的折现率，将方案寿命期内各年的净现金流量折现到计算基准年的现值之和。
　　A. 净年值　　　　　B. 净现值　　　　　C. 费用现值　　　　D. 费用年值
6. （　　）是指按基准收益率求得方案计算期内的净现值与其全部投资现值的比率。
　　A. 净年值指数　　　B. 净现值　　　　　C. 净现值指数　　　D. 净年值
7. 项目不确定性分析不包括以下哪一项？（　　）
　　A. 盈亏平衡分析　　B. 敏感性分析　　　C. 概率分析　　　　D. 可持续性分析
8. 以下哪一项公式的经济含义是每年等额分付，n 年后的本利现值？（　　）
　　A. 等额分付现值公式
　　B. 等额分付偿债基金公式
　　C. 等额分付资本回收公式
9. 以下哪一项公式的经济含义是 n 年后本利终值以每年等额分付的方式还清？（　　）
　　A. 等额分付现值公式
　　B. 等额分付偿债基金公式
　　C. 等额分付资本回收公式
10. 项目经济效果评价指标的分类不包括以下哪一项？（　　）
　　A. 投资回收时间　　B. 投资可持续性　　C. 投资盈利能力　　D. 投资使用效率
11. （　　）是指技术方案投产后的年净收益与初始投资之比。
　　A. 投资收益率　　　B. 净现值指数　　　C. 费用现值　　　　D. 费用年值
12. 项目的内部收益率就是净现值（或净年金）为（　　）时的收益率。
　　A. 1　　　　　　　B. >1　　　　　　　C. 0　　　　　　　D. <0
13. 基准收益率是某一行业或部门进行项目投资时应达到的（　　）收益率标准。
　　A. 最高　　　　　　B. 平均　　　　　　C. 最低　　　　　　D. 中间
14. 当新增投资的收益仅能补偿其资金成本时，投资规模的扩大应停止，此时的投资收益率就是（　　）
　　A. 截止收益率　　　B. 最低希望收益率　C. 资金成本　　　　D. 投资收益率
15. 因销售量、产品价格及单位变动成本等不确定因素发生变动而引起的项目净收益的波动称为项目的（　　）
　　A. 投资利得　　　　B. 经营风险　　　　C. 不稳定性　　　　D. 盈亏分析

三、问答题

1. 请分别写出等额分付终值系数、等额分付偿债基金系数、等额分付现值系数以及等额分付资本回收系数的表达式。

2. 请简述净现值法的优点。
3. 外部收益率与内部收益率相比，优点是什么？
4. 请简述单因素敏感性分析的步骤。
5. 影响基准收益率的因素有哪些？
6. 静态投资回收期和动态投资回收期两种指标分析方法的特点分别是什么？

四、计算题

1. 某项目的销售收入与产销量之间的关系为 $B=-Q^2+3\,080Q$，总成本与产销量之间的关系为 $C=3Q^2-7\,020Q+250\,000$，求以产量表示的盈亏平衡点。

2. 某项目设计生产能力为 10 万吨，计划总投资 1 800 万元，建设期为一年，投资采用期初一次性投入。预计产品每年销售净利润为 380 元，项目生产期为 10 年，期末预计设备残值收入 60 万元，基准折现率为 10%，该项目的净现值是多少？

3. 有个项目 A 第一年年初投资 100 万元，从第一年年末连续 3 年有 40 万元的回报；而项目 B 第一年年初投资 100 万元，第一年年末有 30 万元，第二年年末有 40 万元，第三年年末有 50 万元，项目 A 和项目 B 哪个投资有价值？（年利率为 5%）

4. 有个项目 A 第一年年初投资 100 万元，从第一年年末连续 3 年有 40 万元的回报，求项目 A 的内部收益率？

5. 某项目主要经济参数的估计值为：初始投资为 15 000 万元；寿命为 10 年，残值为 0，年收入为 3 500 万元；年支出为 1 000 万元；基准收益率为 10%；$(P/A,10\%,10)=6.145$。问题：

(1) 试分析净现值指标对年收入变化的敏感性（计算敏感系数）；

(2) 在初始投资和年收入两个参数同时变化时，对净现值的敏感性进行分析。

习题参考答案

第 4 章　项目评价内容与体系

4.1　项目财务评价

在市场经济条件下,项目财务分析评价的结论是判别项目方案在经济上是否可行的根本依据之一。因此,财务评价被列为项目评价的首要环节是项目投资决策和资金筹措的重要依据,也是进一步开展国民经济分析评价的重要基础。

4.1.1　项目财务评价概述

1. 财务评价的定义和内容

1) 财务评价的定义

财务评价是从企业或项目的角度对项目投资进行的经济分析评价。它是以已知或预测的财务数据为依据,运用科学系统的方法,计算投资项目寿命期内的经济效果,以便合理安排资金规划,编制相关的财务报表,分析项目的盈利能力、偿债能力以及外汇平衡等财务状况,考察分析项目在财务上的可行性。

2) 财务评价的主要内容

(1) 财务数据的分析预测。在对投资项目的总体了解和对市场、环境、技术方案充分调查与掌握的基础上,收集、预测财务分析的基础数据。这些数据主要包括:预计产品各年的销售量(或产量);预计产品销售价格和未来的价格走势;估算固定资产投资、流动资金投资及其他投资;估算总成本费用及其构成;等等。这些数据大部分都是预测数,其可靠性和准确度是决定财务评价成败的关键。

(2) 编制资金规划与计划。对实施项目所可能筹措到的资金来源和数额进行调查和估算分析,如企业可能用于投资的自有资金数额,可筹集到的银行贷款的种类和数额,可通过发行股票、债券等筹集的资金数额,企业未来各年可用于偿还债务的现金流量等;根据项目的实施计划和需要,估算出各年投资数额;安排债务的偿还方式,计算各年偿还数额;等等。在此基础上,编制出项目寿命期内资金来源与运用计划,可运用资金平衡表(也称资金来源与运用表)编制计划。一个好的资金规划不仅要能满足资金平衡的要求,而且要在各种可行的资金筹集方案及运用方案中选择最优的方案。

(3) 计算、分析经济效果，进行财务评价。根据预测的财务数据和确定的资金规划，编制各种财务报表；根据各种财务报表（以现金流量表为主），进行必要的财务分析，计算经济效果指标并进行评价。

(4) 编写财务分析评价报告。将财务分析评价的步骤、所采用的方法、得出的相关数据和分析的结果写成报告，并最终从财务角度提出项目可行性与否的结论。

2. 项目财务评价与传统财务分析的区别

这里说的传统财务分析是指财务管理学中的财务分析内容，其定义是：以企业财务报表和其他资料为依据和起点，运用专门的方法，对企业的财务状况和经营成果进行的分析与评价。

项目财务评价与传统财务分析都是立足于企业角度，对项目本身的经济效益进行分析与评价，所采用的方法有许多是相同或相通的，如比较分析法、比率分析和趋势分析等。另外，项目财务分析的报表与传统财务分析的某些报表也大致相似。

但是，两者之间还存在着很大的不同，主要表现在：

(1) 分析的时间不同。

传统财务分析是企业在某一经营阶段结束后对经营的实际成果进行的事后分析评价；项目财务分析评价则是在项目建设前（通常在项目的可行性研究阶段）所进行的事前分析评价。

(2) 分析所采用的资料不同。

传统财务分析依据的是实际历史数据，这些数据通常取之于企业的当年或前几年的财务报表，数据资料系统全面，可靠性高；而项目财务分析评价主要是针对拟建项目的事前分析评价，其数据来源只能根据项目现有的若干资料，参考同类项目的历史数据，并依据投资环境、技术进步等方面的情况，对项目未来的现金流量、盈利和偿债能力进行估算和预测。

(3) 分析的内容和目的不同。

传统财务分析一般是对企业的经济活动做较短时期的分析评价，侧重于对现有企业的营运活动效果进行分析，一般不考虑资金的时间价值，重点在于总结经验、吸取教训并指导未来，促进企业及时调整经营策略，不断提高经济效益；而项目财务分析评价是把投资和生产联系在一起，对项目整个经济寿命周期内的投入产出活动进行分析，揭示项目长期的财务经济状况，重视资金的时间价值，侧重于对项目的盈利能力和偿债能力进行分析，为整个项目的可行性研究选择最优投资方案、进行投资决策提供财务依据。

(4) 参与分析的人员不同。

传统财务分析通常由企业的财务人员定期进行，分析结果提供给公司管理层或股东；而项目财务分析评价通常由项目可行性研究专家进行，一般是一次性的分析，分析结果提供给项目的拟投资者或拟寻求贷款支持的银行。

3. 财务评价中的收益与费用

财务评价中的收益与费用的识别首先要明确项目的主体，以便确定项目的收益与费用的范围。这可从一个简单的例子看出：如企业A是发动机生产厂家，为汽车生产厂家B提供产品，发动机的货币价值对于企业A是收入，而对企业B则是支出。又如税金，对企业A、B都是费用，对国家才是收入。在财务分析中，项目的主体是企业，收益与费用相对企业而言。所以，凡是为企业赢得收入的就是收益，削弱企业利润的就是费用。

企业的收入来自项目投产后企业生产产品的销售（营业）收入、企业的资产回收以及国家为鼓励和扶持项目的开发给予的补贴；费用则表现为项目的总投资、经营过程的各项成本、贷款利息以及必须缴纳的各项税金。

项目的收益与费用的识别需明确价格体系，以帮助确定收益与费用的大小。因为项目的收益与费用是由产品（或原料）的价格与产品（或原料）数量的乘积确定的，所以采用的价格体系直接影响效益与费用的计算结果。财务分析评价中的价格体系一般采用市场价格。使用外汇或产品（服务）出口项目涉及的汇率采用实际结算的汇率，按国家公布的汇率计算。

4.1.2 项目的资金规划

1. 资金来源

资金来源指企业用于项目投资资金的筹措渠道，分为企业自有资金与企业外部资金。

(1) 自有资金是指所有权属于股东或投资者，企业有权支配和使用的、可用于固定资产投资和流动周转的资金。企业对自有资金的使用无须偿还本金和支付利息。自有资金主要包括：

①资本金。其主要是指投资者的投资，包括发行股票的股本金。资本金主要由国家资本金、法人资本金、个人资本金和外商资本金组成。如果需要，企业可以按照《中华人民共和国公司法》的规定和程序进行增资扩股。

②资本公积金。其是指非经营性活动形成的资本增值部分，主要由资本（股本）溢价、法定财产重估增值和接受的捐赠财产三部分组成。

③盈余公积金。其是指企业按照会计准则的要求在利润分配时提留的用于企业发展和改善职工福利的部分，包括法定公积金和法定公益金。

④提取的折旧和摊销费。这部分在财务会计处理上已进入成本费用，但其积累的价值形态还可由企业进行再投资。

⑤累计的税后未分配利润。在进行分配之前，可以由企业自行支配使用。

(2) 企业外部资金是指从银行和非银行金融机构获得的贷款以及发行的债券筹资额，主要包括：

①银行贷款。其包括国内商业银行贷款、国内政策性银行贷款、国外商业银行贷款、世界银行贷款、亚洲开发银行贷款、出口信贷、混合贷款等。

②非银行金融机构贷款。其包括国内的非银行金融机构贷款、国际货币基金组织贷款等。

③发行债券。其包括在国内发行企业债券、可转换债券，在国外发行外国债券、欧洲债券等。

④外国政府贷款。一般是无息或低息的，又称软贷款。

⑤其他方式融资。其包括融资租赁、补偿贸易、中外合作经营、BOT（Build Operate Transfer）融资、ABS（Asset Backed Securitization）融资等。

企业自有资金的筹措与企业外部资金的筹措具有不同性质，在资金总体结构中的表现程度不同，风险也不同。所以，寻求优化的资金结构对企业至关重要。

2. 资金结构

项目资金结构指在项目的资金中，负债资本与权益资本的比例关系。权益资本指股东提供的资本，它的资本成本率不是事先确定的，而是随着项目盈利情况的变化而变化的（普通股和留存收益方式筹集的资本归为权益资本）；负债资本指项目债权人提供的资本，项目不仅有偿使用，而且到期必须偿还，它的资本成本率是事先确定的，不随项目盈利多少而变化（优先股、债券、融资租赁等方式筹集的资本归为负债资本）。负债资本与权益资本的比例对出资者获得收益的影响是很大的。

[例4-1] 公司A和B的资金结构如表4-1所示。试分析资金结构对A、B公司收益的影响。

表4-1 A和B两公司资本结构与收益　　　　　　　　　　　　单位：元

项目	A公司	B公司
普通股（每股30元）	300 000	150 000
债券（利率10%）		150 000
资本总额	300 000	300 000
息税前收益	50 000	50 000
支付债券利息		15 000
交纳企业所得税（税率40%）	20 000	14 000
税前净收益	30 000	21 000
普通股每股收益	3	4.2

解：由表4-1中数据可见，A公司和B公司的长期资本总额均是300 000元，息税前收益都是50 000元。但两家资本结构不同，A公司资本总额都是权益资本（普通股），而B公司资本总额中权益资本（普通股）和负债资本（债券）各占一半。因为B公司负债资本的固定资本成本率（债券利率）10%小于两家企业营业收益率16.7%（50 000/300 000），结果B公司普通股每股收益（4.2元）大于A公司的普通股每股收益（3元）。

进一步讨论资金结构，分析它对项目收益影响的规律。对于一般的工程项目，资金来源于两种最常见的方式，银行贷款和企业自有资金。显然，

$$全部投资\ K = K_0 + K_L$$

$$全部投资收益\ KR = K_0 R_0 + K_L i$$

$$自有资金收益率\ R_0 = \frac{KR - K_L i}{K_0} = R + \frac{K_L}{K_0}(R - i) \tag{4-1}$$

式中，K为全部投资；R为全部投资收益率（付息前）；K_0为自有资金；R_0为自有资金收益率；K_L为贷款资金；i为贷款利率。

式中，K_L/K_0是贷款资金K_L与自有资金K_0之比，称为资金构成比。若用贷款资金K_L与全部投资K之比得到K_L/K，则称为债务比。由式（4-1）可分析资金来源对企业自有资金投资收益率的影响。

(1) 若项目效益好，意味着全部投资的收益率R大于银行贷款利率i，$R-i>0$。由式(4-1)计算可得：$R_0 > R > i$，自有资金收益率R_0最大。此状态下，企业在投资中应尽可能多贷款，提高自有资金收益率。因为，若项目投资中的贷款金额$K_L = 0$，则$R_0 = R > i$，自

有资金收益率 R_0 等于项目全部投资收益率 R，大于银行贷款利率 i；若项目投资中的贷款金额 $K_L \neq 0$，则 $R_0 > R > i$，自有资金收益率 R_0 大于项目全部投资收益率 R，比 $K_L = 0$ 情况下获得更大的收益率；

项目贷款金额 K_L 越大，自有资金收益率 R_0 的增幅越大；否则，反之。投资来源可选用向银行多贷款。

（2）若项目效益较差，全部投资的收益率 R 等于银行贷款利率 i，即 $R-i=0$，由式（4-1）可得：$R_0 = R = i$，三个收益率值相等，自有资金收益率 R_0 的大小与项目投资中自有资金占总投资的比例无关，投资来源任选。

（3）若项目效益很差，全部投资的收益率 R 小于银行贷款利率 i，即 $R-i<0$，由式（4-1）可得：$R_0 < R < i$，自有资金收益率 R_0 最小。此状态下，随着银行贷款金额 K 增加，企业自有资金收益率 R_0 减少得更多，使企业投资的风险更大，甚至变成资不抵债。从银行的角度，为防范风险，在贷款时一般要求企业必须提供相当于总投资 1/3 左右的自有资金。

可见，自有资金投资效果与全部投资效果不同。这是因为全部投资利润率一般不等于贷款利息率，两者利率的差异导致企业自有资金投资的经济效果变好或变坏；而资金构成比例（K_L/K_0）的大小会对企业自有资金投资经济效果变好或变坏的幅度起到放大作用，这种放大作用称为财务杠杆效应。

对新建项目的资金筹措方案，既要估算项目投资资金的总需要量，又要分析资金来源、筹资方式、资金结构、筹资风险及资金使用计划等的合理性与可靠性。

3. 资金平衡

资金平衡指项目的资金安排必须使每年资金能够保证项目每年的正常运转，即每年的资金来源加上上年的结余必须足以支付本年所需要的使用资金。否则，项目无法实施。项目寿命期内的资金来源与资金运用满足资金平衡的条件是

$$（各年的）累计盈余资金 \geq 0$$

如果某年的累计盈余资金出现负值，则表明该年出现资金短缺，需要另找资金渠道弥补缺口或修改项目资金使用计划，使之达到平衡。

4. 债务偿还

债务偿还是用项目的收入偿还贷款的本金与利息。在项目的投资构成中，贷款通常占很大比例。企业占用资金，必须偿还本金与利息。偿还的方式有等额利息法，即项目寿命期内不还本金，每年等额还息，在寿命期末归还本金和当期利息；等额本金法，即项目寿命期内每年还等额的本金和相应的利息；等额摊还法，即项目寿命期内每年偿还相同的本利；一次性偿付法，即最后一期偿还本利。各种还款方式的特点如表 4-2 所示。

表 4-2　还款的方式与计算

还款名称	还款方式	偿还利息额	偿还本金额
等额利息法	寿命期内不还本金，每年付息额相等，最后一期归还本金和当期利息	$INT_t = K_L i$ $t=1,2,\cdots,n$	$CP_t = \begin{cases} 0, & t=1,2,\cdots,n \\ K_L, & t=n \end{cases}$
等额本金法	每年还相等的本金和相应的利息	$INT_t = i \cdot \left[K_L - \dfrac{K_L}{n}(t-1)\right]$ $t=1,2,\cdots,n$	$CP_t = \dfrac{K_L}{n}$ $t=1,2,\cdots,n$

续表

还款名称	还款方式	偿还利息额	偿还本金额
等额摊还法	每年偿还本利额相等	$INT_t + CP_t = K_L \cdot \dfrac{i(1+i)^n}{(1+i)^n - 1}$ $t = 1, 2, \cdots, n$	
一次性偿付法	最后一期偿还本利	$INT_t + CP_t = \begin{cases} 0, & t = 1, 2, \cdots, n-1 \\ K_L(1+i)^n, & t = n \end{cases}$	

注：INT_t 为第 t 期付息额；CP_t 为第 t 期还本额；n 为贷款期限；i 为银行贷款利率；i_c 为银行存款利率；K_L 为贷款总额

在实际操作中，偿还贷款的本金和利息还有其他方式。例如建设期因为无现金流入，既不还本也不付息；投产后每年付息，偿还本金则待稳产后项目有了支付能力，再分若干年等额或不等额还本。

4.1.3 财务盈利能力分析评价

财务盈利能力是反映项目的获利能力，通过两个表格（现金流量表，其中包括全投资和自有资金现金流量表；损益表）和三项主要指标（财务净现值、财务内部收益率、投资回收期）反映。需要时，可增加计算投资利润率、投资利税率、资本金利润率等指标。

进行财务盈利能力分析时，计算期内各年采用的预测价格，是在基年（或建设期初）物价总水平的基础上预测的，只考虑相对价格的变化，不考虑物价总水平的上涨因素。

1. 现金流量表

现金流量表反映项目计算期内的现金支付能力。在长期投资决策中，衡量投资项目的优劣是根据现金流而不是利润，因为现金流在资本预算编制中考虑货币的时间价值，而利润的计算不考虑货币的时间价值。

根据资金来源，现金流量表分为全投资现金流量表和自有资金现金流量表，它们的区别在于对借贷资金的处理。全投资不考虑资金借贷、利息偿还，投入项目的资金一律视为自有资金；而考察企业自有资金时，银行的贷款是企业的收入，用于项目建设和偿还贷款本利都是企业的支出。

1) 全投资现金流量表

全投资现金流量表列出了项目计算期内各年的现金流入、流出、净现金流量以及各年累计净现金流量，反映了项目的现金支付能力。各要素间的关系如图 4-1 所示。

全投资现金流量表中，净现金流量栏目直接反映项目计算期内各年全部投资现金支付能力，累计净现金流量则直接反映项目整体现金支付能力，这些信息是其他财务报表所不能得到的。该表以全部投资作为计算基础，计算税前和税后的全部投资净现值（FNPV）、财务内部收益率（FIRR）和投资回收期等评价指标，考察项目全部投资的盈利能力。

2) 自有资金现金流量表

自有资金现金流量表由现金流入要素、现金流出要素、净现金流量三部分组成，如图 4-2 所示。

在自有资金现金流量表中，净现金流量栏目直接反映项目计算期内各年自有资金现金支付能力，累计净现金流量则反映项目全寿命期的现金支付能力。该表以投资者的出资额作为计算基础，把借款本金偿还和利息支付作为现金支出，计算自有资金财务净现值、财务内部收益率等评价指标，考察项目自有资金的盈利能力。

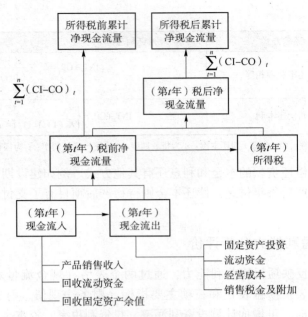

图 4-1　现金流量（全部投资）构成要素及要素间关系

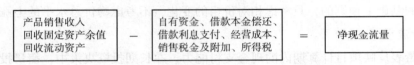

图 4-2　现金流量（自有资金）构成要素及要素间关系

关于净现值、内部收益率、投资回收期等指标的计算公式见第 3 章。

比较图 4-1 与图 4-2，自有资金现金流入各项数据与全部投资现金流量表相同。但现金流出有所不同，用自有资金支付借款利息以及偿还借款本金都被视为现金流出，这是因为出资者不同。

2. 损益表

损益表是关于企业损益实况的综合报表。它列出了项目投产后的产品销售收入、成本、利润、所得税和可供分配利润，反映了项目获取利润和交税的能力。各栏目之间的关系如图 4-3 所示。

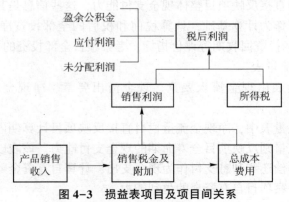

图 4-3　损益表项目及项目间关系

损益表中,销售利润和税后利润直接反映了项目的盈利水平。根据损益表和总投资估算数据可计算项目投资利润率、投资利税率、资本金利润率等评价指标。其计算公式如下。

(1) 投资利润率。

$$投资利润率 = \frac{年均利润总额}{项目总投资} \times 100\% \qquad (4-2)$$

投资利润率是项目生产经营期内年均利润总额与项目总投资的百分比,反映项目单位投资的盈利能力。在财务评价中,将投资利润率与行业平均投资率对比,若投资利润率大于或等于行业平均投资率,则说明项目单位投资的盈利能力达到或超过本行业的平均水平,项目可以考虑接受。

(2) 投资利税率。

$$投资利税率 = \frac{年均利税总额}{项目总投资} \times 100\% \qquad (4-3)$$

投资利税率是项目生产经营期内年均利税总额占项目总投资的百分比,反映项目单位投资的纳税能力。在财务评价中,将投资利税率与行业平均投资利税率对比,若投资利税率大于或等于行业基准投资利税率,则说明项目单位投资对国家积累的贡献水平达到或超过本行业的平均水平,项目可以考虑接受。

(3) 资本金利润率。

$$资本金利润率 = \frac{年均所得税后利润总额}{资本金} \times 100\% \qquad (4-4)$$

资本金利润率是项目生产经营期内的年均所得税后利润总额与资本金的比率,反映项目资本金的盈利能力。

4.1.4 项目清偿能力分析评价

清偿能力反映项目偿还债务的能力,它包含两个层次的含义:一是整个项目的投资回收;二是项目投资构成中借款的偿还,主要指基本建设投资贷款,由固定资产投资借款偿还期表示。这一评价指标对金融机构尤为重要,是贷款决策的先决条件。

财务的清偿能力通过两个表格(资金来源与运用表和资产负债表)和四项指标(固定资产投资国内借款偿还期、资产负债率、流动比率、速动比率)反映。进行财务清偿能力分析时,计算期内各年采用的预测价格,除考虑相对价格的变化外,还要考虑物价总水平的上涨因素。

1. 资金来源与运用表

资金来源与运用表列出了项目计算期内的资金来源、资金运用、盈余资金和累计盈余资金,反映了项目资金的"身份"(是贷款、自有资金或其他渠道等)和资金平衡能力,如图4-4所示。

该表为选择资金筹措方案,制订适宜的借款及偿还计划,为编制资产负债表提供依据。通过该表可以计算借款偿还期,计算公式见第3章。

2. 资产负债表

资产负债表列出了项目计算期内的资产、负债及所有者权益,反映了项目的资产状况和负债状况。为企业经营者、投资者和债权人等不同报表使用者提供各自所需资料,如图4-5所示。

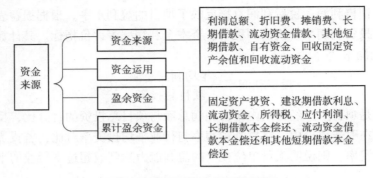

图 4-4 资金来源与运用表要素

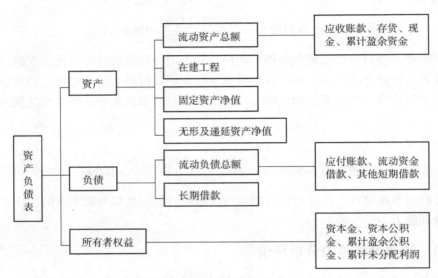

图 4-5 资产负债要素

资产负债表是根据"资产=负债+所有者权益"的会计平衡原理编制的，用以考察项目资产、负债、所有者权益的结构合理性和清偿能力，计算资产负债率、流动比率及速动比率。其计算公式为

(1) 资产负债率。

$$资产负债率 = \frac{负债总额}{资产总额} \times 100\% \qquad (4-5)$$

资产负债率是负债总额与资产总额之比，反映项目资产总额中通过举债得到的份额。对企业所有者来说，他们希望资产负债比率越高越好，因为企业借入资金与股东投入资金一样，能给企业带来更多的投资收益；对于企业的债权人来说，他们希望负债比率越低越好，因为他们关心的是贷给企业资金的安全性，股东提供的资本占总资本比重越大，说明企业还债越有保障，债权人经营风险越小。对企业管理者来说，就要权衡负债经营的报酬和风险之间的关系，把握好负债与自有资金的比例，以求获得最大的经济效益。

(2) 流动比率。

$$流动比率 = \frac{流动资产总额}{流动负债总额} \times 100\% \qquad (4-6)$$

流动比率是流动资产总额与速动负债总额之比,是反映项目在短期内(通常指年)偿还流动债务能力的指标,是衡量企业短期偿债能力的重要指标。这一比率越高,说明项目偿还流动负债能力越强。但流动比率过高也不好,说明企业没有充分利用负债经营或滞留在流动资产上的资金太多,这些都会影响企业的经济效益。一般认为该比率在 2:1 左右为宜。

由于流动资产中包括存货和待摊费用,而存货和待摊费用变现能力较差,因此流动比率只能大体反映企业偿债能力。需要更准确地了解企业短期偿债能力,就看速动比率。

(3)速动比率。

$$速动比率 = \frac{速动资产总额}{速动负债总额} \times 100\% \quad (4-7)$$

速动比率是速动资产总额与速动负债总额的比率,反映企业迅速偿付流动负债的能力,即在很短时间内偿还短期负债的能力。其中速动资产总额=流动资产总额-存货。一般认为速动比率为 1 时比较合理。

由于财务评价的是未来的拟建项目,流动资金很难准确估算,因而计算流动比率和速动比率(特别是速动比率)这两个指标是困难的。

上述报表的具体形式参见第 10 章案例。

3. 分析评价方法比较

项目的财务评价主要是盈利能力与清偿能力的分析。它们从不同的侧面考察项目评价目标、评价标准以及资金的处理等。

盈利能力反映项目为出资者获取利润的能力;而项目的清偿能力反映项目为投资者偿还投资贷款的能力。进行盈利能力分析时,计算期内各年采用的预测价格,是在基年(或建设期初)物价水平的基础上预测的,只考虑相对价格的变化,不考虑物价总水平的上涨因素;而进行清偿能力分析时,计算期内各年采用的预测价格,除考虑相对价格的变化外,还要考虑物价总水平的上涨因素。盈利能力分析通过现金流量表、损益表和财务净现值、内部收益率、投资回收期、投资利润率、投资利税率、资本金利润率指标反映;而清偿能力分析通过资金来源与运用表、资产负债表和资产负债率、固定资产投资国内借款偿还期、流动比率和速动比率指标反映。可将它们归结为 4 种财务评价基本报表和 10 项具体指标,如表 4-3 所示。

表 4-3 项目财务评价指标与基本报表

项目	评价目的	计算范围	价格体系	评价标准	基本报表	评价指标	
						静态指标	动态指标
盈利能力分析	决定项目的财务盈亏	只考虑现金,不考虑借款利息	现行市场价格,计算期内不变	利润率	全部投资现金流量表	全部投资回收期	财务净现值;财务内部收益率
					自有资金现金流量表		财务净现值;财务内部收益率
					损益表	投资利润率;投资利税率;资本金利润率	

续表

项目	评价目的	计算范围	价格体系	评价标准	基本报表	评价指标	
						静态指标	动态指标
清偿能力分析	审查项目清偿能力	包括所有资金流入流出	现行市场价格（含通货膨胀）	现金盈余与短缺	资金来源与运用表	借款偿还期	
					资产负债表	资产负债率；流动比率；速动比率	
不确定性分析	分析项目抗风险能力				盈亏平衡分析	全部投资或自有资金；财务现金流量表	平衡点产量；平衡点销售额	
					敏感性分析	全部投资或自有资金；财务现金流量表	投资回收期；销售收入等	财务内部收益率；财务净现值
					概率分析	全部投资或自有资金；财务现金流量表	投资回收期期望值；销售收入期望值等	净现值期望值

进行财务分析时，需要将项目指标预测值与行业的平均值（或标准值）比较，以评价项目的经济可行性，这些标准值称为财务评价参数。它们是行业的财务基准收益率、基准投资回收期、平均投资利润率和平均投资利税率，由各部门、各行业按统一规定的测算原则和方法进行测算，报国家发展和改革委员会、建设部审批，构成各行业投资项目财务评价的重要参考标准。参数标准值见本书附录。财务评价参数的颁布保证了各类项目评价标准的相对统一性、评价结果的合理性与可比性。

4.2 项目国民经济评价

4.2.1 项目国民经济评价概述

项目国民经济评价是按照资源合理配置的原则，从国家整体角度考察项目的收益和费用，使用影子价格、影子工资、影子汇率和社会折现率等经济参数分析、计算项目对国民经济整体的贡献，评价项目的经济合理性。

在生产实践中，经济收益的获取是以资源消耗为代价的。由于企业、国家是不同的利益主体，收益与费用的识别是有差异的。例如长江上游林区地带的企业，砍伐木材、木材加工等项目给相关企业带来好的经济收益，甚至构成地方经济的主要来源，但是伐木带来的生态环境破坏所导致的洪水灾害使国民经济付出了沉重的代价。所以，仅就财务评价结论，不能充分评定项目本身的局部利益的增加给国民经济带来的是整体经济的增长还是降低，对社会总资源的配置是有效利用还是浪费，还需要进行国民经济合理性分析，以促进有限的资源通过项目真正创造出国民经济增长，实现资源优化配置。

1. 国民经济评价与财务评价的区别

国民经济评价与财务评价之间，有着密切的联系和共同之处。其主要表现在以下两个方面：从评价的内容上看，两者都使用经济效益评价指标体系对项目的经济成果进行分析。从评价的方法上看，两者都以项目收入与支出的现金流量为基础，运用静态或动态的方法对经济效益进行评价。但是，由于各自的利益主体和范围不同，两者之间也存在着显著的区别，主要体现在以下几个方面。

（1）分析评价的角度不同。

财务分析与评价是以企业为受益主体，着重考察项目实施后对企业带来的利润贡献，对项目实施后可能给国家、社会或环境带来的正面或负面的影响不予评价。而国民经济分析评价以整个国家和整个社会为受益主体，着重考察项目实施后对国家、社会这个大团体带来的各种利益。

（2）分析评价的内容不同。

由于利益主体不同，分析评价的内容也有所不同。财务分析评价的内容主要是企业获得的经济利益，国民经济分析评价的内容除了包括国家、社会所能获得的经济效益外，还包括就业效果、生产技术水平提高、进口替代、市场占领等不属于经济效果，但对国民经济发展和人民生活稳定有重要影响的内容。

（3）分析评价的指标不同。

虽然财务分析评价和国民经济分析评价都对经济效益进行评价，但由于评价的内容不同，从而导致评价的指标也不相同。财务评价所采用的静态指标有投资回收期、投资利润率等，动态指标有净现值、净年值、内部收益率等。而国民经济评价所采用的指标有经济净现值、经济内部收益率、经济外汇净现值、经济换汇成本、经济节汇成本等。

（4）收入与费用的划分不同。

税金、贷款利息等在财务评价中作为费用支出项，国家的政策性补贴则作为收入项。而在国民经济评价中，这些仅仅是资源在不同行业、不同部门中的分配，属于国民经济内部的转移支付，它们既没有增加也没有减少国家范围内的资源和财富，因而在国民经济评价中无须计算。

（5）分析评价所使用的价格和主要参数不同。

财务评价中投入的原材料、燃料、动力、工资及产品均采用现行市场价格和官方汇率，而国民经济评价采用的是以机会成本决定的影子价格和影子汇率，以消除由于市场价格和官方汇率不合理对项目国民经济效益产生的影响。此外，财务评价所用的标准收益率通常为行业收益率或期望收益率，而国民经济评价中所用的标准收益率为社会收益率。

（6）评价结果的表现形式有所不同。

财务分析评价的结果主要是以一系列经济效益指标的计算值表现的，是计量型的形式。而国民经济分析评价的结果既有计量型的表现经济效益和社会效益的指标计算值，又有难以直接计量或不可计量的，表现项目对国民经济和社会发展、人民生活水平提高的其他方面的贡献。因此，国民经济评价的结果比财务评价的结果更丰富、全面。

一般来说，项目经济评价要统筹考虑财务评价和国民经济合理性评价，不仅应使项目获得好的经济收益，更应对国民经济发展做出贡献。项目经济评价的总体标准应该是：如果是财务评价和国民经济评价都可行的项目，则可以接受；如果是财务评价和国民经济评价都不可行的项目,则不可以接受;如果财务评价可行但国民经济评价不可行,则应以整体利益为主,予以否定;如果财务评价不可行而国民经济评价可行,那么对于一些国计民生急需的项目,应重新考虑方案,争取经济优惠措施,使项目具有财务生存能力。

2. 国民经济评价内容

国民经济评价的主要内容是项目的盈利能力分析和外汇平衡分析,如图4-6所示。它通过识别项目的收益和费用,编制国民经济收益费用流量表、经济外汇流量表等基本报表和一些辅助报表,计算评价指标,对项目进行国民经济评价。

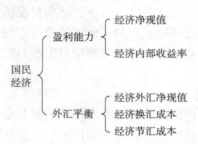

图4-6 国民经济评价的主要内容

3. 国民经济评价步骤

国民经济评价可以在财务评价基础上进行,也可以直接进行。

在财务评价基础上进行国民经济评价的步骤是:

(1) 剔除财务评价中已计算为收益或费用的转移支付。

(2) 增加财务评价中未反映的间接收益和间接费用。

(3) 价格体系调整,用影子价格、影子工资、影子汇率和土地影子费用等代替财务价格及费用,对销售收入(或收益)、固定资产投资、流动资金、经营成本等进行调整。

(4) 编制有关报表,计算项目的国民经济评价指标。

直接进行国民经济评价的步骤是:

(1) 识别和计算项目的直接收益与费用、间接收益与费用。

(2) 价格体系调整,以货物影子价格、影子工资、影子汇率和土地影子费用等计算项目固定资产投资、流动资金、经营费用、销售收入(或收益)。

(3) 编制有关报表,计算项目国民经济评价指标。

4.2.2 国民经济评价的收益与费用

1. 收益与费用的识别

在国民经济评价中,由于评价的立场、利益和目标不同,项目的收益与费用的识别、计算与财务评价有所不同。在国民经济评价中,项目的主体是国家,收益与费用是相对国民经济而言的。所以,收益指项目对国民经济的贡献,即带来国民收入增加的部分;而费用是国民经济为项目付出的代价,即导致国民收入减少的部分。

在经济学中,核算国民经济活动的核心指标是国内生产总值,指在一定时期内运用生产要素所生产的全部最终产品(物品和劳务)的市场价值。它强调劳动者新创造的价值,即产品价值的增加部分。如棉花、纱、布、裁剪、制衣生产链中,若各环节对应的卖价分别是

150元、200元、300元、450元、600元，则总额为150+200+300+450+600=1 700（元）。但计入国内生产总值的不是1 700元，而是各环节增值部分，即150+50+100+150+150=600（元）。

在国民经济分析中，以下四项属于收益：

（1）产品数量的增加、品种的增加、品质的提高，增加了最终消费品，收益是消费者消费产品带来的收益。

（2）替代相同或类似产品，减少被替代产品的产量，收益表现为被替代产品减产所节约的资源价值。

（3）增加出口，收益是创造的外汇收入或减少进口节约的外汇开支。

（4）间接收益或外部收益，如改善环境、培养人才、促进上下游产业发展等。

相应地，以下四项属于费用：

（1）消耗社会资源，即减少产量。其费用以该资源用作其他最佳用途获得的价值（即机会成本）来衡量。

（2）占用其他企业的投入品，减少了该投入品对其他企业的供应量，其费用以这些投入品在其他企业产生的收益衡量。

（3）增加进口（或减少出口），其费用以减少的外汇收入衡量。

（4）间接费用，典型的例子是工业项目的废水、废气和废渣引起的环境污染。

2. 转移支付

对于涉及资源使用权的转移，但没有涉及社会最终产品增减的项目，在国民经济评价中，不计入收益与费用，如国家对项目的补贴、项目向国家交纳的税金、国内借贷利息等。因为这些是作为政府调节分配和调节供求关系的手段，或作为借用资本的代价在项目和政府与借贷机构之间的转移支付，并不发生实际资源的增加和耗费。

项目组织与政府、借贷机构之间的这种并不伴随资源增减的纯粹货币性转移，称为项目的转移支付，它有以下几种形式：

（1）税金是财务上的"转移性"支出，由企业从项目的收入中转移到国家。它是企业的支出，计入财务分析的费用；但从国家角度，税金并没有增加国民收入，也未减少国民收入，只是资源的分配使用权从企业转移到政府手中，所以在国民经济评价中，它不是收益，也不形成费用。

（2）补贴是国家为了鼓励使用某些资源或扶植某项建设投资，给予的价格补贴。它使项目的财务支出减少，企业获得了一定的财务收益，资源的使用权从国家转移到企业，但没有增加或减少国民收入，整个社会资源也没有耗费，因此，补贴也不计入国民经济评价的收益与费用。

（3）国内贷款利息是货币支配权由企业转移给银行的一种转移性支出，没有增加或减少国民收入，不计入国民经济分析的收益与费用。但国外贷款利息由国内向国外支付，造成国内资源的实际减少，应列为项目国民经济分析的费用。

（4）折旧是会计意义上的生产成本要素。不论折旧费是上缴还是留归企业自用，都不能计入国民经济的收益或费用。因为，在计算中已对相应于总投资的资源投入造成的国民收入损失做了充分估价（即把投资作为费用），不能再把折旧作为费用，否则重复计算。

3. 外部效果

外部效果指项目的间接收益与间接费用，即项目在生产和消费中所产生的项目以外的积极或消极的影响。

项目间接收益指由项目引起而在直接收益中未得到反映的那部分收益。直接收益指由项目产出物产生并在项目范围内计算的经济收益，一般表现为增加该产出物的数量满足国内需求的收益；替代其他相同或类似企业的产出物，使被替代企业减产以减少国家有用资源耗费（或损失）的收益；增加出口（或减少进口）所增收（或节支）的国家外汇等。

间接费用指由项目引起而在项目的直接费用中未得到反映的那部分费用。直接费用指项目使用投入物所产生并在项目范围内计算的经济费用，一般表现为其他部门为供应本项目投入物而扩大生产规模所耗用的资源费用；减少对其他项目（或最终消费）投入物的供应而放弃的效益；增加进口（或减少出口）所耗用（或减收）的外汇等。

目前，我国项目评价中考虑的外部效果主要是：

（1）项目对环境的影响，如环境污染问题。

（2）项目对就业的影响，如劳动密集型项目与资本型项目、技术密集型项目产生的就业效果会有所不同。

（3）项目对收入分配的影响。每个项目的实施都会引起项目外其他单位和个人的收入分配变化，从而影响到社会的收入再分配。

（4）项目对储蓄消费的影响等。外部效果的收益与费用通常可通过两种方式简化计算：一是扩大项目的范围，把一些相互关联的项目合在一起作为"联合体"进行评价；二是调整价格，采用影子价格计算收益和费用，在很大程度上使项目的外部效果在项目内部得到了体现。

4.2.3 影子价格理论与方法

在财务评价中，采用市场价格体系计算项目的收益与费用，价格反映的是产品的市场价值。而在国民经济评价中，应该采用影子价格体系计算项目的收益与费用，以便反映资源的经济价值。因为我们的市场经济未达到完全竞争状态，产品（或服务）的市场价格往往不能客观地反映产品与资源的社会成本、供求关系和资源利用情况，使得产品的市场价格与产品的真实价值发生较大幅度的偏离。因此在国民经济评价中，需要调整市场价格体系为影子价格体系，使之客观反映产品（或服务）的真实价值与稀缺性，实现资源优化配置与有效利用。

1. 影子价格含义

影子价格又称为最优计划价格、机会成本和会计价格，是指当社会经济处于某种最优状态时，能够反映社会劳动消耗、资源稀缺程度和对最终产品需求情况的价格。影子价格是20世纪30年代末、40年代初由荷兰数理经济学家、计量经济学创始人詹恩·丁伯根（Jan Tinbergen）和苏联数学家、经济学家、1975年诺言贝尔奖金获得者康特罗维奇（Kantorovitch）分别提出的。

可从以下几方面理解影子价格：

（1）影子价格是在完善的市场条件下，供求因素的自发调节，使资源得到最优配置和利用时形成的均衡价格。

(2) 影子价格也称"最优计划价格",它的经济含义就是:在最优计划下,单位资源增量所产生的效益增量,即资源的边际价值,就是资源合理利用时的社会经济效益。

(3) 影子价格能更好地反映各种社会资源的社会价值、稀缺程度和市场供求关系。资源的影子价格高,表明短缺程度严重;而数量无限的资源,影子价格为零。它是能更合理利用资源的效率价格。

(4) 一般而言,影子价格是人为制定的,是人们对资源的一种评价,是用于预测、计划和项目评价的价格。在经济评价中,我们把它作为合理利用资源的价格尺度,借助它消除价格扭曲对投资项目决策的影响,合理度量资源、货物和服务的经济价值,实现社会资源的合理分配和有效利用。

2. 影子价格的确定与计算

理论上,理想的影子价格,对于静态离散型的,可用最优线性规划的对偶解求得;对于动态连续型的,可用拉格朗日乘子法来计算。但实际上,由于不可能及时、正确地获取建立线性规划模型所需要的各类详细数据,它可能涉及几百种资源、几万种产品以及更大数量级的消耗关系,所以,用线性规划方法建立国民经济最优计划模型、求解最优计划价格这一方法,只有理论上的意义,很难在经济分析、项目评价中实际应用。而运用拉格朗日乘子法计算影子价格——市场均衡价,其前提是假定均衡状态是在理想的完全竞争市场条件下形成的,但是,在现实经济社会中,完全竞争市场仅仅是一个理想的市场类型。由于现行政治、经济和社会生活中的种种限制,没有一个市场合乎理想的自由竞争状态,所以该方法也仅具有理论意义。

在实际中,对于影子价格的计算,凡能与国外进行贸易的商品,采用以国际价格为基础的价格体系,对贸易货物按边境口岸价格进行调整,作为项目经济评价的影子价格。出口商品按离岸价(FOB)调整。离岸价是指以卖方在指定的装运港将货物装上买方指定的货船为条件的价格。进口商品按到岸价(CIF)调整。到岸价是指买方所支付的货物抵达目的港的价格,由离岸价格、运费、保险费等部分组成。凡不能与国外进行贸易的商品,采用成本分解法。就是对产品按其边际生产成本的成本要素构成进行分解,对要素中的原材料可以与国外进行贸易的,用国际价格进行计算。

通常将项目消耗的社会资源投入物(成本)和增加的社会资源产出物(效益)划分为三大类:特殊投入物(土地、资金、劳动力);外贸货物(出口产品、进口产品、替代产品);非外贸货物。

各类资源的影子价格的计算:

1) 特殊投入物

特殊投入物指项目建设过程中消耗的资金、劳动力、土地等生产要素。

(1) 资金的影子价格指资金的机会成本,即用于某项目的投资所放弃的其他投资机会中可能得到的最大投资效果。单位资金的影子价格称为影子利率。许多发展中国家和世界银行使用的影子利率通常为 10%~15%。生产不同产品的各部门使用全国统一的影子利率,能确保投资的有效分配,使有限资金取得最大的经济效益。

(2) 劳动力的影子工资指建设项目使用劳动力,国家和社会为此付出的代价。国家计委和建设部共同颁发的《建设项目经济评价方法与参数》(第三版)认为,影子工资由劳动力的机会成本和劳动力就业或转移而引起的新增资源消耗两部分组成。劳动力的机会成本指劳动力在本项目中被使用，而不能在其他项目中使用而被迫放弃的劳动收益；而社会资源消耗指劳动力转移和就业增加的社会资源消耗，如交通运输费用、搬迁费、城市管理费等，这些资源消耗并没有提高职工的生活水平。所以，劳动力的影子工资应能反映该劳动力用于拟建项目而使社会为此放弃的收益，以及社会为此而增加的资源消耗。其计算公式为：

$$影子工资 = 财务评价中的工资与福利费 \times 影子工资换算系数$$

式中，影子工资换算系数是项目的国民经济评价参数。国家计委和建设部共同颁发的《建设项目经济评价方法与参数》（第三版）中指出：影子工资应根据项目所在地劳动力就业状况、劳动力就业或转移成本测定。技术劳动力的工资报酬一般可由市场供求决定，即影子工资一般可以财务实际支付工资计算。对于非技术劳动力，根据我国非技术劳动力就业状况，其影子工资换算系数一般取为 $0.25\sim0.8$；具体可根据当地的非技术劳动力供求状况确定，非技术劳动力较为富余的地区可取较低值，不太富余的地区可取较高值，中间状况可取 0.5。

涉外项目的影子工资，按实际支付的工资计算。如果工资以外汇支付，则按影子汇率调整为本国货币。

在国民经济评价中影子工资作为费用计入经营费用。如果建设项目的领导人员、管理人员、技术人员和工人，分别从别的单位调来，原单位工资即为其影子工资；如果有些非熟练工人是从失业人员中招来的，则其影子工资为零。

（3）土地的影子价格亦称为土地的经济成本，由土地的机会成本和因土地转变用途而发生的新增加的社会资源消耗两部分组成（如拆迁费、剩余农业劳动力安置费等），可用下式表示：

$$土地影子价格 = 土地机会成本 + 新增社会资源消耗费用$$

由于土地使用是长期的，它的经济成本不仅要计算土地目前放弃的价值，也应考虑未来可能损失的价值。在国民经济评价中，通常分成三类考虑：属于土地机会成本性质的费用，如土地补偿费、青苗补偿费等，按照项目占用土地的种类，选择最可行的 2~3 种替代用途（包括现行用途）进行比较，以其中效益最大者为计算基础；属于新增资源消耗的费用，如拆迁费、劳动力安置费、养老保险等，按照影子价格进行调整；属于转移支付的费用，如粮食开发基金、耕地占用税等，应从费用中剔除。

2）外贸商品

外贸商品指其生产或使用将直接或间接影响国家进出口的货物，又分为直接出口商品、间接出口商品、替代进口商品、直接进口商品、间接进口商品、减少出口商品。

若以 FOB 表示出口商品离岸价格、CIF 表示进口商品到岸价格、SER 表示影子汇率，则影子价格计算公式为

（1）直接出口商品影子价格（SP）= $FOB \times SER - (T_1 + T_{t1})$

（2）间接出口商品影子价格（SP）= $FOB \times SER - (T_2 + T_{t2}) + (T_3 + T_{t3}) - (T_4 + T_{t4})$

（3）替代进口商品影子价格（SP）= $CIF \times SER + (T_5 + T_{t5}) - (T_4 + T_{t4})$

（4）直接进口商品影子价格（SP）= $CIF \times SER + (T_1 + T_{t1})$

（5）间接进口商品影子价格（SP）= $CIF \times SER + (T_5 + T_{t5}) - (T_3 + T_{t3}) + (T_6 + T_{t6})$

（6）减少出口商品影子价格（SP）= $FOB \times SER - (T_2 + T_{t2}) + (T_6 + T_{t6})$

式中，T_1、T_{t1} 分别是国内的运输费用（拟建项目到口岸）和贸易费用；T_2、T_{t2} 分别是供应

厂商到口岸的运输费用和贸易费用；T_5、T_{t5} 分别是供应厂商到用户的运输费用和贸易费用；T_4、T_{t4} 分别是拟建项目到用户的运输费用和贸易费用；T_5、T_{t5} 分别是口岸到原用户的运输费用和贸易费用；T_6、T_{t6} 分别是供应厂商到拟建项目的运输费用和贸易费用。

3）非外贸货物

非外贸货物指其生产或使用不影响国家进出口的货物，其影子价格按下述原则和方法确定。这类商品的影子价格计算方法有两种，比较简单的方法是利用换算系数计算，其计算公式为

$$影子价格 = 国内现行价格 \times 经济换算系数$$

比较精确的方法是采用价格分解法进行计算。价格分解法是将生产或使用这类商品的主要投入物中的外贸货物的价格，逐项按影子价格调整，少量不能调整的非外贸货物的投入物仍按实际价格计算，然后加权汇总，计算出该类商品的影子价格。这种价格分解法计算起来比较复杂，只对项目投资额占很大比重的主要投入物才采用这一方法。大部分非外贸商品的影子价格可以采用替代法，即从与其相类似的或替代品的影子价格中获得。

3. 影子汇率

影子汇率即外汇的影子价格，反映从国家角度对外汇真实价值的估量。它在项目国民经济评价中用于外汇与人民币之间的换算，同时也是经济换汇或节汇成本的判据，是项目国民经济评价的重要通用参数。影子汇率取值的高低直接影响项目（或方案）比选中的进出口抉择，影响对产品进口替代型项目和产品出口型项目的决策。

影子汇率换算系数是影子汇率与国家外汇牌价的比值系数。在项目评价中，用国家外汇牌价乘以影子汇率换算系数得到影子汇率，即

$$影子汇率 = 国家外汇牌价 \times 影子汇率换算系数$$

影子汇率换算系数由国家统一测定发布。

4. 社会折现率

社会折现率是社会对投资项目占有资金所要求达到的最低盈利标准，也是社会可接受的最低投资收益率的限度。它反映了社会资金投放于将来的收益与费用上的价值随着时间的推移而下降的比率，由国家统一测定发布。

采用适当的社会折现率进行建设项目国民经济评价时：一是有助于合理配置积累与消费的比例。例如社会折现率定得高，有利于取得近期收益的项目方案，促进消费，减少积累；否则，反之。二是有利于调控投资规模。例如社会折现率取得过低，可通过的项目很多，造成投资总规模膨胀，投资品需求过大，引起通货膨胀；否则，通过项目少，不能充分利用资金，经济发展迟缓。三是调整投资方向。对于一定的社会折现率，产品供不应求的产业和部门，会有较大的经济净现值，因容易获得投资项目的批准而获得发展机会；否则难于获得。

社会折现率在项目国民经济评价中，作为计算经济净现值的折现率，并可作为衡量经济内部收益率的基准值。它是项目经济可行性和方案比选的主要判据。根据我国在一定时期内的投资收益水平、资金机会成本、资金供求状况、合理的投资规模以及项目国民经济评价的实际情况，2006 年，国家计委和建设部确定社会折现率取为 8%；并规定对于受益期长的项目，如果远期效益较大，效益实现的风险较小，社会折现率可适当降低，但不应低于 6%。

4.2.4 项目国民经济评价的基本指标和方法

1. 国民经济评价的基本报表

国民经济评价的基本报表包括国民经济效益费用流量表（全部投资）和国民经济效益费用流量表（国内投资）。国民经济效益费用流量表（全部投资）以全部投资作为计算基础，用以计算全部投资经济内部收益率、经济净现值等评价指标；国民经济效益费用流量表（国内投资）以国内投资作为计算基础，将国外借款利息和本金的偿付作为费用流出，用以计算国内投资的经济内部收益率、经济净现值等指标。

效益费用流量表记录了收益流量、费用流量与净收益流量。其中，收益流量包括产品销售收入、回收固定资产余值、回收流动资金与项目间接收益；费用流量包括固定资产投资、流动资金、经营费用与项目间接费用。该表通过计算期内净收益流量的正负反映项目对国民收入的净贡献。

用于经济外汇平衡分析的表格有经济外汇流量表和国内资源流量表。经济外汇流量表反映项目计算期内各年外汇收入、支出与平衡情况，用以计算经济外汇净现值、经济换汇成本、经济节汇成本。在进行外汇平衡分析时，对外汇不能平衡的项目，应提出具体的解决办法。

2. 国民经济盈利能力评价

项目的国民经济盈利能力可以通过项目正常生产年度净收益流量反映，以效益费用流量表（全部投资以及国内投资）、经济净现值和经济内部收益率指标描述。

1）经济净现值

经济净现值（ENPV）反映项目对国民经济的净贡献。它是用社会折现率将项目计算期内各年的净收益流量折算到建设期初的现值之和，考察项目在计算期内的盈利能力。其表达式为

$$\text{ENPV} = \sum_{t=1}^{n} (\text{CI} - \text{CO})_t (1 + i_s)^{-t} \tag{4-8}$$

式中，i_s 为社会折现率；CI 为经济现金流入量；CO 为经济现金流出量。

经济净现值等于零，表示国家为拟建项目付出代价后，可以得到符合社会折现率的社会盈余；经济净现值大于零，表示国家为拟建项目付出代价后，除得到符合社会折现率的社会盈余外，还可以得到以现值计算的超额社会盈余，这时项目的国民经济盈利能力是好的；经济净现值等于零，表示国家为拟建项目付出代价后，刚好收回符合社会折现率的社会盈余。

2）经济内部收益率

经济内部收益率（EIRR）反映项目在计算期内各年经济净收益流量的现值累计等于零时的折现率，反映项目占用资金的盈利率。其计算式为

$$\sum_{t=1}^{n} (\text{CI} - \text{CO})_t (1 + \text{EIRR})^{-t} = 0 \tag{4-9}$$

经济内部收益率等于或大于社会折现率，表明项目对国民经济的净贡献达到或超过了要求的水平，这时认为项目是可以考虑接受的；否则，不可接受。

3. 国民经济外汇平衡分析

项目的外汇平衡能力可通过经济外汇流量表、国内资源流量表和三个指标表示，即经济外汇净现值、经济换汇成本、经济节汇成本。

1）经济外汇净现值

经济外汇净现值（ENPV_F）反映项目对国家外汇的净贡献（创汇）或净消耗（用汇），

是按特定的折现率将项目建设和生产服务年限内各年的外汇净收益流量折算到基年的现值之和。其表达式为

$$\text{ENPV}_F = \sum_{t=1}^{n} (\text{FI}-\text{FO})_t (1+i_s)^{-t} \qquad (4-10)$$

式中，FI 为出口产品的外汇流入量，单位为美元；FO 为出口产品的外汇流出量，单位为美元；$(\text{FI}-\text{FO})_t$ 为第 t 年的净外汇流量，单位为美元。

当有产品替代进口时，按净外汇效果计算经济外汇净现值。若 $\text{ENPV}_F \geq 0$，则表示项目赚取外汇能力强；若 $\text{ENPV}_F < 0$，则表示项目赚取外汇能力弱。

2）经济换汇成本

经济换汇成本反映出口产品创外汇的能力。当有产品直接出口时，应计算经济换汇成本。它用生产出口产品投入的国内资源现值（以人民币表示）与生产出口产品的经济外汇净现值（以美元表示）的比值表示。它表示换取 1 美元外汇所需投入的人民币金额，表达式为

$$\text{经济换汇成本} = \frac{\sum_{t=1}^{n} \text{DR}_t (1+i_s)^{-t}}{\sum_{t=1}^{n} (\text{FI}-\text{FO})_t (1+i_s)^{-t}} \qquad (4-11)$$

式中，DR_t 为项目在第 t 年为出口产品投入的国内资源（包括投资、原材料、工资、其他投入和贸易费用），单位为元。

3）经济节汇成本

经济节汇成本反映替代进口产品节省国家外汇的能力。当有产品替代进口时，应计算经济节汇成本。它用项目计算期内生产替代进口产品所投入的国内资源现值与生产替代进口产品的经济外汇净现值之比，表示节约 1 美元外汇所需投入的人民币金额，表达式为

$$\text{经济节汇成本} = \frac{\sum_{t=1}^{n} \text{DR}'_t (1+i_s)^{-t}}{\sum_{t=1}^{n} (\text{FI}'-\text{FO}')_t (1+i_s)^{-t}} \qquad (4-12)$$

式中，DR′ 为项目在第 t 年为生产替代进口产品投入的国内资源（包括投资、原材料、工资、其他投入和贸易费用），单位为元；FI′ 为生产替代进口产品节约的外汇，单位为美元；FO′ 为生产替代出口产品节约的外汇，单位为美元。

经济换汇成本或经济节汇成本（元/美元）小于或等于影子汇率，表明该项目产品出口或替代进口是有利的，项目可以考虑接受。

4.3 项目社会影响评价

4.3.1 项目社会影响评价概述

1. 社会影响评价的含义和作用

1）社会影响评价的含义

项目的社会影响评价起始于 20 世纪 60 年代末、70 年代初的欧美国家，在我国则是近

几年的事。随着社会的发展，人们越来越多地看到许多建设项目因没有从社会学的角度考察其可行性而导致失败。

工程项目的社会影响评价是从整个社会的角度出发，通过考察投资项目的实施对实现社会发展目标所做的贡献、对当地社会的影响以及当地社会条件对项目的适应性和可接受程度来评价项目的可行性。

从国家社会发展的目标来看，任何一个社会，其发展目标基本上有两个：一是经济的增长，也称效率目标；二是公平分配，也称公平目标。两者合称为国民福利目标。效率目标要求增加国民收入，而公平目标要求增加国民收入的分配效果，即收入的时间分配和收入的空间分配。收入的时间分配是指投资和消费之间的分配，收入的空间分配是指收入在不同的收入阶层和地区之间的分配。社会评价必须要以国家的各项社会政策为基础，分析研究项目的社会政策效用及其对社会发展目标实现所起的作用。

从项目对社会发展目标所做的贡献来看，就是要分析项目的实施给社会创造了哪些效益，对社会产生了哪些有利影响，如改善了交通条件，增加了社会卫生设施，提高了居民的教育、文化水平，改善了劳动环境和条件，等等。

从项目对社会发展目标产生的影响来看，一般而言，任何一项技术经济活动都不可避免地对其实施的自然环境与社会环境产生或多或少的影响。前者如对自然与生态环境的影响，对自然资源的影响等，这些自然影响由于改变了人们的居住与生活环境，因此，一般将对人们的生活产生间接影响。后者，如对人口、劳动形式、劳动组织、社会就业、社会政治、人民的生活收入、生活质量的影响等。

从项目与社会的相互适应性来看，一般包括项目与社区人们的相互影响关系的分析。例如，项目建设是否适应和满足了当地社区人民的需要与需求；项目对社区人民的文化的可接受程度等；社区对项目的吸收能力如何，是否需要提高其吸收能力以适应项目的生存；承担项目的组织机构的能力如何，是否需要采取措施加以提高；等等。

可见，社会评价的目的是使项目的实施与社会相互适应、相互协调，避免投资的社会风险，保证项目顺利实施并持续发挥效益，使项目决策建立在社会可行的科学分析基础上。

2）社会影响评价的作用

（1）社会影响评价有助于实现社会福利最大化。对一个国家、一个社会而言，其所追求的目标，不仅仅是经济的增长，而应该是社会福利的全面进步。因此，项目建设的价值不仅应关注其所创造的社会经济效益，还应当研究这些社会经济财富是如何分配的。

（2）社会影响评价有助于政府宏观政策的实施。通过对项目的社会分析与评价，可以对国家财政、税收和价格等政策进行必要的补充，以实现合理分配有限资源的目的。

（3）社会影响评价有助于实现区域生产力布局的合理化。由于边际效益的存在，在落后地区增加单位投资所创造的产值比发达地区增加单位投资所创造的产值具有更大的社会效益，增加单位边际消费所产生的社会效益也大于发达地区增加单位边际消费所产生的社会效益。在进行项目社会分析评价时，可给比较落后地区的项目赋予较高的社会价值权重，这样，在进行项目投资决策时，有利于比较落后的地区拟建项目的入选，通过投资资金流向的调整，逐步改变不合理的区域布局。

可见，社会评价，有助于项目主体了解项目所在地区的社会特征、地域文化特征，为项目的正常实施提供重要的社会背景；有助于政府了解项目建设对社会发展所做的贡献，从而通过项目的实施有意识地推进其社会发展目标的实现;有助于社会各方面投资者掌握项目建设的社会风险,进而超前做好各方面准备工作、防范和化解风险、保障项目建设的正常进行。因此,社会评价可以有效协调项目与社会各界的关系,促进社会的可持续发展。

2. 社会影响评价的特点

(1) 人文性。

社会评价是从社会发展的角度对项目活动进行评价的,为此,引入了大量的人文社会科学的一些基本概念。与项目评价的其他内容相比,社会评价具有更为强烈的人文关怀精神,更关注社会结构的变化,关心社会弱势群体生存状态的改善。在分析评价方法上,也引入了有关社会学的统计指标与概念,如有关人口的统计、收入分配的调查、文化教育状况、就业变化、宗教习惯、风俗传统、社会价值观念、社会心态变化、人际关系等。

(2) 多层次性。

由于不同地区的社会发展状况、发展水平、文化背景等均不尽相同,社会发展目标(如经济增长目标、公平分配目标等)是根据不同层次、不同地区、不同社区的具体情况而制定的,因此,项目社会评价应当尽可能考虑社会发展的各个层次。

(3) 多目标性。

社会是一个由多方面因素所组成的复杂大系统,不同方面的发展有着不同的发展目标,这些目标群的组合,便构成了社会发展的整体。例如,一个社区的发展便包括了社区生活环境、人口质量、社会治安、人口结构、劳动就业、妇女儿童问题、家庭结构、民族关系、弱势群体等。社会评价工作必须注意这一特点,从社会发展的多重侧面来进行评价分析,以求得出全面系统的科学结论。

(4) 难量化性。

社会因素的人文特征决定了多数社会因素是难以准确量化的,只能进行定性描述。分析和评价项目对社会发展目标做出的贡献与影响,在许多情况下是难以采用定量的方法来衡量的。因此,在进行社会评价时,应采用定量与定性相结合的方法,应特别重视定性分析在社会评价中的作用。

(5) 多样性。

社会分析最显著的特点就是从项目实施的具体地区、行业、类型、规模等不同特征出发,针对具体问题而展开,因此,分析工作必须结合实际,根据实际情况确定其分析评价的内容、重点。社会分析报告并没有统一的模式,必须结合实际,灵活多样。

3. 社会影响评价与经济评价的区别

(1) 评价角度不同。

财务评价是从企业或项目本身的角度进行评价,追求的是财务收益的最大化;国民经济评价是从国民经济的角度来评价项目,旨在从国民经济的角度追求资源在全社会经济领域中的最佳配置;而社会评价是从全社会的角度考察评价项目,旨在从全社会更广泛的领域,实现资源的最佳配置。

(2) 评价目标不同。

财务评价追求的目标是企业财务盈利的最大化,即追求财务盈利目标;国民经济评价则以国民收入增长的最大化为追求目标,即追求经济增长目标。而社会评价的内容则涉及国家、地方、社区各层次社会生活各个领域的发展目标,它不仅要求项目创造的国民收入最大化，而且要求这些收入在全社会各阶层和各地区得到公平合理的分配，从而产生最大的社会效益。

（3）评价采用的价格不同。

财务评价使用的是现行市场价格，国民经济评价采用的是效率影子价格，而社会评价是在效率影子价格的基础上考虑了收入分配的影响，采用的是社会影子价格，简称社会价格。

（4）采用的折现率不同。

财务评价采用的折现率是项目行业的基准收益率或现行贷款利率加风险报酬率；国民经济评价所使用的折现率是以资金的边际产出率为依据而制定的社会折现率；社会评价采用的折现率是在社会折现率的基础上，考虑各种形式的收入给社会边际价值的贡献而确定的计算利率。

4. 社会影响评价的原则

（1）科学性原则。

社会评价是项目评价工作的重要组成部分，社会评价的结果将会直接影响整个项目效益水平的评价质量。为了准确全面地反映项目的效益水平，社会评价应当建立在科学的基础之上，评价方法要有科学依据，应保持评价分析的客观、公正。

（2）现实目标原则。

社会评价必须结合具体的社会实际，从现实的社会发展基础出发，评价目标要考虑现实可能。同时，要注意国家现有的法律政策，在进行社会评价时，采用的分析评价方法要具有可操作性和通用性。

（3）可比性原则。

对公平目标的分析中，一般不求公平目标的全面性，只求适用性和项目之间具有可比性，即可以只考虑公平目标中的某一个或某几个方面的因素。评价不在同一地区拟建的互斥项目，或者对不在同一地区拟建的一系列项目进行排队时，要考虑项目收入在积累和消费之间的分配以及在不同地区之间的分配两个因素。评价在同一地区拟建的互斥项目或独立项目，可只考虑一个因素，即项目收入在积累和消费之间的分配。多目标决策的分析评价，应按照目标要求的重要程度进行排序比较，以确保主要目标的实现。

（4）定性分析和定量分析相结合原则。

定量分析的基本原理是运用社会费用效益分析理论，进行成本（费用）效益分析，即将项目所创造的社会效益与社会为项目所付出代价相比较，力争以最小的代价取得同样的社会效益。定性分析则是对不能量化部分进行的分析和评价，定性分析应采用现代科学方法，如特尔菲法、评分法等使定性指标尽可能定量化。

（5）民众参与原则。

社会分析由于要考虑项目实施社会接受的可能性、项目建设的社会风险性以及社会文化的兼容性。因此，在进行社会分析中，应坚持民众参与的原则，使项目实施地区的社会各方面代表在规划论证阶段就参与项目的实施，与项目主体及时沟通，为项目建设创造良好的社会基础，使项目更好地实现其促进社会发展的目标。

4.3.2 社会影响评价的基本方法

项目的社会影响因素复杂多样，有的社会因素可以采用一定的计算公式定量计算，有的则难以计量。各国社会评价方法很不一样，但一般都遵循动态与静态相结合、定量与定性相结合的基本原则。能够量化的一定要进行定量分析和评价，不能定量的则要根据国家的方针、政策及当地具体情况和建设项目本身特点进行定性分析。

1. 社会价格的确定

（1）社会价格的含义。社会价格是在效率影子价格的基础上，考虑收入分配影响所确定的价格，即社会价格等于效率影子价格与收入分配影响之和。

$$社会价格 = 效率影子价格 + 收入分配影响$$

收入分配影响是通过对项目收入用于积累和消费，以及分配于不同地区的分配权数来反映的。可见，社会价格是效率影子价格和分配的函数。

（2）确定社会价格的方法。社会价格包含了公平分配的目标，即考虑了项目收入的分配对社会的影响，所以，在社会评价中，投入物的效率影子价格不调整；只调整产出物的效率影子价格。产出物的效率影子价格加上收入分配的影响就是所要确定的社会价格，确定社会价格主要是根据投资和消费或不同地区的项目收入的不同权数来确定的。

项目产品价值分为三部分，即 $C+V+M$，$V+M$ 属于项目的净收入，这样，只需对 V 和 M 部分进行调整就可以了。V 属于目前的消费，M 用于积累。单位收入用于消费和积累所产生的社会价值是不相等的，特别是在投资资金短缺、投资水平低的情况下，两者的差值尤为突出。所以在产品中，分出 V 和 M 部分，给各自赋予不同的权数。如果不考虑收入在地区之间分配的价值差异，用产出物中的 C 部分加上调整以后的 V 和 M 部分就是该种产出物的社会价格。

例如，某产出物的效率影子价格是 100 元，价格构成中，C 为 40 元，V 为 30 元，M 为 30 元，现在赋予 V 的权数是 0.85、M 的权数是 1.0，那么 V 的社会价值为 $30 \times 0.85 = 25.5$（元），M 的社会价值为 $30 \times 1.0 = 30$（元），则该种产出物的社会价格为 40 元 + 25.5 元 + 30 元 = 95.5 元。

如果既考虑消费和积累分配对社会的影响，又考虑项目收入在不同地区之间的分配对社会的影响，则还要在上述的基础上，再对 V 和 M 进行调整。

根据上列数据，假定生产该产品的两个项目分别建在 A 地区和 B 地区。A 地区属于边远且比较落后的地区，消费水平和投资水平都比较低；B 地区属于沿海比较发达地区，相对 A 地区而言，消费水平和投资水平都较高。积累和消费分配影响的产品价值构成分别是：C 为 40 元，V 为 25.5 元，M 为 30 元。现在要考虑的是，项目净收入在两个地区分配的影响问题。假定项目的积累皆投资于本地区，消费也只限于本地区，赋予 A 地区消费的权数为 1.5，投资权数为 1.25，B 地区的消费和投资权数均为 1.0，则该种产出物在 A 地区的社会价格为

$$40 + 25.5 \times 1.5 + 30 \times 1.25 = 115.75(元)$$

在 B 地区的社会价格为

$$40 + 25.5 \times 1.0 + 30 \times 10 = 95.5(元)$$

2. 分配权数的估算

（1）基本原理。项目社会评价中使用分配权数的基本原理就在于，项目的收入分配于投资和消费或分配于不同的地区，对社会具有不同的价值，因而需赋予它们各自不同的权数，以反映其各自的社会价值。权数的大小应根据它们对社会目标贡献的大小来确定，贡献

大的，赋予较大的权数；贡献小的，赋予较小的权数。一般情况下，只估算两个方面的权数，即项目收入用于投资和消费所加的权数和项目收入分配于不同地区所加的权数。在估算投资和消费的权数时，以投资为计算单位，投资的权数是1.0，消费的权数小于1.0；在估算地区的权数时，也要找一个计算单位，或以比较落后的地区为计算单位，或以比较发达的地区为计算单位，如果是前者，那么比较落后地区的权数是1.0，比较发达地区的权数小于1.0；如果是后者，那么比较发达地区的权数是1.0，比较落后地区的权数大于1.0。

（2）权数的估算。项目收入分配权数的估算，可采用数学的方法进行，也需价值判断。投资和消费的权数应由国家权威机构确定并颁布，收入分配于各地区所加的权数的计算，也应有一个比较统一的方法。

①投资和消费的权数的估算。因为计算单位是投资，所以投资的权数为1.0，消费的权数则以投资价值为基础进行估算。项目所创造的 M 部分，可以用于再投资，可在将来创造一系列的 V 和 M，所以可简单地根据边际资金产出率（即边际投资所产生的净产值率）来计算单位消费的社会价值，即消费的权数。其估算方法为

$$W_c = C/(I+R) \tag{4-13}$$

式中，C 代表单位消费；I 代表单位投资；R 代表边际投资净产值率；W_c 代表消费权数。

如果我国的边际投资净产值率在18%左右，按这一数据计算，消费的分配权数为

$$W_c = 1/(1+0.18) = 0.85$$

在国家尚未正式颁布投资和消费的分配权之前，可以用该种方法确定消费的权数。

②地区分配权数。比较发达地区和比较落后地区的收入分配权数由两个地区的人均投资水平和人均消费水平决定。其计算方法为

设 W_{RI} 和 W_{RC} 分别代表比较发达地区的投资和消费权数；W_{PI} 和 W_{PC} 分别代表比较落后地区的投资和消费权数；CR 和 CP 分别代表比较发达地区的人均消费水平和比较落后地区的人均消费水平；IR 和 IP 分别代表比较发达地区的人均投资水平和比较落后地区的人均投资水平。

如果以分配给比较发达地区的收入为计算单位，则

$$W_{RI} = W_{RC} = 1.0$$
$$W_{PI} = IR/IP \tag{4-14}$$
$$W_{PC} = CR/CP \tag{4-15}$$

如两个项目分别建在 A 地区和 B 地区，A 地区的人均消费水平是 1 000 元，人均投资水平是 10 万元；B 地区的人均消费水平为 1 200 元，人均投资水平为 11 万元，用上述公式计算得：$W_{RI} = W_{RC} = 1.0$；$W_{PI} = 1.1$；$W_{PC} = 1.2$。

3. 费用和效益的计算

社会评价中的费用是指按效率影子价格计算的物料投入和劳动力的社会费用及项目的外部费用。这些费用与国民经济评价中的数据是一致的，社会评价中的效益是用社会价格计算的项目产出物的社会价值，即是用项目产出物的数量与社会价格之积得出的，产出物的数量与国民经济评价中的数据是一致的。对于项目所产生的间接效益，可定量的部分，原则上也要用社会价格计算。用项目所产生的社会效益减去社会费用就是社会净效益，即项目的净收入。

4. 主要评价指标的计算

在社会评价指标体系中，可以进行定量分析的指标有：

1）社会内部收益率

社会内部收益率（SIRR）是指使项目计算期内的社会净现金流量现值累计为零时的折现率。其表达式为

$$\sum_{t=1}^{n}(CI-CO)_t(1+SIRR)^{-t}=0 \qquad (4-16)$$

式中，SIRR是社会内部收益率。一般来说，社会内部收益率大于或等于社会折现率的项目是可以考虑接受的。

2）社会净现值

社会净现值（SNPV）是指用计算利率把项目计算期内各年的社会净现金流量折算到第零年的现值之和。其表达式为

$$SNPV=\sum_{t=1}^{n}(CI-CO)_t(1+ARI)^{-t} \qquad (4-17)$$

式中，ARI是社会折现率；SNPV是社会净现值。

一般来说，社会净现值大于或等于零的项目是可以考虑接受的。

社会内部收益率和社会净现值指标是反映项目的社会经济影响的。计算这两个指标涉及的CI、CO、(CI-CO)$_t$的数据可通过社会现金流量评价表4-4获取。

表4-4 社会效益费用流量表　　　　　单位：万元

序号	项目 \ 年份	建设期		投产期		达产期			合计
		1	2	3	4	5	6	... n	
	生产负荷/%								
1	现金流入								
1.1	产品销售（营业）收入								
1.2	回收固定资产余值								
1.3	回收流动资金								
1.4	外部效益								
2	现金流出								
2.1	固定资产投资								
2.2	流动资金								
2.3	物料投入								
2.4	劳动力的社会费用								
2.5	外部费用								
3	净现金流量（1-2）								

由表4-4可知，社会现金流量由现金流入、现金流出、净现金流量三部分组成，其中现金流入来自产品销售（营业）收入、回收固定资产余值、回收流动资金和外部效益。现金流出用于固定资产投资、流动资金、物料投入、劳动力的社会费用和外部费用。净现金流量是现金流入与现金流出之差。表中产品销售收入是用社会价格乘各年的产量得出的结果。回收固定资产余值、回收流动资金、固定资产投资、流动资金和外部费用与国民经济现金流量评价表中的数据一致。外部收益也要用社会价格计算。物料投入是指除劳动力和折旧以外

的所有投入物按效率影子价格计算的价值。劳动力的社会费用是指劳动力的机会成本，即劳动力的影子工资，此项与国民经济评价中的影子工资一致。

3）就业效益

项目的就业效益指项目建成后给社会创造的新就业机会，一般用单位投资所能提供的就业人数来衡量。按照项目的投资结构和劳动力结构，就业效益分为直接就业效益、间接就业效益和总就业效益。

直接就业是指拟建项目本身创造的新就业机会，一般指项目投产后正常生产年份新增的固定就业人数。直接就业效益的计算公式为

直接就业效益＝项目本身新增就业人数/项目直接投资（人/万元）

间接就业则涉及与评价项目有关联的配套或相关项目以及项目所在地区和部门所增加的附加投资而创造的间接就业人数。其计算公式为

间接就业效益＝新增间接总就业人数/相关项目投资（人/万元）

总就业效益指项目建设给社会带来的直接和间接就业的总效益与该项目直接投资和相关项目间接投资之和的总投资之比。其计算公式为

总就业效益＝新增总就业人数/项目总投资（人/万元）

一般而言，项目的单位投资提供的就业机会越多，计算出来的就业效益系数越大。通常将其与行业平均值比较，如果就业效益系数≥行业平均值，则说明项目社会效益大。但是，就业效益与项目的行业特点、项目采用的技术和经济效益密切相关。劳动密集型项目创造的就业机会多，资金技术密集型项目创造的就业机会少。

在进行项目方案比较时，如果其他条件相同，一般就业效益系数大者为较佳方案，意味着项目单位投资能够提供更多的就业机会。从社会就业角度考察，在待业率高的地区，就业效益大的项目应优先考虑；若拟建项目属高新技术产业，就业效益指标权重就应减小。

4）收入分配效益

收入分配效益指项目建成后的国民收入净增值在消费与积累之间、社会集团之间、地区之间的效益分配，可从社会分配效益和地区分配效益两方面反映。

社会分配效益指项目在生产经营期内，对国内生产净值的贡献在职工、企业、地方和国家四个方面的分配比例。

职工收入分配效益＝职工收益/项目国内生产净增值
企业收入分配效益＝企业收益/项目国内生产净增值
地方收入分配效益＝地方收益/项目国内生产净增值
国家收入分配效益＝国家收益/项目国内生产净增值

式中，职工收益指工资收入和福利；企业收益指利润、折旧及其他收益；国家或地方收益主要指利税、折旧和保险费等。

地区收入分配效益指为了缩小发达地区与贫困地区之间的收入差距，对经济欠发达地区赋予较高的分配系数，使之获得较高的收益，促进地区经济平衡发展。其计算公式为

贫困地区收益分配系数 $\quad D_i = (G'/G)^m \quad$ （4-18）

贫困地区收入分配效益 $\quad R_i = \sum_{t=1}^{n} (CI-CO)_t D_i (1+i_s)^{-t} \quad$ （4-19）

式中，D_i 为贫困地区 i 的收入分配系数；G' 为项目评价时全国人均国民收入水平；G 为项目评价时当地的人均国民收入水平；m 为国家统一颁布的扶贫参数，反映国家对贫困地区在投

资资金分配上的照顾倾向，越贫困的地区 m 值越高，一般在 $1\sim1.5$。

因为 $G'>G$，故 $D_i>1$，且 D_i 随贫困程度按指数规律增长。这样贫困地区项目的年净现金流量通过乘以 D_i 系数，使项目经济现值（ENPV）产生乘数 D_i 效应，而经济现值较高的项目得以优先通过经济评价，体现了国家对贫困地区项目投资的倾斜和扶持。

5）自然资源指标

自然资源是指可以直接从自然界获取的物质和能量，一般包括能源资源、水资源、土地资源等，可通过节能、节水、节地三方面考核。

单位净产值能耗＝项目年综合能耗量（吨标准煤）/项目年净产值（万元）

该指标是项目产生万元净产值效益需消耗的能源，反映了项目的节能效果。

单位产品耗水量＝项目年生产耗水量（吨）/项目主要产品年产量（单位）

该指标是项目生产单位产品需消耗的水量，反映了项目的节水效果。

单位投资占用耕地＝项目占用耕地面积（亩）/项目总投资（万元）

该指标是项目单位投资占用的耕地面积，反映了项目的节地效果。

节能、耗水、占地指标应和行业管理定额或经验水准比较衡量，一般越小越好。但是不同类型项目的产品消耗能源和水源、占用耕地情况差异是很大的。

4.4 项目环境影响评价

4.4.1 项目环境影响评价概述

1. 项目环境影响评价的有关概念

1）环境影响及环境影响分类

所谓的环境影响，是指人类活动（经济活动、政治活动和社会活动）导致的环境变化以及由此引起的对人类社会的效应。环境影响的概念包括人类活动对环境的作用和环境对人类的反作用两个层次。环境影响有多种不同的分类方法。

（1）按层次划分，环境影响可分为直接环境影响和间接环境影响两类。

（2）按可恢复性划分，环境影响可分为可逆影响与不可逆影响。

（3）按性质划分，环境影响可分为污染影响和非污染影响。

（4）按污染程度划分，环境影响可分为重污染影响和轻污染影响。

（5）按建设项目的阶段划分，环境影响可分为建设阶段的环境影响、建设项目服役期（正常运行、生产）的环境影响、建设项目服役期满后的环境影响。

（6）按环境要素划分，环境影响可分为对大气环境的影响，对水环境（江、河、湖、水库、地下水、海洋）的影响，对土壤环境的影响，对生态环境的影响。

2）项目环境影响评价的含义

所谓项目环境评价或项目环境影响评价，即在项目实施之前，在充分调查研究的基础上分析项目可能给环境带来的影响，然后做出全面的科学的定量预测，最终利用各种项目环境影响分析的结果指导项目的决策与实施的工作。项目环境影响分析评价是一项综合性很强的技术工作，需要预测项目对大气、水质、生物、土壤等环境要素的影响，分析各种环境要素变化给人类带来的好处或对人类造成的危害，估算消除这些危害所需的代价，并就项目对环境的影响做出综合的分析。

2. 项目环境影响评价的意义和作用

项目提案、项目选择、项目必要性、项目技术可行性、项目的经济合理性和项目运行条件分析等重大项目决策环节都离不开对于项目环境影响的评价。因此，项目决策实际上直接与项目环境影响评价相互关联。具体地说，项目环境影响评价的意义和作用主要包括如下几个方面。

（1）它有助于建设项目选址和布局的合理性。

项目的合理布局是保证环境与经济持续发展的前提条件，项目不合理的布局则是造成环境污染的重要原因之一。项目环境影响评价就是要从建设项目所在国家或地区的整体出发，考察建设项目的不同选址和布局对国家和区域环境的不同影响，并进行多方案的比较和取舍，然后选择最有利的方案，以保证建设项目选址和布局的合理性。

（2）它有利于提出和实施环境保护措施。

一般来说，项目的开发建设活动和生产活动都要消耗一定的资源，这会给环境带来一定的污染与破坏，因此必须采取相应的环境保护措施。项目环境影响评价是针对具体项目的开发建设活动或生产活动，综合考虑项目开发活动特征和环境特征，并且要对项目环境污染治理设施的技术、经济和环境进行论证，从而得到相对最合理的环境保护对策和措施，把因项目活动而产生的环境污染或生态破坏限制在最小的范围内。

（3）它为区域的社会经济发展提供必要的指导。

项目环境影响评价可以通过对区域的自然条件、资源条件、社会条件和经济发展状况等进行综合分析，掌握该地区的资源、环境和社会承受能力等状况，从而对该地区发展方向、发展规模、产业结构和产业布局等做出科学的决策和规划，以指导该地区的区域经济活动，最终实现国家或地区的可持续发展。

（4）它会促进项目相关环境科学技术的发展。

项目环境影响评价涉及自然和社会科学的广泛领域，包括基础理论研究和应用技术开发。项目环境影响评价工作中遇到的问题必然会对相关环境科学技术提出挑战，进而推动相关环境科学技术的发展。

3. 项目环境影响评价的内容

项目环境影响评价的内容可能会十分广泛，也可能因评价对象的不同而包含相对较少的评价内容。但是就总体而言，我国项目环境影响评价的内容包括以下几个方面。

（1）项目的地理位置和项目的环境影响规模评价。这包括分析项目对国家、地区、地质、地貌、大气、地表水、地下水、土壤、植物、动物等环境要素的影响规模。

（2）项目的自然环境影响评价。这包括对于地质、地貌、大气、地表水、地下水、土壤、植物、动物等影响的评价。这种评价中应该特别说明哪些项目环境影响是可以恢复的，哪些项目环境影响是不可以恢复的。

（3）项目的自然环境影响的经济评价。这包括对于各种自然环境有利和不利影响的经济评价，着重应该做项目近期的及长远的自然环境影响的经济损益分析。

（4）项目环境影响的全面评价。这包括采取一定的综合评价模型，对未来项目环境影响的经济、技术、可持续发展等方面进行定性的、半定量的或定量的评价。

（5）提出项目应该采取的环境保护或补救措施。

（6）提出项目可能采取的代替方案。

4.4.2 项目环境影响评价原则与程序

1. 项目环境影响评价的原则

项目环境影响评价的根本目的在于强制要求在项目规划和决策中考虑环境影响因素，最终达到项目的实施与运营活动能够与其所处环境相兼容。所以，在进行项目环境影响评价的工作过程中，必须遵循一些基本原则。

（1）目的性与主导性原则。

一个国家或区域的环境有其特定的结构和功能，这些特定的结构和功能要求其有特定的环境保护目标。因此，进行任何形式的项目环境影响评价都必须有明确的目的性，并根据具体的目的去确定项目环境影响评价的内容和任务。我国项目环境评价的根本目的是充分保护国民生存环境的健康、生态平衡和可持续发展。

在项目环境影响评价中必须抓住项目建设和运行可能引起的主要环境问题进行评价。因为针对不同的项目，项目环境影响评价表现出众多而又千差万别的性质和特征，但是人们没有办法按照穷尽的方式去评价项目对于各种环境因素的影响，而只能评价起主导作用的项目环境影响因素，这就是所谓的主导性原则。

（2）整体性与相关性原则。

在项目环境影响评价中应该注意各种法律和政策以及项目对其所在区域的自然生态环境系统的整体影响。项目环境影响评价在分别就项目对各环境要素的影响预测与分析之后，还应该着重分析它们对环境的综合影响效应。只有这样才能正确全面地估算项目使整个区域环境受到的整体影响，以便对各种建议或替代方案进行比较和选择，并做出科学的决策。

在项目环境影响评价中应考虑项目影响的自然生态环境系统各要素之间的联系，深入研究同一层次子系统之间的关系以及不同层次的子系统之间的相互关系。通过研究各子系统间关系的性质、联系方式及其联系紧密程度去判别项目环境影响的传递性，一定要根据它们的相关性，研究整个项目对生态环境系统逐层、逐级的影响传递方式、速度及强度等。

（3）均衡性与动态性原则。

在项目环境影响评价中一定要在重视整体效应和相关性的同时，还充分注意各子系统的特性和对各子系统的影响评价工作的相对均衡。在项目环境影响评价中，项目环境影响的预测、分析和综合评价等都应该体现这种均衡性的原则。

项目对环境的影响是一个不断变化的动态过程，所以项目的环境评价也必须贯彻动态性的原则。在项目环境影响评价中必须研究环境的历史，项目不同方案在不同阶段对于环境的影响大小和特征，并充分预测和分析项目不同阶段对于环境的直接和间接影响、短期和长期影响、可逆和不可逆影响，以便最终能够科学地、动态地评价项目对于环境的影响。

（4）随机性与风险性原则。

项目的环境系统是一个动态复杂多变的随机系统。特别是在项目的实施和运行过程中可能发生各种各样的随机事件，而这些随机事件可能会带来严重的环境危害后果。由于存在项目环境影响和危害的随机性，因此项目环境评价必须开展项目环境影响的风险评价研究。这涉及对于项目各种活动（或事件）可能发生的环境危害的分析，这类环境危害的严重程度、发生概率、影响范围、补救措施等方面的全面分析与评价。

（5）社会经济性与公众参与原则。

在社会可持续发展思想的指导下，项目环境影响评价必须从系统性和整体性上对项目环境影响的经济价值进行分析和评价，并且根据社会、经济和环境可持续发展的目标对项目环境影响做出合理科学的经济价值判断。这就要求在对于项目环境影响信息的处理和表达上除了要使用物理数据之外，更主要的是解释和说明这些数据的社会经济含义。

项目的环境影响评价还有一个原则，即公众参与的原则。这要求项目的环境影响评价过程和内容都要公开和透明，项目的全体相关利益主体和公众都有权了解项目环境影响的相关信息。特别是对于环境有重大影响的项目，必须建立社会公众磋商制度，以确保项目环境影响评价的公众参与原则。

2. 环境影响评价管理程序

环境影响评价的管理程序是从环境影响评价的确立到环境影响报告书审批完成的全过程中，环境保护管理部门所开展的管理工作。或者说，从环境影响评价确立到环境影响报告书审批完成的全过程中，环境保护管理部门、建设单位和评价单位之间的工作关系，是以环境保护管理部门的管理为主线的。

我国的环境影响评价管理程序可分为五个阶段，即环境影响评价的确立及委托、环境影响评价大纲的编制、环境影响评价大纲的审批、环境影响报告书的编制、环境影响报告书的审批。

4.4.3 项目环境影响评价方法

1. 项目环境影响识别方法

项目环境影响识别是指通过一定的方法找出建设项目环境影响的各个方面，定性地说明环境影响的性质、程度、可能的范围。

（1）环境影响识别的目的。环境影响识别的目的在于找出环境影响的各个方面，特别是不利的环境影响，为环境影响预测指出目标、为污染综合防治指出方向。

（2）环境影响识别原则。建设项目对环境产生的影响主要取决于两个方面：一方面是建设项目的工程特征；另一方面是建设项目所在地的环境特征。

建设项目的行业不同，原辅材料消耗不同，生产的工艺、排放的污染物种类、数量差别很大，对环境的影响各不相同。建设项目所在地的环境特征不同，对同样数量的同一污染物的敏感程度不同，产生的环境影响也就不同。

（3）环境影响识别方法。环境影响识别方法主要有两种：一种是利用环境影响识别表进行；另一种是根据建设项目排放的污染物（能量或影响因子）对环境要素的影响逐一分析。

环境影响识别表是专为环境影响识别而设计的表格。在这种表格上，设计了一般建设项目可能对环境产生影响的各个方面。当进行环境影响识别时，用识别表中的各项内容逐一对建设项目提出询问，判断建设项目对其是否产生影响。对识别表中的各项逐一识别后，对有影响的各项目统一分析，找出主要的环境影响和次要环境影响。据此确定环境影响预测和评价的重点及各方面。不同的建设项目应有不同的环境影响识别表。

2. 项目环境影响预测的方法

经过项目环境影响识别后，主要的项目环境影响因素已确定。这些项目环境影响因素在项目环境影响评价中对项目环境影响的大小和范围必须给予必要的预测与分析。现在普遍采用的项目环境影响预测方法主要有数学模式法、物理模型法、调查类比法和专业判断法。

（1）数学模式法。

客观世界中有许多事物人们对其已相当了解，但对其发展变化机制的某些方面还未了解清楚。人们在对这类事物的预测中常常采用半经验、半理论的方法，即数学模式法。建立这种数学模式时，首先要根据整个系统的各变量之间存在的物理、化学、生物等过程，建立起表述各种发展变化关系的模型。数学模式法能够给出定量的环境影响预测结果，但需一定的计算条件和输入必要的参数和数据，所以它有一定的局限性。

（2）物理模型法。

物理模型法就是应用物理、化学、生物等方法直接模拟环境影响问题，从而预测项目对于环境影响的方法，也被称为物理模拟法。此方法最大的特点就是定量化的程度高，而且再现性好，能较好地反映比较复杂的环境影响特征。但是，这种方法需要有合适的实验条件和必要的基础数据，特别要注意预测原型与模型的相似性，即几何相似、运动相似、热力相似、动力相似等方面的关系。

（3）调查类比法。

一个未来项目对环境的影响可以通过对于一个已完成的相似项目实际对环境的影响来给出相关的环境影响预测，这就是调查类比法。此法的预测结果可以是定量的，也可以是半定量的，但是此法的预测精度相对较低。

（4）专家判断法。

这是一种通过专家咨询和综合应用专家的专业理论知识和实践经验，分析和预测项目对于环境影响的结果。这一方法一般只能定性地反映项目对于环境的影响，而且相对的预测精度比较低。

3. 环境影响的经济损益分析方法

1）环境价值评价方法

所谓环境价值，就是货币化了的环境质量。评价环境价值的方法有许多种，一般可以分成三类：直接市场法；替代性市场法；意愿调查评价法。

（1）直接市场法。

所谓直接市场法，就是直接运用货币价格对可以观察和度量的环境质量变动进行测算的一类方法。

①市场价值或生产率法。环境质量的变化对相应商品市场的产出水平有影响，因而可以用产出水平变动所导致的商品销售额的变动来衡量环境价值。例如，某种废弃物的排放会影响到其周围地区其他厂商的生产，因而可以用其他厂商因减产而影响的国民生产总值来计算环境价值。

②人力资本法或收入损失法。环境质量变化对人类健康有多方面的影响。这种影响不仅表现为因劳动者发病率与死亡率增加而给生产直接造成的损失（这种损失可以用前述市场价值法加以估算），还表现为因环境质量恶化而导致的医疗费开支的增加，以及因为人过早得病或死亡而造成的收入损失，等等。人力资本法或收入损失法就是专门评价反映在人体健

康上的环境价值的方法。

为了避免重复计算，人力资本法只计算因环境质量的变化而导致的医疗费开支的增加，以及因为劳动者过早生病或死亡而导致的个人收入损失。前者相当于因环境质量变化而增加的病人人数与每个病人的平均治疗费（按不同病症加权计算）的乘积，后者则相当于环境质量变动对劳动者预期寿命和工作年限的影响与劳动者预期收入（扣除来自非人力资本的收入）的现值的乘积。

③防护费用法。当某种活动有可能导致环境污染时，人们可以采取相应的措施来预防或治理环境污染。用采取上述措施所需费用来评价环境价值的方法就是防护费用法。防护费用的负担可以有不同的方式，它可以采取"谁污染，谁治理"，由污染者购买和安装环保设备自行消除污染的方式；可以采取"谁污染，谁付费"，建立专门的污染物处理企业集中处理污染物的方式；也可以采取受害者自行购买相应设备（如噪声受害者在家安装隔声设备），而由污染者给予相应补偿的方式。

④恢复费用法或重置成本法。假如导致环境质量恶化的环境污染无法得到有效的治理，那么就不得不用其他方式来恢复受到损害的环境，以便使原有的环境质量得以保持。例如，开矿引起地面塌陷，影响农业生产，可以用开垦荒地的办法来弥补。将受到损害的环境质量恢复到受损害以前状况所需要的费用就是恢复费用。恢复费用又被称为重置成本，因为随着物价和其他因素的变动，上述恢复费用往往大大高于原来的产出品或生产要素价格。

⑤影子项目法。影子项目法是恢复费用法的一种特殊形式。当某一项目的建设会使环境质量遭到破坏，而且在技术上无法恢复或恢复费用太高时，人们可以同时设计另一个作为原有环境质量替代品的补充项目，以便使环境质量对经济发展和人民生活水平的影响保持不变。同一个项目（包括补充项目）通常有若干个方案，这些可供选择但不可能同时都实施的项目方案就是影子项目。在环境污染造成的损失难以直接评价时，人们常常用这种能够保持经济发展和人民生活不受环境污染影响的影子项目的费用来估算环境质量变动的货币价值。

（2）替代性市场法。

在现实生活中，存在着这样一些商品和劳务，它们是可以观察和度量的，也是可以用货币价格加以测算的，不过它们的价格只是部分地、间接地反映了人们对环境价值变动的评价。用这类商品与劳务的价格来衡量环境价值变动的一类方法就是间接市场法，又称替代性市场法。

①后果阻止法。环境质量的恶化会对经济发展造成损害。为了阻止这种后果的发生，可以采用两类办法。一类是对症下药，通过改善环境质量来保证经济发展；但在环境质量的恶化已经无法逆转时，人们往往采取另一类办法，即通过增加其他的投入或支出来减轻或抵消环境质量恶化的后果。例如，用增加用于化肥和良种的农业投入的办法来抵消环境污染导致的单产下降，居民购买特制的饮用水以取代受到污染、水质下降的自来水。在这种情况下，可以认为其他投入或支出的变动额就反映了环境价值的变动。用这些投入或支出的金额来衡量环境质量变动的货币价值的方法就是后果阻止法。

②资产价值法。固定资产（如土地、房屋等）的价格体现着人们对它的综合评价，其中包括当地的环境质量。以房屋为例，其价格既反映了住房本身的特性，也反映了住房所在地区的生活条件，还反映了住房周围的环境质量。在其他条件一致的前提下，环境质量的差异将影响到消费者的支付意愿，进而影响到这些固定资产的价格。所以，当其他条件相同

时，可以用因周围的环境质量的不同而导致的同类固定资产的价格差异来衡量环境质量变动的货币价值。由于上述固定资产的价格反映了其所在地区的环境质量或舒适程度，因而资产价值法有时又被称为土地价值法或舒适性价格法。

③工资差额法。在其他条件相同时，劳动者工作场所环境条件的差异（如噪声的高低和是否接触污染物等）会影响到劳动者对职业的选择。在其他条件相同时，劳动者会选择工作环境比较好的职业。为了吸引劳动者从事工作环境比较差的职业并弥补环境污染给他们造成的损失，厂商就不得不在工资、工时、休假等方面给劳动者以补偿。这种用工资水平的差异来衡量环境质量的货币价值的方法，就是工资差额法。

④旅行费用法。这种方法认为，旅游者前往诸如名山大川、奇峰怪石等舒适性环境资源的旅行费用，在一定程度上间接地反映了旅游者对其工作和居住地环境质量的不满，从而反映了旅游者对环境质量的支付意愿。因此，在排除了其他因素（如收入）的影响后，就可以用旅行费用来间接衡量环境质量变动的货币价值（包括旅游点的环境质量货币价值和旅游者工作、生活地点的环境质量货币价值）。

（3）意愿调查评价法。

如果找不到环境质量变动导致的可以观察和度量的结果（不论这种结果是能够直接定价，还是需要间接定价），或者评价者希望了解被评价者对环境质量变动的支付意愿或受偿意愿，那么可通过对被评价者的直接调查来评价他们的支付意愿或受偿意愿。这种方法就是意愿调查评价法。

2）环境影响损失的估算

（1）人群健康影响经济损失估算。

估算人群健康影响的经济损失的前提是工程项目对人群确实具有诱发疾病甚至造成死亡的因素，即通过环境医学对人群发病率及死亡率的专门预测分析研究，具体指出工程（或整个区域内的有关工程）影响人群发病率和死亡率增量。如果环境医学专业提不出具体数据，则人群健康影响经济损失就无法估算。人群健康影响经济损失估算通常要对人的生命价值、人体疾病经济损失、人群死亡经济损失进行估算。

（2）水体污染环境损失。

水体污染通常是指人为因素引起的，即废水及污水的排放使得起初为清洁的天然水体水质超标，导致水体功能减弱或丧失而遭受的经济损失。其可分为缺水经济损失估算、热污染经济损失估算、渔产经济损失估算、水体污染经济损失估算、对人体健康影响经济损失估算。

（3）大气污染环境损失估算。

大气污染环境损失估算可分为大气污染造成的对人群健康影响经济损失估算、生态经济损失估算和器物经济损失估算。

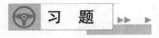

一、判断题

1. 项目财务分析评价一般是在项目建设后所进行的事后分析评价。　　　　　　（　　）

2. 财务评价中的收益与费用的识别首先要明确项目的主体，以便确定项目的收益与费用的范围。　　　　　　（　　）

3. 资本公积金是指非经营性活动形成的资本增值部分。（   ）
4. 项目资金结构指在项目的资金中，负债资本与权益资本的比例关系。（   ）
5. 权益资本指股东提供的资本，它的资本成本率是事先确定的，不随着项目盈利情况的变化而变化。（   ）
6. 债务偿还是指用项目的收入偿还贷款的本金与利息。（   ）
7. 资本金利润率是项目生产经营期内的年均所得税前利润总额与资本金的比率，反映项目资本金的盈利能力。（   ）
8. 资产负债率是负债总额与资产总额之比，反映项目资产总额中通过举债得到的份额。（   ）
9. 在经济学中，核算国民经济活动的核心指标是国内生产总值。（   ）
10. 影子价格是指当社会经济处于某种最优状态时，能够反映社会劳动消耗、资源稀缺程度和对最终产品需求情况的价格。（   ）
11. 到岸价是指以卖方在指定的装运港将货物装上买方指定的货船为条件的价格。（   ）
12. 社会价格等于效率影子价格与收入分配影响之和。（   ）
13. 项目的就业效益指项目建成后给社会创造的新就业机会，一般用单位投资所能提供的就业人数来衡量。（   ）
14. 环境影响的概念就是指人类活动对环境的作用。（   ）
15. 项目的合理布局是保证环境与经济持续发展的前提条件，项目不合理的布局则是造成环境污染的重要原因之一。（   ）

二、选择题
1. （   ）是从企业或项目的角度对项目投资所进行的经济分析评价。
   A. 国民经济评价   B. 财务评价   C. 环境评价   D. 社会评价
2. 财务分析评价中的价格体系一般采用（   ）。
   A. 市场价格   B. 公允价格   C. 约定价格   D. 历史价格
3. （   ）指项目的资金安排须使每年资金能够保证项目每年的正常运转。
   A. 债务偿还   B. 资金结构   C. 资金平衡   D. 资金来源
4. 债务偿还方式中的（   ）是指寿命期中不还本金，每年付息额相等，最后一期归还本金和当期利息。
   A. 等额本金法   B. 等额摊还法   C. 一次性偿付法   D. 等额利息法
5. 项目组织与政府、借贷机构之间的这种并不伴随资源增减的纯粹货币性转移称为项目的（   ）。
   A. 转移支付   B. 借贷支付   C. 外部借贷   D. 政府补助
6. （   ）指在一个国家或地区范围内一定时期内运用生产要素所生产的全部最终产品的市场价值。
   A. 国民生产总值   B. 国内生产总值   C. 国际生产总值   D. 国内生产均值
7. 在国民经济分析中，以下哪一项不属于收益？（   ）
   A. 产品数量的增加   B. 增加出口   C. 被替代产品增产   D. 改善环境
8. （   ）指其生产或使用将直接或间接影响国家进出口的货物。
   A. 一般商品   B. 特殊商品   C. 外贸商品   D. 非外贸货物

9. 社会折现率是社会对投资项目占有资金所要求达到的（　　）盈利标准。
   A. 最高　　　　　　B. 平均　　　　　　C. 一般　　　　　　D. 最低
10. （　　）反映替代进口产品节省国家外汇的能力。
    A. 经济节汇成本　　B. 经济换汇成本　　C. 经济外汇成本　　D. 经济汇兑成本
11. 以下哪一项不是社会影响评价的特点？（　　）
    A. 多层次性　　　　B. 易量化性　　　　C. 多样性　　　　　D. 人文性
12. （　　）是指使项目计算期内的社会净现金流量现值累计为零时的折现率。
    A. 社会内部收益率　B. 社会折现率　　　C. 社会外部收益率　D. 社会净现值
13. （　　）是指人类活动导致的环境变化以及由此引起的对人类社会的效应。
    A. 社会影响　　　　B. 经济影响　　　　C. 环境影响　　　　D. 环境变化
14. （　　）指项目的间接收益与间接费用，即项目在生产和消费中所产生的项目以外的积极或消极的影响。
    A. 外部效果　　　　B. 内部效果　　　　C. 间接影响　　　　D. 外部收益
15. （　　）的经济含义是在最优计划下，单位资源增量所产生的效益增量，即资源的边际价值，就是资源合理利用时的社会经济效益。
    A. 对称价格　　　　B. 相对价格　　　　C. 最高价格　　　　D. 影子价格

三、问答题

1. 财务评价的主要内容有哪些？
2. 企业自有资金与企业外部资金分别包括哪些内容？
3. 简述国民经济评价与财务评价的区别。
4. 简述项目财务评价与传统财务分析的异同。
5. 目前我国项目评价中考虑的外部效果主要有哪些？
6. 社会影响评价的作用有哪些？
7. 简述社会影响评价与经济评价的区别。
8. 在进行项目社会影响评价的工作过程中应该遵循哪些基本原则？
9. 项目环境影响评价的意义和作用主要包括哪些方面？
10. 在进行项目环境影响评价的工作过程中应该遵循哪些基本原则？

四、计算题

1. 某投资方案初始投资为120万元，年销售收入为100万元，寿命为6年，残值为10万元，年经营成本为50万元，基准收益率为10%。试画出现金流量图，计算该投资方案的财务净现值和内部收益率。[$(P/A,10\%,6)=4.3553$；$(P/F,10\%,6)=0.5645$；$(P/A,30\%,6)=2.643$；$(P/F,30\%,6)=0.2072$；$(P/A,40\%,6)=2.168$；$(P/F,40\%,6)=0.1328$]

2. 某投资项目建设期为2年，第1年年初固定资产投资支出为2 400万元，第2年年初固定资产投资支出为2 000万元。第2年年末向银行借入流动资金1 000万元，用于流动资金投资，银行借款年利率为10%，以年为计息期。该项目第3年正式投产，投产后第1年产销量为1.8万件，每件单价6 000元，变动费用为3 000元，固定费用总额为5 000万元，投产后第2年及以后各年的产销量为2万件。该项目寿命期为10年，期末固定资产残值与清理费用正好相抵，期末流动资金回收与当初投入相等。固定资产年折旧额为450万元。该行业基准投资收益率为15%。$(P/A,15\%,7)=4.16$，$(P/F,15\%,10)=0.25$，$(P/F,15\%,3)=$

0.66，$(P/F, 15\%, 2) = 0.76$。要求：

(1) 编制全部投资现金流量表或画出现金流量图。

(2) 计算财务净现值，并对该投资项目进行财务盈利能力评估，说明从财务角度是否值得投资建设。

3. 某企业拟全部使用自有资金建设一个市场急需产品的工业项目。建设期为 1 年，运营期 6 年。项目投产第 1 年获得当地政府扶持该产品生产的启动经费 100 万元，其他基本数据如下：

(1) 建设投资 1 000 万元。预计全部形成固定资产，固定资产使用年限 10 年，按直线法折旧，期末残值 100 万元，固定资产余值在项目运营期末收回。投产当年又投入资本金 200 万元作为运营期的流动资金。

(2) 正常年份年营业收入为 800 万元，经营成本为 300 万元，产品营业税及附加税率为 6%，所得税率为 25%，行业基准收益率为 10%；基准投资回收期 6 年。

(3) 投产第 1 年仅达到设计生产能力的 80%，预计这年的营业收入、经营成本和总成本均达到正常年份的 80%。以后各年均达到设计生产能力。

(4) 运营 3 年后，预计需花费 20 万元更新自动控制设备配件，才能维持以后的正常运营，该维持运营投资按当期费用计入年度总成本。

问题：

(1) 编制拟建项目投资现金流量表。

(2) 计算项目的静态投资回收期、项目的财务净现值、项目的财务内部收益率。

(3) 从财务角度分析拟建项目的可行性。

习题参考答案

第 5 章 项目的比较选择与项目群评价

5.1 项目方案比较分析概述

项目评价中经常遇到项目方案的比较和选择问题。由于技术的进步,为实现项目目标会形成众多的项目方案,这些方案或是采用不同的技术工艺和设备,或是不同的规模和坐落位置,或是利用不同的原料和半成品等。当这些方案在技术上都可行、经济上也合理时,项目评价的任务就是从中选择最好的方案。并不是任何方案之间都是绝对可以比较的。不同方案的产出的质量和数量、产出的时间、费用的大小及发生的时间和方案的寿命期限都不尽相同。对这些因素的综合经济比较就需要有一定的前提条件和判别标准。

5.1.1 项目方案类型

项目方案的类型很多,按其相互间的经济关系可分为以下几类。

1. 独立方案

独立方案是指作为评价对象的各个方案的现金流是独立的,不具有相关性。在进行方案选择时,一个方案的选择并不影响另一个方案的选择,可以几个方案共存。独立方案的经济效果具有加和性。

独立方案的选择在无约束条件下是比较简单的,只要项目在财务上或经济上达到项目评价标准就可以考虑接受。如果有约束条件限制,就要通过项目排队来选择最佳项目。

2. 互斥方案

互斥方案是指互相关联,互相排斥的方案。即一组方案中的各个方案彼此间可以相互替代,采纳其中的某一方案,就不能选择其他方案。互斥方案最重要的特点为排他性。互斥方案的经济效果不具加和性。常见的例子:项目的地址设在北京、上海还是深圳?项目采用日本技术还是德国技术?设备是购买进口的,还是购买国产的?

一般来说,若存在几个互斥方案,则两两进行比较的次数共有 C_n^2 次,即 $\dfrac{n(n-1)}{2}$ 次,才能得到决策结果。例如某组投资方案,有 A、B、C、D 四个方案,则需要比较的次数为 6 次,即 A 与 B 比较、A 与 C 比较、A 与 D 比较、B 与 C 比较、B 与 D 比较和 C 与 D 比较。

对于互斥方案的比较，既可按各项目所含的全部因素计算项目的全部经济效益进行全面的比较，也可就不同因素进行局部对比。

3. 相关方案

相关方案是指方案之间既不互相排斥，也不完全独立，但任何一个方案的取舍都会导致其他方案现金流变化的方案。如一个方案是在某海湾建收费跨海大桥，另一个方案是修建收费环海高速公路，即为相关方案。

4. 依存方案

依存方案是指一些方案的接受必须以另外一些方案的接受为前提条件。有时是单向依存，如楼房的第三层之于第一层、第二层；有时是双向依存，如新型的火炮和配套的炮弹。

5. 混合方案

混合方案是指同时存在上述几种关系的方案群。

5.1.2 项目方案比较分析的含义及原则

项目方案比较分析又称方案比选，是指对项目可行性研究过程中根据各项主要经济和技术决策（如工厂规模、产品方案、工艺流程和主要设备选择、原材料和燃料供应方式、厂区和厂址选择、工厂布置以及资金筹措等）提出的各种可能方案进行筛选，并对筛选的几个方案进行经济计算，结合其他因素详细论证比较，做出抉择的过程。

一般来说，进行方案比较应遵循以下原则。

1. 方案比较应通过国民经济评价来确定

方案比较在原则上应通过国民经济评价来确定。对产出物基本相同，投入物构成基本一致的方案进行比较时，为了简化计算，在不与国民经济评价结果发生矛盾的前提下，也可以通过财务评价结果确定。

2. 遵循可比性原则

项目方案比较时不管是按方案的全部因素（相同因素和不同因素）计算方案的全部经济效益和费用，进行全面对比分析，还是就不同因素计算相对经济效益和费用的局部分析，都需要遵循可比性原则，即各个方案之间应具有可比性。

3. 选用合适的比较方法和指标

项目方案比较时要注意使用不同指标导致相反结论的可能性，要根据项目的具体情况选用合适的比较方法和指标。

5.1.3 项目方案比选的意义

项目的经济评价是可行性研究与项目评价的核心，它贯穿于可行性研究与项目评价的全过程，反映了项目研究的最终成果。经济评价的最终目的是确定投资项目是否可以被接受和推荐出最佳的投资方案。只有通过投资项目方案比选才能达到这一目的，因此方案比选具有十分重要的意义。

1. 投资项目方案比选是实现资源合理配置的有效途径

资源具有数量上的有限性和稀缺性、分布上的不均衡性两个特点。由于资源短缺是制约经济发展的重要因素，因而只有通过定量的方法，对各个方案进行认真的比较分析才能实现最大限度的合理分配和有效利用有限资源，为社会创造更多的财富。

2. 投资项目方案比选是实现投资决策科学化和民主化的重要手段

长期以来，由于投资决策缺乏科学方法和民主程序，仅凭某些管理人员的主观经验来确定投资项目，以主观愿望代替客观规律，已给社会财富造成了巨大的浪费，给国民经济的发展带来了很大损失。投资项目方案的比选是一种科学的定量分析方法，通过对拟建项目各个方案的分析、比较，选出最优投资方案，就可以为投资决策提供可靠的依据，实现投资的科学化和民主化。

3. 投资项目方案比选是寻求合理的经济和技术决策的必然选择

在项目投资决策过程中，影响决策结果的因素有很多，只有经过多种方案的对比分析，综合考虑各种因素，才能做出正确的投资决策。就某一拟建项目而言，应通过对其生产规模、产品方案、工艺流程、主要设备等实际情况的考察，对提出的各种可行方案进行比较筛选，选出成本最低、效益最高的最佳方案。

5.2 项目方案比较分析的一般方法

5.2.1 互斥方案的经济效果评价与选择

在对互斥方案进行决策时，经济效果评价包含两方面内容：一是考察各个方案自身的经济效果，即进行绝对效果检验；二是考察哪个方案相对最优，即进行相对效果检验。两种检验的目的和作用不同，通常缺一不可。

需要注意的是，参加比选的方案应具有可比性，如考察时间段及计算期的可比性，收益与费用的性质、计算范围的可比性，方案风险水平的可比性和评价所使用假定的合理性。

1. 寿命相等的方案比较选择

先看一个简单的实例。

[例 5-1] 某企业为降低产品成本，现考虑三个相互排斥的技术改造方案。三个方案的寿命期均为 10 年，各方案的初始投资及年节约金额如表 5-1 所示。试在基准折现率为 12% 的条件下选择经济上有利的方案。

表 5-1　各方案的初始投资及年节约额　　　　　　　　　　　单位：万元

年限	0	1~10
方案 A	-20	5.8
方案 B	-30	7.8
方案 C	-40	9.2

首先，计算三个方案的绝对经济效果指标净现值（NPV）和内部收益率（IRR），计算结果如表 5-2 所示。

（1）求净现值。

$$NPV_A = -20+5.8(P/A,12\%,10) = 12.77（万元）$$
$$NPV_B = -30+7.8(P/A,12\%,10) = 14.07（万元）$$
$$NPV_C = -40+9.2(P/A,12\%,10) = 11.98（万元）$$

（2）求内部收益率。由方程

$$-20+5.8(P/A,IRR_A,10) = 0$$
$$-30+7.8(P/A,IRR_B,10) = 0$$
$$-40+9.2(P/A,IRR_C,10) = 0$$

分别求得

$$IRR_A = 26\%$$
$$IRR_B = 23\%$$
$$IRR_C = 19\%$$

表 5-2 互斥方案的净现值及内部收益率

方案	NPV/万元	IRR/%
A	12.77	26
B	14.07	23
C	11.98	19

由本例看，三个方案的净现值均大于零，内部收益率均大于基准折现率（12%），所以三个方案都能通过绝对效果检验。

但从三个方案中选最优方案遇到了一个问题：如果按净现值指标选择，应该选择方案 B；如果按照内部收益率指标选择，应该选择方案 A。出现相互矛盾的结论。

到底按哪种准则进行互斥方案比选更合理呢？要解决这个问题需要分析投资方案比选的实质。投资额不等的互斥方案比选的实质是判断增量投资（或称差额投资）的经济合理性，即投资大的方案相对于投资小的方案多投入的资金能否带来满意的增量收益。如能带来满意的增量收益，则投资额大的方案优于投资小的方案；如不能带来满意的增量收益，则投资额小的方案优于投资大的方案。

两个方案的现金流量之差会构成一个新的现金流，即增量净现金流（或称差额现金流）。如本例中，B 方案比 A 方案的投资多 10 万元，年收益多 2 万元。则由初始投资 10 万元，年收益 2 万元组成的现金流就是 B 方案与 A 方案的增量净现金流。根据增量净现金流，可计算出差额净现值（记作 ΔNPV）和差额内部收益率（记作 ΔIRR）。

互斥方案差额净现值的比选准则为：

若 ΔNPV≥0，则表明增量投资可以接受，应该选择投资大的方案；

若 ΔNPV<0，则表明增量投资不可接受，应该选择投资小的方案。

互斥方案差额内部收益率的比选准则为：

若 ΔIRR≥i_0（基准折现率），则表明增量投资可以接受，应选择投资大的方案；

若 ΔIRR<i_0，则表明增量投资不可接受，应选择投资小的方案。

（1）本例中如用差额净现值进行比选，则方案 B 与方案 A 比较，有

$$\Delta NPV_{A-B} = -10+2(P/A,12\%,10) = 1.3（万元）>0$$

表明此项追加投资是值得的,故方案 B 优于方案 A。

方案 C 与方案 B 比较,有

$$\Delta NPV_{C-B} = -10+1.4(P/A,12\%,10) = -2.09(万元)<0$$

表明此项追加投资是不值得的,故方案 C 劣于方案 B。

结论是 B 方案最优,应选择 B 方案。与净现值法结论相同。

(2) 如用差额内部收益率进行比选,则方案 B 与方案 A 比较,有

$$-10+2(P/A,\Delta IRR_{A-B},10) = 0$$

得

$$\Delta IRR_{A-B} = 15\% > 12\%$$

表明此项追加投资是值得的,故方案 B 优于方案 A。

方案 C 与方案 B 比较,有

$$-10+1.4(P/A,\Delta IRR_{C-B},10) = 0$$

得

$$\Delta IRR_{C-B} = 6.5\% < 12\%$$

表明此项追加投资是不值得的,故方案 C 劣于方案 B。

结论是 B 方案最优,应选择 B 方案。也与净现值法结论相同。

由本例的结果可以看出,无论是用差额净现值指标还是用差额内部收益率指标进行比选,其结果都与净现值最大准则的判断结论相同。事实上,根据净现值公式我们可以方便地推导出,差额净现值就等于两方案的净现值之差,即

$$\Delta NPV_{A-B} = NPV_B - NPV_A$$

因此,投资额不等的互斥方案比选的判别准则可以简单地表述为:净现值最大且非负的方案为最优。这一判别准则也可以推广至净现值的等效指标净年值,即净年值最大且非负的方案最优。

对于仅有或仅需计算费用现金流的互斥方案,只需进行相对效果检验,通常使用费用现值或费用年值指标。判别准则为:费用现值或费用年值最小的方案最优。

2. 寿命不等的方案比较选择

对寿命不等的互斥方案进行比选,要求方案在一定的期限区间内具有可比性。欲满足这一要求需要解决两个方面的问题:一是设定一个合理的共同分析期;二是假定方案都可以无限期地反复实施且每一循环的投资和收益的现金流量不变。

1) 年值法

年值法是通过计算各方案的年值进行比选。在对寿命不等的互斥方案进行比选时,年值法是最为简洁的方法,当参加比选的方案数目众多时,尤其是这样。年值法使用的指标有净年值与费用年值。其判别准则是:净年值最大且非负(或费用年值最小)的方案最优。

[例 5-2] A、B 为两个互斥方案,各自的寿命期和现金流如表 5-3 所示。试在基准折现率为 10% 的条件下选择最佳方案。

表 5-3 方案 A、B 的净现金流和寿命期

方 案	初始投资/万元	年净收益/万元	寿命期/年
A	100	40	4
B	200	53	6

解：分别求出两个方案的净年值，分别为

$$NAV_A = [-100+40(P/A,10\%,4)](A/P,10\%,4) = 8.5(万元)$$
$$NAV_B = [-200+53(P/A,10\%,6)](A/P,10\%,6) = 7.1(万元)$$

由于 $NAV_A > NAV_B > 0$，故应选取 A 方案。

2）寿命期最小公倍数法

寿命期最小公倍数法取各方案寿命期的最小公倍数作为共同的分析期。根据分析期内的净现值（或费用现值）的大小进行比选，净现值最大（或费用现值最小）的方案最优。

[例 5-3] 根据[例 5-2]中表 5-3 的数据和资料，运用寿命期最小公倍数法对方案 A 和方案 B 进行比选。

解：方案 A 的寿命期为 4 年，方案 B 的寿命期为 6 年，它们的最小公倍数为 12 年。在这期间，方案 A 共实施 3 次，方案 B 共实施 2 次。其最小公倍数现金流图如图 5-1 所示。

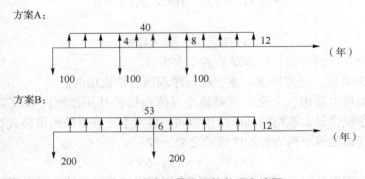

图 5-1 寿命期最小公倍数现金流图

分别求出在共同计算期为 12 年的情况下，两方案的净现值。

方案 A：
$$NPV_A = -100+40(P/A,10\%,4)+[-100+40(P/A,10\%,4)](1+10\%)^{-4}+[-100+40(P/A,10\%,4)](1+10\%)^{-8} = 57.6(万元)$$

方案 B：
$$NPV_B = -200+53(P/A,10\%,6)+[-200+53(P/A,10\%,6)](1+10\%)^{-6} = 48.3(万元)$$

由于 $NPV_A > NPV_B > 0$，故应选取 A 方案。结论与[例 5-2]相同。

5.2.2 独立方案的经济效果评价与选择

当各方案相互独立时，比选的实质是以何种方式确定各方案的优先顺序，因为一般情况下都存在着资金限制。对资金受限制的独立方案进行比选的主要方法有互斥方案组合法和净现值指数排序法。

1. 互斥方案组合法

互斥方案组合法是技术经济分析的传统方法，是指在有资金约束的条件下，将相互独立的方案组合成总投资额不超过投资限额的方案组合，这样各个方案组合之间就变成了完全互斥的关系，利用前述互斥方案的比选方法，就可以选择出最优的方案组合。其步骤如下：

视频 7：互斥型方案的动态指标优选方法

第一步：对于 m 个非直接互斥的项目方案，列出全部的相互排斥的方案组合，共 2^m 个（包括全部不投资方案组合）；

第二步：保留投资额不超过投资限额且 NPV≥0 的方案组合，淘汰其余方案组合；

第三步：从保留的方案组合中选取净现值最大的方案组合即为最优方案组合。

[例 5-4] 某企业有三个独立的投资方案 A、B、C，净现金流情况如表 5-4 所示，已知总投资限额为 8 000 万元，基准折现率为 10%。请做出最佳投资决策。

表 5-4　A、B、C 三个方案的净现金流情况

方　案	投　资/万元	年净收益/万元	寿命期/年	净现值/万元
A	2 000	460	8	454.054
B	3 000	600	8	200.940
C	5 000	980	8	228.202

解：首先计算 A、B、C 三个方案的净现值，其结果列于表 5-4。三个方案的净现值均大于零，即三个方案均能通过绝对效果检验。但已知投资限额为 8 000 万元，而三个方案同时实施的总投资为 1 亿元，超出了投资限额，所以要用互斥方案组合法进行决策。

第一步：对于三个非直接互斥的项目方案，列出全部的相互排斥的方案组合，共八个（包括全部不投资方案组合），如表 5-5 所示。

表 5-5　互斥方案组合投资总额、年净收益及年净现值　　　　　　　单位：万元

方案组合序号	方案组合	投资总额	年净收益	净现值
1	0	0	0	0
2	A	2 000	460	454.054
3	B	3 000	600	200.940
4	C	5 000	980	228.202
5	AB	5 000	1 060	654.994
6	AC	7 000	1 440	682.256
7	BC	8 000	1 580	429.142
8	ABC	10 000	2 040	883.196

第二步：保留投资额不超过投资限额且 NPV≥0 的方案组合，淘汰其余方案组合。表 5-5 中序号为 8 的方案组合投资总额超出投资限额，故被淘汰。

第三步：从保留的方案组合中选取净现值最大的方案组合即为最优方案组合。表 5-6 中，序号为 6 的方案组合（AC 组合）的净现值最大，故方案 A 与方案 C 的组合为最佳方案组合，所以投资决策为同时选择方案 A 与方案 C。

显然，当参选项目较少时，互斥方案组合法简便实用；但当项目个数增加时，方案组合数将呈指数级增加，会大大增加计算工作量。这时，我们还可以用净现值指数排序法。

2. 净现值指数排序法

净现值指数排序法是在一定资金限制下，根据各方案的净现值指数的大小确定各方案的优先顺序并分配资金，直到资金限额分配完为止的比选方法。其具体步骤是：

第一步：计算各方案的净现值（NPV），对 NPV<0 的方案因通不过绝对效果检验首先

淘汰；

第二步：计算保留各方案的净现值指数（NPVI），并将方案按净现值指数从大到小排序；

第三步：按已排列的顺序选择方案并分配资金，直到资金限额分配完为止。

[例 5-5] 有 12 个独立投资项目方案，其净现金流如表 5-6 所示，已知投资限额为 1 000 万元，基准折现率为 12%。试按净现值指数排序法进行最佳方案组合的选择。

表 5-6 独立方案净现金流及相关指标　　　　　　　　　　　单位：万元

独立方案	第 1 年年初投资	1~10 年净收益	净现值	净现值指数	按净现值指数排序
A	−100	20	13	0.13	4
B	−150	28	8.2	0.055	7
C	−100	18	1.7	0.017	9
D	−120	24	15.6	0.13	4
E	−140	25	1.25	0.009	10
F	−80	19	27.35	0.34	1
G	−120	25	21.25	0.177	3
H	−80	17	16.05	0.20	2
I	−120	22	4.3	0.036	8
J	−110	22	14.3	0.13	4
K	−90	15	−5.25		
L	−130	23	−0.05		

解：第一步：计算各方案的净现值（NPV），方案 K、L 因 NPV<0，通不过绝对效果检验首先淘汰（表 5-6 第 4 列）；

第二步：计算保留各方案的净现值指数（NPVI），并将方案按净现值指数从大到小排序（表 5-6 第 5、第 6 列）；

第三步：按已排列的顺序选择方案并分配资金，直到资金限额分配完为止。因为投资限额为 1 000 万元，所以可以选择的方案组合为 F、H、G、A、D、J、B、I、C。其投资总额为 980 万元。故上述方案组合为最优选择，净现值总额为 121.75 万元。

按净现值指数排序原则选择项目方案，基本原理是单位投资的净现值越大，在一定投资限额内所获得的净现值总额就越大。该方法的优点是概念清晰、简便易算；缺点是由于投资项目的不可分性，该法往往不能保证现有资金的充分利用，也就是说，所得的方案组合往往不是最优组合。

3. 相关方案的经济效果评价与选择

当各方案的现金流之间具有相关性，但方案之间并不完全互斥时，我们不能简单地按照互斥方案或独立方案的评价方法进行决策，而应该用互斥方案组合法将各方案构建成互斥方案组合，再进行比较选择。

[例 5-6] 为了满足经济发展的需要，有关部门分别提出要在某两地之间建设一铁路项目和（或）公路项目，只上一个项目的净现金流如表 5-7 所示。如两个项目都上，由于运输分流两个项目的年净收益都有减少，现金流如表 5-8 所示。当基准折现率为 10% 时，试

做出最佳投资决策。

表5-7　只上一个项目时的净现金流　　　　　　　　　　　单位：万元

年序	0	1	2	3~30
公路方案 A	−8 000	−8 000	−8 000	4 500
铁路方案 B	−16 000	−16 000	−16 000	8 000

表5-8　两个项目都上时的净现金流　　　　　　　　　　　单位：万元

年序	0	1	2	3~30
公路方案 A	−8 000	−8 000	−8 000	3 000
铁路方案 B	−16 000	−16 000	−16 000	7 000
合计（A+B）	−24 000	−24 000	−24 000	10 000

表5-9　互斥方案组合及其净现值　　　　　　　　　　　单位：万元

年序	0	1	2	3~30	NPV
1. 公路方案 A	−8 000	−8 000	−8 000	4 500	124.67
2. 铁路方案 B	−16 000	−16 000	−16 000	8 000	173.01
3.（A+B）	−24 000	−24 000	−24 000	10 000	106.84

解：先将两个方案构建成三个互斥方案组合，再分别计算其净现值，结果如表5-9所示。

根据净现值判别准则，在三个互斥方案组合中，第二个方案（即铁路方案）的净现值最大且大于零，故新建铁路方案为最优可行方案。

5.2.3　项目方案比较指标的应用范围

净现值、净现值指数、内部收益率、总费用现值和年费用是对互斥方案进行比较择优和对独立方案项目进行排队和组合选优时，经常使用的评价指标。在使用时，总费用现值和年费用两个指标没有一定的限制条件，而净现值、净现值指数和内部收益率有一定的局限性。

内部收益率法在理论上存在着某些缺陷。它只能表明项目投资的盈利能力是否达到或超过了要求的水平（财务评价时为行业基准折现率，国民经济评价时为社会折现率），但不能反映比要求水平高多少或低多少。净现值法不适于投资额不等的项目比较，而净现值指数法是净现值法的发展和补充，它反映了净现值和投资现值的关系，净现值指数的最大化有利于实现有限投资的净贡献最大化。

在独立项目的经济评价中，用净现值、净现值指数和内部收益率这三个指标来判断项目的可行性所得出的结论是一致的，可以选用任一指标进行评价判断，但在多个方案进行比较和项目排队组合优选时，这三个指标的评价结论也可能是相反的。净现值和净现值指数方法在方案比较和项目排队时，有时也会得出相反结论。因此，在进行方案比选时，必须进行深入详细的分析，才能得出正确的结论。上述评价指标的适用范围如表5-10所示。

表 5-10　投资方案比较指标的应用范围

指标 用途	净现值	内部收益率	净现值指数
独立项目的可行性判断	NPV≥0 可考虑接受	IRR≥i_0时，可考虑接受	NPVI≥0 时，可考虑接受
互斥方案选优	无资金限制时，可选择 NPV 较大者为最优	不直接用，可计算差额投资内部收益率 ΔIRR，当 ΔIRR≥i_0 时，以投资额较大方案为最优	存在明确的资金限制时，选择 NPVI 较大者
有资金限制的独立项目的最优组合	一般不单独使用	一般不采用	按 NPVI 大小将项目排序，选满足资金限制条件的项目组合，使 NPV 最大

5.3　项目群评价与选择

5.3.1　项目群评价与选择概述

在项目投资决策中，我们把经济上和技术上相互关联的众多项目称作项目群。在现实经济生活中，一个企业在某一时期所面临的也许只是某一个项目的决策问题，但是随着决策层次由企业上升到行业、部门、地区和参与投资开发的银行系统，就会面临大批项目的筛选、组合和投建次序的决定。这些都属于与项目群有关的决策问题。

项目群的最主要特征是项目之间在技术上和经济上存在着复杂的相关关系。相关关系的表现形式及产生相关性的原因是多种多样的。例如，资金、能源和原材料的可用量有限致使选择某些项目方案就不得不放弃另外一些方案；项目之间在生产运行上具有关联性，在项目选择阶段无法独立确定各项目的投入量与产出量；项目产品之间具有互补性或替代性致使各项目产品的市场需求量之间具有相关性；项目之间在技术上具有匹配性要求，造成项目选择的依存性；等等。

对于具有复杂相关关系的项目方案，不能按独立方案或完全互斥方案的评价方法处理。实际上，在项目众多且多种相关关系并存的情况下，也不能像处理少数现金流量相关或因资金限制相关的项目方案那样，简单地采用互斥方案组合法——列出可供选择的互斥组合方案，逐一进行计算比较。其原因在于，一方面，由各个方案组成的组合方案的数目与方案个数成指数关系，若有 n 个方案，可能的组合方案就有 2^n 个，如果 $n=20$，则用常规的互斥方案组合法评价这 20 个方案就要穷举 100 多万个组合方案，并逐一进行筛选、计算、比较。显然，项目众多时，常规的互斥方案组合法在实践上会因工作量过大而难以使用。另一方面，当项目之间在生产运行上具有关联性或项目产品市场需求量之间具有相关性时，由于生产状态和市场状态的连续性，实际上会有无穷多个方案组合，使互斥方案组合法无法使用。因此，需要采用方便有效的优化技术对项目群进行评价与选择。项目群优化评价与选择技术可根据项目群的技术经济特点和决策需要，将有待决策的问题构造成数学模型，利用电子计算机进行方案组合和优化选择并给出推荐方案，经济分析人员和决策人员可在此基础上进行分析与决策。

5.3.2 项目群评价的目的及用途

项目群选择评价的根本着眼点是从经济效果角度进行资源的最优配置，即把有限的资金、物力和人力资源配置到经济效果最好的项目上去，最大限度地提高资源的利用效率。具体地，我们采用项目群优化选择技术，通常用于解决下述问题：

（1）当多个项目竞争使用同一资源且资源有限的情况下，如何对资源进行最优配置即保证所选项目的经济效果最优？

（2）在满足同一需求或同一服务要求的前提下，如何保证服务于同一目的项目的最优选择？

（3）当某一项目的寿命终结于计算期内时，如何在可供选择的各种接续方案中进行最优选择？

（4）备选项目之间及备选项目与已建、在建项目之间在生产运营上是如何相互影响的？最佳运营状态是怎样的？它们对项目选择具有怎样的影响？

简言之，项目群优化选择的目标是使所选项目在整体上最为经济。

根据项目方案技术经济数据的完备性和精确性水平，项目群的优化选择技术可用于项目初选和最后决策之间的任一阶段。当所有项目的数据质量都达到了项目可行性研究所要求的水平时，可以将项目群优化选择的结论作为决策的重要依据．当近期拟建项目的数据质量较高而远期项目的数据质量较差时，项目群的优选结论可作为近期项目决策的重要依据，并对远期发展规划有参考价值。当项目众多且其技术经济数据仅是粗略的估算值，精确度较差时，项目群评价在于筛选掉没有进一步研究价值的项目，而只保留下有发展前途的项目，形成与地区或部门总体发展规划相联系的有价值的备选项目库，以便集中人力、物力对保留项目逐个进行深入研究，在这种情况下，项目群优选结论不是作为项目决策的最终依据，而是作为各个项目详细论证前的前期选项工作的参考。这是项目群评价可以广泛应用的一个领域，体现了项目群评价与单个项目评价的有机联系。

当我们明确了决策的目标与条件，掌握了各个项目方案的有关数据以及各项目之间相互制约、相互依存的关系之后，就可以着手构造项目群优化选择的数学模型，再通过上计算机运算和对运算结果的分析，就可以得到项目群优选结论。图 5-2 所示给出了项目、项目方案和项目群方案的关系与项目群优化选择流程。

5.3.3 项目群优化选择的数学模型

构造项目群优化选择的数学模型，通常采用的数学方法有线性规划、整数规划和动态规划。其中，应用较为普遍的是线性规划和整数规划。根据项目群的具体特点和决策需要，整数规划又分为纯整数规划和混合整数规划。

线性规划和整数规划的数学模型均由一个目标函数和一组约束方程构成。对于项目群优化选择，目标函数反映从整体上使所选项目经济效果最优的要求。其表达方式可具体分为两类：一类是使所选项目的净现值（或净年值）最大；另一类是在满足相同需求和同样服务

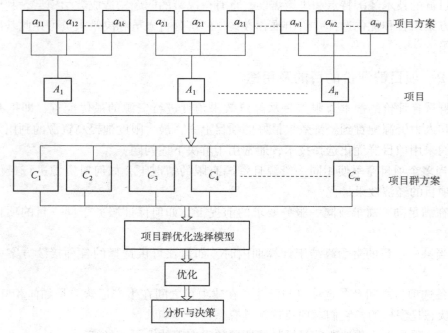

图 5-2 项目群的优化选择

的前提下,使所选项目的费用现值(或费用年值)最小。约束方程是以数学等式或不等式的形式对约束条件的描述,反映项目之间的各种技术经济联系和资源条件、社会经济环境对项目群选择的种种限制。合理设定约束条件并准确构造出相应的约束方程是模型构造的关键问题。

线性规划模型与整数规划模型的区别在于决策变量的类型不同,前者所有的变量均可以连续取值(称连续变量),而后者含有只能离散取值的整数型决策变量。

线性规划和整数规划的解算方法,读者可以参考介绍数学规划的有关文献。对经济分析人员来说,在建立起数学模型后,只要利用已经商业化的现成的线性规划和整数规划软件,把有关数据按规定的格式输入到计算机中,计算机就会迅速求解,给出优化结果。

下面,我们结合实例讨论线性规划和整数规划在项目群经济分析中的应用。

1. 线性规划模型

线性规划(LP)用于连续变量的决策问题,在项目群优化选择中,主要用于项目生产运营状态的优化。

[例 5-7] 某建筑材料公司下属有 IE 个建材厂(工厂编号 $i=1,2,\cdots,IE$),生产 JE 种规格的建筑材料产品(产品编号 $j=1,2,\cdots,JE$),供应 KE 家用户(用户编号 $k=1,2,\cdots,KE$)。已知:k 用户对 j 产品的需求量为 D_{jk} 万件,i 厂生产 j 产品的日产量为 Q_{ij} 万件;i 厂生产每万件 j 产品的费用为 C_{ij};每万件 j 产品由 i 厂运至用户的运输费用为 C'_{ijk}。每个工厂均可生产各种规格的产品且很容易实现产品规格的变换。现在公司需要制订月生产计划,确定各个工厂分别生产多少万件何种产品供应何用户可使总费用最小。

这是一个确定现有项目群最优运营状态的问题,可以构造以下线性规划模型。

设决策变量 X_{ijk},表示 i 厂生产 j 产品供应 k 用户的数量($j=1,2,\cdots,\text{IE}$;$j=1$,

$2,\cdots,\text{JE}$；$k=1,2,\cdots,\text{KE}$），决策精度要求允许决策变量连续取值。

目标函数为总费用最小，即

$$\text{Min}\, C = \sum_{i=1}^{\text{IE}} \sum_{j=1}^{\text{JE}} C_{ij} (\sum_{k=1}^{\text{KE}} X_{ijk}) + \sum_{i=1}^{\text{IE}} \sum_{j=1}^{\text{JE}} \sum_{k=1}^{\text{KE}} C'_{ijk} \times X_{ijk}$$

约束方程包括：

满足需求约束 $\sum_{i=1}^{\text{IE}} X_{ijk} \geq D_{jk}$，$j=1,2,\cdots,\text{JE}$；$k=1,2,\cdots,\text{KE}$

生产能力约束（假定每月可生产26天）$\sum_{j=1}^{\text{JE}} \frac{1}{Q_{ij}} (\sum_{k=1}^{\text{KE}} X_{ijk}) \leq 26$，$i=1,2,\cdots,\text{IE}$

产量非负约束 $X_{ijk} \geq 0$，$i=1,2,\cdots,\text{IE}$；$j=1,2,\cdots,\text{JE}$；$k=1,2,\cdots,\text{KE}$

对上述模型求解，即可得出满足约束条件的最优选择结果。

2. 纯整数规划（IP）模型

整数规划用于含离散型变量的决策问题。项目及项目中某些与生产能力有关的装置具有不可分性的特点，使得表示项目取舍及某些装置投入运营的台套数的决策变量只能取整数。因此，整数规划在项目群优化选择中得到广泛的应用。整数规划中如果所有的变量都是整数型的，则称为纯整数规划。

1）0—1纯整数规划的一般形式

纯整数规划的一种重要形式是0—1整数规划，0—1整数规划中决策变量的取值只能是0或者1。如果项目群中各个项目方案的费用和收益是彼此独立的，即每一个项目一旦投入运营，其投入产出情况与其他项目无关，因而其费用和收益可以在决策前独立确定，不取决于其他项目最终选取与否，则对任何一个项目方案来说，选择结论只有两种可能，或者被接受，或者被拒绝。在这种情况下，就可以为项目群优化选择建立0—1整数规划模型。通常，当接受一个项目方案时，令其决策变量值为1，拒绝一个项目方案时，令其决策变量值为0。

0—1整数规划模型的一般形式为

目标函数 $\quad \text{Max}\, Z = \sum_{j=1}^{n} C_j \cdot X_j$（净现值总和最大）

或 $\quad \text{Min}\, Z = \sum_{j=1}^{n} C_j \cdot X_j$ （总费用现值最小）

约束方程 $\sum_{j=1}^{n} a_{ij} X_j \leq (=,\geq) b_i$，$i=1,2,\cdots,m$；$j=1,2,\cdots,n$

式中，X_j 为第 j 个项目方案的决策变量，X_j 取1或0。C_j、b_i、a_{ij} 均为已知模型参数，通常 C_j 表示第 j 个项目方案的净现值或费用现值；b_i 表示第 i 种资源约束或其他约束的限界值；a_{ij} 表示第 j 个项目方案耗费第 i 种资源的数量或反映与其他约束条件的关系。

2）万加特纳优化选择模型

万加特纳（Weingartner）优化选择模型以净现值最大为目标函数。在该目标函数及一定的约束条件下，力图寻求某一组合方案，使其净现值比任何其他可能的组合方案的净现值都大。

该模型将影响项目方案相关性的各种因素以约束方程的形式表达出来。这些因素有六类：

（1）资金、人力、物力等资源可用量限制。
（2）方案之间的互斥性。
（3）方案之间的依存关系。
（4）方案之间的紧密互补关系。
（5）非紧密互补关系。
（6）项目方案的不可分性。

模型的数学表达式如下。

目标函数：所选方案的净现值最大，即

$$\text{Max} \sum_{j=1}^{m} \sum_{t=0}^{n} (\text{CI}_j - \text{CO}_j)_t (1+i_0)^{-t} \cdot x_j$$

式中，j 为项目方案序号，$j=1,2,\cdots,m$；x_j 为决策变量，有

$$x_j = \begin{cases} 0, & \text{拒绝 } j \text{ 方案} \\ 1, & \text{接受 } j \text{ 方案} \end{cases}$$

该目标函数表明，模型将在 m 个待选项目方案中选择净现值最大的那个组合方案。

满足下列约束：

（1）资金、人力、物力等资源约束。

$$\sum_{j=1}^{m} C_{jt} x_j \leq b_t \quad (t=0,1,\cdots,n)$$

式中，C_{jt} 为方案 j 在第 t 年资源需用量；b_t 为某种资源第 t 年的可用量。

（2）互斥方案约束。

$$x_a + x_b + x_c + \cdots + x_k \leq 1$$

式中，$x_a, x_b, x_c, \cdots, x_k$ 是 m 个待选项目方案中的互斥方案 $a, b, c, \cdots, k$ 的决策变量。

该式表明互斥方案中至多选一个。

（3）依存关系约束。

$$x_a \leq x_b$$

式中，a 是依存于 b 的项目方案。即若 b 不选取（$x_b=0$），则 a 定不选取（$x_a=0$）；若 b 被选取（$x_b=1$），才可考虑 a 的选取（$x_a=0$ 或 1）。

（4）紧密互补型约束。

$$x_c = x_d$$

式中，项目方案 c、d 为紧密互补型方案，即两者或者都不选取，或者同被选取。

（5）非紧密互补型约束。

$$\begin{cases} x_e + x_{ef} \leq 1 \\ x_f + x_{ef} \leq 1 \end{cases}$$

式中，e、f 为非紧密型互补方案。如 e 为生产橡胶的项目方案，f 为生产轮胎的项目方案，两者同被选取（ef）也是一个待选组合方案——橡胶轮胎联合生产项目，而且可能会由于其专业化生产和规模经济性带来额外的节约和收益。但 ef 与 e 和 f 是互斥方案，这就是上述公式的意义。

(6) 项目方案不可分性约束。

$$x_j = 0, 1 \quad (j=1,2,\cdots,m)$$

即任一方案 j，或者被选取（$x_j=1$），或者被拒绝（$x_j=0$），不允许只取完整方案的一个局部而舍弃其余部分，用数学语言表述即不允许 x_j 为一小数（$0<x_j<1$）。

事实上，万加特纳模型就是一个将约束条件分类表述的 0—1 整数规划模型，可作为构造项目群优化选择数学模型的参考。由于实际经济活动中项目群选择面临的约束条件是多种多样的，故在解决实际的项目群决策问题时，万加特纳模型中有些约束方程可能不适用，有些重要的约束关系可能在该模型中未予描述而须另外写出相应的约束方程。

3）0—1 整数规划与互斥方案组合法的比较

0—1 整数规划用于项目群选优，其原理与互斥方案组合法是完全相同的，都是从可行的组合方案中选取经济效果最好的组合方案。但两者在对问题的描述方式和解算效率上有明显差别。下面我们举一个简单的例子，通过对比分析说明 0—1 整数规划方法与互斥方案组合法的异同。

[例 5-8] 现有 A、B、C、D 四个项目，每一个项目仅有一个项目方案。其净现金流如表 5-11 所示。当全部投资的限额为 2 400 万元时，应当如何根据经济效果最佳原则进行决策（基准折现率 $i_0=12\%$）？

表 5-11 项目 A、B、C、D 的净现金流量及净现值　　　　　单位：万元

项目	第 0 年初始投资	第 1~10 年净收入	净现值（$i=12\%$）
A	-800	160	104
B	-1 000	200	130
C	-1 100	220	143
D	-1 500	300	195

按照常规的方案组合法，须先列出由这四个项目所能组成的 15 个互斥项目群方案，逐一检验各方案投资额是否在限额以内，再对不超出限额的方案逐一计算净现值，并按净现值最大准则进行方案比选，结果如表 5-12 所示。其中，由于超出投资限额而不可行的方案有七个，余下八个方案中净现值最大且大于零的方案是第七号方案，即 A、D 两项目中选，净现值之和为 299 万元。

如果我们在本例中采用优化技术进行项目选择，则可以构造如下纯整数规划模型：目标函数是使所选项目的净现值之和最大，即

$$\text{MaxNPV} = [-800+160(P/A,12\%,10)]X_A + [-1\ 000+200(P/A,12\%,10)]X_B + [-1\ 100+220(P/A,12\%,10)]X_C + [-1\ 500+300(P/A,12\%,10)]X_D$$

或

$$\text{MaxNPV} = 104X_A + 130X_B + 143X_C + 195X_D$$

并满足投资限额约束

$$800X_A + 1\ 000X_B + 1\ 100X_C + 1\ 500X_D \leq 2\ 400$$

式中，X_A、X_B、X_C、X_D 为 0—1 决策变量。利用整数规划计算机软件上机求解，得 $X_A = X_D = 1$，$X_B = X_C = 0$，即接受 A、D 项目，拒绝 B、C 项目，目标函数 NPV=299 万元。优选结

果与表 5-12 的完全相同。

表 5-12　各项目群方案的净现值　　　　　　　　　　单位：万元

互斥方案序号	决策变量*				净现值 ($i_0=12\%$)	投资额	投资限额以内方案排序	备注
	X_A	X_B	X_C	X_D				
1	1	0	0	0	104	800	8	
2	0	1	0	0	130	1 000	7	
3	0	0	1	0	143	1 100	6	
4	0	C	0	1	195	1 500	5	
5	1	1	0	0	234	1 800	4	
6	1	0	1	0	247	1 900	3	
7	1	0	0	1	299	2 300	1	可以接受的最优方案
8	0	1	1	0	273	2 100	2	
9	0	1	0	1	325	2 500		超投资限额不可行
10	0	0	1	1	338	2 600		同上
11	1	1	1	0	377	2 900		同上
12	1	1	0	1	429	3 200		同上
13	1	0	1	1	442	3 400		同上
14	0	1	1	1	468	3 600		同上
15	1	1	1	1	572	4 400		同上

对照表 5-12 的常规组合方案法可知，整数规划模型中满足约束的各项目群方案是隐含的，它能保证优化计算是在可行域解空间内进行。这样，我们不必知道满足投资约束的具体方案是什么，也就无须像表 5-12 那样一一列出，模型方法的这种优点（特别是当方案数目巨大时）是显而易见的。采用整数规划模型可以使项目群优选的工作效率大大提高。

3. 混合整数规划模型

如前所述，倘若各项目方案（包括组合方案）的费用与收益能够在决策前独立确定，我们可采用纯整数规划（MIP）技术进行项目群优选，但是如果备选项目之间或备选项目与现有项目之间在生产运营上具有关联性，由于生产运营状态是可以在一定范围内连续变化且有待决定的变量，我们无法独立确定一个项目方案的费用与收益，从而不能采用纯整数规划方法。在这种情况下，应当采用混合整数规划。

混合整数规划依然由一个目标函数和一组约束方程所构成，与纯整数规划不同的是，它除了有整数决策变量外，还有可以连续取值的决策变量。混合整数规划可以同时解决项目群的评价选择问题和项目（包括入选项目和现有项目）生产运营状态的优化问题。

4. 模型的简化

模型描述的精细周密与模型的简单实用是一对矛盾。模型描述越精细，就越能细致地反映项目方案的技术经济特征和项目间错综复杂的关系。但是，过于精细复杂的描述，又会使模型规模过大，应用起来很困难，甚至根本无法实际应用。因此，面对一个实际的项目群决策问题，在保证模型的数学描述符合决策要求的前提下，模型越简单越好，规模越小越好。

一般地，影响决策模型规模大小的因素有模型技术类型、变量数、约束方程数和约束方程之间相互依存、相互制约的结构特征。下面围绕这些因素，就模型简化的有关问题做一简要论述。

（1）复杂的项目群决策通常涉及投资决策与运营决策两个相互关联的部分，投资决策采用的整数规划模型上机求解时间的长短主要取决于整数变量数目的多少，整数变量总数一般不宜太多，最好控制在几十个以内。

（2）计算期内时段（相邻决策时序的时间间隔）划分的粗细会影响决策变量的数目与约束方程的数目。如果计算期短，则可以考虑逐年设置决策变量及约束方程；如果计算期很长，逐年设置变量（特别是整数变量）和约束方程，就会导致模型规模过大。为此可让每一时段包括若干年（如每 3 年为一时段），以减少时段总数；也可以对近期时段划分较细（如 1 年），远期时段划分较粗（如 5 年），以反映项目决策着重考虑近期项目应否投建的特点。

（3）合并与归类是简化模型的又一条途径，也能有效地减少决策变量与约束方程。常见的合并与归类的对象是项目与地区。对项目而言，那些具有高度依存性和互补性的项目以及技术经济特征相同的项目，都是可以考虑合并与归类的对象；对地区而言，那些地理邻近的地区和重要性很低的地区也是可以考虑合并的对象。

（4）影响决策的各种因素都集中体现在约束方程上。约束方程所反映的资源约束、需求约束、工艺技术特征、项目间的技术经济联系和政策环境特征，不但把项目决策限制在一定范围内，而且导致项目决策的复杂化。我们应该着重考虑那些反映决策本质特征的约束条件，舍弃非本质的次要条件，以减少约束方程的数量。

（5）构造模型应该考虑所需数据的可得性与精确度。如果模型的描述很精细，但其中所需的许多数据都无法获得，这样的模型就只有方法学意义而无实用价值；同样，如果数据质量不高，精确度低，细微描述就没有多少价值，还不如抓住问题的要害和本质，进行粗线条的描述。如果事先能够确定哪些项目是急需重点论证的近期项目、哪些是远期项目，就可以为数据质量高的近期项目描述得细致些，对那些数据质量不高的远期项目描述得粗糙些，这样既可简化模型，又不失去将来再为远期项目重新决策的机会。如果决策目的仅为大量项目进行初选，有关数据就必然较粗糙，也就没有必要构造那些描述精细的模型，因为模型再精细，数据不精确，也是没有意义的。

（6）项目群决策以经济目标作为基本目标并体现在目标函数上。但是，除了经济目标以外，实际决策可能还会追求其他非经济目标，如环境保护等。对非经济目标，模型通常可做以下处理：或者根据这些目标与决策变量的关系列出目标值的统计方程，在模型求解后核算并判别这些目标值是否可以接受；或者定出这些目标的最低要求数值，写出满足这些最低目标要求的约束方程，以保证所选项目能够满足这些最低目标。

（7）在对模型简化做了上述努力之后，如果变量数与约束条件都已无法再行简缩，而模型仍然由于变量及约束方程过多而规模过大，这时应考虑将整体模型分解为两个或更多个层次的相互联系而又相对独立的决策模型，如将包括投资决策与运营决策的整体模型分解为投资模型与运营模型。

另外，模型的简化还可以通过某些变量的巧妙设置及选择更好的约束条件表达方式来实现。

习 题

一、判断题

1. 项目方案的类型只有独立方案、互斥方案和依存方案。（　）
2. 独立方案的经济效果具有加和性。（　）
3. 互斥方案最重要的特点为排他性并且其经济效果不具加和性。（　）
4. 项目方案比较分析可以不遵循可比性原则。（　）
5. 互斥方案在项目寿命相等的情况下，$\Delta NPV = 0$ 表明增量不可接受，应该选择投资小的方案。（　）
6. 互斥方案当项目寿命不相等时，可以用净现值指数排序法进行项目比较。（　）
7. 在独立项目的经济评价中，用净现值、净现值指数和内部收益率这三个指标来判断项目的可行性所得出的结论是一致的。（　）
8. 在多个方案进行比较和项目排队组合优选时，净现值和净现值指数方法在方案比较和项目排队方面，得出的结论是一致的。（　）
9. 在互斥方案选优时，若不考虑资金的限制，则一般选择使用内部收益率。（　）
10. 对于具有复杂相关关系的项目方案，也可以按独立方案或完全互斥方案的评价方法处理。（　）
11. 项目群的选择评价是把有限的资金、物力和人力资源配置到经济效果最好的项目上去，最大限度地提高资源的利用效率。（　）
12. 根据项目群的具体特点和决策需要，整数规划又分为纯整数规划和混合整数规划。（　）
13. 用于连续变量的决策问题，在项目群优化选择中，主要用于项目生产运营状态的优化的是混合整数规划模型。（　）
14. 万加特纳优化选择模型以净现值指数最大为目标函数。（　）
15. 在万加特纳优化选择模型中，影响方案相关性的各种因素不包括项目方案的不可分性。（　）

二、单选题

1. 方案之间既不互相排斥，也不完全独立，但任何一个方案的取舍都会导致其他方案现金流的变化，是指以下哪一个方案？（　）
   A. 独立方案　　B. 互斥方案　　C. 相关方案　　D. 混合方案
2. 一组方案中的各个方案彼此间可以相互替代，采纳其中的某一方案，就不能选择其他方案描述的是以下哪种方案？（　）
   A. 独立方案　　B. 互斥方案　　C. 相关方案　　D. 混合方案
3. 在进行方案选择时，一个方案的选择并不影响另一个方案的选择，可以几个方案共存的是以下哪一项？（　）
   A. 独立方案　　B. 互斥方案　　C. 相关方案　　D. 混合方案
4. 下列各项属于独立性特点的是（　）
   A. 相关性　　B. 经济效果的加和性　　C. 排他性　　D. 可靠性

5. 互斥方案在项目寿命相等的情况下，以下哪项表明增量不可接受，应该选择投资小的方案。（　　）
   A. ΔNPV>0   B. ΔNPV=0   C. ΔNPV<0   D. 都不是
6. 互斥方案当项目寿命不相等时，可以用以下哪种方法比较？（　　）
   A. 互斥方案组合法　B. 净现值指数排序法　C. 差额法　　　D. 年值法
7. 独立方案经济效果评价与选择的方法，包括以下哪一项？（　　）
   A. 寿命期最小公倍数法　　　　　B. 净现值指数排序法
   C. 差额法　　　　　　　　　　　D. 年值法
8. 独立项目经济评价中，在方案比较和项目排队时，可能与净现值的结果相反的是哪一项？（　　）
   A. 净现值指数法　B. 内部收益率法　C. 差额法　　　D. 年值法
9. 在互斥方案选优时，若不考虑资金的限制，一般选择以下哪项最优？（　　）
   A. 净现值　　　B. 内部收益率　　C. 净现值指数　　D. 都不是
10. 构造项目群优化选择的数学模型，通常采用的数学方法不包括以下哪项？（　　）
    A. 线性规划　　B. 整数规划　　C. 动态规划　　D. 整体规划
11. 下列各项中，可以分为纯整数规划和混合整数规划的是（　　）
    A. 线性规划　　B. 整数规划　　C. 动态规划　　D. 整体规划
12. 以下哪项不属于线性规划和整数规划在项目群经济分析中的应用模型？（　　）
    A. 线性规划模型　　　　　　　　B. 纯整数规划模型
    C. 混合整数规划模型　　　　　　D. 资本资产定价模型
13. 以下哪项是用于连续变量的决策问题，在项目群优化选择中，主要用于项目生产运营状态的优化的模型？（　　）
    A. 线性规划模型　　　　　　　　B. 纯整数规划模型
    C. 混合整数规划模型　　　　　　D. 资本资产定价模型
14. 以下哪个模型以净现值最大为目标函数，是在该目标函数及一定的约束条件下，力图寻求某一组合方案，使其净现值比任何其他可能的组合方案的净现值都大？（　　）
    A. 线性规划模型　　　　　　　　B. 纯整数规划模型
    C. 万加特纳优化选择模型　　　　D. 混合整数规划模型
15. 在万加特纳优化选择模型中，影响方案相关性的各种因素不包括（　　）。
    A. 方案之间的互斥性　　　　　　B. 方案之间的依存关系
    C. 方案之间的可比性　　　　　　D. 非紧密互补关系

三、简答题
1. 简述项目方案的类型及其概念。
2. 谈谈你对项目方案比较分析的理解。
3. 项目比较分析方案的原则有哪些？
4. 试分析独立方案与互斥方案的区别。
5. 简述项目比选的意义。
6. 项目寿命相等时，互斥方案差额净现值的比选准则是什么？
7. 项目寿命相等时，互斥方案差额内部收益率的比选准则是什么？

8. 项目寿命不等时，比较方法有哪些？如何运用？
9. 试分析投资方案比较指标的应用范围。
10. 线性规划模型与整数规划模型的区别是什么？

四、计算题

1. A、B 为两个互斥方案，各自的寿命期和现金流量如表 1 所示。试在基准折现率为 10% 的条件下用年值法选择最佳方案。

表 1　方案 A、B 的净现金流和寿命期

方案	初始投资/万元	年净收益/万元	寿命期/年
A	200	60	5
B	150	40	6

2. 某企业有两个独立的投资方案 A、B、C，净现金流情况见表 2，已知总投资限额为 6 000 万元，基准折现率为 10%，请做出最佳投资决策。$(P/A,10\%,5)=3.79$

表 2　A、B、C 三方案的净现金流

方案	投资/万元	年净收益/万元	寿命期/年
A	2 000	400	8
B	1 000	200	8
C	4 000	800	8

3. 某企业现有若干互斥投资方案，资料如表 3 所示。各方案寿命均为 7 年，"0" 表示不投资方案。试讨论当贴现率为 10% 时，利用增量（差额）分析法比较哪个方案最优。$(P/A,10\%,7)=4.87$。

表 3　数据表　　　　　　　　　　　　　　　　单位：万元

方案	A	B	C	D
初始投资	2 000	3 000	4 000	5 000
1～7 年净收益	450	800	1 000	1 300

4. 某公司拟投资购买某种设备，现有 A、B 均可满足使用需求，具体数据见表 4。设该公司基准收益率为 10%，试问：选择哪种设备在经济上更有利？
$[(P/A,10\%,12)=6.813\ 7;(P/F,10\%,8)=0.466\ 5;(P/F,10\%,6)=0.564\ 5]$

表 4

设备	投资/万元	每年年末净收益/万元	寿命/年
A	10	4.0	4
B	20	5.3	6

5. 某企业现有互相独立的 8 个投资方案，其期初投资和每年期末净收益如表 5 所示。每期净收益相同，各投资方案的寿命期为 8 年，基准收益率为 10%。因资金总额有限，需将各方案进行优劣排序。

（1）求出按各方案净现值大小的排列顺序。当资金限额为 500 万元时，若以净现值指

标应选择哪些投资方案？净现值是多少？

（2）经过估计初值，反复迭代，利用差值公式可得各方案内部收益率为

$$IRR_A = 30.01\%, IRR_B = 28.07\%, IRR_C = 33.86\%, IRR_D = 24.95\%$$
$$IRR_E = 26.04\%, IRR_F = 23.93\%, IRR_G = 32.12\%, IRR_H = 26.98\%$$

当资金限额为 500 万元时，若依据内部收益率指标应选择哪些投资方案？净现值是多少？

（3）比较两种结果。

表 5　各独立方案投资额和净现值　　　　　　　　　　　　　　单位：万元

投资方案	期初投资	年净收益	投资方案	期初投资	年净收益
A	100	34.2	E	180	55.6
B	140	45.6	F	170	49.6
C	80	30.0	G	60	21.6
D	150	45.0	H	120	38.0

6. 某化工联合企业下属有 3 个工厂 A、B 和 C 分别提出各自的技术改造方案，如表 6 所示。A、B 和 C 是相互独立的，但各厂投资项目均有若干互斥方案。假设各方案的寿命期均为 8 年，设基准收益率为 15%，资金限制分别是：（1）4 000 万元；（2）6 000 万元；（3）8 000 万元。试问：在上述资金限制条件下，如何从整个企业角度做出投资最优决策？

经过估计初值，反复迭代，利用插值公式可得方案差额投资内部收益率为

$$\Delta IRR_{A_1-A_0} = 34.44\%、\Delta IRR_{A_2-A_1} = 26.17\%、\Delta IRR_{A_3-A_2} = 10.37\%、\Delta IRR_{B_1-B_0} = 10.37\%$$
$$\Delta IRR_{B_2-B_1} = 32.12\%、\Delta IRR_{B_3-B_2} = 11.81\%、\Delta IRR_{B_4-B_3} = 7.39\%、\Delta IRR_{C_1-C_0} = 40.10\%$$
$$\Delta IRR_{C_2-C_1} = 15.97\%、\Delta IRR_{C_3-C_2} = 42.33\%、\Delta IRR_{B_2-B_0} = 21.87\%、\Delta IRR_{C_3-C_1} = 29.77\%$$

表 6　混合型项目方案数据　　　　　　　　　　　　　　单位：万元

项目	方案	初始投资	年末净收益
A	A_1	1 000	380
	A_2	2 000	690
	A_3	3 000	880
B	B_1	1 000	190
	B_2	2 000	550
	B_3	3 000	750
	B_4	4 000	920
C	C_1	2 000	860
	C_2	3 000	1 090
	C_3	4 000	1 540

习题参考答案

第 6 章　项目综合评价

6.1　项目综合评价概述

6.1.1　项目综合评价及其必要性

1. 项目综合评价

项目综合评价是指将建设项目的各个分项评价结果加以汇总，依据国家各时期的方针、政策及技术经济参数，对建设项目的可行性及预期效益进行全面综合分析，做出客观、科学、公正的结论，并对有关问题提出建设。项目综合评价是项目评价全过程的最后一个阶段，是对项目进行评价的总结，从总体上判断项目建设的必要性、技术的先进性以及财务和经济的可行性，提出结论性意见与建议的阶段。

对项目从整体上综合评价形成一个科学的结论意见是十分重要的，这表现为以下几点：一是各分项评价结论相反或具有一定的差异时，应综合分析论证；二是针对可行性研究报告中存在的问题做进一步的调查研究与分析论证；三是根据投资方案中存在的问题，提出一些改进性意见。综合评价的结果直接影响决策的对错，因此，综合评价要遵循科学性、客观性、导向性、动态性、可行性、可比性原则。项目综合评价的方法很多，基于系统分析比较、综合集成原理，按照定性与定量方法相结合、专家与决策者相结合、经验与现代数学方法相结合的原则选择综合评价方法。

2. 项目综合评价的必要性

（1）在分项评价基础上需要进行综合评价。

项目评价工作是一项内容繁多，结构复杂、涉及面广，因素众多的系统。前面分项评价从不同角度分别阐述各个方面的具体评价内容。理论与实践表明，判断投资项目是否可行是一个复杂的多层次的论证过程，需要评价的内容较多。从评价内容来看，涉及运行环境、技术、财务、国民经济、环境影响、社会影响和不确定性分析与风险等分项评价；从评价指标来看有静态指标、动态指标、不确定性和风险指标；从评价方法来看，有定量方法、定性方法、混合方法。分项评价从不同角度分析项目可行性程度，但分项内容具有一定的独立性、专业性，尚未形成完整的结论性意见。因此，需要在各分项评价基础上进行综合分析，提出结论性意见，给投资项目决策者提供一个简明直观的判断依据。

（2）从整体上形成一个结论性的项目评价意见。

分项评价的结论一般有两种情况：一是各分项评价的结论一致，即都认为是可行的或不可行的，这种情况的总体结论比较容易得出。二是各分项评价的结论相反或具有一定的差异，即有的分项评价结论认为项目是可行的，而有的分项评价结论则认为项目是不可行的，同时，这种"可行"与"不可行"在程度上往往有一定的差异。在现实评价中，有不少项目属于这种情况。这种情况的总体结论难以得出，需要进行综合分析论证才能对项目从整体上形成一个科学的结论性的总体评价结论。

（3）基于分项评价方案中存在的问题提出改进性意见。

对项目进行综合评价，项目评价人员可从根据各分项评价投资方案中的问题，从项目总体目标出发，分析综合，提出一些改进性意见。国外开发银行在项目评价中总结出"重新组合"概念可以借鉴：对项目的某些内容加以修改，重新组合项目。例如，某投资项目，其他各分项评价的结论都认为项目投资是可选择，而财务效益较差，净现值小于零、内部收益率小于基准折现率等。通过项目综合评价，深入分析表明，项目财务效益差的原因是项目生产规模过小，没有达到规模经济效益。针对这一问题，项目综合评价人员提出"重新组合"建议，扩大该项目的生产规模，使其财务效益得以提高，进而综合评价该项目可行。在扩大生产规模时，相应提出相关联的市场问题、技术问题等的解决措施。

6.1.2 项目综合评价应考虑的要素

构成项目综合评价问题的要素概括起来有五种。

1. 评价对象

同一类被评价对象的个数要大于1，即为多方案评价选择。在现实社会中，某一目标的实现往往通过多种方案，很有必要进行评价、判断、优选。

2. 评价指标

一个项目可以看成一个系统，系统又由一系列子系统组成，系统的运行（或发展）状况可用一个向量 x 表示，其中每一个分量都从某一个侧面反映系统的现状，故称 x 为系统的状态向量，它构成了评价系统运行状况的指标体系。每项评价指标都是从不同的侧面刻画系统所具有某种特征的度量。评价指标体系的建立要视具体评价问题而定，这是毫无疑问的。但一般来说，在建立评价指标体系时，应遵守的原则是：系统性；科学性；可比性；可观测性；相互独立性。

3. 权重系数

相对某种评价目的来说，评价指标之间的相对重要性是不同的。评价指标之间的这种相对重要性的大小，可用权重系数来表示。很显然，当被评价对象及评价指标（值）都给定时，综合评价的结果就依赖于权重系数了，即权重系数确定的合理与否，关系到综合评价结果的可信程度，因此，对权重系数的确定应特别谨慎。

4. 综合评价模型

所谓综合评价模型，就是指通过一定的数学模型（或算法）将多个评价指标值"合成"为一个整体性的综合评价值。可用于"合成"的数学方法较多，问题在于人们如何根据评价目的及被评价系统的特点来选择较为合适的合成方法。

5. 评价者

评价者可以是某个人或某团体。评价目的的给定、评价指标的建立、评价模型的选择、权重系数的确定都与评价者有关。因此,评价者在评价过程的作用是不可轻视的。

6.1.3 项目综合评价的内容

项目综合评价的内容是由项目的特性和项目综合评价的要求决定的。不同的项目,技术特征不一样、规模不等、建设时间不同,综合评价的具体内容也不一样。然而,所有项目的综合评价都是要对项目拟建内容与其技术、经济条件以及投资的效益进行全面评价,综合反映分项评价成果,并直接为项目决策提供依据。这就决定了项目综合评价一般包括以下内容。

1. 项目建设是否必要,规模是否适当

建设必要与否是项目能否成立的前提条件。判断项目建设是否必要,应着重从以下几方面进行分析论证:

(1) 从项目产品的市场前景看,包括项目的产品是否短缺,是否属于升级换代品种,其质量、成本与价格等方面在国内外市场有无竞争优势,其生命力如何。

(2) 从经济发展远景看,包括项目建设是否符合国家产业政策、适应国家经济发展规划要求,是否有利于调整经济结构、发挥区域经济特色与优势,是否符合贷款银行的有关信贷政策和投资方向。

(3) 从社会效益看,包括项目建设是否有利于企业的技术革命和提高国民经济的技术装备水平,是否有利于生产力的合理布局,是否有利于改善社会劳动力的就业状况。

(4) 从国家安全和社会稳定看,包括项目建设是否有利于生产力的纵深配置、巩固国防,是否有利于老、少、边、穷地区的繁荣发展和增强民族团结。

(5) 项目的拟建规模是否符合规模经济的要求?

如果符合上述要求,那么项目建设就是必要的。

2. 项目的建设与生产条件是否具备

具备必要的建设条件和生产条件是项目顺利建成并在投产后正常发挥功能的基本保证。

对一般生产项目建设条件的评价,主要是分析厂址选择与生产布局的合理性;水文地质、工程地质状况是否清楚,是否适合建设施工要求;施工力量、施工技术与施工物资的供应有无保证;设备能否落实配套;实施工程设计方案和建设规模是否切实可行;"三废"治理方案是否符合要求并获得有关部门批准认可。

项目生产条件的评价分析根据各行业的生产特点,分析的内容与重点有所侧重。例如一般加工企业的建设,要着重分析项目建成投产后所需原材料、燃料、动力、供水、供电、供热和交通运输条件的落实情况,产品方案和资源利用方案是否合理。矿山资源开发项目则首先要分析资源储量是否清楚,其品位是否有开采价值,水文地质和工程地质是否适合开采。

3. 项目的工艺、技术、设备是否先进、适用、经济合理,相关配套项目是否有同步建设方案

先进、适用且经济合理的工艺技术是项目能否取得预期效益的关键。总评价时应着重分析项目采用的工艺、技术、设备是否符合国家的产业政策,是否有利于资源的综合利用,是否有利于提高劳动生产率、改进产品质量、降低能耗与生产成本;采用的新工艺、新技术与新设备是否经过工艺试验和技术鉴定,是否安全可靠;引进技术与设备是否必要,是否经过比选和符合国情;国内配套设备、操作技术水平能否与之相适应。

随着生产社会化、专业化的发展,企业间的分工协作关系日渐复杂。一个生产项目建成投产,还将依存于相关协作项目同步配套的建设与发展。因此,总评价阶段必须考察关系重大的配套项目是否已有相应安排,能否同步建成投产。

4. 项目是否具有较好的财务效益和国民经济效益

获取尽可能高的财务效益与国民经济效益是投资的目的。总评价时要着重检查项目投资和经营财务基础数据的测算是否准确,评价指标是否完备;通过财务收益净现值、财务内部收益率、投资回收期、贷款偿还期等指标分析企业的盈利水平和偿还本币与外币贷款的能力;通过经济净现值、经济内部收益率和投资净效益率等指标分析国家的有限资源是否得到合理配置和充分有效的利用,项目的耗费是否低于社会平均水平。

5. 筹资方案是否合理,资金来源有无保证,贷款有无偿还能力

在现代经济生活中,资金的投付是投资发挥其对经济的启动功能和持续推动功能的集中体现。缺少资金,项目的建设将无法实施,更谈不上顺利投产、实现投资效益了。在总评价时,一方面必须认真分析投资估算是否落实,不仅项目所需的固定资产投资不能留缺口,项目投产所必不可少的流动资金也必须打足。另一方面,应考察项目投资来源的合理性与可靠性。其中需向银行借款的部分,应已取得拟贷款银行的意向性认可。同时,还应审查贷款在投资中的比重,分析项目偿还贷款的能力和偿还期限。

6. 项目投资风险大小

影响项目投资成本与效益的项目评价因素多不确定,对于企业未来技术力量、业务素质和管理人员的经营能力等因素,不可能先做出绝对准确的预测;至于影响项目成败的客观环境与条件的变化,更非项目业主所能主宰。所有这些情况的变异都可能使项目由原来的可行变成不可行,从而使项目出现风险。因此,项目总评价时要做不确定性分析,以判断项目风险的大小。

7. 关于方案选择和项目决策的意见

在可行性研究中往往对项目的厂址选择、工艺技术、生产规模、筹资方案、建设工期等方面研讨过多种方案,方案间对比各有利弊。总评价时应将这些方案认真、细致、切实地进行分析比较,从中选定最优方案。项目评价的使命就是要为项目决策提供依据,因此,项目总评价应明确提出项目贷款能否批准的意见。

8. 项目存在的问题及建议定书

项目可行不等于毫无问题,总的说来,问题不外乎两个方面:一方面是项目本身规划方案、厂址选择、生产规模、设备选型、设计和建设方案之类的问题;另一方面是现行政策和规定中存在的问题,如物资供应、财税政策、信贷投向、收益分配、投资和企业技术装备等方面,有不利于项目取得应有效益的政策与规定,经过具体调查研究,应当实事求是地反映存在的问题,提出建议,加以改进。

6.1.4 项目综合评价的步骤

项目综合评价的范围广泛,内容错综复杂,它是一个多层次、全方位技术经济论证的过程,涉及众多的学科,需要各方面的专家通力合作。在前面所述各分项评价工作完成之后,还必须将所获数据资料加以检查整理,进行对比分析,归纳判断和提出决策建议后才能写出书面报告。在综合评价过程中始终贯穿着综合协调、比较选择、补充完善、为决策提供依据的原则。项目综合评价一般应遵循如下的程序。

1. 检查整理资料

项目综合评价是在各分项评价的基础上进行的。通常一个较大项目的各个分项评价,往往是评价组各个具体小组的专家分工单独进行的。到总评价阶段,应对各分项评价中所得资料进行检查核实,数据要准确、内容要完整、结论要可靠,从而为编写评价报告打好基础。

2. 确定分项内容

项目评价的分项内容的确定是一项重要的工作,在确定项目的分项内容时,要根据国家有关部门制定的评价办法中规定的标准来分类,同时又不能简单机械地行事,应充分考虑项目的具体情况。

3. 对比分析

对比分析与归纳判断是项目总评价阶段进行综合分析论证的两类工作。总评价阶段的对比分析主要有两个方面。一是同可行性研究报告的结论进行对比分析。由于项目评价与可行性研究两者的主体及其立足点不同,彼此结论可能出现差异。当发生这种现象时,应分析两方面的原因,尽力避免和克服主观片面的偏差。二是各分项评价结论之间的对比分析。考察各分项评价的深度,注意纠正各个分项评价中某些结论的偏差,同时,要通过对比,考察项目的必要性同可行性有无矛盾,项目的技术分析与财务分析、动态分析与静态分析、微观效益分析与宏观效益分析差异如何,进而做必要的分析论证,补充、修正原分析评价结论中不正确、不完善和彼此不协调的地方。

4. 归纳判断

归纳判断就是将各分项评价的初步结果分别归纳于几个主题,以便判断项目的必要性以及技术、财务和经济等方面的可行性。总评价阶段如果还要对可供比选的方案进行择优,那么不同方案的生产建设条件必有差别,对产品的质量、成本和所需投资也会有影响,并且将集中地体现为效益上的差异。因此,抉择过程就应当抓住项目的关键问题,深入分析,以便做出正确判断。

5. 结论与建议

提出结论与建议是项目总评价最为重要的环节,也是项目评价的目的所在。评价人员应根据分项评价的结论来得出总体结论。当分项评价结论一致时,总评价结论就是分项评价结论;当分项评价结论不一致时,应该进行综合分析,抓住主要方面,提出结论性意见。评价人员也应该根据项目存在的问题,提出建设性建议,供投资者与有关决策部门参考。

6. 编写评价报告

这是项目综合评价的最后一个段落,也是项目评价结果的体现。评价报告应系统反映各分项评价的成果,得出综合评价结论,写明决策建议。

6.2 项目综合评价的定性与定量方法

6.2.1 定性评价与定量评价

客观存在的一切事物都是质和量的统一体。事物不仅有质的规定性，而且有量的规定性，事物的质和量是紧密相联、相互制约的。因此，人们在研究任何问题时都必须注意定量分析和定性分析，才能更准确地把握事物的本质。

在项目评价过程中价值判断的两种形式是定量与定性。相应地，项目评价方法有定性方法和定量方法。通过数学计算得出评价结论的称为定量方法，不通过数学计算方法得出结论的称为定性方法。定性方法与定量方法的评价标准都是由项目评价目的决定的，项目评价的价值判断过程基本上是一致的。定性方法与定量方法相结合是项目综合评价的基本思路，定性的项目评价结论一般不是量化的计算结果，而往往是"此方案可行""此设备可以引进"等描述性话语。当然，定性的描述，如极重要、很重要、重要、一般、不重要等也可以用 5、4、3、2、1 量化表达。定性评价方法使用的资料多是源于评价者主观的鉴定和评审得出的。定性评价结论的表达方式取决于项目评价的目标、内容和要求，有时也可以将定性问题做定量化处理以表达得比较明确。

6.2.2 专家评价法

专家评价法是以专家的主观判断为基础的，通常使用描述性或判断性的"分数""指数""序数""评语""鉴定"等作为项目评价的标值，并相应对评价的对象做出综合评价。下面简述常用的评分法、综合评分法和优序法等。

1. 评分法

设有 M 个评价项目对象系统，N 个评价指标，每个评价指标规定评价的标值，可以是分数（百分制或五分制）、序数或评语（如优秀、良好、中等、及格、不及格或是极重要、很重要、重要、一般、不重要）。对于第 i 个项目评价对象在第 j 个指标得到标值（具体分数、序号或评语）为 S_{ij}，则评分结果为 $\{S_{ij}\}$，其中 $i=1,2,\cdots,M$，$j=1,2,\cdots,N$。在此基础上，可以采用不同形式表示多项目方案的得分结果，当项目评价对象和评价指标较少时，可以用表格或图形直观表示。

图 6-1 所示为一个研究项目的评价总体，评价标准用数字代替，如用 5 表示非常好、4 表示好、3 表示一般、2 表示差、1 表示非常差（常见的还有 10 分制或 100 分制等）。图中各项指标评分值用直线顺序连接，这时总分超过规定值的项目就可以被采纳。其中的技术因素指标又分成若干评价子指标。

这种评价图使项目的各项指标和分指标的评分值一目了然，简单直观，但精度不高，且不能反映指标、分指标相对于项目目标、指标的重要性程度，不能给定项目综合评分。

2. 综合评分法

当评价对象系统希望把所有属性（分目标、指标、分指标）综合起来考虑得到一个综合

评价指标	评分等级				
	5	4	3	2	1
技术因素	5	4	③	2	1
研究计划的平衡	5	4	3	②	1
时间安排	5	④	3	2	1
稳定性	5	④	3	2	1
形势	⑤	4	3	2	1
增长	⑤	4	3	2	1
销路	5	④	3	2	1
生产	5	4	③	2	1
财政因素	5	④	3	2	1
防护措施	5	4	3	2	1

图 6-1 研究项目评价总图

分数，以期从总体上认识项目系统的全貌和本质时，要使用综合评分法，常用的综合评分法有加法综合评分法、加权加法综合评分法、修正加权加法综合评分法和乘数综合评分法等。

加法综合评分法最简单，设第 i 个项目评价对象在第 j 个指标得到评分值为 S_{ij}，则第 i 个项目评价对象在加法综合评分法时，其综合评价值为

$$S_i = \sum_{j=1}^{N} \frac{S_{ij}}{N} \quad (i=1,2,\cdots,M) \tag{6-1}$$

式中，M 为评价对象数；N 为评价指标数。

对于图 6-1 所示项目，其加法综合评分法计算得出总评价分数为 3.9 分，接近好的等级。

加法综合评分法的主要缺点是未考虑各指标在评价目标中的地位和重要性（各分指标在指标中的地位和重要性），当考虑各指标（或分指标）的相对重要性（即权重）后，加法综合评分法就成为加权加法综合评分法。加权加法综合评分法是多指标项目综合评价中最常用的、最重要的一种方法，有线性加权和层次加权等形式，这里简要介绍线性加权加法综合评分法。

将各指标在项目评价中的重要性用权重系数 W_j 表示，通常为了计算方便用规范化的权重系数，即 W_j 满足下式，即

$$\sum_{j=1}^{N} W_j = 1 \quad (0<W_j<1) \tag{6-2}$$

有了权重系数后，加权加法评分法计算项目综合评分值 S_i 为

$$S_i = \sum_{j=1}^{N} W_j \cdot S_{ij} \quad (i=1,2,\cdots,M) \tag{6-3}$$

对于各分指标相对于指标的重要程度（权重），以及用加权加法评分法计算相对应的指标评分值也可用类似的公式计算。

3. 优序法

按照一定方法将所有项目评价方案的每一个目标（指标）各自排出优劣次序后，计算任一个方案比其他方案优的个数，然后对同一方案在所有的目标中得到优的个数的总和，称之为优序数，最后看哪个方案的优序数大即选哪个项目方案。例如，有一个扩大生产的案

例，借助 3 个指标考察 10 个方案，各方案与相应指标标值如表 6-1 所列。表中分析，方案 A_1 在指标 f_1 下与其他方案相比优的个数为 6；在指标 f_2 下，优的个数为 3；在指标 f_3 下，优的个数为 2，故 A_1 的优序数为 6+3+2 = 11，同样可以算出其他方案的优序数，各方案优序数列于表中最右一列（其中，优胜者得 1 分，劣者记 0 分，相同者记 0.5 分），显然 A_2 方案为选定方案。

表 6-1 方案与相应的指标值数据

指标 方案	投资回收率 f_1/%	销售增长率 f_2/%	贷款额 f_3/万元	优序数
A_1	11.5	2	5	11
A_2	11	3	2	21
A_3	12	2	3	15.5
A_4	10	2.5	2.5	16
A_5	13	1	8	11
A_6	12.5	0.5	9	8
A_7	10	4	4	15.5
A_8	9	2.2	4.6	8.5
A_9	9	2	1	12.5
A_{10}	10.5	2.5	3	16

6.2.3 多目标决策方法

当评价的项目具有多个目标和属性时，常用多目标决策方法。一般来说，处理多目标问题的核心是简化。常用的简化原则是删除不重要的目标，合并同类目标。多目标决策方法有很多种，其一是最常用的，有加权和方法、加权平方和方法、乘除法和目标规划法等；其二是分层序列法，即将所有目标按重要性次序排列，重要的先考虑；其三是直接求所有非劣解的方法；其四是重排次序法；其五是对话方法等。

其中，最常用的线性加权和方法是项目综合评价的主要定量方法，一般形式为

$$S_i = \sum_{j=1}^{N} S_{ij} W \quad (i = 1, 2, \cdots, M) \tag{6-4}$$

式中，S_i 为第 i 项目的总评分值；S_{ij} 为第 i 个项目第 j 个标准（指标）的得分；W 为权重。

根据项目决策者认可的方法产生，有多种方法可确定权重 W。其中，最有效和最常用的是特尔菲法，另一个经常使用的是层次分析法（AHP），此外还有主成分分析法等。

6.2.4 层次分析法

上述方法中的权重选定对评价结果有巨大影响，权重是综合评价的重要信息，应根据指标的相对重要性，即指标对综合评价的贡献确定。具体确定权重的方法很多，最常用的是定性的特尔菲法、定量的统计分析法及定性与定量相结合的层次分析法。层次分析法是美国著名运筹学家 T. L. Saaty 提出的一种系统分析综合方法，用于求解层次结构或网络结构的复杂评价系统的评价问题。它采用指标成对比较的方法构造比较判断矩阵，利用求解与最大特征

根相应的特征向量的分量作为相应权重系数的办法确定指标权重，并根据最低层次各指标权重和指标值对评价对象做出综合评价。它也可以由多个专家构造比较判断矩阵，然后综合给出综合评价结果。使用层次分析法的基本过程如下。

1. 建立评价指标的层次结构

根据评价系统的相互联系，逻辑归属及相对重要性的因素分层排列，构成一个由上到下的递阶层次结构，最高一层为目标层，若干中间准则层，底层是方案层。图 6-2 所示为某一市政工程项目的递阶层次结构示意图。

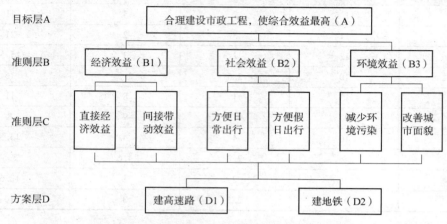

图 6-2　某一市政工程项目的递阶层次结构示意图

2. 构造判断矩阵并请专家填写

根据递阶层次结构就能很容易地构造判断矩阵。

构造判断矩阵的方法是：每一个具有向下隶属关系的元素（被称作准则）作为判断矩阵的第一个元素（位于左上角），隶属于它的各个元素依次排列在其后的第一行和第一列。

填写判断矩阵的方法是向填写人（专家）反复询问：针对判断矩阵的准则，其中两个元素两两比较哪个重要，重要多少，对重要性程度按 1~9 赋值（重要性标度及其含义如表 6-2 所示）。

表 6-2　重要性标度及其含义

重要性标度	含　义
1	表示两个元素相比，具有同等重要性
3	表示两个元素相比，前者比后者稍重要
5	表示两个元素相比，前者比后者明显重要
7	表示两个元素相比，前者比后者重要
9	表示两个元素相比，前者比后者极端重要
2，4，6，8	表示上述判断的中间值
倒数	若元素 I 与元素 j 的重要性之比为 a_{ij}，则元素 j 与元素 I 的重要性之比为 $a_{ji}=1/a_{ij}$

设填写后的判断矩阵为 $A=(a_{ij})_{n\times n}$，判断矩阵具有以下性质：

(1) $a_{ij}>0$。

(2) $a_{ji}=1/a_{ij}$。

(3) $a_{ii}=1$。

根据上面性质，判断矩阵具有对称性，因此在填写时，通常先填写 $a_{ii}=1$ 部分，再判断及填写上三角形或下三角形的 $n(n-1)/2$ 个元素就可以了。

在特殊情况下，判断矩阵可以具有传递性，即满足等式 $a_{ij}\times a_{jk}=a_{ik}$。

当上式对判断矩阵所有元素都成立时，我们称该判断矩阵为一致性矩阵。

根据某一市政工程项目的递阶层次结构构造的判断矩阵如表 6-3 所示。

表 6-3 判断矩阵

A	B1	B2	B3
B1	1	1/3	1/3
B2		1	1
B3			1

B1	C1	C2
C1	1	1
C2		1

B2	C3	C4
C3	1	3
C4		1

B3	C5	C6
C5	1	3
C6		1

C1	D1	D2
D1	1	5
D2		1

C2	D1	D2
D1	1	3
D2		1

C3	D1	D2
D1	1	1/5
D2		1

C4	D1	D2
D1	1	7
D2		1

C5	D1	D2
D1	1	1/5
D2		1

C6	D1	D2
D1	1	1/3
D2		1

3. 层次单排序与检验

对于专家填写后的判断矩阵，利用一定数学方法进行层次排序。

单排序是指每一个判断矩阵各因素针对其准则的相对权重。计算权重有和法、根法、幂法等，这里简要介绍和法。

和法的原理是：对于一致性判断矩阵，每一列归一化后就是相应的权重；对于非一致性判断矩阵，每一列归一化后近似其相应的权重，再对这 n 个列向量求取算术平均值作为最后的权重。其具体的公式是

$$W_i = \frac{1}{n}\sum_{j=1}^{n}\frac{a_{ij}}{\sum_{k=1}^{n}a_{kl}}$$

需要注意的是，在层层排序中，要对判断矩阵进行一致性检验。

一致性检验的步骤如下。

第一步，计算一致性指标 C.I.（Consistency Index）

$$\text{C.I.} = \frac{\lambda\max - n}{n-1}$$

第二步，查表确定相应的平均随机一致性指标 R.I.（Random Index）。据判断矩阵不同阶数查表 6-4，得到平均随机一致性指标 R.I.。例如，对于 5 阶的判断矩阵，查表得到 R.I.=1.12。

表 6-4　平均随机一致性指标 R.I.（1 000 次正互反矩阵计算结果）

矩阵阶数	1	2	3	4	5	6	7	8
R.I.	0	0	0.52	0.89	1.12	1.26	1.36	1.41
矩阵阶数	9	10	11	12	13	14	15	
R.I.	1.46	1.49	1.52	1.54	1.56	1.58	1.59	

第三步，计算一致性比例 C.R.（consistency ratio）并进行判断。

$$\text{C.R.} = \frac{\text{C.I.}}{\text{R.I.}}$$

当 C.R. <0.1 时，认为判断矩阵的一致性是可以接受的；当 C.R. >0.1 时，认为判断矩阵不符合一致性要求，需要对该判断矩阵进行重新修正。

4. 层次总排序与检验

总排序是指每一个判断矩阵各因素针对目标层（最上层）的相对权重。这一权重的计算采用从上而下的方法，逐层合成。

很明显，第二层的单排序结果就是总排序结果。假定已经算出第 $k-1$ 层 m 个元素相对于总目标的权重 $w^{(k-1)} = (w_1^{(k-1)}, w_2^{(k-1)}, \cdots, w_m^{(k-1)})^T$，第 k 层 n 个元素对于上一层（第 k 层）第 j 个元素的单排序权重是 $p_j^{(k)} = (p_{1j}^{(k)}, p_{2j}^{(k)}, \cdots, p_{nj}^{(k)})^T$，其中不受 j 支配的元素的权重为零。令 $p^{(k)} = (p_1^{(k)}, p_2^{(k)}, \cdots, p_n^{(k)})$，表示第 k 层元素对第 $k-1$ 层个元素的排序，则第 k 层元素对于总目标的总排序为

$$w^{(k)} = (w_1^{(k)}, w_2^{(k)}, \cdots, w_n^{(k)})^T = p^{(k)} w^{(k-1)}$$

或

$$w_i^{(k)} = \sum_{j=1}^{m} p_{ij}^{(k)} w_j^{(k-1)} \quad (i = 1, 2, \cdots, n)$$

同样地，需要对总排序结果进行一致性检验。

假定已经算出针对第 $k-1$ 层第 j 个元素为准则的 C.I.$_j^{(k)}$、R.I.$_j^{(k)}$ 和 C.R.$_j^{(k)}$，$j=1, 2, \cdots, m$，则第 k 层的综合检验指标为

$$\text{C.I.}_j^{(k)} = (\text{C.I.}_1^{(k)}, \text{C.I.}_2^{(k)}, \cdots, \text{C.I.}_m^{(k)}) w^{(k-1)}$$
$$\text{R.I.}_j^{(k)} = (\text{R.I.}_1^{(k)}, \text{R.I.}_2^{(k)}, \cdots, \text{R.I.}_m^{(k)}) w^{(k-1)}$$
$$\text{C.R.}^{(k)} = \frac{\text{C.I.}^{(k)}}{\text{R.I.}^{(k)}}$$

当 C.R.$^{(k)}$ <0.1 时，认为判断矩阵的整体一致性是可以接受的。

5. 结果分析

通过对排序结果的分析，最后得出综合评价结论。

从某一市政工程项目方案层总排序的结果看，建地铁（D2）的权重（0.659 2）远远大于建高速路（D1）的权重（0.340 8）。因此，最终的决策方案是建地铁。

6.2.5　模糊综合评价法

模糊理论（Fuzzy Theory）是于 1965 年由美国加利福尼亚大学伯克利分校电气工程系教授查德（L.A.Zadeh）提出的。它是用数学方法研究和处理具有"模糊性"现象的数学，故

通常称为模糊数学。

模糊评价法即利用模糊数学理论对现实世界中广泛存在的那些模糊的、不确定的对象进行定量化，从而做出相对客观的、正确的、符合实际的评价，进而解决具有模糊性的实际问题。模糊评价模型是借助模糊数学的一些概念，应用模糊关系合成的原理，将一些边界不清、不易定量的因素定量化，进行综合评价的一种方法。

模糊综合评价通过构造等级模糊子集，把反映被评价对象的模糊指标进行量化（确定隶属度），然后利用模糊变换原理对各指标进行综合。其一般按以下程序进行。

1. 根据评价目的确定评价指标集合

$$U = \{u_1, u_2, \cdots, u_m\}$$

评价指标集（Evaluation Indicator）也称为评价因素集。例如，评价某项科研项目时，评价指标集合为 $U=$（学术水平，社会效益，经济效益）。

2. 确定评价等级集合

$$V = \{v_1, v_2, \cdots, v_n\}$$

一般情况下，评价等级（Evaluation Grade）n 取 [3, 7] 中的整数，因为如果 n 过大，那么语言难以描述且不易判断等级归属；如果 n 过小，又不符合模糊综合评价的质量要求。具体等级可以依据评价内容用适度的语言描述，比如科研项目评价中评价等级集合可取 $V=$ {很好，好，一般，差}。

3. 确定各评价指标的权重

$$W = \{\mu_1, \mu_2, \cdots, \mu_m\}$$

权重（Weight）反映各评价指标在综合评价中的重要性程度，且 $\sum \mu_i = 1$，$0 \leq \mu_i \leq 1$。

例如评价科研成果，评价指标集合 $U=$ {学术水平，社会效益，经济效益} 的各因素权重设为 $W = \{0.3, 0.3, 0.4\}$。

4. 建立模糊评价矩阵 R

对单因素 $u_i(i=1,2,\cdots,m)$ 进行评判，得到 V 上的模糊集 $(r_1, r_2, r_3, \cdots, r_n)$，从而确定了从 U 到 V 的模糊评判矩阵。

在构造等级模糊子集后，就要逐个对被评价对象从每个指标 $u_i(i=1,2,\cdots,m)$ 上进行量化，也就是确定从单因素来看被评价对象对各等级模糊子集的隶属度 $(R|u_i)$。所有指标隶属度计算后，得到以下模糊关系矩阵，即

$$R = \begin{bmatrix} R|u_1 \\ R|u_2 \\ \vdots \\ R|u_m \end{bmatrix} = \begin{bmatrix} r_{11} & r_{12} & \cdots & r_{1n} \\ r_{12} & r_{22} & \cdots & r_{2n} \\ \vdots & \vdots & & \vdots \\ r_{m1} & r_{m2} & \cdots & r_{mn} \end{bmatrix}$$

矩阵 R 中第 i 行第 j 列元素 r_{ij} 表示某个被评价对象从指标 u_i 来看对 v_j 等级模糊子集的隶属度。

例如，科技项目评价时请该领域专家若干位，分别对此项成果每一因素进行单因素评价（One-way Evaluation）。

对学术水平，有 50% 的专家认为"很好"，30% 的专家认为"好"，20% 的专家认为

"一般",由此得出学术水平的单因素评价结果为 $R_1=(0.5,0.3,0.2,0)$

同样,社会效益、经济效益两项单因素评价结果分别为
$$R_2=(0.3,0.4,0.2,0.1)$$
$$R_3=(0.2,0.2,0.3,0.2)$$

那么,该项成果的评价矩阵为
$$R=\begin{pmatrix}R_1\\R_2\\R_3\end{pmatrix}=\begin{pmatrix}0.5&0.3&0.2&0\\0.3&0.4&0.2&0.1\\0.2&0.2&0.3&0.2\end{pmatrix}$$

5. 模糊综合判断,得出判断结果

通过权系数矩阵 W 与评价矩阵 R 的模糊变换得到模糊评价集 S:

设 $W=(\mu_j)_{1\times m}$, $R=(r_{ji})_{m\times n}$,那么
$$S=WR=(\mu_1,\mu_2,\cdots,\mu_m)\begin{pmatrix}r_{11}&r_{12}&\cdots&r_{1n}\\r_{21}&r_{22}&\cdots&r_{2n}\\\vdots&\vdots&&\vdots\\r_{m1}&r_{m2}&\cdots&r_{mn}\end{pmatrix}=(s_1,s_2,\cdots,s_n)$$

R 中不同的行反映了某个被评对象从不同的单因素来看对各等级模糊子集的隶属程度。用模糊权向量 A 将不同的行进行综合就可以得到被评价对象从总体上来看对各等级模糊子集的隶属程度。

对于多层次模糊评价可以理解为几个单层次模糊评价的综合。

例如,对上面各科研项目模糊综合评价集为
$$S=WR=(s_k)_{1\times n}=(0.3\quad 0.3\quad 0.4)\begin{pmatrix}0.5&0.3&0.2&0\\0.3&0.4&0.2&0.1\\0.2&0.2&0.3&0.2\end{pmatrix}$$

6. 对模糊综合评价结果向量进行分析

对每个被评对象的模糊综合评价结果都表现为一个模糊向量,这与其他方法中每个被评价对象得到一个综合评价值是不同的,它包含了更丰富的信息。如果要进行排序,我们可以采用最大隶属度原则、加权平均原则或模糊向量单值化方法把评价结果向量综合成一个数值,这样就有利于多个评价结果的对比。

例如,上面关于科研项目模糊综合评价结果向量为 $S=(0.32,0.29,0.24,0.11)$,按照最大隶属度值 0.32 的评语是"很好"。

6.2.6 灰色关联分析法

"灰"表示部分信息清楚,部分信息不清楚,即信息不完全。凡是信息不完全确知的系统都可称为灰色系统。灰色系统理论在我国国民经济各领域已经并日益得到广泛应用。灰色关联分析是灰色系统理论的一个分支。应用灰色关联分析法对受多种因素影响的事物和现象从整体观念出发进行综合评价是一个被广为接受的方法。该方法不仅可以充分利用原始数据所提供的信息,而且计算比较简便。利用灰色关联分析法进行项目综合评价的步骤是:

1. 根据评价目的确定评价指标体系,收集评价数据

设 n 个数据序列形成以下矩阵:

$$(\boldsymbol{X}'_1, \boldsymbol{X}'_2, \cdots, \boldsymbol{X}'_n) = \begin{pmatrix} x'_1(1) & x'_2(1) & \cdots & x'_n(1) \\ x'_1(2) & x'_2(2) & \cdots & x'_n(2) \\ \vdots & \vdots & & \vdots \\ x'_1(m) & x'_2(m) & \cdots & x'_n(m) \end{pmatrix}$$

式中，m 为指标的个数，$\boldsymbol{X}'_i = (x'_i(1), x'_i(2), \cdots, x'_i(m))^T, i = 1, 2, \cdots, n$。

2. 确定参考数据列

参考数据列应该是一个理想的比较标准，可以以各指标的最优值（或最劣值）构成参考数据列，也可根据评价目的选择其他参照值，记作：

$$\boldsymbol{X}'_0 = (x'_0(1), x'_0(2), \cdots, x'_0(m))$$

3. 对指标数据进行无量纲化

无量纲化后的数据序列形成以下矩阵：

$$(\boldsymbol{X}_0, \boldsymbol{X}_1, \cdots, \boldsymbol{X}_n) = \begin{pmatrix} x_0(1) & x_1(1) & \cdots & x_n(1) \\ x_0(2) & x_1(2) & \cdots & x_n(2) \\ \vdots & \vdots & & \vdots \\ x_0(m) & x_1(m) & \cdots & x_n(m) \end{pmatrix}$$

常用的无量纲化方法有均值化法、初值化法和 $\dfrac{x-\bar{x}}{s}$ 变换等。

$$x_i(k) = \frac{x'_i(k)}{\dfrac{1}{m}\sum_{k=1}^{m}x'_i(k)} \tag{6-5}$$

$$x_i(k) = \frac{x'_i(k)}{x'_i(1)} \tag{6-6}$$

式中，$i = 0, 1, \cdots, n$；$k = 1, 2, \cdots, m$。

或采用内插法使各指标数据取值范围（或数量级）相同。

4. 逐个计算每个被评价对象指标序列（比较序列）与参考序列对应元素的绝对差值

$$|x_0(k) - x_i(k)|, k = 1, \cdots, m, i = 1, \cdots, n; \ n \text{ 为被评价对象的个数}$$

5. 确定 $\min\limits_{i=1}^{n}\min\limits_{k=1}^{m}|x_0(k) - x_i(k)|$ 与 $\max\limits_{i=1}^{n}\max\limits_{k=1}^{m}|x_0(k) - x_i(k)|$

6. 计算关联系数

据式（6-7），分别计算每个比较序列与参考序列对应元素的关联系数。

$$\zeta_i(k) = \frac{\min\limits_{i}\min\limits_{k}|x_0(k) - x_i(k)| + \rho \cdot \max\limits_{i}\max\limits_{k}|x_0(k) - x_i(k)|}{|x_0(k) - x_i(k)| + \rho \cdot \max\limits_{i}\max\limits_{k}|x_0(k) - x_i(k)|} \quad (k = 1, \cdots, m) \tag{6-7}$$

式中，ρ 为分辨系数，在（0，1）内取值，ρ 越小，关联系数间的差异越大，区分能力越强，通常 ρ 取 0.5。

当用各指标的最优值（或最劣值）构成参考数据列计算关联系数时，也可用改进的更为简便的计算方法，即

$$\zeta_i(k) = \frac{\min\limits_{i}|x'_0(k) - x'_i(k)| + \rho \cdot \max\limits_{i}|x'_0(k) - x'_i(k)|}{|x'_0(k) - x'_i(k)| + \rho \cdot \max\limits_{i}|x'_0(k) - x'_i(k)|} \quad (k = 1, \cdots, m)$$

改进后的方法不仅可以省略第三步，使计算简便，而且避免了无量纲化对指标作用的某些负面影响。

如果 $\{x_0(k)\}$ 为最优值数据列，$\zeta_i(k)$ 越大越好；如果 $\{x_0(k)\}$ 为最劣值数据列，$\zeta_i(k)$ 越大越不好。

7. 计算关联序

对各评价对象（比较序列）分别计算其 m 个指标与参考序列对应元素的关联系数的均值，以反映各评价对象与参考序列的关联关系，并称其为关联序，记为 r_{0i}：

$$r_{0i} = \frac{1}{m} \sum_{k=1}^{m} \zeta_i(k) \quad (i=1,\cdots,n)$$

8. 如果各指标在综合评价中所起的作用不同，可对关联系数求加权平均值

$$r'_{0i} = \frac{1}{m} \sum_{k=1}^{m} W_k \cdot \zeta_i(k) \quad (k=1,\cdots,m)$$

式中，W_k 为各指标权重。

9. 依据各观察对象的关联序，得出综合评价结果

6.2.7 人工神经网络综合评价法

在很多综合项目评价中，影响因素众多，而且各因素之间的联系复杂，很难在它们之间建立确定的关系模型。具体地：

（1）目标属性间的关系大多为非线性关系，一般的方法很难反映这种关系。

（2）在评价的多目标中，难以描述评价方案各目标间的相互关系，更无法用定量关系式来表达它们之间的权重分配，所能提供的只是各目标的属性特征以及同类方案以往评价结果。

人工神经网络评价法的前提条件之一便是利用已有方案及其评价结果，根据所给新方案的特征就能对方案直接做出评价，因此近来在投资项目综合评价中产生很多有关人工神经网络的应用研究。神经网络的非线性处理能力在信息含糊、不完整、存在矛盾等复杂环境中，神经网络所具有的自学习能力使得传统的专家系统最感困难的知识获取工作转化为网络的变结构调整过程，从而大大方便了知识的记忆和提取。通过学习，可以从典型事例中提取所包含的一般原则、学会处理具体问题，且对不完整信息进行补全。神经网络既具专家系统的作用，又具有比传统专家系统更优越的性能。

6.3 项目综合评价报告的撰写

项目综合评价报告是根据评价的目的与要求，在评价工作完成后，向决策部门提供项目主要情况和评价结果的综合性技术文件。它既是项目评价的最终成果，也是项目贷款决策的重要依据，必须按规定的内容格式与要求撰写。

6.3.1 项目综合评价报告的撰写要求

撰写综合评价报告要注意以下几点。

1. 在撰写报告之前,必须在全面收集资料的基础上,核实评价数据

综合评价报告必须以详尽精确的资料和数据分析项目是否可行。资料和数据的可靠、精确,直接决定评价工作的质量。评价人员通过深入细致的调查研究和认真的测算分析才能获得。

2. 要求评价人员站在公正的立场,科学地、客观地给予评述

评价人员在撰写报告的过程中应该保持公平的立场,客观地阐述问题。既不能从投资主体角度出发,也不能直接站在决策者的立场,而应从宏观着眼,认真研究项目对整个社会经济发展的影响,全面评价项目建设的必要性与可行性。项目评价人员应本着科学、公正的态度,实事求是地评价项目,在此基础上进行总评价,提出科学的结论与切实可行的建议。科学的结论主要表现为评价的结论应该与项目进展的结果保持一个较小的偏差;切实可行的建议是指项目评价人员提出的建议对项目的发展要有一定的价值,并且在实际中能够操作,不会流于形式。

3. 切忌搬抄可行性研究报告

应对可行报告中提出的方案、论据提出自己的见解,要求综合评价报告源于可行性研究报告,又要超过可行性研究报告,也不能超出自己的职权范围。在综合评价报告中应如实反映评价工作的过程,包括评价人员的结构、评价起止时间、评价活动方式与过程、重点探讨过哪些问题、发生过哪些分歧意见、提供过什么资料、提出过什么建议、起过什么作用,以利于决策部门了解评价工作的过程,研究并解决所存在的问题。综合评价报告只有通过如实反映评价过程,利用事实说话,才能生动具体,令人信服。

4. 要善于用数据说明问题

在行文中,凡能以数据说明的,尽可能不用文字去描述。通过具体数据表明观点更科学、更有说服力。

5. 综合评价报告要求简明、清晰、逻辑严密、重点突出、结论明确、语言精练

综合评价报告在叙述情况时,必须条理清楚,简明扼要,使决策者一目了然,切忌材料、数据杂乱。在项目评价中,有些关键性内容的正常实施对项目的投产运营具有十分关键的作用。对这些关键问题,评价人员要特别注意,进行重点分析,并分析其变化对项目的影响程度。同时,反映事实要客观、公正,分析问题要深入透彻,所有测算均应附送必要的计算表。下结论时,须以谁为根据,态度要鲜明,力求确切中肯,恰到好处,绝不可含糊其词、模棱两可,通篇文字的表述都应准确、简练、通畅,不能拖沓冗长,词不达意。

6. 要进行必要的比较分析

比较是鉴别事物异同、优劣的基本方法,撰写报告也应注重纵向和横向的对比分析,以便为决策部门提供多方面的信息和对照选择的根据。例如项目工艺技术方案的确定,只有通过多方案的比较,才能判别优劣,从而做出具有说服力的评价结论。另外,在进行项目财务效益和国民经济效益评价时,必须通过与同类企业做比较,同国家颁布的技术经济参数对比,才能具体显示企业效益的好坏,并以此判定项目的取舍。

7. 呈报与建档

综合评价报告完成后，要由评价组负责人召集评价小组成员讨论通过，正式的综合评价报告要由承担评价任务单位的领导、有关专家和评价小组负责人、报告的撰写人签名盖章，并以评价单位的名义呈报项目决策部门，为决策提供依据。评价小组及时总结经验，将资料、数据、报表、情况分析、计算公式及综合评价报告副本整理装订成册，立卷存档，备查、备用。

6.3.2 项目综合评价报告编写的基本格式

1. 提要

项目综合评价报告在正文前应有一个提要，简要说明综合评价报告的要点，主要包括企业和项目的概况、项目建设的必要性、市场前景、主要建设内容、生产规模、总投资额、项目的财务效益、国民经济效益、项目建议书批复的时间等。

2. 正文

项目综合评价报告的正文一般按以下顺序编写：

（1）企业概况，主要包括企业的基本情况，近三年的经营业绩和财务状况，企业中长期规划与拟建项目的关系等。

（2）项目概况，主要包括项目提出的背景、投资的必要性、项目基本内容、产品方案、生产规模、建设性质、前期工作所处的阶段等。

（3）市场，包括项目产品国内外市场需求和供应的预测，国内现有厂家生产能力的估计，产品竞争能力分析、市场范围分析、进入国际市场的前景分析等。

（4）生产技术及设备，包括设备的名称及种类、工艺流程可供选择方案的论证、技术与设备的选定、进口设备的比价、进口设备和国内配套设备的协调情况等。

（5）工厂设计，包括厂址的选择、厂房建筑工程的设计、环境污染的治理等。

（6）投入物，包括投入物的名称、消耗量、价格、来源、供应程度及替代方案等。

（7）人员及培训，包括劳动力配备、人员培训规划等。

（8）投资计划，包括总投资及构成、投资预测、融资方案的选择等。

（9）项目财务数据预测，包括产品销售收入、销售税金、销售成本的预测，对可行性研究报告中财务数据修正的理由。

（10）财务效益分析，主要计算投资利润率、贷款偿还期、财务净现值、财务内部收益率等指标，并对项目进行评价。

（11）国民经济效益评价，主要计算投资纯收益率、投资创汇率、经济净现值、经济内部收益率等指标，并对项目进行评价。

（12）不确定性分析，对项目进行盈亏平衡分析、敏感性分析，分析项目的主要风险和敏感程度，必要时还要进行概率分析。

（13）企业财务预测及分析，进行企业五年财务预测、比率分析、拟建项目对企业财务状况的影响程度分析。

（14）总结和建议，提出项目能否批准、能否贷款的意见，提出改进的措施和建议。

3. 主要附表

（1）主要经济数据与经济指标评价前后对比表。

(2) 投资估算评价前后对比表。

(3) 财务现金流表（全部投资）和财务现金流表（自有资金）。

(4) 损益表。

(5) 资金来源与运用表。

(6) 资产负债表。

(7) 国民经济效益费用流量表（全部投资）和国民经济效益费用流量表（自有资金）。

(8) 经济外汇流量表。

4．项目评价辅助报表

(1) 主要经济参数与投入物、产出物价格评价前后对比表。

(2) 固定资产投资估算表。

(3) 流动资金估算表。

(4) 投资使用计划与资金筹措表。

(5) 总成本费用估算表。其主要包括外购材料费用估算表、外购燃料及动力费用估算表、工资及福利费估算表、其他费用估算表、固定资产折旧费估算表、无形资产与递延资产摊销费估算表。

(6) 销售收入、销售税金及附加估算表。

(7) 固定资产投资借款还本付息费。

(8) 国民经济评价固定资产投资调整表。

(9) 国民经济评价流动资金调整表。

(10) 国民经济评价销售收入调整表。

(11) 国民经济评价经营费用调整表。

(12) 出口（替代进口）产品国内资源流量表。

6.4　项目综合评价案例——尼尔基水利枢纽项目综合评价[①]

6.4.1　工程概况

1．项目基本情况简介

尼尔基水利枢纽位于嫩江干流中游，以防洪、城镇生活和工农业供水为主，结合发电，兼顾改善下游航运和水环境，并为松辽流域水资源的优化配置创造条件。工程建成后，可使齐齐哈尔河段的防洪标准由 50 年一遇提高到 100 年一遇，枢纽至齐齐哈尔河段的防洪标准由 20 年一遇提高到 50 年一遇，齐齐哈尔以下到大赉段的防洪标准由 35 年一遇提高到 50 年一遇。设计水平年，水库为下游城市工业生活供水 $10.29×10^8 m^3$、为农业灌溉供水 $16.46×10^8 m^3$、为航运供水 $8.2×10^8 m^3$、为环境供水 $4.75×10^8 m^3$、为湿地供水 $3.28×10^8 m^3$，改善了下游航运条件及生态环境。同时发电量增加可缓解黑龙江省电网调峰容量紧缺和水火电比

---

① 资料来源：张慧，杨建斌．水利投资项目多目标模糊综合评价方法应用探析［J］．长江科学院院报，2006(5)．

例严重失调问题。

2. 投资费用估算及分摊

尼尔基水利枢纽工程费用由枢纽投资、年运行费、流动资金等项组成。

(1) 工程投资及分年使用计划。

枢纽工程投资包括建筑工程、机电设备及安装工程、金属结构及安装工程、临时工程、其他费用、水土保持费、基本预备费及水库淹没处理补偿费等。水库固定资产静态总投资为44.28亿元，输变电工程0.74亿元。根据施工组织设计，尼尔基水利枢纽工程建设期为5年，其水库及配套工程分年投资见表6-5。

表6-5　尼尔基水利枢纽工程分年投资　　　　　　　　　　　　　单位：万元

编号	项目	合计	第1年	第2年	第3年	第4年	第5年
I	枢纽工程1~5部分	237 718	37 464	51 513	56 196	56 196	36 348
	基本预备费	23 415	3 746	5 151	5 620	5 620	3 278
	静态总投资	261 133	41 210	56 664	61 816	61 816	39 626
	其中：机电金结	37 909		7 582	12 510	12 131	5 686
	基本预备费	3 790		758	1 251	1 213	568
	静态总投资	41 699		8 340	13 761	13 344	6 254
II	水库淹没补偿费	157 929.7	34 795.6	34 795.6	34 759.6	43 738.7	9 804.3
	基本预备费	23 689.5	5 219.3	5 219.3	5 219.3	6 560.8	1 470.6
	静态总投资	181 619.2	40 014.9	40 014.9	40 014.9	50 299.5	11 274.9

(2) 投资分摊。

尼尔基水库是综合利用枢纽工程，工程费用应由各受益部门分担，分摊方法按部门利用库容、水量比例分摊。年运行费分摊系数与投资分摊系数一致。各部门投资分摊结果见表6-6。

表6-6　尼尔基水利枢纽投资分摊结果

部门	发电	工业	农业	渔苇	环保	航运	防洪	合计	调水
共用投资分摊系数	0.220	0.136	0.136	0.018	0.100	0.100	0.290	1.000	0.104
部门专用投资/万元	55 024.64		6 197.43					61 222.07	
分摊静态共用投资/万元	44 207	27 328	27 328	3 617	20 094	20 094	58 273	200 941	20 898
枢纽静态投资/万元	99 232	27 328	33 525	3 617	20 094	20 094	58 273	262 163	20 898
各部门占的比例	0.383 7	0.105 7	0.129 6	0.014	0.077 7	0.077 7	0.211 5	1.000 0	0.080 8
枢纽价差预备费/万元	16 341	4 500	5 521	596	3 309	3 309	9 009	42 585	3 441
枢纽固定资产投资/万元	115 573	31 828	39 046	4 213	23 403	23 403	67 282	304 748	24 339
水库淹没补偿费/万元	44 909	27 762	27 762	3 674	20 413	20 413	59 198	204 132	21 230
耕地占用税/万元	25 221	9 365						34 586	
分摊水库总投资/万元	70 130	37 127	27 762	3 674	20 413	20 413	59 198	238 718	21 230
枢纽固定资产总投资/万元	185 703	68 955	66 808	7 887	43 816	43 816	126 480	543 466	45 569
其中贷款额/万元	97 643	36 257						133 900	

(3) 年运行费。

枢纽的年运行费即每年所需支出的各项运行管理费用,包括工资及福利费、燃料动力费、工程修理费、材料费、库区维护费和其他费用等。枢纽工程的年运行费总计为 5 920.59 万元。输变电工程的年运行费按其投资的 3% 计,为 229.14 万元。

(4) 流动资金。

流动资金为支付职工工资和购买燃料、材料的周转性资金,三项合计为 839 万元。

6.4.2 评价指标体系的建立

由于尼尔基水利枢纽工程规模庞大,涉及的因素繁多,对大量因素进行提炼概括,总结出有代表性的评价指标,建立项目综合评价的指标体系,是进行评价工作的重要一环。

根据尼尔基水利枢纽工程的特点,本着科学、客观、实用以及可操作性的原则,在总结现有资料的基础上,选择、提炼并构建出了可满足尼尔基工程项目综合评价所需的指标体系,如图 6-3 所示。

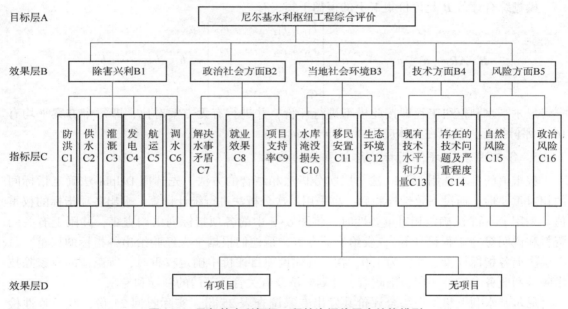

图 6-3 尼尔基水利枢纽工程综合评价层次结构模型

6.4.3 多目标综合分析评价

根据项目定量与定性分析指标的复杂程度,再选择多目标综合分析评价方法中的多层次模糊综合评价法进行综合评价。

1. 综合评价层次结构模型的建立

建立综合评价层次结构模型,如图 6-3 所示。

2. 多层次模糊综合评价数学模型

构建多层次模糊综合评价模型如下:

设 $U = \{U_1, U_2, U_3, \cdots, U_m\}$,$V = \{V_1, V_2, V_3, V_4, V_5\} = \{$很好,较好,一般,较差,很差$\}$,

式中，U 为指标集；V 为评价集，即评价等级的集合。

设 R 为由 m 个评价指标构成的总评价矩阵，$R=(r_{ij})_{m \times n}$，即

$$R = \begin{bmatrix} R_1 \\ R_2 \\ \vdots \\ R_i \end{bmatrix} = \begin{bmatrix} r_{11} & r_{12} & \cdots & r_{1n} \\ r_{21} & r_{22} & \cdots & r_{2n} \\ \vdots & \vdots & & \vdots \\ r_{m1} & r_{m2} & \cdots & r_{mn} \end{bmatrix}$$

式中，$R_i = (r_{i1}, r_{i2}, \cdots, r_{in})$ $(i=1,2,\cdots,m)$ 为相对于指标 U_i 的单因素模糊评价，它是评价集 V 上的模糊子集，r_{ij} 为相对于第 U_i 个指标给予评语 $V_j(j=1,2,\cdots,n)$ 的隶属度。

权重集合 $A=(a_1, a_2, \cdots, a_m)$ 是指标集 U 上的模糊子集，反映各项指标的重要程度，其中 a_i 为指标 U_i 的权值，且有

$$\sum_{i=1}^{m} a_j = 1, a_j \geq 0$$

即各指标的权值应满足归一化的要求。

模糊综合评价 B 是评价集 V 上的模糊子集，有

$$B = AR = [a_1 \quad a_2 \quad \cdots \quad a_m] \begin{bmatrix} r_{11} & r_{12} & \cdots & r_{1n} \\ r_{21} & r_{22} & \cdots & r_{2n} \\ \vdots & \vdots & & \vdots \\ r_{m1} & r_{m2} & \cdots & r_{mn} \end{bmatrix} = [b_1 \quad b_2 \quad \cdots \quad b_n]$$

尼尔基水利枢纽工程即按此模型进行评价，并进行有无方案对比，即每个方案平均有 16 个评价指标，所以在具体应用中，$n=2$、$m=16$。

3. 各单因素（评价指标）总权重值的推求

权重值的推求选用 Delphi 法与层次分析法相结合的方法。先选用 Delphi 法确定指标间的相对重要性，通过一致性检验后，再采用层次分析法进行统计计算，求出各项指标的权重值。采用 Delphi 法确定相对重要性时，将图 6-3 中的各项指标列出调查表，并附上有关的资料和说明等（工程设计等），发给有关专家，请他们根据个人经验给出各指标的权重。每一层次上各指标权重之和应为 1.0，在工程建设项目评价中确定权重时，所邀请的专家除技术领导和业务专家外还应包括政府、计划经济及有关管理部门的领导和专家。

尼尔基水利枢纽工程综合评价共发出专家调查表 25 份，实际收回 25 份，经一致性检验，合格的有 18 份。就各专家确定的权重值求出平均值，如表 6-7 所示。

根据表 6-7 中最后一栏的数据，可推求各项指标对效果层的相对重要性权值，即 C 层 16 个指标的总排序权值，如 a_1 即为 B1 与 C1 权重值平均值的乘积，a_2 为 B1 与 C1 权重值平均值的乘积，依次类推，求得数学模型中的权向量矩阵 A

$A = [a_1, a_2, \cdots, a_m] = [0.071\,4, 0.061\,4, 0.052\,5, 0.049\,3, 0.043\,8, 0.040\,6, 0.029\,4, 0.024\,0, 0.057\,6, 0.106\,8, 0.080\,0, 0.076\,3, 0.106\,9, 0.091\,1, 0.060\,6, 0.046\,4]$

表 6-7　各专家确定的权重值平均值

效果层 B					除害兴利 B1					
B1	B2	B3	B4	B5	C1	C2	C3	C4	C5	C6
0.320	0.111	0.263	0.198	0.107	0.223	0.192	0.164	0.154	0.137	0.127

续表

效果层 B						除害兴利 B1			
政治社会方面 B2			社会环境 B3			技术方面 B4		风险方面 B5	
C7	C8	C9	C10	C11	C12	C13	C14	C15	C16
0.265	0.216	0.519	0.290	0.406	0.304	0.540	0.460	0.566	0.434

4. 各单因素（评价指标）的隶属度的确定

所拟订的评价指标可分为定量指标和定性指标两大类。定量指标的隶属度选用模糊数学方法推求；定性指标的隶属度则采用模糊统计法确定。

在 C 层 16 个评价指标中，可以采用具体数值进行定量分析的定量指标有：防洪 C1、供水 C2、灌溉 C3、发电 C4、航运 C5、调水 C6、水库淹没损失 C10。定量指标隶属度的确定可参照国内外已有水利枢纽的实际统计资料，建立定量指标的隶属函数；定性指标只能用模糊统计法确定。

首先，确定评语集 V 及指标集 U。

$$V = \{V_1, V_2, V_3, \cdots, V_k\}$$
$$U = \{U_1, U_2, \cdots, U_k\}$$

本项目确定 V、U 分别为 $V = \{V_1(很好), V_2(较好), V_3(一般), V_4(较差), V_5(很差)\}$；$U = \{U_1(1.0), U_2(0.75), U_3(0.50), U_4(0.25), U_5(0.0)\}$。

其次，请前述 18 位专家分别给 C 层 16 个评价指标中除上述 7 个定量指标以外的 9 个定性指标提出评语。

再次，依据各专家的评语表，做统计分析，得出总评价矩阵 R，

$$R = \begin{bmatrix} 0.800, 0.737, 0.987, 0.901, 0.821, 0.721, 0.787, 0.700, \\ 0.100, 0.100, 0.100, 0.100, 0.100, 0.100, 0.237, 0.300, \end{bmatrix}$$
$$0.812, 0.700, 0.562, 0.750, 0.725, 0.583, 0.537, 0.640,]$$
$$0.262, 0.100, 0.375, 0.315, 0.350, 0.483, 0.512, 0.375$$

最后，求出综合评价结果，为

$$B = AR = [0.7203, \ 0.2333]$$

模糊综合评判结果：综合评价决策向量 $B = [0.7203, 0.2333]$，即有项目方案的评判结果为 0.7203，无项目方案的评判结果为 0.2333，说明尼尔基水利枢纽工程是比较好的，大大优于无项目方案。

6.4.4 结论

由于水利投入产出活动是一项复杂的系统工程，从投入到产出既经历不同的阶段，又与其他非水利因素有交互作用，具有大量的不确定性和模糊性，同时定性指标和定量指标相互交叉，利用多层次模糊综合评价可以较好地解决这一问题。

针对尼尔基水利枢纽，采用多层次模糊综合评价模型进行评价，综合评价决策值达 0.7203，远超过了无项目方案的 0.2333。这说明，尼尔基水利枢纽工程综合效益显著，对社会发展的各个方面都产生了明显的有利影响。因此，本项目的综合评价结论较好，是可行的。

应该指出，虽然本工程的社会效益和经济效益都很大，但也存在一些问题。如工程建成后，在正常蓄水位 216 m 以下将淹没耕地 22 663 hm^2，并需要搬迁 13 558 户，移民 51 358 人，移民数量较多。因此需要认真研究妥善的安置方案，切实解决移民的安置问题，这是决定工程成败的关键因素。

习　题

一、判断题

1. 项目综合评价是项目评价全过程的最后一个阶段，是对项目进行评价的总结。（　　）
2. 项目综合评价应考虑的要素有四种。（　　）
3. 评价指标应遵守的原则是系统性、科学性、可比性、可观测性和相互独立性。（　　）
4. 项目建设是否必要，从经济发展远景看，主要有目的产品是否短缺，是否属于升级换代品种，其质量、成本与价格等方面。（　　）
5. 项目建设是否必要，从项目产品的市场前景看，主要有项目的产品是否短缺，是否属于升级换代品种等。（　　）
6. 专家评价分析法包括评分法、综合评分法和优序法。（　　）
7. 层次分析法中，评价指标的层次结构里最高层是准则层。（　　）
8. 层次分析法中，评价指标的层次结构里中间层是方案层。（　　）
9. 模糊综合评价通过构造等级模糊子集，把反映被评价对象的模糊指标进行量化（确定隶属度），然后利用模糊变换原理对各指标进行综合。（　　）
10. 模糊综合评价的程序要先确定评价等级集合。（　　）
11. 灰色关联分析法的步骤包含建立模糊评价矩阵 R。（　　）
12. 无纲量化方法不包括处置化法。（　　）
13. 模糊综合评价的程序中包括确定参考数据列。（　　）
14. 灰色关联分析法中的"灰"表示部分信息清楚，部分信息不清楚，即信息不完全。（　　）
15. 灰色关联分析法中，如果各指标在综合评价中所起的作用不同，则可对关联系数求加权平均值。（　　）

二、单选题

1. 关于项目综合评价的指标不包含以下哪项？（　　）
   A. 静态指标　　　B. 动态指标　　　C. 风险指标　　　D. 财务指标
2. 下列各项不属于项目综合评价要素评价指标的原则是（　　）。
   A. 系统性　　　　B. 科学性　　　　C. 适当性　　　　D. 可观测性
3. 项目成立的前提条件是（　　）
   A. 规模适当　　　B. 建设必要　　　C. 条件具备　　　D. 方案同步
4. 从项目产品的市场前景看，应考虑以下哪一项？（　　）
   A. 是否符合国家产业政策　　　　　B. 是否有利于调整经济结构
   C. 是否有利于企业的技术革命　　　D. 项目的产品是否短缺

5. 从经济发展远景看，应考虑以下哪一项？（　　）
   A. 是否符合国家产业政策　　　　B. 是否属于升级换代品种
   C. 是否有利于企业的技术革命　　D. 项目的产品是否短缺
6. 项目综合评价的步骤不包括以下哪一项？（　　）
   A. 检查整理资料　　B. 定性评价　　C. 对比分析　　D. 归纳判断
7. 下列各项不属于专家评价法的是（　　）
   A. 评分法　　B. 综合评分法　　C. 层次分析法　　D. 优序法
8. 层次分析法中，评价指标的层次结构里最高层为（　　）
   A. 目标层　　B. 准则层　　C. 方案层　　D. 都不是
9. 层次单排序中计算权重的方法不包括下列哪项？（　　）
   A. 和法　　B. 根法　　C. 幂法　　D. 优序法
10. 模糊综合评价的程序不包括下列哪一项？（　　）
    A. 建立模糊评价矩阵 R　　　　B. 确定各评价指标的权重
    C. 确定评价等级集合　　　　　　D. 确定参考数据列
11. 灰色关联分析法的步骤不包含下列哪项？（　　）
    A. 确定参考数据列　　　　　　　B. 对指标数据进行无量纲化
    C. 建立模糊评价矩阵 R　　　　D. 计算关联系数
12. 以下属于无纲量化方法的有（　　）
    A. 和法　　B. 均值化法　　C. 幂法　　D. 优序法
13. 在灰色关联分析法中，ρ 越小，（　　）
    A. 关联系数间的差异越大，区分能力越强
    B. 关联系数间的差异越大，区分能力越弱
    C. 关联系数间的差异越小，区分能力越强
    D. 关联系数间的差异越小，区分能力越弱
14. 灰色关联分析法中的"灰"表示（　　）
    A. 颜色　　B. 信息不完全　　C. 方法　　D. 无意义
15. 下列属于定性评价的方法是（　　）
    A. 统计分析法　　B. 模糊综合评价法　　C. 灰色关联分析法　　D. 评分法
16. 一致性比例 C.R.（　　）时，认为判断矩阵的一致性是可以接受的。
    A. <1　　B. >0　　C. <0.1　　D. >0.1
17. 凡是信息不完全确知的系统都可称为（　　）。
    A. 白色系统　　B. 灰色系统　　C. 黑色系统　　D. 无色系统
18. 在项目综合评价报告的行文中，用（　　）表明观点更科学、更有说服力。
    A. 具体数据　　B. 文字分析　　C. 图片信息　　D. 专家观点
19. （　　）用于求解层次结构或网络结构的复杂评价系统的评价问题。
    A. 层次分析法　　B. 专家评价法　　C. 定性分析法　　D. 多目标决策方法
20. 构成项目综合评价问题的要素不包括以下哪一项？（　　）
    A. 评价对象　　B. 评价指标　　C. 评价者　　D. 评价目标

三、简答题

1. 简述项目综合评价。
2. 试分析项目综合评价的必要性。
3. 列举构成项目综合评价问题的要素。
4. 项目综合评价的内容一般包括哪些？
5. 项目综合评价中，关于项目建设要从哪几方面进行分析论证？
6. 一般生产项目建设条件的评价主要分析哪些内容？
7. 项目综合评价的步骤都有哪些？
8. 请简单概述层次分析法的基本过程。
9. 简述模糊综合评价法的步骤。
10. 简述灰色关联分析法的步骤。

习题参考答案

第 7 章　项目过程评价

7.1　项目过程评价概述

7.1.1　项目过程评价的特点

项目过程评价是指在项目立项上马以后，在项目实施时期，历经项目的发展、实施、竣工三个阶段，对项目状态和项目进展情况进行衡量与监测，对已完成的工作做出评价，为项目管理和决策提供所需的信息，指出以后项目管理的努力方向。

项目过程评价的目的在于检测项目实施的实际状态与目标（计划）状态的偏差，分析其原因和可能的影响因素，并及时反馈信息，以便做出决策，采取必要的管理措施来实现或达到既定目标（计划），改进项目管理，以便有利于项目业主以及其他利益相关者及时了解和把握项目现状，加强对项目实施的监督。

项目过程评价除了具备一般管理中评价的属性外，与项目前评价相比，主要体现在它的现实性（所依据的是项目现实发生的真实数据）、阶段性（每一阶段或每一时点的评价结果只是反映了那个阶段或时点的情况）、探索性（需要分析项目现状、发现问题并探索解决方案）、反馈性（为下一步的项目管理提供决策依据并指明努力方向）及适度性（项目执行过程中对于执行情况的评价，不应耗费过多的时间和人力，以免影响项目的正常进行）。

与项目后评价相比，项目过程评价的特点主要表现在阶段性与适度性两个方面。由此也决定了项目过程评价与项目前评价、项目后评价存在本质的差别，主要表现在：评价内容不同；在项目生命周期中所处阶段不同，评价的标准不同；在项目决策过程中的作用不同及在组织实施上的不同。

7.1.2　项目过程中评价的基本要素

1. 评价主体

对内部项目来讲，评价主体即是项目管理者本身；对外部项目来讲，评价主体除包括项目管理人员外，还应该包括项目业主或者其委托监理机构。

2. 评价的目标和方式

项目过程评价的主要目的是让项目的各级管理者和利害相关者了解和掌握项目执行的基本情况，以便找出问题，及时调控，总结经验。中评价的目标决定了中评价应当采取自查与他查相结合，普查与抽查相结合，投资主体、管理者与监理机构相结合的方式。为了有效地减轻项目基层管理者的评价工作负担，中评价应注意与项目的阶段总结相结合，尽量采用和利用项目阶段报表的数据资料。

3. 评价时期

项目过程评价处于项目生命周期的实施时期，具体又可细分为：项目发展阶段的评价——发展中评价；项目实施阶段的评价——实施中评价；项目竣工阶段的评价——竣工中评价，并且包括项目中止评价（判断项目有无继续进行下去的必要）。其中，项目实施中评价是核心所在，覆盖了中评价工作的大部分内容，是对项目实施进行控制的基础和依据，故其也可称为对项目中评价的纵向分析。

4. 评价范围

项目过程评价是面向项目控制的，它时刻对应着项目实施管理的主要任务（项目组织、进度控制、费用控制、质量管理等），另外又受到项目其他配合支撑条件的约束（如资源限制、项目实施风险、项目范围变更、项目合同、环境条件等），这就决定了项目中评价的基本范围应包括组织评价、进度评价、费用评价、质量评价、配合支撑条件评价（如资源使用评价、风险评价、范围变更评价、合同评价、环境评价等），其也可称为对项目过程评价的横向分析。

5. 评价对象

任何一个项目都是一项综合的系统工程，单纯从整体上是很难把握的。为了保证中评价的科学性和合理性，必须要对项目目标和项目要求进行细分研究，确定项目目标之间的关系、联系的界面，并明确层次关系和各项任务的权责关系，从而明确过程评价的对象与内容。

7.1.3 项目过程评价的作用

项目过程评价是为项目实施中的管理控制决策服务的，所以项目过程评价的主要作用包括以下几个方面。

1. 它是项目实施工作的保障

项目过程评价的根本目的是为项目实施中的控制决策提供支持和保障。任何项目实施工作都需要不断地评价项目实施的实际与项目计划和设计之间的差异，根据这些差异去调整项目计划和修订项目设计，并进一步评价这些调整和修订工作的必要性和可行性，从而确保项目最终能够生成既定的产出物和实现项目既定的目标。人们对项目实施工作和其中的偏差的认识都是通过项目过程评价实现的，人们对项目实施中所要采取的各种措施的可行性和合理性的认识也是通过项目过程中评价得到的，因此，项目过程评价的过程实际上就是项目成功实施的保障。

2. 它是项目变更的前提条件

任何项目在实施过程中都会出现各种各样的变更，这包括由于客观情况的变化而引起的项目变更、由于项目前期决策失误所引起的项目变更和由于项目实施过程中的工作失误所造成的项目变更等。所有原因引起的项目变更都会以两种方式提出：一是由某个项目相关利益主体主动提出变更请求；二是由项目实施者被动做出项目变更的决策。不管以哪种形式出现的项目变更都必须以项目的过程中评价作为其前提条件。换句话说，在项目实施过程中的任何变更决策都必须以相应的项目过程中评价工作做支持，都需要根据该项目过程中评价的结果去确定项目变更的内容和方案。

3. 它是项目绩效度量的手段

项目过程评价还有一个重要的作用是作为项目绩效度量的一种手段。在项目实施过程中，不管是项目业主、项目承包商或者是项目实施者都需要对整个项目实施的绩效不断地做出科学的度量，这种绩效度量也是项目费用支付管理的依据。但是需要注意的是，一般的项目绩效度量工作并不等于项目过程评价工作，因为项目过程中评价工作的内容、作用和范围要远远大于一般意义上的项目绩效度量工作，因为项目过程评价不仅要做项目绩效的度量，还要做项目实施情况、项目变更方案和项目未来发展等更为广泛的评价工作。

4. 它是项目跟踪决策的依据

项目前评价工作是为项目的投资决策服务的，而项目的投资决策实际上是项目的初始决策，所以项目前评价是一种项目初始决策的支持工作。但是，在项目实施过程中有很多情况需要对项目的初始决策做出必要的修订，即对于项目最初的计划和设计等安排做必要的修改，此时就需要进行项目的过程中决策，在这种项目过程中决策中就必须使用项目过程评价作为其决策的根本依据。此时的项目过程评价一般要全面评价项目的初始决策方案和项目实施中所出现的各种变化和发展，从而全面分析在新情况下的项目可行性和必要性，并进一步制定出新的项目过程中决策方案。

7.1.4 项目过程评价的原则

开展项目过程评价中同样必须遵循第1章中有关项目评价的一般原则，且要遵守项目过程评价本身所具有的一些基本原则，这主要包括以下几个方面。

1. 对照计划的原则

项目过程评价中最主要的原则之一是对照项目前期决策的计划与安排，开展分析和评价的原则。这一原则要求任何项目过程评价工作都必须对照项目既定的目标、计划和具体指标去评价项目的实施情况和在项目环境发生变化以后的形势下项目的必要性和可行性。这就是说，任何项目过程评价工作不是以哪个评价者的个人意志为转移的，项目跟踪评价结果的好坏是以项目计划和项目目标作为主要判据的。

2. 统计分析的原则

在项目过程评价中还必须坚持使用统计分析作为评价的主要方法的原则。这是指在项目过程评价中，首先要使用原始的项目实施工作统计凭证作为评价的根本依据，其次要使用统计分析的方法作为项目实施工作评价的主要方法之一。这就是说，在项目过程评价中必须坚持不断收集、处理和保存项目实施的各种统计数据，同时要根据项目的特殊性规定好项目过程中评价的统计分析方法，只有这样才能够保障项目过程中评价的可靠性和有效性。

3. 内外结合的原则

这是指在项目过程评价中对于各种项目实施差异的分析必须要清楚地给出是由于外部条件发生变化造成的，还是由于项目实施团队内部的原因造成的，从而全面跟踪和评价造成项目偏差的原因，为开展项目实施的控制工作和项目跟踪决策工作服务。实际上，这是一个在项目过程评价中分析、发现和区分项目实施中各种问题成因的基本原则，只有坚持这一基本原则才能够在项目管理控制中做出正确的纠偏行动决策。

4. 问题和对策评价并重的原则

在项目过程评价中还有一项基本原则就是项目实施问题和对策并重的基本原则，即在项目过程评价中必须在评价项目实施问题及其成因的同时，对于提出的各种解决项目实施问题的对策进行全面的评价。这是项目过程评价中最为重要的一项基本原则，因为如果项目过程评价只评价项目实施问题就不全面了，就变成了项目实施的绩效评价，只有同时评价解决项目实施问题的对策方案才能够为项目的跟踪决策提供全面的决策支持。

7.2 项目过程评价的方法

7.2.1 过程评价与项目控制系统

由于项目实施阶段的管理决策工作主要表现为项目控制，因此项目过程评价是面向项目控制的，为项目控制提供基础和依据。可以认为，项目前评价是项目控制的前向延伸，项目后评价是项目控制的后向延伸，而项目过程评价则直接蕴涵于项目控制过程之中，是项目控制系统的一个重要组成部分。

1. 项目控制系统

项目控制的目的是保证项目实施按预定计划进行。因此，控制关心的是当前的实施现状，重点在查找和鉴定实施对计划的偏离并采取措施确保计划的实现。

要实现项目有效控制，控制系统至少应包括以下五个要素：

（1）建立系统（目标）标准。
（2）获得最新情况。
（3）偏差分析、评价。
（4）采取纠偏措施。
（5）通知所有相关部门。

项目管理目标主要有质量、进度与成本，因此控制系统的标准是关于进度、成本和技术性能的指标体系。指标体系设计的依据是项目的控制文件（在前面已述）。除了建立控制目标指标值体系外，还要设立各控制指标的允许偏差值。允许偏差值是用来约束实施与计划轨迹偏离的允许波动范围的指标。

项目控制的管理功能是调整活动、资源与事件，以完成项目计划中规定的进度、成本和技术质量目标。要实现此管理职能，必须对项目实施状态有一个准确的、全面的、深入的了解，以提供控制所需的状态信息。最新信息报告来自跟踪或管理信息系统。

偏差是实际与计划间的偏离大小。偏差越大，纠正难度越大、纠正成本越高，对项目成功的威胁也就越大。在项目实施过程中，不仅要不断寻找实际与计划的偏差，而且要分析它的发展趋势和成因，评价对项目最终目标实现的影响程度以及决定是否要采取纠偏行动。确定偏差是一个技术性、协调性很强的工作。

一旦决定了要对项目采取纠偏行动，就意味着要建立若干个纠偏行动方案，并从中优选出技术经济效果最佳的方案加以实施。纠偏行动包括计划的更改和资源投入的改变，是一件非常慎重的事。

对于实施问题、改变后的行动计划和方案要迅速通知各有关方面，以便各方尽早协调一致地按新文件和新方案行动。

不论是何种控制方式，也不论如何设计控制系统，项目控制都是依据反馈信息作用于项目控制全过程的。我们可以先看一些控制的具体方面。例如项目经理为了决策和管理，需要在有关问题产生之时即能抓住它或在问题出现之前能预见它；而高层管理主要根据对项目的审查评价来决定是否增加及如何增加项目的投入。项目审查评价关系到项目能否从一个里程碑走向另一个里程碑，如果项目只有某些方面存在问题，则会考虑其他的技术和替代方案；如果项目运行得很不好，则可能会让项目终止。因此，项目管理层应该紧紧依靠跟踪信息来控制项目。

2. 项目过程控制评价分析的信息需求与报告

信息是物质系统运动的本质特征，所以，项目运作的过程即是项目信息流动的过程。信息对项目中评价、控制和决策起着基础性的作用。

项目控制目标不同，项目控制评价分析系统的输入信息要求就不同。对于质量控制，项目控制评价分析系统需要一些像工程变化通知、测试结果、质量检查报告、返工命令、维护活动等文件和资料。对于成本控制，项目控制评价分析系统要对比预算和实际现金流、购买订单、劳动小时、加班工作总量、会计变化报告、会计预测、资金来源报告、其他投入报告等。对于进度控制，控制评价分析系统需要检查基准点报告、定期工作和状态报告、特别报告、PERT/CPM 网络、甘特图、项目进度计划、实现价值曲线等，并将其作为分析工具；此外，可能还要经常审查 WBS 和行动计划。

1）项目信息收集方式

项目活动中的信息载体丰富多样，信息的收集同样存在多种方式。对于信息的收集，一要善于总结、敢于创新，二要考虑可靠性、经济性。

一般项目信息的采集可用下列五种方法进行。

（1）发生频率统计法，即对某一事件发生的次数进行记录的信息收集方法。这个方法常用于统计"投诉"、延误报告次数、无事故天数、计算机软件故障次数等。这类信息容易收集，并常常以频率或百分比值形式进行报告。

（2）原始数据记录法。这是对项目运行中实际资源投入量和项目产出技术指标进行统计，如某活动已投入的工作日、人民币、机器或设备工作台时或技术性能指标。

（3）经验法。这类指标的定量或定级来自人的主观意志，如用特尔菲法确定产品的质量。

（4）指标法。在项目实施过程中，有一些对象的有关信息是较难甚至无法直接获得的。

这时，我们可以寻找一种间接的度量或指标。例如要判断项目小组的工作效率，可以用项目变更指令下达速度以及变更指令被接纳、工作进入协调状态的速度来度量。而对项目变更的响应程度和速度，同样是项目成员沟通质量的指标。在用这种方法收集信息时，要先确定替代对象和特征指标及特征关系，这需要建立多个候选指标并对它们与测定对象的特征差异或关系进行分析和评价，选择差异最小或关系清楚而又易于测量的对象特征作为替代指标。

（5）口头测定方式。这个方法常用于测定队员的合作质量、队员士气高低、项目组—业主间合作程度等。

2）项目信息收集范围

（1）项目投入活动信息，包括资金、材料设备到位率（量）、投入率（量）、已投入劳动工时、阶段成本、总成本等。

（2）项目采购活动信息，包括采购量、供应量、库存量等。

（3）项目实施活动信息，包括工程进度（完成量）、执行中存在的问题、将产生的影响、技术性能指标（质量、工程变更范围和次数、业主态度变化）等。

（4）项目产出信息，包括项目产品产量、收入、利润等。

3）项目报告

（1）项目报告内容和时间。

项目报告的目的是及时反映项目进展状况和内外部环境变化状况，发现存在的问题、发生的变化，分析潜在的风险和预测发展趋势，以便管理人员做出正确的判断和决策，实现项目管理的有效控制。

项目的情况报告一般没有特别的格式要求，但项目报告内容应满足项目管理决策的信息需要。一般应由以下五个方面的内容组成。

①项目进展简介。列出有关重要事项。对每一个事项，叙述近期的成绩、完成的里程碑以及其他一些对项目有重大影响的事件（如采购、人事、业主等）。为了使报告既简洁又清楚，报告要稍有细节，以提供可索取进一步信息的途径。

②项目近期走势。叙述从现在到下次报告期间项目将要发生的事件。对每个将要发生的事件进行简单说明，并提供一份项目下一期的里程碑图表。

③预算情况。一般以清晰、直观的图表反映项目近期的预算情况，并对重大的偏差做出解释。

④困难与危机。困难是指你力所不及的事，危机是指对项目造成重大险情的事。要提出高层管理人员应如何予以支持的要求。

⑤人、事表扬。在"以人为本"的项目管理中，表扬好人、好事是不可缺少的工作。项目工作是意志力的工作。项目成功是每一个项目工作者长年累月加班加点、不辞辛劳、乐于奉献的结果。

对于与项目有关的不同的组织、不同的部门和不同层次的人员，因提供广度、深度内容细节不同的项目信息报告，提供报告的频次也不一样。

对于基层管理人员，他们所关心的是个人和小组工作任务的完成，因此所需要的信息主要是关于个人和小组的工作任务完成及其影响因素，而且报告的次数多。

而高层管理者所要求的信息，其内容细节少、综合性强，大多是综述性的项目进展情况，报告的次数少。

项目报告与项目行动计划和 WBS 的关系是确定报告内容和频次的关键。项目报告内容必须与按照特定行动计划进行过程控制的信息密切相关。报告的频次应达到在计划完成期间满足控制所需信息要求。

原则上，项目报告应及时给出以便项目控制的实现。因此，报告的时间一般要对应于项目里程碑时间。这就意味着项目报告不一定定期提供，除非是提供给高层管理者的进度报告。

项目里程碑的确定取决于谁对它有兴趣。对于高层管理，一个项目可能只有几个里程碑，即便是大项目也是如此。而对于基层管理，在项目计划的实施过程中存在许多关键点，在这些关键之处有许多决策要做。但决策行为建立在决策者对项目实施状况的了解、分析、判断基础之上，而决策一定，建立在资源基础上的变化必然会发生。这些关键点包括关键技术能否实现。我们将这些关键点定为里程碑。基层管理中里程碑的确定还取决于项目进展中的细节内容。里程碑数量越多，所要求的报告的信息内容越详细、报告次数也越多。另外，信息报告应和计划、预算、进度系统的逻辑相一致，主要目的是保证通过控制实现项目计划。

（2）项目报告的形式。

为了达到项目管理信息需求的目的，我们可以考虑三种不同形式的报告：

①日常报告。日常报告是用来报告有规律的信息的。但有规律地进行项目报告并不意味着一定要按日历安排报告工作时间。对于高层管理，进展报告常常是周期性提供的，但对于项目经理和基层管理人员，报告则根据工作需要给出。一般按里程碑时间安排报告时间，有时根据资源利用期限发出日常报告，也有时每周甚至每日提供报告。

②例外报告。此种报告方式常用在下面两种场合：一是为项目管理决策提供信息报告，报告发给决策有关人。二是公布决策并为之做出解释的报告。例如当某一决策是建立在一例外基础之上并必须以文件形式将此决策通知给有关管理人员时，可采用此类报告。

③特别分析报告。此种报告常用于宣传项目特别研究成果或是对项目实施中发生的一些问题进行评述。这类报告可以发给项目中的任何人。

项目报告除了用文字表达外，图表也是传递信息的重要工具。

按传递的方式不同，报告可分书面报告、会议报告、口头报告等。

（3）项目报告中存在的问题。

信息伴随着项目的进行，无处不有、无所不在，要想通过报告把任何情况都反映清楚是不可能的。不考虑项目资源的限制、不计较项目成员对信息的接收和忍受力，粗制滥造报告或报告泛滥等都会影响管理与控制工作。

通过项目工作实践，人们总结出在项目报告工作中一般存在以下问题：

①报告细节内容太多，超越人们有限阅读耐性，也阻碍了持续的信息采集工作，造成了成本高、流于形式和缺乏信任等现象。

②项目管理信息系统和母公司管理信息系统联系较少，两个系统的资料具有的可比性不多。

③项目的控制与计划之间对应性差。如果项目跟踪系统所跟踪的对象及收集的信息内容与计划不直接相关，则跟踪是毫无意义的。

7.2.2 项目过程中评价分析工具

1. 挣得值分析法

挣得值分析法是对项目实施过程中的进度和费用情况进行综合评价和控制的一种有效方

法，常被用于对项目实际进展情况的绩效测量。其基本思想就是结合项目的实际完成工作量，引进挣得值这个中间变量来帮助项目管理者分析评价正在进行的项目的完工程度，衡量正在进行的项目的成本效率和进度效率，为成本控制和进度控制措施的选取提供依据，同时还能对项目的发展趋势做出科学的预测与判断，提出相应的对策。

1）挣得值分析法的三个基本参数

（1）计划工作量的预算费用（Budgeted Cost for Work Scheduled，BCWS）。BCWS 是指项目实施过程中某阶段计划要求完成的工作量所需的预算工时（或费用）。其计算公式为：

$$BCWS = 计划工作量 \times 预算定额$$

BCWS 主要反映进度计划应当完成的工作量而不是反映应消耗的工时（或费用）。

（2）已完成工作量的实际费用（Actual Cost for Work Performed，ACWP）。ACWP 是指项目实施过程中某阶段实际完成的工作量所消耗的工时（或费用）。ACWP 主要是反映项目执行的实际消耗指标。

（3）已完工作量的预算成本（Budgeted Cost for Work Performed，BCWP）。BCWP 是指项目实施过程中某阶段按实际完成工作量及按预算定额计算出来的工时（或费用），即挣得值（Earned Value）。BCWP 的计算公式为

$$BCWP = 已完工作量 \times 预算定额$$

2）挣得值分析法的四个评价指标

（1）费用偏差（Cost Variance，CV）。其是指检查期间 BCWP 与 ACWP 之间的差异，计算公式为

$$CV = BCWP - ACWP$$

当 CV 为负值时表示执行效果不佳，即实际消费人工（或费用）超过预算值即超支；反之，当 CV 为正值时表示实际消耗人工（或费用）低于预算值，即有节余或效率高。

（2）进度偏差（Schedule Variance，SV）。其是指检查日期 BCWP 与 BCWS 之间的差异。其计算公式为

$$SV = BCWP - BCWS$$

当 SV 为正值时表示进度提前，当 SV 为负值时表示进度延误。

（3）费用执行指数（Cost Performed Index，CPI）。其是指预算费用与实际费用值之比（或工时值之比），即

$$CPI = BCWP/ACWP$$

CPI>1 表示低于预算，CPI<1 表示超出预算，CPI=1 表示实际费用与预算费用吻合。

（4）进度执行指数（Schedule Performed Index，SPI）。其是指项目挣得值与计划值之比，即

$$SPI = BCWP/BCWS$$

SPI>1 表示进度提前，SPI<1 表示进度延误，SPI=1 表示实际进度等于计划进度。

图 7-1 所示为某项目进度和费用计划与实际执行情况的对比与评价。

3）运用挣得值分析法进行项目预测

在分析整个项目的实际费用绩效的基础上，还可以进一步利用挣值预测项目或工作包的未来完成费用，使人们明白按照当前的进度和费用执行状况发展下去，将来会出现一个什么样的结果。预测项目未来完工费用（Forecasted Cost at Completion，FCAC）的方法有三种。

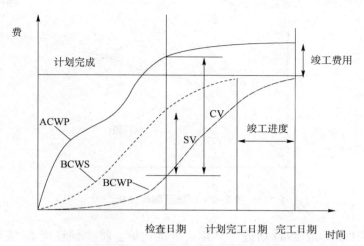

图 7-1 项目进度和费用情况的综合评价

（1）假定项目未完成部分将按照目前的效率去进行的预测方法，通常用于当前的变化可以反映未来的变化时。其计算公式为

预测完工费用＝总预算费用/费用执行指数

（2）假定项目未完工部分将按计划规定的效率进行的预算方法，适用于现在的变化仅是一种特殊的情况，项目经理认为未来的实施不会发生类似的变化。其计算公式为

预测完工费用＝已完成作业的实际费用＋（总预算费用－挣得值）

（3）用重估所有剩余工作量的成本做出预测的方法，通常用于当过去的执行情况显示了原有的估计假设条件基本失效的情况下或者由于条件的改变原有的假设不再适用。这是一种不做任何特定的假设，重新估算所有剩余工作量的成本，并依此做出项目成本和工期预测的方法。这一方法要将这个重估的成本与已完成作业的实际成本相加得到预测结果。其计算公式为

预测完工费用＝已完成作业的实际费用＋重估剩余工作量的费用

在一般情况下，预测项目的完工费用应该使用第一种和第二种方法。但是，如果项目计划已经严重背离实际，或者项目情况已有重大变化，则采用第三种方法是必要的。

利用这些方法可以确定预测费用超支或节约的具体数额大小，如在预测项目的未来完工费用时，发现在报告期的一个小差异将会扩大成一个更大的费用超支，就表明需要立即采取项目费用管理的纠偏措施了。因此，它可以起到一种警示的作用。

2. 趋势预测与分析

图 7-2 所示为根据实施与计划的偏差进行的趋势预测。对项目中某一特定的任务，OPS 代表计划中的预算、挣得值或进度，OAS 是实施中的统计数据，S 为当前时刻。管理者根据实际的偏离情况并假设对已发生的偏差不采取纠正行动，预测实施将按 SF 轨迹运行才能按预期实现项目最终目标。对于新的计划轨迹，管理者应该考虑是否存在实现问题、应采用哪个替代方案、成本和资源需求如何、要完成哪些任务等。

3. 关键比值分析

在一些大项目中，常常通过计算一组关键比值加强项目中控制与评价分析。关键比值计算如下：

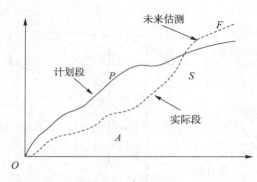

图 7-2 趋势预测与分析

在这里,将"实际进度/计划进度"称为进度比值,将"预算成本/实际成本"称为成本比值,则关键比值由进度比值和成本比值组成,是这两个独立比值的乘积。无疑,就单个独立比值而言,当其大于 1 时,项目活动实施状态应该是好的,但一个大于 1、一个小于 1,状态如何呢?关于如何利用关键比值进行状态分析,我们以表 7-1 中资料为例,进行解析。

表 7-1 关键比值计算

任务号	实际进度	计划进度	预算成本	实际成本	关键比值
1		(2/3)		(6/4)	= 1.0
2		(2/3)		(6/6)	= 0.67
3		(3/3)		(4/6)	= 0.67
4		(3/2)		(6/6)	= 1.5
5		(3/3)		(6/4)	= 1.5

(1) 任务 1。无论进度还是成本,都是实际值低于计划值。如果进度推迟,则没有大的问题。

(2) 任务 2。成本一致,但实际进度滞后。由于进度的滞后,有可能存在成本超支。

(3) 任务 3。进度一致,但超支。

(4) 任务 4。成本一致,进度超前,意味着节省了一笔成本。

(5) 任务 5。进度一致,而实际成本低于预算,等于节约了一笔费用。

一般地,关键比值在 1 附近,不需要采取控制行动。而对于不同的项目、不同的任务,关键比值的控制范围不同。图 7-3 所示为某一项目用于监控项目任务的关键比值的设定。

7.2.3 项目实施中的控制权衡与分析评价

部分指标的实现或超前不能说明项目的管理水平。项目管理是一个系统过程,高水平的项目管理要求在项目目标实现之时满足其所有约束条件。经历项目管理的人都明白要在质量、成本和进度三计划构成的约束三角形内完成项目是一件非常不容易的事。

1. 权衡分析步骤

一般情况下,项目的任何一方面的变化或对变化采取控制措施都会带给项目其他方面的变化或冲突。例如追赶进度,需要增加人力或其他资源的投入,就意味着成本的增加,而要同

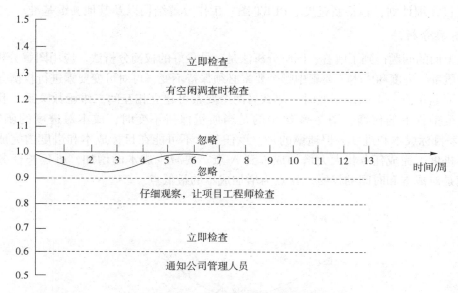

图 7-3 关键比值控制限

时将成本控制在预算范围内,将牺牲质量或改变项目范围。这就要对控制要素进行权衡分析。

在这里,我们强调用系统的方法对项目的三大控制进行权衡分析并建立和不断改善项目控制权衡分析程序文件。权衡分析包括以下六个步骤:

(1) 理解和认识项目中存在的冲突,寻找和分析引起冲突的原因。冲突原因可能来自人的差错,如不完善的计划、不准确的预算、测试错误、关键信息有误等,或来自不肯定问题或未想到问题,如项目领导关系的变化、资源分配的变化、市场变化等。

(2) 展望目标。展望的目标是项目的各个方面、各个层次的目标。各目标的优先次序要结合项目内外环境进行评定,环境变化,项目的优先次序可能要做相应的调整。

(3) 分析项目的环境和形势,包括分析与评价项目的实际进度、成本和质量性能的测定和对照原计划指标。这一步骤的工作内容包括与项目管理办公室讨论项目有关问题,与业主代表对照合同对项目实际成本、进度和质量情况进行评价,与公司职能经理就有关问题包括项目的优先地位、项目的每一个工作进行进度、成本和质量完成情况进行讨论。

(4) 确定多个替代方案。为了建立多个替代方案,对有关进度、成本和质量的关键问题寻找解答。例如,有关进度方面的问题包括导致进度滞后的原因、业主能否同意推迟进度、进度推迟是否影响其他项目的竞争能力、新进度计划的成本情况如何等;而有关成本方面的问题包括超支的原因、下一步的节支行动、能否得到额外投入、这是否是权衡的唯一途径等;有关质量的问题包括原技术性能能否达到,如不能,则需要多少资源方能达到;技术指标改变对公司和业主的好处如何、技术性能的改变是否引起公司资源的重新分配等。

(5) 分析和优选最佳方案。一旦多个行动方案建立,下一步就是对各方案进行分析、评价和优选。许多公司通过建立检查基准来评价各行动方案的优劣及潜在的未来问题。例如,对其他项目的影响、以前的工作是否要返工、项目组成员的反映、项目的可塑性等。

(6) 获批及修改项目计划。更新计划要报送上级领导批准后才能实施。方案能否通过,主要与公司的质量政策、发展长期顾客关系的能力、项目类型、规模和复杂程度、公司现金流动情况、技术风险等有关。选择了新的行动路线后,项目组要致力于新的项目目标,这需要重做项目详细计划,包括新进度、PERT 图、工作分解结构以及其他关键基准。

2. 图解分析法

一旦上面的问题得到了解答,图解分析法是一种最好的权衡分析法。应用图解分析法,首先要决定质量、进度和成本三要素中哪个要素必须保持不变,再对可变要素进行权衡分析。

当三要素中有一个固定不变时,那么另两个要素可建立相互间二维函数关系。我们先来看质量不变前提下的权衡。图 7-4 给出的是当质量保持不变时,成本对进度的函数曲线。点 CT 代表目标成本和进度,但遗憾的是,该任务已不可能在目标成本和进度内完成。如只满足目标进度,完成任务将大大增加成本到 N 点。要减少成本的增加,可延长任务完成时间,这就是对成本和时间的权衡。M 点为增加成本的最低点。

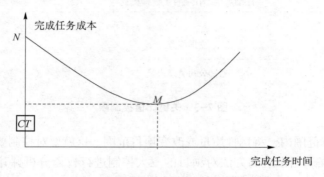

图 7-4 质量不变下的成本—时间的权衡

当质量标准不变时,可以用以下四种方法建立进度/成本曲线。

(1) 获得额外资源,追加项目预算,以解决成本突破预算问题。
(2) 重新定义项目工作范围,删减一部分工作量。
(3) 改变资源分配,支持正在跟踪的关键线路活动。
(4) 改变活动流程,这很可能导致对资源的重新计划和分配。

保持质量不变意味着公司绝不应提供不符合合同或业主质量要求的产品或服务而牺牲公司的声誉这一最宝贵的资源。因此,在进行质量不变情形下的权衡时,要考虑公司对业主的依赖程度、本项目在公司项目群中的优先程度及对公司未来业务的影响。

我们再来进行成本不变情况下的权衡。图 7-5 所示即是成本不变时,质量对进度的函数关系曲线,即 A、B、C 三条曲线,为三种不同的技术路线。即质量随进度的不同程度变化。

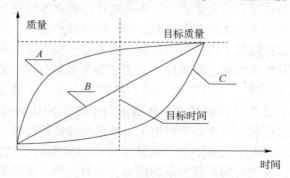

图 7-5 成本不变下的质量—时间权衡

三条曲线的斜率发展情况不一样，对于 A，$\Delta Q/\Delta T$ 开始最大，随着 T 的增大，$\Delta Q/\Delta T$ 逐渐减少，因此在开始时增加时间可获得较大的性能提高。而随着时间的增加，性能提高的程度越来越弱。目标进度是否坚持，取决于质量的达到水平，对于路线 A，在目标进度点时质量水平已达到 90%，可以坚持目标进度而牺牲 10% 的质量要求。对于路线 C，性能随时间增加而增加的趋势变化正好相反，必须延长时间，因为业主不可能接受不到 50% 的原质量要求的项目产出。对路线 B，则取决于业主能接受的最低质量是多少。

时间固定时，成本对质量的变化，其权衡方法也基本相同。

3. 三维图解分析

三维图解分析用于不存在某一要素固定不变的情况。这也是一种常见的情况。由于在三维立体空间坐标上建立曲线，复杂而又难以表示清楚，因此我们可将一要素坐标等级化，或固定几个特殊点。以图 7-6 为例，在这里可能有几种不同的路线实现进度和质量要求。可以看出，在同样的质量水平要求下，项目成本投入越大（路线 A 最大），完成的时间越短。在时间固定的情况下，项目成本投入越大（最大），项目达到的质量水平越高（路线 A 最高）。

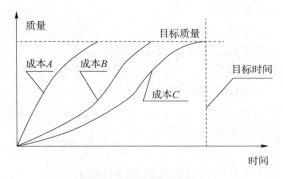

图 7-6 无约束下的权衡

7.2.4 项目变更的评价与控制

1. 项目变更的概念

公元前 500 年，赫拉克利特斯就提出：除了变化以外，没有什么是永恒不变的。我们应该接受变化、认识和管理变化、评价和顺应变化。那么，什么是项目变化？项目变化是指对原来确定的项目基准发生的偏离。这些基准包括项目的目标和要求、项目的内外部环境、项目的技术质量指标等。

实践表明，项目的原始计划在项目完成之前多少要发生改变。原因如下：

（1）项目实现过程对技术要求的不确定性。

（2）对项目实施过程和项目输出的不断发展。

（3）应用于项目实施过程和项目输出的规定的修改。

那么，什么是项目的变更呢？正因为当项目的基准发生变化时，几乎总是伴随着质量或成本和进度的变化，所以必须对各种发生的变化采取应变措施，这种行动称为项目的变更。而项目变更控制是指建立一套正规程序对处于动态环境的项目变更进行有序的控制。禁锢或防止变化的计划不是控制，隐藏项目差错的做法更不是项目的控制。

项目变更不是一件轻松的工作。项目经理最头疼或者说是最重要的问题是处理变化或改变优先程序。

项目变化常常来自业主的变化要求和项目成员对产品和服务的努力改善。随着项目的推进，业主越来越清楚地认识到一些在项目初期未能认识到或认清的问题，会不断提出自己的更改要求。而随着项目进展和新技术的产生，项目组也有了更好实现项目的主意和方法。

在项目实施过程中，变更实施越迟，完成变更的难度越大。而在没有控制下的微小变化的堆积，会对质量性能、成本和进度造成一个主要的负面冲突。项目的实践告诉我们，项目变更是正常的、不可避免的，我们首先应在思想上认识这一客观必要性并建立一套有效的项目变更控制程序。

2. 项目变更控制系统

1）建立正规变更控制系统的目的

建立用于协调和综合项目变更的正规变更控制程序的目的一般如下：

（1）对所有提出的变更要求进行审查。
（2）明确所有任务间的冲突。
（3）将这些冲突转换成项目的质量、成本和进度。
（4）评价各变更要求的得与失。
（5）明确产出相同的各替代方案的变化。
（6）接受或否定变更要求。
（7）与所有相关团体就变更进行交流。
（8）确保变更合理实施。
（9）准备月报告，按时间总结所有的变更和项目冲突。

2）建立项目变更控制系统的方针

在建立正规项目变更控制系统的过程中，我们要遵照一些基本的工作方针，主要方针具体如下：

（1）所有项目合同都应包括有关计划、预算和交付物的变更要求的描述。
（2）提出变更必须递交项目变更申请。
（3）变更要经业主方及上级部门批准，在变更申请上签名。
（4）所有的变更在准备变更申请和评价之前，需与项目经理商讨。
（5）在变更申请完成并得到批准后，必须对项目总计划进行修改，以反映出项目的变更，这样项目变更申请就成了项目总计划的一部分。

7.3　组织的项目管理成熟度评价

项目的组织管理过程对项目的成功具有很大的影响，"完美"的项目组织管理过程能带来更高效的商业流程，高质量的产品和低成本的项目运作，并增强项目团队的凝聚力，调节成本、进度、范围之间的平衡，最终为组织创造价值。20世纪80年代以来，随着项目管理的普及，如何提高组织的项目管理能力日益成为人们关注的焦点。提高组织的项目管理能力不仅要对组织的项目管理水平进行评价，还要对项目管理过程的持续改进提供样板和标准，组织的项目管理成熟度评价应运而生。

7.3.1 组织的项目管理成熟度评价概述

1. 组织在项目管理中的重要性

项目管理的成功受到许多因素的制约，包括个人能力、组织能力、外部条件以及宏观环境。

对一个项目来说，其所处的宏观环境和外部条件是一种客观存在，通常可以回避或应对，但无法左右和改变。项目管理的组织能力和个人能力则是可以通过主观努力而改进的。

组织能力和个人能力是有区别的两种能力。在国际标准化组织的定义中，Competency 特指个人能力，Capability 特指组织能力（ISO9000 2000版）。

项目管理的个人能力，特别是项目经理的个人能力，历来受到重视。针对个人能力，国际上制定了一系列标准，开展了广泛的培训和资质认证活动。美国项目管理学会 PMI 在 2002 年出版的《项目经理个人能力发展框架》（Project Manager Competency Development Framework）中，对个人能力做了比较完整的阐述。

近年来，项目管理的组织能力逐渐成为热门话题，因为个人能力和组织能力对于项目管理是不可或缺的。显然，没有个人能力，组织能力就无从谈起；而个人能力在一个不具备组织能力的组织中，很可能得不到发挥。组织能力对于项目管理的重要性，可以用一句话来概括，那就是：项目是由组织交付的，而不是由个人交付的。

在全球竞争日益激烈的经济环境中，各种组织都面临着全方位的竞争。一方面，组织不得不和自己不怎么了解的组织或者在自己不很熟悉的领域去参与竞争，为此组织必须了解竞争对手的优势和劣势，熟悉外部环境的竞争标尺。另一方面，内部训练，组织需要了解自身的能力，给自己定位，因此也需要有一个测定和改进能力的标尺。

为了更广泛地评价组织的项目执行能力，世界上正在开展项目管理成熟度模型（Project Management Maturity Model，PMMM）的研究。PMMM 是参考软件工程中的软件过程成熟度（CMM）模型及项目管理知识体系（PMBOK）而提出的。PMMM 主要是为组织提供了一个可测量、比较、改进项目管理能力的方法和工具。

2. 组织的项目管理成熟度模型的概念和作用

项目管理成熟度表达的是一个组织（通常是一个企业）具有的按照预定目标和条件成功地、可靠地实施项目的能力。所谓的"成熟"，简单地说就是在项目管理中达到成熟与卓越的效果。严格地讲，项目管理成熟度应该指的是项目管理过程的成熟度。

项目管理成熟度模型作为一种全新的理念，为企业项目管理水平的提高提供了一个评价与改进的框架。项目管理成熟度模型在基于项目管理过程的基础上把企业项目管理水平从混乱到规范再到优化的进化过程分成有序的五个等级，形成一个逐步升级的平台。其中，每个等级的项目管理水平将作为达到下一更高等级的基础，企业项目管理成熟度不断升级的过程也就是其项目管理水平逐步积累的过程。借助项目管理成熟度模型，企业可找出其项目管理中存在的缺陷并识别出项目管理的薄弱环节，同时通过解决对项目管理水平改进至关重要的几个问题,来形成对项目管理的改进策略,从而稳步改善企业的项目管理水平,使企业的项目管理能力持续提高。

项目管理成熟度模型给使用者提供了丰富的知识来了解组织项目管理,并给出了对照标准作为组织自我评价的工具,来确定组织当前状况从而制订改进计划。项目管理成熟度模型具有以下作用:

(1) 通过组织内部的纵向比较、评价,找出组织改进的方向。项目管理成熟度模型的成熟度标尺为组织提供了在关键时刻进行评价的方法,这种即时评价的结果可以和以前的评价做比较,来衡量已经实施的改进的效果,以便指导今后改进的方向。

(2) 通过组织外部的横向比较,提升组织在市场中的竞争力。

(3) 承包商通过评价、改进,提升企业形象。

(4) 雇主利用项目管理成熟度模型要求承包商达到某一级别成熟度,以便选择更有能力的投标人,并作为一种项目控制的手段。

7.3.2 组织项目管理成熟度模型的构成与应用

1. 成熟度模型的各种表述

项目管理成熟度模型的要素包括改进的内容和改进的步骤,使用该模型的用户需要知道自己现在所处的状态,还必须知道实现改进的路线图。项目管理成熟度模型有以下三个基本组成部分,如图 7-7 所示。

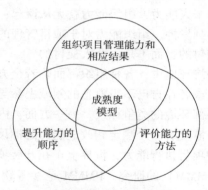

图 7-7 成熟度模型的构成

目前,成熟度模型总数超过了 30 种。其中,以美国卡内基·梅隆大学软件研究院 (SEI) 提出的 CMM 模型、美国项目管理学会(Project Management Institute,PMI)从组织级项目管理层面提出的 OPM3(Organization Project Management Maturity Model)、著名项目管理专家 Harold Kerzner 博士提出的项目管理成熟度模型 K-FMMM 和 FM Solution 提出的项目管理成熟度模型 FMS-PMMM 等最为有名。不同的成熟度模型有不同的表述,限于篇幅,这里仅介绍前三种模型。

1) PMI 的 OPM3 模型

美国项目管理学会 PMI 从组织级项目管理的层面提出项目管理成熟度模型(OPM3)。1998 年 PMI(美国项目管理学会)开始启动 OPM3 计划,并期望作为标准模型投入市场竞争。John Schlichter 担任 OPM3 计划的主管,并在全球招募了来自包括中国在内的 35 个不同国家、不同行业的 800 余位专业人员参与。经过五年的努力，OPM3（Organizational Project Management Maturity Model）终于在 2003 年 12 月问世，掀起继 CMM 震撼后的另一股企业开始追求建立"组织全面性项目管理能力"的风潮。

PMI 对 OPM3 的定义是：评价组织通过管理单个项目和项目组合来实施自己战略目标的能力的方法，还是帮助组织提高市场竞争力的方法。OPM3 的目标是"帮助组织通过开发其能力，成功地、可靠地、按计划地选择并交付项目而实现其战略"。OPM3 为使用者提供了丰富的知识和自我评价的标准，用以确定组织的当前的状态，并制订相应的改进计划。

OPM3 模型的基本构成有以下要素：

（1）"最佳实践"（Best Practices）。组织项目管理的一套"最佳实践"是指经实践证明和得到广泛认同的比较成熟的做法。

（2）能力组成（The Constituent Capabilities）。能力是"最佳实践"的前提条件，或者说，能力集合成"最佳实践"，具备了某些能力组成就预示着对应的"最佳实践"可以实现。

（3）路径（Pathways）。识别能力整合成"最佳实践"的路径，包括一个"最佳实践"内部的和不同"最佳实践"之间的各种能力的相互关系。

（4）可见的结果（Observable Outcomes）。这些结果和组织的种种能力之间有确定的关系，可见的结果意味着组织存在或者达到了某种特定的能力。

（5）关键绩效指标（Key Performance Indicators，KPI）：能测定每个结果的一个或多个主要绩效指标（见图 7-8）。

（6）模型的范畴（Model Context）。其包括组织项目管理的过程和改进的步骤和梯级。

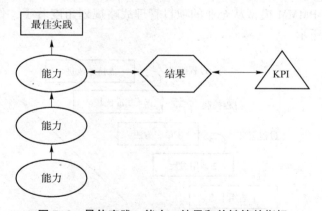

图 7-8　最佳实践、能力、结果和关键绩效指标

PMI 的 OPM3 模型是一个三维的模型，第一维是成熟度的四个梯级，第二维是项目管理的九个领域和五个基本过程，第三维是组织项目管理的三个版图层次。

成熟度的四个阶段如图 7-9 所示。

（1）标准化的（Standardizing）。

（2）可测量的（Measuring）。

（3）可控制的（Controlling）。

（4）持续改进的（Continuously Improving）。

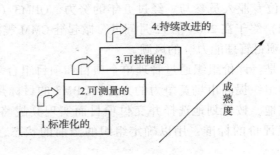

图 7-9　OPM3 的四个阶段

项目管理的九个领域指项目整体管理、项目范围管理、项目时间管理、项目费用管理、项目质量管理、项目人力资源管理、项目沟通管理、项目风险管理和项目采购管理。

项目管理的五个基本过程是指启动过程（Initiating Processes）、计划编制过程（Planning Processes）、执行过程（Executing Processes）、控制过程（Controlling Processes）和收尾过程（Closing Processes）。

组织项目管理的三个版图是单个项目管理（Project Management）、项目组合管理（Program Management）和项目投资组合管理（Portfolio Management）。

2）Kerzner 的项目成熟度模型（K-PMMM 模型）

其由美国著名咨询顾问和培训师 Harold Kerzner 博士，于 2001 年在其著作 *Strategic Planning for Project Management Using a Project Management Maturity Model* 中提出，该书已被翻译成多种语言出版。K-PMMM 模型从企业的项目管理战略规划角度着手，像 CMM 一样分为五个层次，如图 7-10 所示。

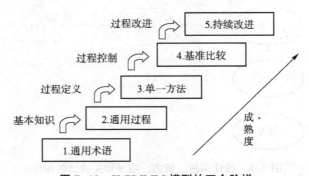

图 7-10　K-PMMM 模型的五个阶梯

（1）通用术语（Common Language），在组织的各层次、各部门使用共同的管理术语。

（2）通用过程（Common Processes），在一个项目上成功应用的管理过程，可重复用于其他项目。

（3）单一方法（Singular Methodology），用项目管理来综合 TQM、风险管理、变革管理、协调设计等各种管理方法。

（4）基准比较（Benchmarking），将自己与其他企业及其管理因素进行比较，提取比较信息，用项目办公室来支持这些工作。

（5）持续改进（Continuous Improvement），通过从基准比较中获得的信息建立经验学习文档，组织经验交流，在项目办公室的指导下改进项目管理战略规划。

该模型的应用采用了与众不同的问卷调查方法。分不同层次给出若干客观自我评价题。通过这些问题的回答，可以汇总评价本阶段的成熟度，分析不足和制定改进措施，确定是否进入下一阶段。

3）SEI 的 CMM 模型

1987 年，美国卡内基·梅隆大学软件研究所（SEI）受美国国防部的委托，率先在软件行业从软件过程能力的角度提出了软件过程成熟度模型（CMM），随后在全世界推广实施，用于评价软件承包能力并帮助其改善软件质量的方法。它主要用于软件开发过程和软件开发能力的评价和改进。它侧重于软件开发过程的管理及工程能力的提高与评价。CMM 自 1987 年开始实施认证，现已成为软件业最权威的评价认证体系。CMM 包括五个等级，共计 18 个过程域，52 个目标，300 多个关键实践。软件工程学会 SEI 的 CMM 模型的五个阶梯如图 7-11 所示。

（1）初始的（Initial）。在这一成熟水平的组织，其软件开发过程是临时的、有时甚至是混乱的。没有几个过程是被定义的，常常靠个人的能力来取得成功。

（2）可重复的（Repeatable）。在这一成熟水平的组织建立了基本的项目管理过程来跟踪软件项目的成本、进度和功能。这些管理过程和方法可供重复使用，把过去成功的经验用于当前和今后类似的项目。

（3）被定义的（Defined）。在这个水平，管理活动和软件工程活动的软件过程被文档化、标准化，并被集成到组织的标准软件过程之中。在该组织中，所有项目都使用一个经批准的、特制的标准过程版本。

（4）被管理的（Managed）。在这一水平，组织收集软件过程和产品质量的详细措施。软件过程和产品都被置于定量的掌控之中。

（5）优化的（Optimizing）。处于这一成熟度模型的最高水平，组织能够运用从过程、创意和技术中得到的定量反馈，来对软件开发过程进行持续改进。

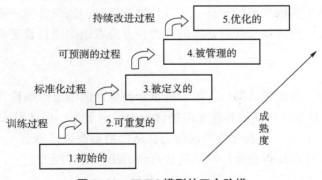

图 7-11 CMM 模型的五个阶梯

2. 组织项目管理成熟度模型的应用

对那些想在项目管理成熟度方面有所改进的组织来说，项目管理成熟度模型在避免组织资源浪费的同时提供了合理改进过程的指导方针。以 PMI 的 OPM3 模型运用为例，成熟度模型的应用基本上有以下步骤：

（1）研究标准。

组织必须尽可能透彻地了解该模型所依托的各种概念。这其中包括研究比较标尺的内容，熟悉组织项目管理以及OPM3模型的组成和操作程序等。

（2）评价组织现状。

这一步是评价组织的组织项目管理成熟度。为此，组织必须把自己当前的成熟度状态的特征来和OPM3模型所描述的具有代表性的特征进行对比。通过对比，识别自己当前的状态，包括自己的强势和弱势及在组织项目管理成熟度中处于哪个梯段，从而可以决定是否需要制订和实施改进计划。

（3）决定改进重点。

OPM3的自我评价帮助组织识别自己的状态，了解自己目前在组织项目管理方面已经具备的基本特征，还缺乏哪些基本特征。这样，使用者就可以把重点放在与"最佳实践"相关的、需要改进的那些特征上，并制订适当的改进规划。一旦使用者知道哪些"最佳实践"是需要测定和致力于改进的，那么这种"最佳实践"以及对它们的描述，都可以在OPM3模型结出的目录中查找出来。

（4）决定改进的路径。

使用者从目录中查看到希望完成的"最佳实践"所需要的一系列能力，他们也就找到了改进的路径，知道了如何才能达到需要的"最佳实践"，以便将当前的成熟度梯级提高一步。

（5）评价当前能力。

在这一步，组织需要确定自己具备了哪些首先必备的能力，这些能力是在上一个步骤中提到的。该评价将帮助组织决定要达到预期的成熟度需要培育哪些特定能力。

（6）编制改进计划。

以上步骤的完成将构成组织改进计划的基础。组织可以对这些结果所反映的组织所需能力的优先程度进行排序。编制出管理改进计划。

（7）执行改进计划。

这一步是组织真正实施变革的步骤。一旦计划被制订，组织必须一步一步地将其贯彻下去，也就是必须实施改进活动来获得必需的能力，并沿着组织项目管理成熟度发展的道路不断推进。

（8）重复过程。

完成了计划中的一些改进活动后，组织将重新评价当前的组织项目管理成熟度状态，即回到第（2）步；或开始进行其他的在先前的评价中确定下来，但还没来得及实施的"最佳实践"，即回到第（5）步，重新评价当前能力，从而更新改进计划。

通过以上流程，可以使得企业尽快地提升自己的组织管理能力。

7.3.3 专业化项目管理组织的建设

项目管理组织专业化，国外称为企业项目管理（Enterprise Project Management，EPM）。其含义是：整个企业的战略方针、结构、员工队伍和工作程序等，都是为了持续地交付项目并且要达到最好的结果。

我国近年来也提出了项目管理组织专业化的概念。2003年9月国家发改委《投资体制改革方案征求意见稿》中提道："对非经营性政府投资项目加快实行'代建制'即通过招标等方式选择专业化的项目管理单位负责建设实施，建成后移交给使用单位。"这里提到代建制、专业化等，都是十分新颖和重要的提法。

一般认为建设专业化项目管理组织要从五个方面着手：

（1）组织的管理层下定决心，制订相关战略和计划。

（2）制定程序和方法。

（3）配备人力资源和其他资源。

（4）系统性的培训。

（5）现代化工具的应用。

在这五个方面中，制定程序和方法被认为是实施的关键步骤。成功企业的运作程序，往往要经历多年的编写和修改过程，反复经受实践的检验。其中系统总结了企业所获得的经验和教训，全面反映了企业点滴积累的学习成果。好的程序体系，是企业整体工作质量整齐划一的保障，是企业持续发展、前后传承的有力工具。

国外已经出现专门为项目管理组织建设提供管理咨询服务的公司，例如澳大利亚的CPMG公司用16个成功核心要素（KSF）为指标进行诊断，帮助企业提高项目管理能力。

这16个成功核心要素是：组织的领导和改革；组织的战略计划；组织的业务成果定位；组织的客户和市场定位；组织的辅助过程；数据、信息和知识的获得；人力资源管理方针；整体管理；范围管理；进度管理；成本管理；质量管理；人力资源管理；沟通管理；风险管理；采购和合同管理。

项目管理专业化组织的建设当然也可以不借助外力，仅靠企业自身的努力进行。标杆分析法（Benchmarking）是一种值得提倡的向先进看齐的重要方法，也是项目管理组织建设中的一种重要方法。标杆分析是一种积极、自主的行为。其大概步骤包括：首先要寻找标杆对象，然后要采取措施向标杆对象看齐以至超越。常听到这样的提问：国内哪些企业在项目管理方面做得比较好？这实际上就是标杆的第一步，即主动搜集标杆对象的信息。国内很多企业已经在项目管理方面取得经验和成绩。这些企业都可以作为现阶段的标杆对象，成为大家模仿和赶超的榜样。

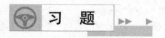

一、判断题

1. 项目过程评价的属性，主要体现在它的现实性、阶段性、探索性和充分性。（   ）

2. 与项目后评价相比，项目过程评价的特点主要表现在阶段性与适度性两个方面。

（   ）

3. 项目过程评价与项目前评价、项目后评价存在本质的差别，主要表现在：评价内容不同；在项目生命周期中所处阶段不同等。（   ）

4. 项目过程评价处于项目生命周期的实施时期，具体又可细分为发展中评价、实施中评价、竣工中评价。（   ）

5. 发展中评价是项目过程评价的核心所在。（   ）

6. 项目过程评价的根本目的是作为项目绩效度量的一种手段。（   ）

7. 项目过程评价的原则包括问题优先原则。（   ）

8. 任何项目过程评价工作不是以哪个评价者的个人意志为转移的，项目跟踪评价结果的好坏是以项目计划和项目目标作为主要判据的，是指内外结合的原则。（   ）

9. 项目管理目标主要有质量、进度与收入。（   ）

10. 项目采集的方法包括经验法、指标法、原始数据记录法等。（   ）

11. 项目采购活动信息包括采购量、供应量、库存量等。（   ）

12. 报告按传递的方式不同可分日常报告、例外报告及特别分析报告。（   ）

13. 挣得值分析法的四个评价指标有费用偏差、收入偏差、费用执行指数等。（   ）

14. 项目管理成熟度模型的基本组成部分有组织项目管理能力和相应结果、提升能力的顺序和评价能力的方法。（   ）

15. 成熟度模型有PMI的OPM3模型、Kerzner的项目成熟度模型和SEI的CMM模型。（   ）

二、单选题

1. 以下哪一项不属于项目过程评价的属性？（   ）
   A. 现实性　　　B. 阶段性　　　C. 可靠性　　　D. 探索性

2. 与项目后评价相比，项目过程评价的特点主要表现在以下哪个方面？（   ）
   A. 现实性　　　B. 阶段性　　　C. 反馈性　　　D. 探索性

3. 项目过程评价与项目前评价、项目后评价存在本质的差别，主要表现的方面不包括以下哪项？（   ）
   A. 评价主体　　　　　　　　　B. 评价内容
   C. 评价的标准　　　　　　　　D. 项目生命周期中所处阶段

4. 项目过程评价的实施时期不包括下列哪项？（   ）
   A. 发展中评价　　B. 实施前评价　　C. 实施中评价　　D. 竣工中评价

5. 下列哪项是项目过程评价的核心所在？（   ）
   A. 发展中评价　　B. 实施前评价　　C. 实施中评价　　D. 竣工中评价

6. 项目过程评价的作用不包含下列哪一项？（   ）
   A. 项目变更的前提条件　　　　B. 项目跟踪决策的依据
   C. 项目绩效度量的手段　　　　D. 项目决策的基础

7. 项目过程评价的原则包括下列哪一项？（   ）
   A. 统计分析的原则　　　　　　B. 公允价值计量原则
   C. 对照计划的原则　　　　　　D. 内外结合的原则

8. 要求任何项目过程评价工作都必须对照项目既定的目标、计划和具体指标去评价项目的实施情况和在项目环境发生变化以后的形势下项目的必要性和可行性，是指以下哪一项原则？（   ）
   A. 统计分析的原则　　　　　　B. 问题和对策评价并重的原则
   C. 对照计划的原则　　　　　　D. 内外结合的原则

9. 项目管理的目标不包括以下哪一项？（   ）
   A. 收入　　　　B. 质量　　　　C. 进度　　　　D. 成本

第7章 项目过程评价

10. 项目信息收集方式不包括下列哪一项？（   ）
 A. 经验法　　　　B. 指标法　　　　C. 口头测定方式　　　　D. 权益法
11. 下列各项不属于项目采购活动信息的是（   ）。
 A. 采购量　　　　B. 供应量　　　　C. 工程进度　　　　D. 库存量
12. 项目报告按传递的方式划分不包括哪一项？（   ）
 A. 日常报告　　　B. 例外报告　　　C. 特别分析报告　　　D. 书面报告
13. 挣得值分析法的四个评价指标包含下列哪一项？（   ）
 A. 收入偏差　　　B. 费用偏差　　　C. 利润偏差　　　　D. 收入执行指数
14. 项目管理成熟度模型的基本组成部分不包含（   ）。
 A. 组织项目管理能力和相应结果　　　B. 评价能力的方法
 C. 提升能力的顺序　　　　　　　　　D. 收入执行指数
15. 以下不属于 OPM3 模型中第一维成熟度的四个梯段的是（   ）。
 A. 标准化的　　　B. 可测量的　　　C. 可观察的　　　　D. 可控制的

三、简答题

1. 简述项目过程评价的属性。
2. 简述项目过程评价的基本要素。
3. 试分析项目过程评价的作用。
4. 项目过程评价的原则有哪些？
5. 项目控制系统的五要素是什么？
6. 列举三个项目信息采集方法。
7. 项目的情况报告的内容组成是什么？
8. 项目报告中一般会存在哪些问题？
9. 权衡分析包括哪六个步骤？
10. 项目管理成熟度模型有哪些作用？

四、计算题

某公司项目经理发现很多项目结束后都有工期、成本双超或单超现象，给公司造成声誉、财务上的损失，但也找不到有效的解决办法。一次公司组织培训，学习了挣值分析法，该方法可以在项目执行过程中实时跟踪项目在进度和成本方面的情况，并帮助项目经理分析现状，给出后续措施的建议。该项目经理培训后就用正在做的项目进行实践。该项目已进行了 6 个月，相关数据如表 1 所示。

表 1　某项目实施过程费用计划与统计

工作	工作预算定额/千元	计划完成工作预算费用/千元	已完成工作量/%	实际发生费用/千元	挣得值/千元
A	3 600	3 000	90	2 750	
B	4 000	3 600	95	3 900	
C	2 000	1 500	70	1 650	
D	2 000	1 500	90	1 800	
E	8 000	7 000	80	5 700	
F	8 000	5 500	75	4 200	
G	6 000	4 500	85	3 900	
合计					

请回答以下问题：

1. 求出第 6 个月每项工作的 BCWP。
2. 计算第 6 个月月末的合计 ACWP、BCWS、BCWP。
3. 计算第 6 个月月末的 CV、SV、CPI、SPI，并进行分析。
4. 计算该项目的总预算费用，并填入表 1；若项目将按目前状况发展，求 EAC。
5. 假若您是该项目的项目经理，请根据以上结果分析项目当前的状况，并制作填写一张"项目进展报告表"，提出具体的整改措施和方案。

习题参考答案

第 8 章 项目后评价

8.1 项目后评价概述

8.1.1 项目后评价的概念与作用

1. 项目后评价的概念

项目后评价是指对已经完成的项目或规划的目的、执行过程、效益、作用和影响所进行的系统的、客观的分析。具体地,后评价就是通过项目活动实践的总结,确定项目预期的目标是否达到,检验项目是否合理有效;通过分析评价,总结经验教训,并通过及时有效的信息反馈,提高未来新项目的决策水平和管理水平;为后评价项目实施运营中出现的问题提出改进建议,提高投资效益。

就世界范围而言,直到 20 世纪 70 年代中期,后评价才引起许多国家以及世界银行、亚洲开发银行等双边和多边援助组织的重视,在评价其世界范围内的资助活动中得到广泛使用。中国的投资项目后评价始于 20 世纪 80 年代中后期,1988 年国家计委正式委托中国国际工程咨询公司进行第一批国家重点建设项目的后评价。30 多年来中国的后评价事业有了较快的发展,在公路、铁路、水利、火电站等项目中得到运用。但是限于体制等原因,中国的项目后评价尚未纳入法制化的轨道。

2. 项目后评价的作用

投资项目的后评价对于提高项目决策的科学化水平和项目管理能力、监督项目的正常生产经营、降低投资项目的风险等方面发挥着非常重要的作用。具体地,投资项目后评价的作用主要表现在以下方面:

(1) 总结投资建设项目管理的经验教训,提高项目管理水平。

投资项目管理是一项十分复杂的综合性工作活动。它涉及主管部门、贷款银行、物资供应部门、勘察设计部门、施工单位项目和有关地方行政管理部门等。项目能否顺利完成并取得预期的投资经济效果,不仅取决于项目自身因素,还取决于这些部门能否相互协调、密切合作、保质保量地完成各项任务。投资项目后评价通过对已建成项目的分析研究和论证,较全面地总结项目管理各个环节的经验教训,指导未来项目的管理活动。不仅如此,通过投资项目后评价,针对项目实际效果所反映出来的项目建设全过程(从项目的立项、准备、决策、设计实施和投产经营)各阶段存在的问题提出切实可行的、相应的改进措施和建议,可以促使项目更好地发挥应有的经济效益。同时,对一些决策失误,或投产后经营管理不善,或环境变化造成生产、技术或经济状况处于困境的项目,也可通过后评价为其找出生存和发展的途径。

(2) 提高项目决策的科学化水平。

项目评价的质量关系到贷款决策的成败,前评价中所用的预测是否准确,需要后评价来检验,通过建立完善的项目后评价制度和科学的方法体系,一方面可以增强前评价人员的责任感,促使评价人员努力做好前评价工作,提高项目评价的准确性;另一方面,可以通过项目后评价的反馈信息,及时纠正项目决策中存在的问题,从而提高未来项目决策的科学化水平。

(3) 为国家制定产业政策和技术经济参数提供重要依据。

对国家建设项目的投资管理工作起着强化和完善作用。通过投资项目的后评价能够发现宏观投资管理中存在的问题,从而使国家可以及时地修正某些不适合经济发展的技术经济政策,修订某些已经过时的指标参数。同时,国家还可以根据项目后评价所反馈的信息,合理确定投资规模和投资方向,协调各产业、各部门之间及其内部的各种比例关系。

(4) 为贷款银行部门及时调整贷款政策提供依据。

通过开展项目后评价,及时发现项目建设资金使用过程中存在的问题,分析研究贷款项目成功或者失败的原因,从而为贷款银行调整信贷政策提供依据,并确保贷款的按期回收。

(5) 对项目建设具有监督与检查作用,促使项目运营状态的正常化。

项目后评价是在运营阶段进行的,因而可以分析和研究项目投产初期和达产时期的实际情况,比较实际情况和预测状况的偏离程度,探索产生偏差的原因,提出切实可行的措施,提高项目的经济效益和社会效益。建设项目竣工投产后,通过项目后评价,针对项目实际效果所反映出来的从项目的设计、决策、实施到生产经营各个阶段存在的问题,提出相应的改进措施和建议,使项目尽快实现预期目标,更好地发挥效益。

8.1.2 项目后评价与前评价和审计的区别

1. 项目后评价与前评价的区别

由于在项目建设全过程中所处的工作阶段不同,项目后评价与前评价有较大差别。其主要表现为:

(1) 评价主体不同。

前评价主要由投资主体(企业、部门或银行)和其主管部门组织实施,后评价则是以投资运行的监督管理机构或后评价权威机构或上一层的决策机构为主,组织主管部门会同计划、财政、审计、银行、设计、质量、司法等有关部门进行,按照项目单位自我评价、行业主管部门评价和国家评价三个层次组织实施,以确保后评价的公正性和客观性。

(2) 评价的性质不同。

前评价是以定量指标为主侧重于经济效益的评价,以直接作为项目投资决策的重要依据；而后评价要结合行政和法律、经济和社会、建设和生产、决策和实施等各方面进行综合性评价。它是以实际事实为依据、以提高效益为目的、以法律为准绳，对项目实施结果进行鉴定，并间接作用于未来项目的投资决策，可以提供反馈信息。

（3）评价的内容不同。

前评价主要是通过对项目建设的必要性、可能性和技术方案与建设条件等的评价，对项目未来经济和社会效益进行科学预测；而后评价除了对上述内容进行评价外，还要对项目立项决策和实施效率进行评价，对项目实际运行状况进行深入的分析。

（4）评价的依据不同。

前评价主要以历史资料和经验性资料及国家和部门颁发的政策、规定和参数等文件为依据；后评价则主要依据建成投产后项目实施的现实资料，并把历史资料和现实资料结合起来进行对比分析，要求准确程度较高。

（5）评价所处的阶段和目的不同。

前评价是在项目决策前的前期工作阶段进行，其目的是确定项目是否可以立项，并站在项目的起始点预测评价项目未来的效益，以确定项目投资是否可行，作为项目投资决策的依据，后评价则是在项目建成投产运营一段时间后，站在完工的时间点上对项目的准备、实施、完工和运营的全过程效益进行评价，并预测项目未来的发展，进行新的分析评价，其目的是总结经验教训，改进未来决策和管理服务。

（6）评价的判别标准不同。

前评价的重要判别标准是投资者要求获得的收益率或社会折现率（基准收益率）；后评价的重要判别标准是前评价的结论，因此主要采用对比分析方法进行后评价。

2. 项目后评价与审计的区别

项目后评价主要的服务对象是投资决策层，主要目的是总结经验教训，评价重点是项目的可持续性及项目的宏观影响和作用。项目审计是指审计机构依据国家的法令和财务制度、企业的经营方针、管理标准和规章制度，对项目的活动用科学的方法和程序进行审核检查，判断其是否合法、合理和有效的一种活动。在实际工作中，后评价和审计工作的主体和侧重点完全不同。项目审计的主要任务包括：

（1）检查审核项目建设活动是否符合相关法律和规章制度。

（2）检查审核项目建设活动是否符合国家政策、法律、法规和条例，有无违法乱纪、营私舞弊等现象。

（3）检查审核项目活动是否合理。

（4）检查审核建设项目的效益。

（5）检查和审核各类项目报告、会计记录和财务报表等反映项目建设和管理状况的资料是否真实，有无弄虚作假或文过饰非的现象。

（6）在检查审核项目建设和管理状况的基础上，提出改进建议，为企业决策者提供决策依据，促使项目组织改善管理工作。

8.1.3 项目后评价的时点和种类

项目后评价应在所建设和投资的直接经济效益发挥出来的时候进行。然而，在实际工作中由于种种原因，项目后评价的时点是可以变化的。一般来讲，从项目开工之后，即项目投资开始发生以来，由监督部门所进行的各种评价，都属于项目后评价的范围，这种评价可以延伸至项目的寿命期末。因此，根据评价时点，项目后评价也可细分为跟踪评价、实施效果评价和影响评价。

1. 跟踪评价

跟踪评价是指在项目开工以后到项目竣工验收之前任何一个时点所进行的评价。这种由独立机构所进行的评价通常的目的是检查项目评价和设计的质量；或项目在建设过程中的重大变更（如项目产出品市场发生变化、概算调整、重大方案变化、主要政策变化等）及其对项目效益的作用和影响；或诊断项目发生的重大困难和问题，寻求对策和出路等，这类评价往往侧重于项目层次上的问题。

2. 实施效果评价

实施效果评价是指在项目竣工以后一段时间之内所进行的评价（一般认为，生产性行业在竣工以后2年左右，基础设施行业在竣工以后5年左右，社会基础设施行业可能更长一些）。这种评价的主要目的是，检查确定投资项目或活动达到理想效果的程度；总结经验教训，为新项目的宏观导向、政策和管理反馈信息。评价要对项目层次和决策管理层次的问题加以分析和总结。同时，为完善已建项目、调整在建项目和指导待建项目服务。

3. 影响评价

影响评价是指在项目后评价报告完成一定时间之后所进行的评价。项目影响评价是以后评价报告为基础，通过调查项目的经营状况，分析项目发展趋势及其对社会、经济和环境的影响，总结决策等宏观方面的经验教训。行业或地区的总结都属于这类评价的范围。

8.1.4 项目后评价的一般原则和理论基础

1. 项目后评价的一般原则

项目后评价的一般原则是：独立性、科学性、实用性、透明性和反馈性，重点是评价的独立性和反馈性。

（1）独立性。

独立性是指评价不受项目决策者、管理者、执行者和前评价人员的干扰，不同于项目决策者和管理者自己评价自己的情况。它是评价的公正性和客观性的重要保障。没有独立性，或独立性不完全，评价工作就难以做到公正和客观，就难以保证评价及评价者的信誉。为确保评价的独立性，必须从机构设置、人员组成、履行职责等方面综合考虑，使评价机构既保持相对的独立性又便于运作。独立性应自始至终贯穿于评价的全过程，包括从项目的选定、任务的委托、评价者的组成、工作大纲的编制到资料的收集、现场调研、报告编审和信息反馈。只有这样，才能使评价的分析结论不能带任何偏见，才能提高评价的可信度，才能发挥评价在项目管理工作中不可替代的作用。

（2）反馈性。

和项目前评价相比，后评价的最大的特点是信息的反馈。也就是说，后评价的最终目标是将评价结果反馈到决策部门，作为新项目立项和评价的基础，作为调整投资规划和政策的依据。因此，评价的反馈机制、手段和方法便成了评价成败的关键环节之一。国外一些国家建立了"项目管理信息系统"，通过项目周期各个阶段的信息交流和反馈，系统地为评价提供资料和向决策机构提供评价的反馈信息。

2. 项目后评价的理论基础

项目后评价是运用现代系统工程与反馈控制的管理理论，对项目决策、实施和运营结果做出科学的分析和判定。

投资项目是一个十分复杂的系统工程，是由多个可区别但又相关的要素组成的具有特定功能的有机整体，项目系统的整体功能就是要实现确定的项目目标。项目系统通过与外部环境进行信息交换及资源和技术的输入，最后向外界输出其产品。同样，项目系统的各项状态参数随时间变化而产生动态变化。

为了保证经济的良性循环，在对建设项目的管理中，应具体应用反馈控制理论做好项目的后评价工作。项目管理的反馈控制过程是：投资决策者根据经济环境需要，通过决策评价确定项目目标，以目标制定实施方案，通过对方案的可行性分析和论证，把分析结果反馈给投资决策者，这种局部反馈能使投资决策者在项目决策阶段中及时纠正偏差，改进完善目标方案，做出正确的决策并付诸实施。在项目实施阶段，执行者将实施信息及时反馈给决策管理者，并通过项目中间评价提出分析意见和建议，使决策者掌握项目实施全过程的动态，及时调整方案和执行计划，使项目顺利实施并投入运营。当项目运营一段时间后，通过项目后评价将建设项目的经济效益、社会效益与决策阶段的目标相比较，对建设和运营的全过程做出科学、客观的评价，反馈给投资决策者，从而对今后的项目目标做出正确的决策，以提高投资效益。

8.2　项目后评价的主要内容与方法

8.2.1　项目后评价的范围

项目后评价的范围，依据项目周期的划分，包括项目前期决策、工程准备、建设实施、竣工投产等方面的评价。项目实施过程评价越来越受到投资者、决策者和管理者的重视，实践表明项目实施的好坏在很大程度上决定了项目的成败。项目实施评价的目的，在于揭示在项目实施中，在数量、质量、工程进度、造价等方面是否达到了设计规定的目标，以便总结在项目决策、管理组织机构、前期准备、开工准备、招标、投标、施工监理等方面，有哪些成功的经验或失败的教训。

1. 项目目标的后评价

在项目后评价中，项目目标和目的评价的主要任务是对照项目可研和评价中关于项目目标的论述，找出变化，分析项目目标的实现程度以及成败的原因，同时应讨论项目目标的确定是否正确合理、是否符合发展的要求。项目目标评价包括项目宏观目标、项目建设目的等内容，通过项目实施过程中对项目目标的跟踪，发现变化，分析原因。项目目标和目的后评价就是通过变化原因及合理性分析，及时总结经验教训，为项目决策、管理、建设实施信息反馈，以便适时调整政策、修改计划，为续建和新建项目提供参考和借鉴。同时可根据分析，为宏观发展方针、产业政策、价格政策、投资和金融政策的调整和完善提供参考依据。

2. 项目决策阶段的后评价

对项目前期决策阶段的后评价重点是对项目可行性研究报告、项目评价报告和项目批复批准文件的评价，即根据项目实际的产出、效果、影响，分析评价项目的决策内容，检查项目的决策程序，分析决策成败的原因，探讨决策的方法和模式，总结经验教训。

对项目可行性研究报告后评价的重点是项目的目的和目标是否明确、合理，项目是否进行了多方案比较、是否选择了正确的方案，项目的效果和效益是否可能实现，项目是否可能产生预期的作用和影响。在发现问题的基础上，分析原因，得出评价结论。

对项目评价（报告）的后评价是项目后评价最重要的任务之一。严格地讲，项目评价报告是项目决策的最主要的依据，投资决策者按照评价意见批复的项目可行性研究报告是项目后评价对比评价的根本依据。因此，后评价应根据实际项目产生的结果和效益，对照项目评价报告的主要参数指标进行分析评价。对项目评价报告后评价的重点是：项目的目标、效益、风险。

对项目决策的后评价包括项目决策程序、决策内容和决策方法分析三部分内容：

（1）项目决策程序分析。

分析项目立项决策的依据和程序是否正确，是否存在先决策后立项、再评价，违背项目建设客观规律，执行错误的决策程序等。

（2）项目决策内容评价分析。

后评价应对照项目决策批复的意见和要求，根据项目实际完成或进展的情况，从投资决策者的角度，分析投入产出关系，评价决策的内容是否正确、能否实现，主要差别，分析原因。

（3）项目决策方法分析。

项目决策方法分析包括决策方法是否科学、客观，有无主观臆断，是否实事求是，有无哗众取宠之心。

3. 项目准备阶段的后评价

对项目准备的后评价包括项目勘察设计、采购招投标、投资融资、开工准备等。

对项目勘察设计的后评价要对勘察设计的质量、技术水平和服务进行分析评价。后评价还应进行两个对比：一是该阶段项目内容与前期立项所发生的变化；二是项目实际实现结果与勘察设计时的变化和差别，分析变化的原因，分析的重点是项目建设内容、投资概算、设计变更等。

项目的投资、融资方案直接影响到项目的效益和影响，特别是在现今中国的投资环境和条件下，后评价对项目融资的分析评价更有意义。项目后评价主要应分析评价项目的投资结构、融资模式、资金选择、项目担保和风险管理等内容。评价的重点是根据项目准备阶段所确定的投融资方案，对照实际实现的融资方案，找出差别和问题，分析利弊。同时要分析实际融资方案对项目原定的目标和效益指标的作用和影响，特别是融资成本的变化，评价融资与项目的债务关系和今后的影响。在可能的条件下，后评价还应分析项目是否可以采取更加合理经济的投融资方案。此外，项目贷款谈判也是融资的一个重要环节，谈判中的各种承诺关系重大的，也是后评价应该关注的方面。

对采购招投标工作的后评价，应该包括招投标公开性、公平性和公正性的评价，后评价应对采购招投标的资格、程序、法规、规范等事项进行评价，同时要分析该项目的采购招投标是否有更加经济合理的方法。

对项目开工准备的后评价是项目后评价工作的一部分，特别是项目建设内容、厂址、引进技术方案、融资条件等重大变化可能在此时发生，应注意这些变化对项目目标、效益、风险可能产生的影响。

4. 项目建设实施阶段的后评价

项目建设实施阶段的后评价包括项目的合同执行情况分析、工程实施及管理、资金来源及使用情况分析与评价等。项目实施阶段的后评价应注意前后两方面的对比，找出问题，一方面要与开工前的工程计划进行对比，另一方面应把该阶段的实施情况可能产生的结果和影响与项目决策时所预期的效果进行对比，分析偏离度。在此基础上找出原因，提出对策，总结经验教训。这里应该注意的是，由于对比的时点不同，对比数据的可比性需要统一，这也是项目后评价中各个阶段分析时需要重视的问题之一。

(1) 合同执行的分析评价。

合同是项目业主（法人）依法确定与承包商、供货商、制造商、咨询者之间的经济权利和经济义务关系，并通过签订的有关协议或有法律效应的文件，将这种关系确立下来。执行合同就是项目实施阶段的核心工作，因此合同执行情况的分析是项目实施阶段评价的一项重要内容，这些合同包括勘察设计、设备物资采购、工程施工、工程监理、咨询服务和合同管理等。项目后评价的合同分析一方面要评价合同依据的法律规范和程序等，另一方面要分析合同的履行情况和违约责任及其原因分析。

在工程项目合同后评价中，对工程监理的后评价是十分重要的评价内容。后评价应根据合同条款内容，对照项目实际，找出问题或差别，分析差别的利弊，分清责任。同时，要对工程监理发生的问题可能对项目总体目标产生的影响加以分析，得出结论。

(2) 工程实施及管理评价。

建设实施阶段是项目建设从书面设计与计划转变为实施的全过程，是项目建设的关键，项目单位应根据批准的施工计划组织设计，应按照图纸、质量、进度和造价的要求，合理组织施工，做到计划、设计、施工三个环节互相衔接，资金、器材、图纸、施工力量按时落实。施工中如需变更设计，应取得项目监理和设计单位同意，并填写设计变更、工程更改、材料代用报告，做好原始记录。项目实施管理的评价主要是对工程的造价、质量和进度的分析评价。工程管理评价是指管理者对工程三项指标的控制能力及结果的分析。这些分析和评价可以从工程监理和业主管理两个方面进行，同时分析领导部门的职责。

(3) 项目资金使用的分析评价。

后评价对项目资金供应与运用情况分析评价是项目实施管理评价的一项重要内容。一个建设项目从项目决策到实施建成的全部活动，既是耗费大量活劳动和物化劳动的过程，也是资金运动的过程。建设项目实施阶段，资金能否按预算规定使用，对降低项目建设实施费用关系极大。通过对投资项目评价，可以分析资金的实际来源与项目预测的资金来源的差异和变化。同时要分析项目财务制度和财务管理的情况，分析资金支付的规定和程序是否合理并有利于造价的控制，分析建设过程中资金的使用是否合理，是否注意了节约、做到了精打细算、加速资金周转、提高资金的使用效率。

(4) 项目竣工评价。

对项目竣工的评价应根据项目建设的实际业绩，对照项目决策所确定的目标、效益和风险等有关指标，分析竣工阶段的工作成果，找出差别和变化及其原因。项目竣工评价包括项目完工评价和生产运营准备等。

8.2.2 项目后评价的基本内容

1. 项目的技术经济后评价

在投资决策前的技术经济评价阶段所做出的技术方案、工艺流程、设备选型、财务分析、经济评价、环境保护措施、社会影响分析等，都是根据当时的条件和对以后可能发生的情况进行的预测和计算的结果。随着时间的推移，科技在进步，市场条件、项目建设外部环境、竞争对手都在变化。为了做到知己知彼，使企业立于不败之地，就有必要对原先所做的技术选择、财务分析、经济评价的结论重新进行审视。

(1) 项目技术后评价。

技术水平后评价主要是对工艺技术流程、技术装备选择的可靠性、适用性、配套性、先进性、经济合理性的再分析。在决策阶段认为可行的工艺技术流程和技术装备，在使用中有可能与预想的结果有差别，许多不足之处逐渐暴露出来，在评价中就需要针对实践中存在的问题、产生的原因认真总结经验，在以后的设计或设备更新中选用更好、更适用、更经济的设备，或对原有的工艺技术流程进行适当的调整，发挥设备的潜在效益。

(2) 项目财务后评价。

项目的财务后评价与前评价中的财务分析在内容上基本是相同的，都要进行项目的盈利性分析、清偿能力分析和外汇平衡分析。但在评价中采用数据时不能简单地使用实际数，应将实际数中包含的物价指数扣除，并使之与前评价中的各项评价指标在评价时点和计算效益的范围上都可比。

在盈利性分析中要通过全投资和自有资金现金流量表，计算全投资税前内部收益率、净现值、自有资金税后内部收益率等指标，通过编制损益表，计算资金利润率、资金利税率、资本金利润率等指标，以反映项目和投资者的获利能力。清偿能力分析主要通过编制资产负债表、借款还本付息计算表，计算资产负债率、流动比率、速动比率、偿债准备率等指标，反映项目的清偿能力。

(3) 项目经济后评价。

项目经济后评价的内容主要是通过编制全投资和国内投资经济效益和费用流量表、外汇流量表、国内资源流量表等计算国民经济盈利性指标——全投资和国内投资经济内部收益率和经济净现值、经济换汇成本、经济节汇成本等指标。此外，还应分析项目的建设对当地经济发展、所在行业和社会经济发展的影响，对收益公平分配的影响（提高低收入阶层收入水平的影响）、对提高当地人口就业的影响和推动本地区、本行业技术进步的影响等。项目经济后评价结果同样要与前评价指标对比。

2. 项目环境影响后评价

项目环境影响后评价是指对照项目前评价时批准的《环境影响报告书》，重新审查项目环境影响的实际结果。审核项目环境管理的决策、规定、规范、参数的可靠性和实际效果，实施环境影响评价应遵照国家环保法的规定、国家和地方环境质量标准和污染物排放标准以及相关产业部门的环保规定。在审核已实施的环评报告和评价环境影响现状的同时，要对未来进行预测。对于有可能产生突发性事故的项目，要有环境影响的风险分析。如果项目生产或使用对人类和生态危害极大的剧毒物品，或项目位于环境高度敏感的地区，或项目已发生严重的污染事件，那么还需要提出一份单独的项目环境影响评价报告。环境影响后评价一般包括五部分内容，即项目的污染控制、区域的环境质量、自然资源的利用、区域的生态平衡和环境管理能力。

3. 项目社会评价

项目社会评价是总结了已有经验，借鉴、吸收了国外社会费用效益分析、社会影响评价与社会分析方法的经验设计的。它包括社会效益与影响评价和项目与社会两相适应的分析。既分析项目对社会的贡献与影响，又分析项目对社会政策贯彻的效用，研究项目与社会的相互适应性，揭示防止社会风险，从项目的社会可行性方面为项目决策提供科学分析依据。

社会效益与影响是以各项社会政策为基础、针对国家与地方各项社会发展目标而进行的分析评价。其内容可分为四个方面、三个层次。即项目对社会环境、自然与生态环境、自然资源以及社会经济四个方面的效益与影响评价，对国家、地区、项目三个层次的分析。一般项目对国家与地区（省、市）的分析可视为项目的宏观影响分析，项目与社区的相互影响分析可视为项目的微观影响分析。

项目与社会相互适应性分析以分析项目与当地社区的相互适应性为主，但大中型项目则还有适应国家、地方（省区市）发展重点的问题。这部分适应性分析的目的是：使项目与社会相适应，以防止发生社会风险，保证项目生存的持续性；使社会适应项目的生存与发展，以促进社会进步与发展。一般可包括如下内容：

（1）项目是否适应国家、地区（省区市）发展的重点。

（2）项目的文化与技术的可接受性：分析项目是否适应当地人民的需求，当地人民在文化与技术上能否接受此项目，有无更好的成本低、效益高、更易为当地人民接受的方案等。

（3）项目存在社会风险的程度。分析项目有无社会风险，严重程度如何，干部与群众对项目有何反应，他们对项目的态度如何，有无不满或反对，特别是项目是否为贫困户、妇女与受损群众所接受，他们是否存在不满，采取什么措施防止社会风险。

（4）受损群众的补偿问题。分析项目使谁受益，使谁受损，特别是有无脆弱群体受损；分析影响受益与受损的因素，研究如何防止效益流失与减少受损群众的数量以及补偿的措施等。

（5）项目的参与水平。分析研究社区干部、群众参与项目各项活动的态度、要求，可能的参与水平，提出参与规划。

（6）项目承担机构能力的适应性。分析项目承担机构的能力，是否需要采取措施提高其能力以适应项目的持续性，研究是否要建立非政府组织以协助项目承担机构工作，以及组织机构的发展等问题。

4. 项目持续性评价

项目持续性是指在项目的建设资金投入完成后，项目的既定目标是否还能继续，项目是否可以持续地发展下去，接受投资的项目业主是否愿意并可能依靠自己的力量继续去实现既定目标。项目是否具有可重复性，即是否可在未来以同样的方式建设同类项目。项目持续性评价一般可作为项目影响评价的一部分，但是世界银行和亚洲开发银行等组织把项目的可持续性视为其援助项目成败的关键之一，因此要求援助项目在评价中进行单独的持续性分析和评价。项目持续性的影响因素一般包括本国政府因素，管理、组织和地方参与因素，财务因素，技术因素，环境和生态因素，外部因素等。

（1）政府政策因素。从政府政策因素分析持续性条件，重点解决以下几个问题，哪些政府部门参与了该项目，这些部门的作用和各自的目的是什么；对项目的目标各部门是怎样理解表述的；根据这些目的所提出的条件和各部门的政策是否符合实际，如果不符合实际，需要做哪些修改，政策的多变是否影响到该项目的持续性等问题。

（2）管理、组织和地方参与因素。从项目各个机构的能力和效率来分析持续性的条件，如项目管理人员的素质和能力、管理机构和制度、组织形式和作用、人员培训、地方政府和群众的参与和作用等。

（3）财务因素。在持续性评价中要把握几点：一是评价时点以前的所有项目投资应作为沉没成本不再考虑，项目是否继续的决策应在对未来费用和收益的合理预测以及项目投资的重置成本的基础上做出。二是要通过项目的资产负债表等来反映项目的投资偿还能力，并分析和计算项目是否可以如期偿还贷款，以及它的实际偿还期。三是通过项目未来的不确定性分析来确定项目持续性的条件。

（4）技术因素。其包括引进技术和开发技术及新产品的硬件问题。例如，后果对项目管理和财务持续性的影响；在技术领域的成果是否可以被接受并推广应用，技术装备的掌握和人员技术素质等问题。技术持续性分析须对照前项目评价来确定关键技术的内容和条件，从技术培训和当地装备条件分析当地实际条件是否满足所选择技术准备的需求，并要分析技术选择与运转操作费用包括与汇率的关系，新产品的开发能力和使用新技术的潜力等方面的内容。

（5）环境和生态因素。这两部分的内容与项目环境影响后评价的有关内容类同，但是持续性分析应特别注意这两方面可能出现的反面作用和影响，从而可能导致项目的终止以及今后借鉴的经验和教训。

8.2.3 项目后评价的方法

为了达到项目后评价的目的，项目后评价方法应采用宏观分析和微观分析相结合、定量分析和定性分析相结合的方法，通过综合分析，总结经验教训，提出问题和建议。目前，项目后评价通常采用的方法有三种。

1. 对比分析法

（1）前后对比法。

将项目实施前和项目建成后的实际情况加以对比，分析该项目的效益和影响，将项目前期阶段，即项目可行性研究与前评价阶段所预测的建设成果、规划目标和投入产出、效益和影响，与项目建成投产后的实际情况相比较，从中找出存在的差别及原因，这种对比是进行项目后评价的基础。

（2）有无对比法。

此法是在项目地区内，将有投资项目的建设及投产后的实际效果和影响，同如果没有这个项目可能发生的情况进行对比分析。在有项目情况扣除同一时间内无项目情况，就得出由项目建成引起的效益增量和各种影响。由于项目所在地区得到的效益和影响不只是项目本身所带来的作用，还有项目以外的许多其他因素的作用。因此，在这种对比分析中重点是要分清这些效益和影响中项目本身的作用和项目以外的作用，评价项目真实的增量效益和社会机会成本。有无对比法是进行项目后评价的主要方法，但对有无对比分析的数据资料要求比较严格，需要将调查收集的资料进行整理加工，并通过敏感性分析来测验项目对各种因素变化的适应性，最后采用分析模式进行综合分析，如表 8-1 所示。

表 8-1 有无对比法综合分析模式

因素	有项目	无项目	差别	分析
财务效益				
经济效益				
经济影响				
环境影响				
社会影响				
综合结果				

2. 逻辑框架法

此法是项目后评价进行综合分析常用的方法。它已成为国外进行后评价所采用的主要方法，可以用来分析和评价项目的目标层次之间的因果关系。它把后评价与项目周期联系起来，可满足不同层次的管理需要。

逻辑框架法为项目管理者和评价者提供一种分析框架，用以确定工作的范围和任务，并通过对项目目标和达到目标所需的手段进行逻辑关系的分析。它的核心是事物的因果逻辑关系，即"如果"提供了某种条件（包括事物内部和外部因素），"那么"会产生某种结果。逻辑框架法可用表 8-2 表示。

表 8-2 逻辑框架分析法的矩阵模式

项目结构	验证指标	验证方法	假设条件
宏观目标	达到目标的测定	信息来源、采用方法	目的—目标的条件
目的	项目的最终状况	信息来源、采用方法	产出—目标的条件
产出	计划产出、完工期、具体范围	信息来源、采用方法	投入—产出的条件
投入	投入/预算、资源必要成本、性质、水平和开工期	信息来源	项目的原始条件

上面的矩阵表是由 4×4 的结构模式组成的，在垂直方向各横行代表项目目标层次，按照因果关系，自下而上地列出项目的投入、产出、目的和宏观目标等四个层次，包括达到这些目标所需要的方法，说明目标层次之间的因果关系和重要假设前提条件；在水平方向各竖行代表如何验证这些不同层次的目标是否达到自左到右列出项目各目标层次的预期指标和实际达到的考核验算证指标、信息资料和验证方法及相关的重要外部假设条件。采用专门的客观验证指标及其验证方法分析研究项目的资源消耗数量、质量和结果。对项目各个目标层次

所得的结论进行专门分析和详细说明。

整个逻辑框架分析的结构逻辑关系是由下而上的。就是从一个项目的投入（活动）在什么条件下能产出什么，有了这些产出在什么外部假设条件下又可以达到项目的直接目的，而达到了这个目的后又在什么客观假设条件（含必要和充分条件）下最终达到项目的预期宏观社会经济目标。

3. 成功度分析法

1) 成功度的标准

成功度分析法是项目评价的综合分析方法之一，是对项目实现预期目标的成败程度给出一个定性的结论。成功度就是对成败程度的衡量标准。一般来说，成功度可分为五个等级，各等级的标准如下：

（1）完全成功的，有时用 AA 来表示，表明项目的各项指标都已全面实现或超过；相对成本而言，项目取得了巨大的效益和影响。

（2）成功的，有时用 A 来表示，表明项目的大部分目标已经实现，相对成本而言，项目达到了预期的效益和影响。

（3）部分成功的，有时用 B 来表示，表明项目实现了原定的部分目标，相对成本而言，项目只取得了一定的效益和影响。

（4）不成功的，有时用 C 来表示，表明项目实现的目标非常有限；相对成本而言，项目几乎没有取得什么效益和影响。

（5）失败的，有时用 D 来表示，表明项目的目标是不现实的，根本无法实现，相对成本而言，项目不得不终止。

2) 成功度的测定

项目的成功度评价是项目后评价中一项重要的工作，是项目评价专家组对项目后评价结论的集体定性。一个大中型项目一般要对十几个重要的和次重要的综合评价因素指标进行定性分析，断定各项指标的等级，如表 8-3 所示。这些综合评价指标主要包括对宏观经济、扩大或增加的生产能力、扶贫和教育的影响，对卫生和健康的影响，对妇女和儿童的影响，对环境的影响，对社会的影响，对技术进步的影响，对机构组织和管理水平的影响，以及经济效益指标等。对于每个具体的项目，以上各指标的重要程度各有不同。项目成功度评价的程序是：确定评议专家；选定综合评价指标并确定其权重；专家个人打分；专家集体评议；进行数据处理；得出成功度评价的等级。

3) 测定的步骤和方法

在评定具体项目的成功度时，并不一定要测定表 8-3 中所有的指标。因此，评价人员首先要根据具体项目的类型和特点，确定表中指标与项目相关的程度，把它们分为"重要"，"次重要"和"不重要"三类，在表中第二栏里（相关重要性）注明。对"不重要"的指标就不用测定了。一般的项目实际需要测定的指标为 7~10 个。

在测定各项指标时，采用打分制，即按上述评定等级标准的第（2）~（5）分别用 A、B、C、D 表示。通过指标重要性分析和单项成功度结论的综合，可得到整个项目的成功度指标，也用 A、B、C、D 表示，填在表的最底一行（总成功度）的成功度栏内。

在具体操作时，项目评价组成员每人填好一张表后，对各项指标的取舍和等级进行内部讨论，或经必要的数据处理，形成评价组的成功度表，再把结论写入评价报告。

4）编制项目成功度评价表（见表8-3）

表8-3　项目成功度评价

序号	项目执行评价指标	相关重要性	成功度
1	宏观经济影响		
2	扩大或增加生产能力		
3	良好的管理		
4	对扶贫的影响		
5	教育		
6	卫生和健康		
7	对妇女和儿童的影响		
8	环境影响		
9	社会影响		
10	对机构组织的影响		
11	技术的成功度		
12	进度管理		
13	预算内费用管理成本控制		
14	项目辅助条件		
15	成本—效益用分析		
16	财务内部收益率		
17	经济内部收益率		
18	财务持续性		
19	机构的持续性		
20	项目总的持续性		
21	项目的总成功度		

8.3　项目后评价的实施与管理

8.3.1　国内外开展后评价的状况及发展趋势

1. 发达国家的后评价

在发达国家，后评价主要是对国家的预算、计划和项目进行评价。一般说来，这些国家有评价的法律和系统的规则、明确的管理机构、科学的方法和程序。目前，后评价的发展趋势是将资金预算、监测、审计和评价结合在一起，形成一个有效的和完整的管理循环和评价体系。

1）美国联邦政府的后评价

美国是后评价做得比较好的国家之一。在过去的几十年间，为促进社会和经济的发展，美国对两次由政府控制的投资计划进行过后评价。一次是在20世纪30年代经济大萧条期间所进行的"新分配"（New Deal）计划，当时的后评价仅为少数人的行为。另一次是在20世纪60年代，在称为"向饥饿宣战"（Way on Poverty）的计划中，联邦政府为新建一大批大型公益项目投入了数以亿计的美元，国会和公众对资金的使用、效益和影响表现出极大的关注，于是在计划实施的同时，进行了以投资效益为核心的项目后评价。这种效益评价的原则延续至今，并为各国所接受和采纳。

在20世纪70年代和80年代，由于某些公益性项目的决策由美国政府下放到州政府或地方政府，后评价的过程也相应扩展到地方。最近几年内不少州在后评价方面有许多创新，如州政府对主要社会福利项目的评价更为密切和直接，后评价更注重对项目过程的研究，而不是等到项目结束时才进行。这些创新得到了联邦政府评价执行部门的全力支持。目前，公众关注项目效益的趋势，要求增加对国家各级政府管理的透明度，对政府是否尽职尽责提出质疑，其范围涉及社会的各个方面，诸如从环境保护到教育及创造就业机会等；其内容涉及政府机构管理公共资源的投资的状况、管理是否充分和有效、评价项目的结果和效益如何等。

在经济衰退和预算紧缩时期更增加了对后评价的要求。预算来源的挑战往往对评价起到了推动作用。近年来，执行部门中的管理和预算办公室越来越强调对计划执行情况的评价，并把评价结果作为决定国家预算分配的一个重要因素。该办公室对计划执行情况的评价有极强的兴趣。有些高级官员认为美国的所有机构都应将其项目资金的1%用于项目评价。在立法部门中，美国国会将其后评价研究作为一种监督功能。总会计办公室作为国会的监督代理机构，除其原有的国家决算和审计功能外，极大地加强了它的评价能力。中央政府机构中总监督的作用原先仅限于一般的审计和检查活动，而今已经扩大到计划的评价领域。在立法部门，国会监督保证着政府依法管理活动，法律要求所有联邦政府机构及其代理，要根据计划和投资项目的最终结果来衡量其执行情况。

在美国的公司和企业中，也有一些增强后评价工作的趋势。一些企业开始使用被称为"战略计划"的方式，通过所确立的发展目标，公司可以不断地检查其计划，调动雇员的积极性，根据实际结果监测和评价其部门的执行情况，不断地调整和修订其目标和策略。这些原属于企业的计划评价模式，现在开始推广到公共部门。政府形成了对公共部门投资计划和项目的效益和结果进行不断监测和评价的能力。

2）加拿大联邦政府的后评价

加拿大联邦政府在实践中认识到，为了提高政府的管理水平，必须有一个好的效果衡量及报告系统，经过近40年的努力，加拿大建立了一套后评价制度，包括中央政府政策要求、中央政府协调功能、行业部门从事后评价的规定以及内部审计和议会审计制度。

20世纪60年代初加拿大政府尝试在联邦政府建立了一个综合和持续的后评价机构。1969年，国库委员会建立了计划局。该机构在负责其他工作的同时，建立了后评价能力，开展了一系列后评价工作及政策评审，扶植政府各部门建立后评价单位，并试图指导各部门更多和更好地开展部门内的后评价。到70年代中期，该计划局进行了一系列的后评价。但是在同一时期内，总审计长的报告认为后评价做得成功的情况很少，并一再呼吁要有更多更好的后评价。

1990年12月，加拿大政府推出一份关于公共服务改革的题为《2000年的公共服务》的白皮书。这是一项范围广泛的革新。它重新强调重视业绩监督和相应地减少中央控制，并要求后评价在提供有关业绩监督信息上扮有重要角色。

目前，加拿大政府正在考虑把后评价与项目实施过程中的评价结合起来。事实上，现在很多加拿大人把实施过程中的评价看作总的后评价的一个组成部分，而且认为，最好和最有效的后评价方法是把后评价和实施过程中的评价结合起来，使之成为一个整体。现在可以说，加拿大的后评价已在相当程度上从传统的为改进管理服务转移到为业绩监督和考核服务上来。

3）发达国家援外机构的后评价

大部分发达国家在其国家预算中都有一部分资金用于第三世界投资，这些资金的使用由一个单独的机构来管理，如美国国际开发署（USAID）、英国海外开发署（ODA）、加拿大国际开发署（CIDA）、日本国际协力会（JICA）和日本海外经济协力基金（OECF）等。为了保证资金使用的合理性和效益性，各国在这些部门中一般都设立一个相对独立的办公室专门从事海外援助项目的后评价。例如，英国海外开发署是设在英联邦外交办公室的一个政府部门，它每年有约 100 个国外投资项目，投资金额达数亿英镑。海外开发署从 1975 年开展项目的影响评价，并于 1982 年正式在署内设立专门的后评价局。该局有 9 名从事项目评价管理和组织实施的工作人员，负责项目后评价的政策、计划、执行、报告和反馈，选用外部的评价人员或评价小组。每年花费大约 80 万英镑对 10~15 个项目进行评价。他们现在从项目评价发展到部门或地区的评价以及一些综合性的分析和研究。

2. 发展中国家的后评价

近年来，发展中国家的后评价已经有了很大的发展。据联合国开发署 1992 年的资料介绍，85 个较不发达国家已经成立了中央评价机构。这些机构约 50%设在计划部门或社会发展部门，16%设在财政和国家预算部门，12%设在经济部门，10%设在外交部门，4%设在国家审计部门，8%设在其他部门。但是，上述评价机构大多从属或挂靠政府的下属机构，相对独立的后评价机构和体系尚未真正形成。这些政府机构大都是根据世界银行和亚洲开发银行的外部要求组织相关项目的后评价，但可以统一进行整个国家系统后评价工作的机构尚未建立起来。从总体上看，后评价成果的反馈情况并不令人满意，其主要问题是没有完善的后评价反馈机制。

印度是开展后评价比较好的发展中国家，印度为使其经济发展计划顺利实施，于第一个五年计划（1951—1955 年）期间成立了规划评议组织（PED），负责组织项目后评价工作。印度各邦也设有邦评议组织（SED），负责组织各邦政府发展规划和投资项目的后评价工作。规划评议组织设在国家计划委员会内，它直接向计划委员会副主席报告工作，并只对计划委员会而不对任何其他行政部门负责。因此，规划评议组织可以公正、客观地进行项目后评价工作。而且，规划评议组织是通过自己工作人员深入现场收集资料和数据来编制评价报告，因而能够保证后评价结论真实、可靠。邦评议组织直接向邦计划大臣提交报告，然后由各部门首脑组成的邦审核委员会讨论，并将值得吸取的经验教训迅速反馈到有关行政部门，监督其采取必要的措施。到目前为止，包括中央和各邦在内，印度大约有 870 个专业评议员。在当今的所有发展中国家，甚至发达国家和国际机构中，印度拥有世界上规模最大的后评价机构。

印度项目后评价工作起步较早，其后评价的方法制度是在实践过程中逐步完善起来的。与其他国家和国际机构的项目后评价相比，有以下几个特点：一是项目后评价组织机构划分为中央和地方两级，每一级评价组织职责分工明确。二是项目后评价对象的范围仅限于政府投资项目,其中中央评价组织负责组织实施国家计划内投资项目或发展规划的后评价工作;地方(邦)评价组织负责实施各邦政府投资项目或发展规划的后评价工作。三是项目后评价的实施完全由专职后评价人员进行,从基础资料的收集到编制项目后评价报告全过程的工作都由专职后评价人员完成。四是项目后评价结果广泛公开。项目后评价组织所准备的报告几乎全部公开发表,有些重要报告由指定的政府出版情报局的官员负责出版;有些报告的主要结论通过电台、电视台和各日报向社会公布。

3. 国外后评价的主要经验和发展趋势

1)主要经验

(1)政府重视后评价是开展这项工作的前提。从发达国家的情况来看,各国政府都把后评价作为制定政策方案和进行项目管理的一个重要工具。随着我国经济体制改革的深入,社会主义市场经济体制的建立,投资主体趋于多元化和分散化,更需要制定长远规划和计划方案,加强投资计划的宏观管理和责任制。实行后评价有利于总结政策方案和投资项目管理的经验教训,不断改进决策和管理水平,提高投资的效益。特别是我国经济高速发展,需要大规模的公共投资和大量地利用外资,国家应高度重视公共投资和利用外资项目的后评价工作,更好地管好公共投资和利用外资,实现公共投资利益和利用外资效益。

(2)建立合理有效的机构是做好后评价工作的关键。没有相应的后评价机构,就无法开展此项工作。像马来西亚、澳大利亚、韩国等国家后评价机构健全、地位高、分头作业而又有机协调的经验值得我们借鉴。他们的审计机关均非政府行政系列,在监督评价方面发挥了很大的作用,而我国审计机关近年来正在行之有效地开展建设项目(包括国家重点建设项目和世界银行、亚洲开发银行贷款项目等)的审计检查工作,在相对独立性、客观公正性和权威性方面与这些国家基本相同,所不同的是我国审计机关属政府行政系列,而这恰恰是审计机关便于与其他行政机关有机协调配合的优势所在。

(3)加强后评价立法是做好后评价的保证。后评价涉及面广,责任性强,加快有关立法是做好后评价工作的根本保证。目前,在我国应尽快制定公共投资基本管理法,从立法上保证后评价是公共投资管理的基本环节。同时,颁布后评价的制度和方法,使后评价工作有法可依,有规可循。

(4)加强人员培训是做好后评价工作的基础。后评价作为一项专业工作,涉及的领域多、技术性强,需要评价人员具有专门的知识和能力。因此,加强后评价人员的培训是做好这项工作的基础。国家后评价管理机构应制定出相应的培训计划和大纲,分层次、有计划地开展后评价培训,以适应后评价工作的需要。

(5)开发建立项目管理信息系统是后评价工作的手段。由于项目后评价的信息量大,涉及的部门多,故建立项目后评价信息库,开发应用后评价计算机系统是非常必要的。建立项目管理信息系统有利于收集、查询项目资料,及时反馈评价的结果。在我国,应从综合管理部门开始,逐步建立起一套适合后评价工作需要的项目管理信息系统,使政策方案、建设项目从立项、实施到完成、投入运营都有准确、完整的资料,以便于后评价工作的顺利开展。

2)发展趋势

项目后评价的发展趋势有以下几点:

(1)对后评价的实际需求越来越多。后评价在西方发达国家以及一些发展中国家已被看作中央及地方政府部门和机构管理的一个必不可少的有机组成部分，已经成为加强投资管理和提高投资效益的重要工具。无论是发达国家的预算投资、发达国家向发展中国家援助项目、国际金融组织贷款项目，还是发展中国家的投资建设，对后评价的需求越来越迫切，需要进行后评价的项目越来越多，这是推动后评价工作发展的客观要求和必然趋势。

（2）后评价的内容越来越宽。在20世纪60年代以前，国际上项目评估和评价的重点是财务分析，以财务分析的好坏作为评价项目成败的主要指标。到了60年代，西方国家为了本国的长远发展，对能源、交通、通信等基础设施以及社会福利事业投入了大量资金，这些项目的直接财务效益远不如工业类生产项目。同时，世界银行等国际金融组织对不发达国家的投资也有类似情况，为此，经济评价引入了项目效益评价的范围。70年代前后，世界经济发展带来了严重污染问题，引起了人们广泛的关注。首先在发达国家，而后在全球各国几乎都颁布了环保法。根据立法的要求，项目评价增加了环境评价的内容。此后，随着经济的发展，项目的社会作用和影响日益受到投资者的重视。特别到80年代，世界银行等组织十分关心其援助项目对受援地区的贫困、妇女、社会文化和持续发展所产生的影响。因此，社会影响评价成为投资活动评估和评价的重要内容之一。此外，近几年国外援助组织通过多年实践的经验认识到，机构设置和管理机制是项目成败的重要条件，对项目的机构分析已成为项目评价的重要组成部分。总之，随着社会经济的不断发展，后评价的内容表现出越来越宽的发展趋势。

（3）后评价的应用范围越来越广。项目后评价对于提高项目决策科学化水平，促进投资活动规范化，弥补拟建项目从决策到实施完成整个过程缺陷，改进项目管理和提高投资效益等方面发挥着极其重要的作用。因此，项目后评价由主要应用于公共投资领域扩大到所有投资领域，使项目后评价得到广泛的应用。随着我国投资体制的改革，逐步实现投资主体单一化到投资主体多元化，再由投资主体多元化转向以企业为最主要投资主体，后评价在广泛应用于公共投资领域的同时，将会在企业得到迅速发展。

（4）各国越来越重视后评价。尽管一些发展中国家的后评价能力直到最近仍相当薄弱，但一些研究机构和咨询公司已得到加强。世界各国及世界金融组织，尤其是一些发展中国家将会越来越重视后评价的应用，为提高项目决策的科学化水平，改进投资效益将会起到越来越重要的作用，这也是实现各国经济增长和可持续发展的必然要求。

4. 我国开展后评价状况

投资项目后评价在中国的应用始于20世纪80年代中后期，1988年国家计委正式委托中国国际工程公司进行第一批国家重点项目的后评价。尽管后评价工作在我国起步较晚，但各部门对后评价的需求越来越高。率先进行后评价的机构有国家计委、国家审计署、中国建设银行以及交通部、农业部（现农业农村部）、卫生部等，但认识不足、重视不够使得这项工作进展缓慢。随着我国经济体制改革尤其是投资体制改革的深入与发展，市场经济对投资行为的约束日益强化，建立与完善我国的投资项目后评价机制已是深化投资体制改革过程中所面临的一个急迫而又崭新的课题。国内专家学者以往注重后评价理论与方法的研究，忽视了实践性研究，制度滞后已成为我国后评价工作开展缓慢的重要原因。

8.3.2 项目后评价工作程序

1. 接受项目后评价任务、签订工作合同或评价协议

项目后评价单位接受和承揽到后评价任务委托后,首要任务就是与业主或上级签订评价合同或相关协议,以明确各自在项目后评价工作中的权利和义务。

2. 成立项目后评价小组、制订评价计划

项目后评价合同或协议签订后,项目后评价单位就应及时任命项目负责人,成立项目后评价小组,制订项目后评价计划。项目负责人必须保证评价工作客观、公正,因而不能有业主单位的人兼任;项目后评价小组的成员必须具有一定的项目后评价工作经验;项目后评价计划必须说明评价对象、评价内容、评价方法、评价时间、工作进度、质量要求、经费预算、专家名单、报告格式等。

3. 设计调查方案、聘请有关专家

调查是评价的基础,调查方案是整个调查工作的行动纲领,它对于保证调查工作的顺利进行具有重要的指导作用。一个设计良好的社会调查方案不但要有调查内容、调查计划、调查方式、调查对象、调查经费等,还应包括科学的调查指标体系,因为只有用科学的指标才能说明所评项目的目标、目的、效益和影响。每个评价项目都有其自身的专业特点,评价单位不可能事事依靠内部专家,还必须从社会上聘请一定数量的专家参加调查评价工作。

4. 阅读文件、收集资料

对一个在建或已建项目来说,业主单位在评价合同或协议签订后,都要围绕被评项目给评价单位提供材料。这些材料一般称为项目文件。评价小组应组织专家认真阅读项目文件,从中收集与未来评价有关的资料,如项目的建设资料、运营资料、效益资料、影响资料以及国家和行业有关的规定和政策等。

5. 开展调查、了解情况

在收集项目资料的基础上,为了核实情况、进一步收集评价信息,必须去现场进行调查。一般地,去现场调查需要了解项目的真实情况,不但要了解项目的宏观情况,而且要了解项目的微观情况。宏观情况是项目在整个国民经济发展中的地位和作用,微观情况是项目自身的建设情况、运营情况、效益情况、可持续发展以及对周围地区经济发展、生态环境的作用和影响等。

6. 分析资料、形成报告

在阅读文件和现场调查的基础上,要对已经获得的大量信息进行消化吸收,形成概念,写出报告。需要形成的概念是,项目的总体效果如何?是否按预定计划建设或建成?是否实现了预定目标?投入与产出是否成正函数关系?项目的影响和作用如何?对国家、对地区、对生态、对群众各有什么影响和作用?项目的可持续性如何?项目的经验和教训如何?对被评项目的认识形成概念之后,便可着手编写项目后评价报告。

7. 提交后评价报告、反馈信息

后评价报告草稿完成后,送项目评价执行机构高层领导审查,并向委托单位简要通报报告的主要内容,必要时可召开小型会议研讨有关分歧意见。项目后评价报告的草稿经审查、研讨和修改后定稿。正式提交的报告应有"项目后评价报告"和"项目后评价摘要报告"两种形式,根据不同对象上报或分发这些报告。

8.3.3 项目后评价报告的撰写

1. 项目后评价报告的撰写要求

项目后评价报告是调查研究工作最终成果的体现,是项目实施过程阶段性或全过程的经验教训的汇总,同时又是反馈评价信息的主要文件形式。

首先,后评价报告的编写要真实反映情况,客观分析问题,认真总结经验。为了让更多的单位和个人受益,评价报告的文字要求准确、清晰、简练,少用或不用过分专业化的词汇。评价结论要与未来的规划和政策的制定联系起来。为了提高信息反馈速度和反馈效果,让项目的经验教训在更大的范围内起作用,在编写评价报告的同时,还必须编写并分送评价报告摘要。

其次,后评价报告是反馈经验教训的主要文件形式,为了满足信息反馈的需要,便于计算机输录,评价报告的编写需要有相对固定的内容格式。被评价的项目类型不同,评价报告所要求书写的内容和格式也不完全一致。

2. 后评价报告的基本格式

如前所述,根据委托要求和项目后评价报告的主要内容,项目后评价报告的格式可有所侧重,一般项目的后评价报告格式如下:

(1) 报告封面(包括编号、密级、评价者名称、日期等);
封面内页(包括汇率、权重指标及其他说明)。
(2) 项目基础数据。
(3) 地图。
(4) 报告摘要。
(5) 报告正文:
①项目背景:项目的原定目标和目的;项目建设内容;项目工期;资金来源与安排。
②项目实施评价:设计与技术;合同;组织管理;投资和融资;项目进度;其他。
③效果评价:项目的运营和管理;财务状况分析;财务和经济效益评价;环境和社会效果评价。
④目标和可持续性评价:项目目标实现程度分析;项目可持续性评价。
⑤结论和经验教训:综合评价和结论;主要经验教训;建议和措施。
(6) 主要附件和附表。

8.3.4 项目后评价的反馈

后评价的反馈包含两个要素:一是评价信息的报告和扩散。其中包含了评价者的工作责任、评价的成果和问题,应该反映到决策、计划规划、立项管理、评价、监督和项目实施等部门。二是评价成果及经验教训的应用,以改进和调整政策的分析和制定。在反馈程序里需要在评价者和评价成果应用者之间建立明确的机制,以保持紧密的联系。项目后评价的反馈流程如图8-1所示。

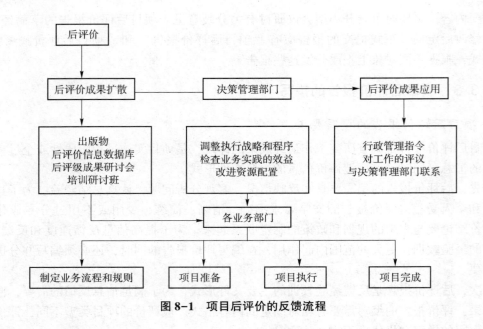

图 8-1 项目后评价的反馈流程

8.4 项目后评价——某船厂 10 万吨级修船坞项目后评价报告[①]

8.4.1 项目概况

大坞项目地处船厂东侧边区，项目业主是中国船舶工业总公司某船厂。该厂位于新港经济开发区西侧，毗邻黄埔港，距香港 68 海里。

20 世纪 90 年代初，船舶工业总公司根据对外开放、外贸不断增加和我国远洋船运行业发展的形势，为满足日益增加的大型远洋船只修理的需要，当时华南地区尚无具备 5 万吨级以上船舶修理能力的修船厂，从布局考虑，确定利用某船厂的地域优势和有利条件，新建一座 10 万吨级修船坞。

大坞项目设计任务书批复的主要建设内容为：新建 10 万吨级修船坞 1 座（干坞），修船码头，修舾船体加工工场、变电所、空压站等公用设施，新增起重机等修船设备以及其他相关工程。项目建成后的生产纲领为，年修 1 万~10 万吨级船舶 62 艘。

8.4.2 项目的实施和经营情况

1. 项目进度

国家计委 1990 年 9 月批准该项目建议书，1991 年 10 月批准设计任务书，1991 年 12 月中国船舶工业总公司批准初步设计，1992 年 6 月正式开工，1995 年 3 月建成投产，1997 年

---

① 资料来源：张三力. 项目后评价 [M]. 北京：清华大学出版社，1998.

6月通过国家竣工验收。大坞项目建设工期2年8个月，比计划工期提前约4个月完工。项目的提前投产为企业抓住市场机遇，为提高经营效益创造了良好条件。

2. 工程技术和项目实施

大坞项目的准备和实施基本按国家规定的程序执行。工程设计符合规范要求，技术合理。设计和施工采用了多项较为先进的技术，其中包括坞墙采用排水减压分离式结构、坞口为整体重力式结构并采用蜂窝型空洞组合、坞门制造在坞内与建坞同时进行多项合理有效的技术措施。在项目实施过程中，项目业主还狠抓管理，积极推行工程监理制。由于技术方案合理、管理措施得力，不仅缩短了建设时间，还保证了工程质量和工程的顺利实施。此外，企业风险意识较强，在遇到百年不遇的潮水灾害前就上了工程保险，尽管灾害严重，却没有给项目带来很大的直接损失。大坞工程竣工验收报告的批复认定，修船坞水工建筑工程、绿化工程、大型非标设备制作安装工程的施工质量被核定为优良工程，其余工程为合格，总体质量是好的。

项目的工程设计总体上是好的，但在设计管理上也存在一些问题，如投资概算、预算资料不能及时到位。项目完工后竣工图没能系统整理等。

大坞项目实际工程总投资为36 351万元，其中含建设期利息2 533万元，投资方向调节税50万元，新增铺底流动资金859万元。项目固定资产投资为35 492万元，其资金来源为：国家经营性基金12 100万元，建设银行贷款12 200万元，工厂自筹11 192万元。

3. 项目经营

大坞项目建成后，修船市场情况良好，尤其是大型外轮修理市场比可研报告的分析更为广阔。1995年4月大坞投产后，全年修船39艘，销售收入为7 560万元。1996年修船64艘，销售收入14 838万元，提前达到预期的生产纲领。虽然1995年和1996年两年修船单位价格下滑（比1994年下降约20%），但大坞的主要经营指标，即销售收入、利润总额、投资利润率和销售利润率均超过立项时的原定指标，经营状况良好。指标对比如表8-4所示。

表8-4 项目主要财务效益指标对比

指　标	计量单位	研批复	初设/调概	后评价实际
项目总投资	万元	18 396	19 832/30 661	36 351
建设工期	月	36	36/36	32
年销售收入	万元	7 035	—/14 070	14 838
年利润总额	万元	1 407	—	5 499
投资利润率	%	8.40	—	11.95
FIRR	%	6.34	—	8.35
投资回收期	年	12.20	—	8.02
借款偿还期	年	13.80	—	14.00
年销售利润率	%	14.20	—	37.00

8.4.3 主要变化及原因分析

从大坞项目执行结果看，项目的实施和经营是比较好的。但是，在项目实施过程中也发生了一些变化,增加了工程量和投资,主要变化及原因如下。

1. 工程地质勘探问题

大坞项目工程地质勘探问题主要表现在吹填砂的来源变化和土质变化。初设时考虑坞墙后棱体用航道中的砂吹填,这样既可节约投资又可减少施工强度。由于多年回淤,加之初设时未对航道与调度区进行详探,使用的资料是20世纪70年代的钻探资料,导致实际挖方量比概算方量多60多万立方米,增加近一倍。同时,经过勘探,航道内根本没有厚的砂层可供吹填,因而又增加疏浚量32万立方米。实际开挖中还遇到少量花岗岩,需要水下炸礁、清礁,从而导致工程量大幅度增加,增加投资约1 400万元。工程前期勘察工作不充分是问题产生的主要原因之一。

2. 增设下坞公路

初设时未考虑下坞公路的建设,后经考察,发现国外不少大型修船坞建有下坞公路,对方便作业、降低修船成本等有积极作用。因而吸取经验,在施工过程中临时变更设计,增建了下坞公路并比大坞主体先行建成。虽然增加了一些投资,但由于大坞施工方法的改进,该路在后期施工过程中替代了下坞施工便道,方便了大型施工机械、施工材料等的运输,为大坞的提前竣工创造了条件;在大坞投产后,又为各种车辆上下坞底提供了便利,减轻了船坞两侧吊机的负荷,有利于降低修船成本。该项目增设下坞公路是适宜的。

3. 机械设备配置变化

项目可研报告中配置了必要的修船机械化设备,但在初设时,为了将投资规模控制在2亿元以内,人为地砍掉了实际生产中需要的高空作业车、坞壁作业车等部分坞修机械设备。一年多的试投产实践证明,尽管船厂已做出最大努力,但因设备配套不足,打砂、喷漆速度较慢,致使坞期较长,1996年大坞的实际修船坞次为36次,比设计要求少10个坞次,影响了该船厂在国内外修船市场上的竞争力及修船效益的提高。为此,企业在项目建成后不得不再提出要补足这部分设备的投资要求。按1991年不变价测算,设计时增加2 800万元投资即可。用砍掉必要的建设内容的方法来维持一个人为的投资规模的管理办法是不可取的。

4. 投资变化

项目的投资变化如表8-4所示,与1991年批准的项目初设总概算19 832万元相比,1997年竣工决算的项目总投资为36 351万元,增加了16 519万元。扣除投资方向调节税和铺底流动资金,投资增幅为78.7%,主要原因如下:

(1)初步设计的工程概算不准。项目各部分概算计算偏紧,尤其对主要设备的估价,明显低于当时的实际价格。可研评估时项目总投资已突破2亿元,但到初设时概算又降到1.98亿元,显然是不合理的。后评价按不变价测算,初步设计时的工程概算应该达到2.3亿元,加上人为砍掉的设备和设施,投资概算应在2.6亿元左右。按实际发生与初步设计概算相比,项目概算少算约3 200万元,占总增资额的19%。

(2)设计变更和工程量变化。由于工程地质勘探不充分、增设下坞公路和施工方案等其他变化,增加投资约3 400万元,约占总增额的21%。

(3)建设期利息增加约1 100万元,约占总增额的7%。

(4) 国家、行业和地方收费定额标准增加约 2 500 万元，约占总增额的 15%。

(5) 材料设备物价上涨增加约 5 400 万元，约占总增额的 33%。

根据以上分析，投资增长主要是由于政策性因素的影响，约占 60% 以上，其他投资增长的原因也是清楚的。

8.4.4 项目效益及其对企业效益的影响

1. 项目的财务效益

根据有无对比的原则，大坞项目是该船厂的一个扩建工程，项目的财务效益要计算其增量部分的效益，为此，后评价对自评材料的数据和资料做了调整。测算结果为：项目全投资（增量）财务内部收益率（FIRR）为 8.35%（税后），高于可研评估时 6.34% 和当时的行业基准收益率（6%）；项目（增量）财务净现值（FNPV）为 7 161 万元；投资回收期 8 年，贷款偿还期 14 年（详见表 8-4、表 8-5 相关表格）。项目的主要财务指标均达到或超过了项目可研评估和批复时的指标（详见表 8-4）。

表 8-5 现金流量表　　　　　　　　　单位：百万元

年份	有项目				无项目				增量效益		
	现金流入	现金流出	净现金流量	累计净流量	现金流入	现金流出	净现金流量	累计净流量	净现金流量	换算后净流量	换算后累计流量
1992	73.6	157.3	−83.7	−83.7	73.6	122.7	−49.1	−49.1	−34.6	−46.4	−46.4
1993	73.3	143.8	−70.5	−154.2	73.3	64.4	8.9	−40.2	−79.4	−101.2	−147.6
1994	127.9	223.7	−95.8	−250.0	127.9	103.2	24.7	−15.5	−120.5	−146.7	−249.3
1995	201.5	282.4	−80.9	−330.9	125.9	104.8	21.1	5.6	−102.0	−114.6	−408.9
1996	240.4	182.8	57.6	−273.3	92.0	77.3	14.7	20.3	42.9	45.5	−363.4
1997	264.4	193.1	71.3	−202.0	123.1	100.6	22.5	42.8	48.8	48.8	−314.6
1998	264.4	187.1	77.3	−124.7	123.1	100.6	22.5	65.3	54.8	54.8	259.8
…	…	…	…	…	…	…	…	…	…	…	…
2009	467.7	206.3	270.4	328.4	153.8	105.7	48.1	65.5	222.3	222.3	262.9

注：FIRR（税前）= 14.5%，FNPV = 280（i = 6%）；FIRR（税后）= 8.35%，FNPV = 71（i = 6%）。

敏感性分析表明，在销售收入下降 10% 的条件下，项目的 FIRR 仍可维持在 7% 以上，高于项目投资的加权平均利率 3.65%。项目的盈利能力、清偿能力和抗风险能力是比较强的。

2. 项目对企业效益所产生的影响

评价通过企业销售利润率指标的有无对比，详见表 8-6，确认大坞项目的建成，使该船厂及其修船分厂的盈利水平有了很大提高。1996 年修船分厂在有项目时的销售收入是无项目时的 2.6 倍；大坞项目的销售利润率高达 37%，从而带动了修船分厂和企业财务效益指标的上扬。分析认为，由于 1995 年以来修船造船单价下滑 20%，企业销售收入下降，如果该船厂目前还没有大坞的话，企业已经面临亏损的困境。因此，项目的建成对该船厂的企业效益产生了积极的影响，为企业财务效益做出了重大贡献。

表 8-6　项目效益有无对比

项　　目		有无对比			前后对比		
		有项目	无项目	有∶无	项目后	项目前	后∶前
修船分厂	销售收入/万元	24 041	9 203	2.6∶1	24 041	13 812	1.7∶1
	销售利润率/%	29	17	1.7∶1	29	31	0.9∶1
某船厂	销售收入/万元	46 713	31 875	1.5∶1	46 713	47 174	1.0∶1
	销售利润率/%	4	-11	—	4	5	0.8∶1

注：本表数据以 1996 年为基准，项目前的销售收入已用物价指数换算到基准年。

3. 社会效益

大坞项目建成投产后，填补了我国没有 10 万吨级修船干坞的空白，提高了我国的修船能力以及在国际修船市场的竞争力，每年可创汇约 3 000 万美元，同时，项目布局合理、规模合适，缓解了华南地区修船能力紧张的状况，在促进航运业的发展、提供就业机会等方面起到了积极作用。

8.4.5　评价结论和主要经验教训

1. 评价结论

某船厂大坞项目布局、规模合理，是我国华南地区第一个大型远洋轮船的修理船坞，有较强的市场竞争能力。项目实施顺利，提前完工投产，实现了预期的目标。项目经济效益良好，并带动了原有企业的发展，项目是成功的，详见表 8-7 和表 8-8。

表 8-7　项目评价逻辑框架

项目	原定目标	实际结果	原因分析	可持续条件
宏观目标	为发展远洋海运，缓解华南地区大型修船能力不足	建成了船坞，填补了不足，缓解了修船的矛盾	国家的开放政策，劳动力资源和价格优势	国家对外开放政策的延续，亚太经济和贸易的发展
项目目的	填补了我国 10 万吨级船坞的空白，生产纲领：年修 1 万~10 万吨级船舶 62 艘	实际年修万吨级以上船 62 艘，最大为 20 万吨级的国外轮船，市场竞争能力大增	我国对外贸易的增加，远洋航运事业的发展，修船行业的发达	巩固和发展大船修理的经营网络，开拓外轮修理市场
项目产出	新建 10 万吨船坞 1 座，配套码头，辅助设施等	船坞及配套辅助设施建成，工程质量和进度好，但部分设备配套不足，影响坞期	项目实施管理得力，方案优化，前期投资估算不足，工程受投资限制	改革和完善经营管理机制，增加必要设备，缩短坞期，提高效率
项目投入	投资 1.84 亿元，工期 3 年	总投资 3.64 亿元，超投资，工期缩短 4 个月	物价、定额收费上涨，设计施工变更，施工方案优化	设备填平补齐，加强管理，提高人员素质

表 8-8　项目成功度评价

评定项目指标	相关重要性	评定等级	备注
1. 宏观目标和产业政策	重要	A	
2. 决策及其程序	重要	B	
3. 布局与规模	重要	A	
4. 项目目标及市场	重要	A	
5. 设计与技术装备水平	次重要	B	
6. 资源和建设条件	次重要	A	
7. 资金来源和融资	重要	A	
8. 项目进度及其控制	重要	A	
9. 项目质量及其控制	重要	A	
10. 项目投资及其控制	重要	A	
11. 项目经营	重要	A	
12. 机构和管理	重要	B	
13. 项目财务效益	重要	A	
14. 项目经济效益和影响	次重要	A	
15. 社会和环境影响	次重要	A	
16. 项目可持续性	重要	A	
项目总评		A	

2．主要经验

主要经验有以下几点：

（1）某船厂大坞建设项目一经批准开工，就采取了一切必要的措施，不失时机地快干快上，提前建成投产。项目的按期建成不仅减少了建设期的利息和其他费用，节省投资，而且必然给企业带来更多的机遇。在转入市场经济条件下，建设速度就是效益。

（2）在大坞项目实施过程中十分重视技术进步，在设计、制造、施工过程中尽可能采用较为先进适用的技术和方案，势必在工程质量、进度和造价上，以及后来的生产运营中产生积极的效应。

（3）科学严格的管理是项目成败的关键之一，大坞项目的机构设置、规章制度、监督监理机制和有责任心的管理干部是项目顺利实施的重要保证。

（4）大坞项目布局合理，修船能力形成规模，使该船厂活力倍增。根据市场条件，依托已有大中型企业进行改扩建，使之达到经济规模是一条正确的发展生产的路子。

3．教训

主要有以下几点教训：

（1）项目前期的投资估算不能人为地加以"控制"，应该实事求是，否则将给项目在资金筹措、工程进度、生产运行等方面带来一系列困难。这是在项目决策和初步设计时急待解决的一个重要问题。

（2）工程地质勘探是项目前期工作的一个重要环节，如何加强这方面的工作需要认真研究解决。

（3）设计部门的概预算资料应及时提供，以免影响投资的计划安排；竣工验收时，设计单位应按时提供竣工图，以利总结经验教训。

8.4.6 建议

现有大中型企业依靠技术进步，进行有效的改扩建，实现经济规模，使之具有更强的市场竞争能力，是可行的。建议在投资建设决策中更加重视这类项目的发展。

该船厂提出的填平补齐大坞机械化设备的要求是合理的，宜采取多种方式筹措资金，配套完善，使项目发挥更好的效益。

该地区除某船厂外，还有不少不同规模的修、造船船坞，建议通过地区跨部门的联合，组成综合修船能力，以便提高在国际市场上的竞争能力。

习 题

一、判断题

1. 项目后评价是指对已经完成的项目或规划的目的、执行过程、效益、作用和影响所进行的系统的、客观的分析。（   ）
2. 项目前评价是以定量指标为主侧重于经济效益的评价，而后评价要结合行政和法律、经济和社会、建设和生产、决策和实施等方面进行综合性评价。（   ）
3. 在实际工作中，项目后评价和审计工作的主体和侧重点基本相同。（   ）
4. 项目跟踪评价是指在项目开工以后到项目竣工验收之前任何一个时点所进行的评价。（   ）
5. 和项目前评价相比，后评价的最大的特点是信息的反馈。（   ）
6. 项目评价报告是项目决策的最主要的依据，投资决策者按照评价意见批复的项目可行性研究报告是项目后评价对比评价的根本依据。（   ）
7. 建设实施阶段是项目建设从书面的设计与计划转变为实施的全过程，是项目建设的关键。（   ）
8. 项目的财务后评价不需要进行项目的盈利性分析、清偿能力分析和外汇平衡分析。（   ）
9. 成功度分析法是项目评价的综合分析方法之一，是要对项目实现预期目标的成败程度给出一个定性的结论。（   ）
10. 在发达国家，后评价主要是对国家的预算、计划和项目进行评价。（   ）
11. 调查是评价的基础，调查方案是整个调查工作的行动纲领，它对于保证调查工作的顺利进行具有重要的指导作用。（   ）
12. 对项目评价报告后评价的重点是项目的目标、效益、风险。（   ）
13. 对项目准备的后评价包括项目勘察设计、采购招投标、投资融资、开工准备等。（   ）
14. 在项目建设实施阶段的后评价中，要把该阶段的实施情况可能产生的结果和影响与项目决策时所预期的效果进行对比，虽然对比的时点不同，但是对比数据的可比性无须统一。
（   ）

15. 一个建设项目从项目决策到实施建成的全部活动，既是耗费大量活劳动和物化劳动的过程，也是资金运动的过程。（   ）

二、选择题

1. 根据评价时点分类时，项目后评价的分类不包括以下哪项？（   ）
   A. 跟踪评价　　　B. 实施效果评价　　　C. 影响评价　　　D. 经济效益评价
2. 项目后评价的一般原则中重点是评价的（   ）和反馈功能。
   A. 独立性　　　B. 科学性　　　C. 实用性　　　D. 透明性
3. （   ）主要是对工艺技术流程、技术装备选择的可靠性、适用性、配套性、先进性、经济合理性的再分析。
   A. 技术水平后评价　　　　　　　B. 财务后评价
   C. 经济后评价　　　　　　　　　D. 环境影响后评价
4. 目前，项目后评价通常采用的方法不包括以下哪一项？（   ）
   A. 对比分析法　　　B. 逻辑框架法　　　C. 分层分析法　　　D. 成功度分析法
5. 一般项目后评价报告的格式不包括以下哪一项？（   ）
   A. 报告封面　　　B. 报告摘要　　　C. 报告正文　　　D. 报告关键词
6. 成功度就是对成败程度的衡量标准，成功度可分为五个等级，（   ）表明项目实现的目标非常有限，相对于成本而言，项目几乎没有取得什么效益和影响。
   A. 完全成功的　　　B. 部分成功的　　　C. 失败的　　　D. 不成功的
7. 对项目评价报告后评价的重点是项目的目标、效益以及（   ）。
   A. 风险　　　B. 利益　　　C. 进度　　　D. 成本
8. 对项目决策的后评价包括项目决策程序、决策内容和决策（   ）分析三部分内容。
   A. 进度　　　B. 方法　　　C. 过程　　　D. 计划
9. 对采购招投标工作的后评价，不包括以下哪一项的评价？（   ）
   A. 招投标公开性　　　B. 招标的公平性　　　C. 招标的公正性　　　D. 招标的合理性
10. 项目后评价的基本内容不包括以下哪一项？（   ）
    A. 项目的技术经济后评价　　　　　B. 项目环境影响后评价
    C. 项目社会评价　　　　　　　　　D. 项目文化评价
11. 项目（   ）的内容主要是通过编制全投资和国内投资经济效益和费用流量表等计算国民经济盈利性指标。
    A. 经济后评价　　　B. 财务后评价　　　C. 技术后评价　　　D. 效益后评价
12. 项目后评价的方法对比分析法中（   ）是进行项目后评价的基础。
    A. 前后对比法　　　B. 有无对比法　　　C. 横向对比　　　D. 纵向对比
13. 项目后评价的方法逻辑框架法中整个逻辑框架分析的结构逻辑关系是（   ）
    A. 由下而上　　　B. 由上而下　　　C. 由内而外　　　D. 由外而内
14. 在发达国家，后评价主要是对国家的（   ）、计划和项目进行评价。
    A. 经济　　　B. 利益　　　C. 预算　　　D. 发展
15. 总体上，发展中国家的后评价成果的反馈情况并不令人满意，其主要问题是没有完善的后评价（　　）。
　　A. 计划机制　　　B. 反馈机制　　　C. 执行机制　　　D. 监测机制

三、简答题

1. 谈谈你对项目后评价的理解。
2. 简述项目评价的作用。
3. 简述项目后评价与前评价的区别。
4. 项目后评价与审计的区别是什么？
5. 项目审计的主要任务是什么？
6. 简述你对项目跟踪评价的理解。
7. 项目后评价的范围都有什么？
8. 项目后评价的基本内容有哪些？
9. 试分析项目社会评价包含哪些内容。
10. 项目持续性的影响因素一般包括哪些？

习题参考答案

第 9 章 公共项目评价

9.1 公共项目及其特点

9.1.1 公共项目的概念及特点

公共项目是指由各级政府或其他公共部门筹划、出资或运行的项目。市场经济中有相当数量的这类项目提供公共服务和实现各种社会目标,而这些目标又不能或不适合完全通过市场机制来实现。但是,这类项目同样耗费社会资源,也就存在通过经济评价进行项目方案选择的必要性。公共项目具有以下特点:

1. 项目投资额大、投资收益水平低且回收期长

公共项目一般投资回收期较长,收益率一般低于社会基准收益率,如水利设施基准收益率平均不到 6%,投资回收期超过 20 年;邮政业基准收益率只有 3%,投资回收期 19 年;铁路网新线建设基准收益率只有 3%,投资回收期 15 年等。由于项目投资额大、投资收益水平低,私人往往没有能力或不愿投资于此类项目。

2. 项目投资主体与受益主体分离

在竞争性项目中,企业是项目决策主体,承担全部投资费用并获取项目全部收益;而在公共项目中,投资者多为政府(或社会团体),受益者惠及所有有幸受益的单位和个人。如目前世界上最大的水电站——三峡水电站的投资者是中央政府,电站电能的受益者惠及湖北、河南、湖南、江西、上海、江苏、浙江、广东、安徽八省一市;免遭洪水灾害的有长江中、下游居民;三峡水库形成的淡水养殖基地,推动的是库区两岸农、林、牧、渔的发展等。

3. 项目的外部性

项目的外部性是项目外部收益和外部成本的统称。外部收益指落在项目投资经营主体之外的收益,此收益由投资经营主体之外的人免费获取。如三峡水电站的修建,使电站下游居民从电站大坝的修建中获得了减少洪水灾害的收益,这种收益尽管很大,但下游居民却是免费获得的,不是项目投资者得到的。外部成本指落在项目投资经营主体之外的社会成本,但该成本却无法从投资经营主体得到补偿,而由外部团体和个人无偿地或不等价地承担。例如烟尘和污水的排放损害生态环境进而损害他人，但受损害者却难从污染制造者那里获得等价赔偿。

4. 项目产出品的公共性

公共性指产品不具有使用权或受益方面的排他性，而具有多人可以同时受益于同一物品或服务的公共性。如多人可以同时享受市区公园带来的环境美化效用，长江中、下游居民可以同时受益于修建三峡大坝所避免的洪水灾害。而竞争性产品的受益是排他性的，如某人的衣物不能同时被他人享用。

5. 项目目标的社会效益性

社会效益性指此类项目不以经济利益为第一目标而是以社会效益为第一目标，主要为社会提供使用价值和其他有用效果。因此，这类项目的效益不是体现在它的盈利性上，而是体现在其社会效果上。它反映资源消耗与社会需要的满足关系，即项目付出的代价与社会受益程度之间的对比关系。只要两者之间的对比关系是有效的（即以一定的代价获取最大的社会收益）、经济的（即在获取一定的社会收益下付出的代价最小），投资项目就值得投资建设，否则，就要予以否定。

公共投资项目虽然不具有较高投资收益水平的特点，但它们是国民经济的重要组成部分，因为它们不仅是社会产品再生产的重要条件，还是社会劳动力再生产的重要条件。首先，一部分基础性投资项目提供的产品如煤气、工业生产用水、农田灌溉用水等，直接作为社会产品再生产过程中的劳动资料，参与社会产品的再生产；其次，这些项目直接为社会大众提供各项服务，成为人类自身发展的重要条件。例如，邮电通信为居民、职工提供交往便利和提高工作效率，园林绿化、体育、娱乐设施等为职工和居民的身心健康创造良好、优美的环境等。

尽管对私人投资项目评价和分析的框架与思路可用于公共项目，但两者间还是有根本性的差异。这些差异可归纳于表9-1。

表9-1 私人投资项目和公共投资项目的差异

项目	私人投资（拥有）项目	公共投资（拥有）项目
目标	为利润最大化提供产品或服务	不完全以营利为目标，提供公共卫生、基础教育、安全等公用产品以及缓解就业和贫富差别；实现资源配置的效率
资金来源	民间直接投资者和债权人	税收和民间的债权人
对项目拥有或资助方式	非公有实体	财政拨款、贷款贴息和债务担保等
项目投资回报的受益人	实施项目投资的非公有实体	社会公众
项目产出效益的度量	可用货币度量	不能或难以用货币度量
目标间的冲突	基本没有	有，如水利工程的防洪、航运、发电、旅游和环境
项目利益主体间的冲突	基本没有	有，部门和地区间的冲突

由以上分析比较可知，公共项目的决策往往涉及很多非经济因素。这些项目的经济评价与分析只能是提供决策考虑的一个方面。但是，正是由于公共项目不完全受制于市场竞争的制约，其资金又来源于广大的公众和纳税人，因此更有必要做公正透明的评价与分析。只要资源是有限的，实现目标的方案不止一个，评价和分析就是必要的。因此，在采纳任何涉及

公共开支的政策、计划和项目时，都要通过评价回答以下问题：

(1) 为取得同样的目标是否还有更好的方案？

(2) 所耗用的资源是否还有更好的用途？

9.1.2 公共项目的分类

公共项目大致上可划分为纯公共项目、准公共项目、战略性或政策性项目。

1. 纯公共项目

纯公共项目指提供公用物品的项目，项目产出具有非排他性和非竞争性，这类项目一般来说需要资源的投入，但是没有直接的现金流入，却具有为公众提供服务的效益，如防洪治沙、国防建设、水利、义务教育、公共卫生、环境生态保护和治理，以及国家的立法、执法和行政所必需的各类建设项目，如公检法司、工商、税务、海关和城镇化建设等。这些项目提供的服务是由社会成员共同享用的，既无法排除不付费的人享用（非排他性），一个人的享用也不会影响其他任何人的享用（非竞争性）。民间部门通常都会避开生产公用物品。

2. 准公共项目

准公共项目指提供准公用物品的项目，项目产出具有一定的竞争性和排他性，但这些产出或提供的服务涉及人们的基本需要，或者是因为存在外部效果，收费往往不足以反映项目的效益。因此需要政府对投入的补充，如农业、水利、通信、教育、基本医疗服务和交通运输项目等。有一类称为公用事业项目，如供电、给排水、供气和城市公共交通等，虽然具有收费和通过市场运作的可能，但因为这些产品和服务有较强的公益性，且具有自然垄断（Natural Monopoly）属性，所以有必要由政府或公共部门专营或授权经营。

3. 战略性或政策性项目

战略性或政策性项目是指对国家有战略意义的特大型的，或有较大风险但有重大前景的，或是资源性的项目；或者出于领土完整和安全以及减少地区间经济发展差异的考虑的项目。显然，政府必须承担这些项目的发起和建设，而不论这些项目提供的产品是私用物品还是公用物品，也不论这些项目是否是经营性或营利性的。

综上所述，可知公共项目涉及的范围是相当宽泛的，特别在我国当前还处于转轨时期，市场配置资源的能力尚需加强，公共部门在项目投资决策中还起重要作用。可以这样理解：凡是不完全由市场配置资源，而由政府或其他公共部门筹划、投资或参与的工程项目，都可称为公共项目。

9.1.3 公共项目的成本与收益

要正确评价公共投资项目，首先需要对公共项目的成本与收益予以正确的识别与计量。公共项目建设的基本目的是追求社会利益，其收益与成本是指广泛的社会收益和社会成本，而且这些收益与成本又往往由于缺乏市场价格而难以用货币计量，这都使得公共投资项目的成本与收益的识别和计量相对复杂与困难。

1. 公共项目成本与收益的类别

(1) 直接收益与成本、间接收益与成本。

在公共项目评价中，除了考察项目的直接收益与成本外，有时还需要考察间接收益与成本，特别是在间接收益与成本较大的时候更是如此。

直接收益与成本是在项目的投资经营中直接产生的收益与成本。例如，灌溉工程可直接提供灌溉用水，增加农作物产量；水污染治理项目可直接减少污水排放量。这些都是直接收益，而这些项目的投资与运营支出都是直接成本。

间接收益与成本又称次级收益与成本，是直接收益与成本以外的收益与成本。间接收益与成本是由直接收益与成本引发生成的。例如，灌溉工程除增加农田产出的直接收益外，还可能有助于改善当地人民的营养及体质，促进当地食品加工业发展；污水治理项目除了具有改善生态环境的直接收益外，还可能由于生态环境的改善而降低沿河周围居民发病率，由此带来医药支出的节省和劳动收入增加的间接收益。

（2）内部收益与成本、外部收益与成本。

由于公共投资项目产出具有较强的公共品性和外部性特点，因此这类项目的外部收益通常会很大，甚至远远超出内部收益，故在评价工作中应当特别注意对其识别与计量。

内部收益是由项目投资经营主体获得的收益，内部成本是由项目投资经营主体承担的成本。例如，一个治理工厂生产车间噪声的项目，项目投资与运作成本由企业自身负担，减少噪声的收益由企业职工获得；一个收费公路项目，车辆收费的收入是项目的内部收益，而投资维护等支出是其内部成本。

外部收益与外部成本系指落在项目之外的收益与成本。例如，一个免费通行的公路项目，通行者从通行中获得的收益是项目的外部收益；公立免费学校学生的就读收益也是外部收益。再如，工厂排放的烟尘产生污染，而工厂外部居民承受的污染而带来的损失就是一种外部成本；一个正在施工的市区道路项目给行人的不便而带来的损失也是一种外部成本。

然而，公共投资项目的直接收益（或成本）并不一定等同于内部收益（或成本），间接收益（或成本）也不一定等同于外部收益（或成本），尽管它们之间在有些情况下可能重合，但并非所有项目都能重合，两者之间在概念上的差异不能混淆。例如，一个公共消防项目，它所提供的减少或消除火灾损害的服务，具有公共品的免费服务特性，由它所获得的减少财产损失和人员伤亡的收益是一种直接收益，但这种收益却不是项目的内部收益而是消防部门以外的外部收益。

（3）有形收益与成本、无形收益与成本。

有形收益与成本是指可以采用货币计量单位（价格）或实物计量单位予以计量的收益与成本。由于公共项目评价是用经济分析方法对项目的社会经济效益状况进行评价，因此应当尽量把项目的收益与成本予以货币化，使收益与成本具有同一经济价值量纲，可以直接比较。一般而言，投入物（内部成本）的货币价值是较易计算的，如投资和经营支出等，其产出收益则常常由于缺乏市场价格而不易计量其货币价值。

对那些无市场价格的产出收益进行货币化计量，通常有两种可供选择的方法：一是把可以获得同样收益的替代项目方案的最小成本费用作为该项目方案的收益（即替代方案的成本费用的节省）；二是把消费者愿意为项目产出所支付的货币——消费者支付意愿作为收益的估价。对于项目产出所带来的外部损失，则可以用被损害者愿意接受的最低补偿收入作为外部成本或负收益的估价。两种方法各有利弊，前一方法的局限性在于，要对某一项目方案进行评价，必须要有替代方案，把替代方案的成本费用作为待评价方案的收益，其实质是把收益与成本的比较变成两个方案之间的成本费用之间的比较，评价结论仅是两个方案之间的相对比较结论，不反映方案自身的经济性。因此，这种方法只适用于互斥方案间相对择优评价时，且要求各互斥方案提供同样的产出或服务（收益相同）。后一方法的目的在于能够对项目方案自身的收益与成本进行货币化计量，以便通过收益与成本的比较去评价项目方案自身的经济性。这种方法的实际困难在于，在调查消费者的支付意愿时，被调查者在不对项目产出做任何实际支付的情况下，他们可能出于各种不同的动机降低或高报他们的支付意愿。而在损害补偿意愿的调查中，人们可能会有意夸大损害成本而报高价。

因此，在上述方法难以实行的情况下，有必要采用实物量纲计量项目的有形收益与成本。

无形收益与成本是一些既不存在市场价格（难以货币化计量）又难以采用其他计量单位度量的收益与成本。例如，建筑物的美学价值，保护古代遗产的文化价值，都是难以用货币或其他计量单位加以度量的。有的公共项目，其无形收益与成本可能并不重要，可以对其忽略不计，但是有的项目，如古代文物保护项目，无形收益很可能是其根本性收益，就不能够对其忽略不计。

2. 成本、收益的识别与计量

（1）明确项目基本目标。

成本与收益是相对于目标而言的，收益是对目标的贡献，成本是为实现目标所付出的代价。因此，明确项目的基本目标，是识别成本与收益的基本前提。

公共项目常常具有多目标性。例如，一个大型水利枢纽工程项目，它所要实现的目标并不单一，除了提供电力供给外，还追求防洪、灌溉、航运和游览等其他目标。明确了基本目标，就可以围绕这些目标进行必要的情景分析，进而可对项目的成本与收益进行正确识别和计量。

（2）成本、收益的识别与计量范围。

项目成本与收益的发生具有时间性与空间性，在考察项目成本与收益时，须遵循成本与收益在空间分布和时间分布上的一致性原则，否则就会多估或少估收益与成本，使项目的收益与成本失去可比性。

成本与收益的空间分布包括两类分布——地域分布和人群分布，空间分布一致性系指在相同地域和相同人群中同时考察收益与成本。合理确定空间范围，是正确识别、计量项目成本与收益的基本要求。因为在实践中，有时会有意无意地扩大或缩小识别范围，或者对成本与收益的考察空间不一致。例如，一条专供车辆通行的全封闭高速公路，如果只考察它为车辆通行者带来的收益，而不考察它给沿线步行者和骑自行车人带来的不便，便会导致少估成本的后果。

（3）成本、收益识别与计量的增量原则。

项目的成本与收益是指项目的增量成本和增量收益，即有项目较之无项目所增加的成本和收益。因此，在识别和计量项目的成本与收益时，最终落脚点是分析预测项目本身所引起的成本收益变化。一个灌溉项目能够增加农作物产出，但若没有此项目，由于种植技术和种子的不断改良，也可能会使农作物产出逐年增加。若把项目完成后的农作物产出的全部增加都视作灌溉项目的收益而未做相应扣除，就高估了项目的收益。所以，在成本与收益的识别和计量上，应该把与项目无关的因素影响作用剔除。

（4）识别与计量的非重复性原则。

公共项目的成本与收益通常具有内部性和外部性的双重特征，这种特征加剧了内部效果与外部效果的非重复性识别与计量的难度，稍有不慎，就容易导致成本或收益的重复计算。如高速公路把过往车辆的缴费收入视作内部收益，把车辆通行所节省的时间、耗油和减少车祸损失视作外部收益，就存在一个如何避免收益的重复计算问题。我们假定在高速公路修建前存在一条免费通行的土路，那么，对这条土路的原有车流量而言，高速公路所带来的通行时间节省、耗油节省与减少车祸损失的收益总和，应该等于它们的支付意愿总和，即这种支付意愿等于它们从高速公路那里增获的全部价值，因而也包含了它们向高速公路缴费的部分。所以，它们从高速公路项目中获得的外部收益是支付意愿扣除缴费后的余额——消费者剩余，如果把车辆的时间节省、耗油节省及减少车祸的价值全都归于外部收益，就是把车辆缴费既算作内部收益又算作外部收益的重复计算。

9.2 公共项目的经济评价

公共项目的经济评价建立在项目收益与项目成本比较的基础上，如果项目的成本与收益都采用货币单位来计算，相应的评价方法称为成本—收益评价法；如果成本与收益（主要是收益）不采用货币单位来计量，可称为成本—效能评价法。

9.2.1 成本—收益评价法

成本—收益评价法建立在成本与收益的货币计量基础上，因此，在决定公共项目能否运用成本—收益评价法时，需要考虑下列问题：

一是项目的受益范围和收益内容是什么？哪些是货币收入？哪些是没有市场价格的非货币性收益？能否比较合理地将非货币性收益转化为等价的货币收入？

二是项目的成本范围和成本内容是什么？哪些成本是货币支出？哪些成本是没有市场价格的非货币性成本？能否比较合理地将非货币性成本转化为等价的货币成本？

只有在上述问题得到肯定回答之后，采用成本—收益评价法才是适宜的。

1. 评价指标与评价准则

成本—收益评价法是货币化的收益与成本的比较评价，因而，这种评价可以像盈利性项目的经济评价那样，使用净现值、净年值、内部收益率等评价指标及评价准则。但在公共项目的经济评价中，最常用的评价指标是收益成本比。

收益成本比是项目的收益现值与成本现值之比，其数学表达式为

$$(B/C) = \sum_{t=0}^{n} B_t (1+i)^{-t} / \sum_{t=0}^{n} C_t (1+i)^{-t} \tag{9-1}$$

式中，(B/C)为项目的收益成本比；B_t为项目第t年的收益（货币单位），$t=0,1,2,\cdots,n$；C_t为项目第t年的成本（货币单位），$t=0,1,2,\cdots,n$；i为基准折现率；n为项目的寿命年限或计算年限。

评价准则为：

若$(B/C)>1$，则项目可以接受；

若$(B/C)<1$，则项目应予拒绝。

对单一项目方案而言，可以证明，收益成本比是净现值、净年值和内部收益率的等效评价指标，即对同一方案而言，收益成本比的评价结论与净现值、净年值和内部收益率具有一致性。

在公共投资项目的经济评价中，收益成本比指标有时也用等额年收益与等额年成本之比来表达，即

$$(B/C) = AB/AC \tag{9-2}$$

式中，AB 为等额年收益，$AB = \sum_{t=0}^{n} B_t (1+i)^{-t} (A/P, i, n)$；AC 为等额年成本，$AC = \sum_{t=0}^{n} C_t (1+i)^{-t} (A/P, i, n)$。

[例 9-1] 单方案的收益成本分析。设有一条公路，每年由于车祸造成的财产损失为 90 万元。现打算拓宽路面，扩建一个车道。估计扩建后可减少一半车祸，扩建估计投资 180 万元，使用期 30 年。假设利率 7%，路面保养费每年约为投资的 3%。试评价拓宽路面计划是否值得实施。

方法一：应用现值法。若实施该项目，则能获得的总收益现值为

$$B = 90(P/A, 7\%, 30)/2 = 558.41(万元)$$

支付的总成本现值为

$$C = 180 + 180 \times 3\%(P/A, 7\%, 30) = 247.01(万元)$$

净收入现值（NPV）= 总收益现值 − 总成本现值 = 558.41 − 247.01
$$= 311.4 （万元） > 0$$

或收入成本比（B/C）= 总收益现值/总成本现值 = 558.41/247.01
$$= 2.26 > 1$$

方法二：应用年值法。若实施该项目，则每年能获得的收益为

$$AB = 90/2 = 45 （万元）$$

年成本为

$$AC = 180(A/P, 7\%, 30) + 180 \times 3\% = 19.9 （万元）$$

收益成本比

$$B/C = 45/19.9 = 2.26 > 1$$

计算结果可见，两种方法的结论是一致的。拓宽公路项目有较大的经济效益和价值，应该投资。若再考虑拓宽车道后使行车时间缩短的间接效益，项目的经济性将更好。

如果采用收益成本比指标进行互斥方案间的相对比优，不能按收益成本比最大准则进行，即不能认为收益成本比最大的方案就是最好方案，这种情况类似于不能按内部收益率最大准则进行方案比较一样。正确方法是采用增量收益成本比，即

$$(\Delta B/\Delta C) = \left[\sum_{t=0}^{n} B_{kt}(1+i)^{-t} - \sum_{t=0}^{n} B_{jt}(1+i)^{-t}\right] / \left[\sum_{t=0}^{n} C_{kt}(1+i)^{-t} - \sum_{t=0}^{n} C_{jt}(1+i)^{-t}\right] \tag{9-3}$$

式中，$(\Delta B/\Delta C)$ 为增量收益成本比；B_{kt}, C_{kt} 为第 k 方案第 t 年的收益和成本（$t = 0, 1, 2, \cdots, n$）；B_{jt}, C_{jt} 为第 j 方案第 t 年的收益和成本（$t = 0, 1, 2, \cdots, n$）。$\Delta B = \sum_{t=0}^{n} B_{kt}(1+i)^{-t} - \sum_{t=0}^{n} B_{jt}(1+i)^{-t}$，为增量收益现值；$\Delta C = \sum_{t=0}^{n} C_{kt}(1+i)^{-t} - \sum_{t=0}^{n} C_{jt}(1+i)^{-t}$，为增量成本现值。

评价准则如下：

设 $\Delta B>0$，$\Delta C>0$，若 $(\Delta B/\Delta C)>1$，则收益现值大的方案好；若 $(\Delta B/\Delta C)<1$，则收益现值小的方案好。

[例9-2] 设一娱乐设施项目，有四个方案可供选择。各方案的等额年收入与等额年成本如表9-2所示。设投资收益率为10%。

表9-2 四个方案的收益成本比计算

方案	等额年收入/万元	等额年成本/万元	收入成本比	年净收益/万元
甲	890	662	1.34	228
乙	830	610	1.36	220
丙	730	580	1.26	150
丁	690	520	1.33	170

四个方案的收益成本比均大于1，年净收益均大于零，从绝对经济效果看都可行。按照收入成本比由大到小排序的方案依次为乙、甲、丁、丙；而从年净收益由大到小排序的方案依次为甲、乙、丁、丙。两种评价方法结论不一致，难以确定是乙还是甲为较优方案。互斥方案绝对经济效果都可行的情况下，除考虑绝对效果外，还需计算项目间的增量收益成本比，进行方案之间的相对优劣分析，对方案比较后优选。仍以表9-1数据为例，计算增量收益成本比，结果列于表9-3。

表9-3 增量收益成本比

方案比较	增量等额年收入/万元	增量等额年成本/万元	增量收益成本比	决策
丙与丁	40	60	0.67	比值小于1，接受等额成本低的丁方案
乙与丁	140	90	1.56	比值大于1，接受等额成本高的乙方案
甲与乙	60	52	1.15	比值大于1，接受等额成本高的甲方案

计算结果可知，甲方案优于乙方案。虽然甲方案投资较乙方案高，但是该投资单位成本增量产生的收益增量达到1.15单位，大于成本增量，说明投资增加是经济合理的。

2. 案例：某市区道路改建项目的经济评价

1）项目概况

为改善交通状况，方便生产与生活，市政当局拟出资改建某道路，由原先双向四车道改建为六车道，建立交桥两座和若干过街天桥。项目预期两年完成，总投资预计9亿元。

2）收益与成本的识别与估算

（1）收益。

①原有交通流量收益。

a. 节省时间。新路建成后，预计每辆车每日平均节省通行时间1小时，相应金额为10元/小时。原路每日平均车流量为1.5万辆，由此每年节省时间价值为5 475（10×1.5×365）万元。此路对步行者和骑自行车者影响不大，有关分析与估算从略。

b. 增加通行者舒适和方便。新道路会明显增加通行者的舒适性和方便性，原路每天乘车过往人数平均6万人，每人由此获得的改善价值为0.2元/次，由此每年获得收益为

438万元（0.2元/人×6万人/天×365天/年）。

c. 节约行驶成本。成本节约既包括燃油节约，也包括道路平整性改善和通行时间缩短所带来的车辆磨损的减少。预计每辆车每天由此获得节约额为0.5元/次，故每年的此项收益为274（0.5×1.5×365）万元。

d. 减少车祸损失。车祸事件有三类，即人员死亡、人员受伤和车辆财产损失。三类事件发生的比例关系，由原路的统计资料表明：该路每因车祸死亡1人，就会发生40人受伤事件和120件财产损失事件。三类事件的损失额估计如下：

每死亡1人：损失15万元。

每受伤1人：损失0.5万元。

每项财产事件：损失0.45万元。

根据以上数据，每发生一名死亡事件及相应比例的人员受伤和财产损失事件的损失为

每名死亡损失：15万元。

受伤事件损失：20（0.5×40）万元。

财产事件损失：54（0.45×120）万元。

合计：89万元。

原路统计资料还表明，以往两年该路每年死亡15人。道路改建后，预计每年至少可以减少2/3的死亡率及其他事件，由此每年减少10名死亡人数及其他损失的收益为890（89×10）万元。

以上四项合计，该项目每年为原交通流量增加收益为7 077（5 475+438+274+890）万元。

②新增交通流量收益。

a. 节省时间。新道路每日平均车流量预计可达3万辆，每日新增车流量为1.5万辆，若不改建此道路，它们就会加剧道路阻塞或不得不绕道而行，每次多费时间平均为1.2小时，每小时价值为10元，由此每年（365天）节约金额为6 570（1.5×10×1.2×365）万元。

b. 节约行驶成本。通行时间的缩短和道路平整性的改善为新增车辆节省燃油和减少车辆磨损，每辆车每次由此收益0.5元，新增车辆每年共收益274（0.5×1.5×365）万元。

c. 新使用者的其他收益，包括道路的新使用者在舒适性等方面的改善。预计此项收益每年为450万元。

以上三项合计，每年共收益7 294万元。

③其他道路通行者的间接收益。

a. 节省时间。改建道路的新增使用者中有相当一部分来自市区其他道路的使用者，他们是由于改建道路的经济方便、快速舒适而转移过来的使用者，他们的转移改善了其他道路的通行速度。预计该改建道路为其他道路通行者每年节省时间价值为2 800万元。

b. 节约行驶成本。改建道路减轻了其他部分道路的交通压力，增加了车速，由此每年可节约燃油、修理费用等达250万元。

c. 改善舒适性与方便性。改建道路改善了其他部分道路使用者的舒适性和方便性，由此每年所获收益为436万元。

以上三项合计，每年收益为3 486万元。

（2）成本。

①投资支出。项目总投资预计为9亿元，其中包括拆迁、补偿费。建设期两年，第一年

与第二年投资比例分别为45%和55%。

②新增道路维护费。道路改建后，将比原道路每年新增维护费180万元。

③新增管理费可忽略不计。

④道路改建期间的间接损失。道路改建期间，道路通行被阻断，车辆和行人由此每年受损估计为6 000万元。

（3）计算与评价。

道路服务年限为30年，期末残值忽略不计，折现率$i=10\%$。综合前述收益与成本数据，该项目的成本、收益和经济指标计算结果如表9-4所示。

表9-4 项目成本收益　　　　　　　　　　　　　　　　　　　　单位：万元

年末 项目	1	2	3~30
1 收益			17 857
1.1 原有交通流量收益			7 077
1.1.1 节省时间			5 475
1.1.2 增加通行者舒适和方便			438
1.1.3 节约行驶成本			274
1.1.4 减少车祸损失			890
1.2 新增交通流量收益			7 294
1.2.1 节省时间			6 570
1.2.2 行驶成本节约			274
1.2.3 其他收益			450
1.3 其他道路通行者的间接收益			3 486
1.3.1 节省时间			2 800
1.3.2 节约行驶成本			250
1.3.3 改善舒适性与方便性			436
2 成本	46 500	55 500	180
2.1 投资支出	40 500	49 500	
2.2 新增道路维护费			180
2.3 新增管理费			
2.4 改建期间的间接损失	6 000	6 000	
3 净收益（1-2）	-46 500	-55 000	17 677
收益成本比（B/C）			1.55
净现值（NPV）			49 574
内部收益率			16.2%

9.2.2 成本—效能评价法

成本—效能评价法是公共项目评价的另一种常用方法，此方法与成本—收益评价法在原理上有相通之处，但又有自身的不同特点，它在国防工程、学校、医疗、政府机构、环境保护等公用事业的投资项目评价上获得了广泛应用。

1. 基本概念与应用范围

公共投资项目的成本（如投资支出、运营费用等）常常以货币性形式所表现，但其产出或收益往往难以形成货币性收益。其中，有的项目产出或提供的服务，不但缺乏市场价格，还由于哲学、伦理或技术性困难，难以将其产出或收益货币化。可见，当项目的产出收益难以或不宜进行货币化计量时，成本—收益评价法就失去了应用前提，而应该采用成本—效能评价法。

在成本—效能评价中，成本是用货币单位计量的、效能（或称效果、效用）是用非货币单位计量的，这样的效能是对项目目标的直接或间接性度量。

在成本—效能评价中，由于成本与效能的计量单位不同，不具有统一量纲，致使成本—效能评价法不能像成本—收益评价法那样用于项目方案的绝对效果评价，即它不能判定某一方案自身的经济性如何，不能判定单一方案是应该接受还是应该拒绝，因为人们无法给出评价准则。犹如一个投资 3 000 万元、增设 300 张病床的项目方案，我们既然无法将它所花的钱数（成本）同它能够诊治的病人数（收益）进行比较，也就不存在可行与否的判定准则。

成本—效能评价法的应用须满足以下三个基本条件：

（1）待评价的项目方案数目不少于两个，且所有方案都是相互排斥的方案。

（2）各方案具有共同的目标或目的，即各方案是为实现同一使命而设的。

（3）各方案的成本采用货币单位计量，各方案的收益采用非货币的同一计量单位计量。

2. 成本—效能评价法的基本程序与方法

（1）明晰辨别项目所要实现的预期目标或目的。

项目的目标可能是单一的，也可能是多目标。单一目标的项目评价相对简单和容易，多目标的项目评价相对复杂和困难，应对项目的预期目标合理界定，防止目标追求的过多过滥。

（2）制定达到目标要求的任务要求。

随着项目目标的确定，需要进一步确定实现目标的任务要求。确定任务要求的过程，既是明确如何实现目标的过程，又是检验能否实现目标的过程，因此，目标对制定任务要求具有规定性，任务要求对目标的合理制定具有反馈调整作用。例如，一个病人紧急呼救项目，其总的目标可能是改善当地家庭和单位的突发性危急病人的抢救治疗效果，实现目标的关键是缩短抢救时间，为此制定的任务要求可能包括：缩短医院从接到呼救电话到发出救护车的回应时间；缩短救护车到达病人处并把病人（必要时）送回医院的时间；缩短医院的紧急诊治时间。如果规定了回应—抢救时间的最低目标要求，那就要把它分解到上述具体任务上，并通过这些任务要求的细致分析，对目标制定的适当与否做出评判。

（3）构想并提出完成预定目标和任务的供选方案。

供选方案的构想与提出不仅取决于技术实现的可能性，也取决于相关人员的知识、经验和创造性思维的发挥。例如前面提到的病人紧急呼救项目，完成目标及各项任务要求的供选方案至少有以下几种：各家医院各自为战，各自准备紧急救护车的方案；多家医院在紧急呼救通信联网基础上，按就近原则派发救护车并可减少救护车总数的方案；建立全市紧急呼救中心。该中心的救护车按市区人口密度分布而被分派在各区游动待命，随时按紧急呼救中心的指令就近救护；该中心也可按及时原则，指令就近医院派发救护车，此方案可能会进一步减少医院自备救护车数，缩短抢救时间。

（4）对项目方案的成本与效能予以正确的识别与计量。

由于不同项目具有不同的目标，收益的性质千差万别，在效能计量单位的选择上，既要方便计量，又要能够切实度量项目目标的实现程度。

（5）方案间的比较评价。

采用成本—效能评价法比选方案，其基本做法是计算各方案的效能成本比（B/C），并按效能成本比最大准则进行比选，即单位成本之效能越大者相对越优。

这一比较原理及准则，在不同的项目目标要求和约束条件下，可以有不同的变通方式，通常可在下述三种方式中选择其一：

①最大效用成本比法。此法直接按效用成本比最大准则比选方案，即单位成本之效能最大的方案是最优方案。此法通常适用于各供选方案的目标要求和（或）成本要求没有严格限制、允许有一定变动范围的情况。

②固定成本法。此法是在各方案具有相同成本的基础上，按效能最大准则进行方案比选。此法是最大效能成本比法的变通方式，因为各方案若成本相同，效能最大的方案，其效能成本比必然最大。固定成本法通常适用于项目成本有严格限定的情况。

③固定效能法。此法是在各方案具有相同效能的基础上，按成本最小准则进行方案比选。此法是最大效能成本比法的另一种变通方式，因为各方案若效能相同，成本最小的方案，其效能成本比必然最大。固定效能法通常适用于有固定目标要求的情况。

上述三种方法如何选用，应视项目的具体要求和特点而定。例如前述病人紧急呼救项目，如果在缩短救护时间的目标上有严格的限定要求，即在各方案具有相同效能情况下，则可选用固定效能法，仅对各方案的投资费用与运营费用的大小进行比较，比较指标可采用费用现值或费用年值；如果项目资金紧张，只能在限定资金条件下进行方案比选，则可采用固定成本法，只对方案的效能大小（救护时间的长短）进行比较，效能大（救护时间短）者为优；如果对项目的效能（救护时间的缩短）要求和成本要求无严格限定，允许一定的变化范围，则可以采用最大效能成本比法。

有些情况下，项目目标不是一个而是多个，且各目标的效能计量不具有同一物理或其他量纲，无法使用同一计量单位度量效能。这种情况下，可在专家调查的基础上，对项目的不同目标赋予不同权重（各目标的权重之和等于1.0），对方案实现各自目标的满意程度赋以分值（主观效能），再将方案取得的各目标分值分别乘以各目标权重后求和，即为方案预期获得的总效能。之后，就可进行方案间的成本—效能评价。这种多目标的项目方案评价，在主观效能（分值）的最终计量上，常用方法有模糊矩阵法、层次分析法等，它们的基本思想都属于对目标实现的满意程度（分值）加权求和一类，只是处理手段不同。

（6）进一步分析比较候选方案，进行必要的补充研究和深化研究。

各供选方案经过上一步骤比较评价后，可以大致排出方案之间的优劣次序，淘汰那些明显较差的方案，保留两个或三个相对较优的方案，供进一步分析比较。这一阶段，可对项目的目标及其必要性进一步修正和认定，对保留下来的候选方案，进行必要的补充研究，加深关键问题的研究，提高数据质量，然后进行方案比较评价。

（7）进行敏感性分析或其他不确定性分析。

在敏感性分析中，在对原有的基本假设做出修正的基础上，对因素变动下的评价指标值进行计算，由此确定各影响因素变动对项目目标的影响程度，对可以控制的因素制定控制措施，对无法独自控制的因素，寻找防范措施与对策。

其他不确定性分析方法有情景分析法（设想内外环境变动下的未来各种可能情景，估算每一情景下的评价指标值）、概率分析或风险分析法等。

（8）写出分析或研究报告。其包括项目背景，问题与任务的提出，目标确定及依据，推荐方案与候选方案的技术特征与可行性，资源的可得性及资金来源与筹集，项目的组织与管理，成本、收益的识别与计量及其有关假设与依据，不确定性分析的有关结论，比较评价分析，提出推荐方案或少数候选方案，分析评述有关方案优点与短处，供最终决策参考。

9.3 公用设施项目分析

公用设施项目是指供水、供气、供电和公共交通一类项目。这些项目提供人们生活的基本需要并具有自然垄断属性，一般都由政府直接投资和经营。随着市场经济的发展，实践证明把这些设施都看作社会福利事业的话，政府的负担将难以为继，并且也不利于资源的利用和经营的效率。事实上，这类项目可以通过服务收费以取得投资的回报，完全有可能让民营资本进入该领域。由于其垄断属性，政府和社会有必要对这类服务的价格进行规制。通过公众听证和政府定价，使投资者有一定的投资回报，但又不让其获取过高的垄断利润，并促进其提高效率。由于这类项目的产出单一，需求相对稳定，项目的经济评价与分析的任务就变为如何确定合理价格的问题。这就是所谓合理报酬率定价法，也称价格倒推法。

设投资项目产品或服务的收费价格为 P，项目每年的产出量为 Q，投资者每年的盈亏平衡收入为

$$销售（服务）收入（PQ）= 合理利润（R）+折旧与摊销（D）+利息（I）+$$
$$经营成本（C）+销售税金（PQt_1）+所得税（T）$$

式中，t_1 为销售税率（包括附加费等）；合理利润、折旧和摊销、利息之和是项目建成后全部初始投资（包括固定资产投资和流动资金投资）F 的资本回收费用 A，$A = F \times \dfrac{i(1+i)^n}{(1+i)^n - 1}$，其中 i 为政府规定的合理报酬率，n 为项目运行期；所得税 T 可以近似写成 $T=(PQ-PQt_1-C-A)\times t_2$，其中 t_2 为所得税税率。

那么，项目的合理的定价水平为

$$P = \frac{(C+A)(1-t_2)}{Q(1-t_1-t_2+t_1t_2)} \tag{9-4}$$

[例9-3] 某供水工厂项目，运营期 20 年，投资（至建成的投资费用）50 460 万元，平均每年供水 1 亿立方米。年经营成本中，能源费用 540 万元，化学品费用 712 万元，工资及附加费 148 万元，管理费用 178 万元，其他经常性费用为 150 万元。销售税金税率为 5.5%，所得税税率为 15%。求该水厂最低的出厂水价。投资者要求的基准收益率为 10%（不含通货膨胀）。

解： 年经营成本 $C = 540+712+148+178+150 = 1\ 728$（万元）

$$资本回收费用 A = 50\,460 \times \frac{0.1(1+0.1)^{20}}{(1+0.1)^{20}-1} = 5\,927 \text{（万元）}$$

将以上数据代入合理定价公式，得

$$P = \frac{(1\,728+5\,927) \times (1-0.15)}{10\,000 \times (1-0.055-0.15+0.055 \times 0.15)} = 0.81 \text{（元）}$$

每立方米的水价应不低于0.81元。也就是说，当水价为0.81元时，投资者可以保证获得10%的投资盈利率。注意，这个水价是不含通货膨胀的。当通货膨胀存在时，水价应按同样的上涨率上涨才能保证投资的盈利水平。从这个例子中还可以看出，每立方米的水价中经常性费用只占23%，其余是资本的回收费用（包括利息和利润）。

如果考虑生产能力的利用具有时间滞后性，假设销售（服务）量及经营成本均随时间 t 而变化，则式（9-4）可精确为

$$P = \frac{\sum_{t=1}^{n}[(C+A)(1-t_2)]_t (1+i)^{-t}}{\sum_{t=1}^{n}[Q(1-t_1-t_2+t_1 t_2)]_t (1+i)^{-t}}$$

9.4 公共项目的民间参与——特许权经营

1. 起因、背景和特征

民间投资者（包括外资等非公有部门的投资者）参与公共项目的起因可能是政府或公共部门资金的短缺。让民间资本直接投资公共项目，既解决了政府财政资金的暂时短缺，又可避免政府的负债。在现实社会中，提供公用物品的纯公共项目并不很多，大部分是带有不同程度公用性的准公共项目，具有一定程度收费的可能性。同时，技术的进步使得一些公用物品的排他成为可能，并使自然垄断属性行业也不断出现市场竞争的可能性。日益增多的（虽然还不是结论性的）大量证据表明：通过市场导向的资源配置，公共部门的效率低于民营部门。因此，民营部门不仅生产公用物品，还有可能参与公共项目的投资、运行和管理。这种趋势已成为带有世界性的潮流。人们把民间参与公共基础设施建设和公共事务管理的模式统称为公私（民）合作（Public Private Partnership，PPP；Private Financing Initiative，PFI）。就公共部门投资的建设项目而言，民间主要通过特许权转让经营方式（Concession Transfer）参与投资建设或运行，是 PPP 的主要形式。

特许权经营模式是指政府为了提供公共基础设施、社会福利及相关服务与民营企业实体之间所做的一种安排。这种模式不同于一般意义上的民营化。后者除了私人拥有外，其运作主要受制于市场机制和政府一般性的规制（Regulation）。特许权经营则不同，合作各方的责任、风险和回报主要受制于特许权出（受）让合约（Concession Agreement）。政府在这种模式下还承担不同程度的责任，如提供土地和其他资源的供应，同时对项目实施必要的监控。其实质是让公共部门和非公共部门各自承担所擅长的事务和风险，充分利用市场配置资源的效率，同时又保证公共利益不受损失。

2. 特许权经营的适用性及主要形式

公共项目能否采用特许权经营模式很大程度上取决于项目设施的数量、技术复杂性、收费的难易程度以及项目的边界清晰的程度等因素。公共项目需要的资本投资越多、技术的专业化程度越高、收费越容易、地方性越强，那么民间资本介入的程度就可越高。表 9-5 所示为法国公共项目特征的清单。近年来，我国特许权经营主要用于电力、供水、污水处理、收费公路以及供气等公用项目。尤其值得注意的是，特许权经营的模式已开始向学校、医院、地铁甚至监狱等设施推广，由民营项目公司融资建设，提供硬件服务，由公共部门运行。

表 9-5 法国公共项目特性的清单

类　别	设施数	技术专业化	收费的容易程度	项目的规模
教　育	2	4	2	1~4
健　康	2	5	2	4
国　防	2	3~5	1	1
社会安全	1	3	1	2~5
司　法	1	2	1	4
文　化	2	3	4	4
交通运输				
航　空	2	5	5	4
道　路	5	3	4	4
铁　路	4	4	4	3
水　路	2	2	5	3
海　运	3	4	5	4
城市运输	4	4	2	5
通　信	5	5	5	2~5
电　力	5	4	5	2~5
水 供 应	5	4	5	5
卫　生	5	4	1	5
路　灯	5	2	1	5
娱　乐	4	2	4	5
邮　政	1	2	5	3~5
宗　教	2	4	2	2~5
科　研	2	5	1	5

注：其中 1 分表示程度最低，5 分表示程度最高。

目前公共项目普遍采用的特许权经营的具体模式有以下几种：

（1）建设—运营—转让（Build-Operate-Transfer，BOT）。

由项目所在国政府或所属机构为项目的建设和经营提供一种特许权协议（Concession Agreement）。本国公司或者外国公司作为项目的投资者和经营者负责安排融资并负责开发、建设项目，同时在特许权期内经营项目获取商业利润。在项目特许权期末，根据协议由项目所在国政府或所属机构支付一定量资金（或无偿）从项目的投资者和经营者手中取得项目。

(2) 建设—转让—运营（Build-Transfer-Operate，BTO）。

政府与企业签订协议，由企业负责项目的融资和建设，完工后将项目转让给政府。然后，政府把该项目租赁给该企业，由其负责运营，获取商业利润。在此模式中，不存在项目产权的归属问题。还有一种与此类似的模式，称为建设—回购（BT），即由企业在特许权协议下完成投融资和项目建设，然后由政府回购。

(3) 建设—拥有—运营（Build-Owned-Operate，BOO）。

在该模式下，根据协议，由企业负责公共项目的融资、建设，并拥有该项目，且对其进行永久性经营。

(4) 租赁—建设—运营（Lease-Build-Operate，LBO）。

政府与企业签订长期的租赁协议，由企业租赁业已存在的基础设施项目，向政府交纳一定的租赁费用；并在已有设施的基础上凭借自己的资金融资能力对基础设施进行扩建，并负责其运营和维护，获取商业利润。在该模式中，整体基础设施的所有权属于政府，因而不存在公共产权的转让问题。

(5) 转移—运营—转让（Transfer-Operate-Transfer，TOT）。

公共部门根据协议，将已建好的基础设施项目移交给特许经营者运营，经营期满后再移交还给政府公共部门。

无论是采取何种具体模式，公共部门和民间投资者（企业）双方的目标和利害关系是有冲突的。而这类项目都不具有来自消费者和竞争者的市场充分制约，特许权协议就成为这种制约的重要补充。由于特许权经营期限较长（一般多在20年以上），不确定性也就在所难免。通过公开、公平和公正的竞争，选定最好的特许权受让企业，形成公私双方双赢的特许权经营协议是实现这类模式的关键。以某供水项目的BTO为例，双方面对的敏感问题如表9-6所示。这些问题都得在协议中提出明确的界定，一旦日后出现纠纷要列明违约处分和仲裁办法。

表9-6 供水项目BOT协议的敏感问题

问 题	公共部门（水务当局）	民间投资者（受让企业）
1. 最终目标	提供生产和生活用水	取得投资回报
2. 水价	符合价格法	不低于"合理报酬"价格
3. 供水量	按需供应	满负荷运行
4. 特许期限	不能太长	尽可能长，以收回投资
5. 水质	达到或超过标准	成本不能太高
6. 投入要素涨价	希望企业消化	通过水价弥补
7. 结束时转移	完好的设施	继续控制项目
8. 汇率风险	企业承担	政府承担
9. 项目融资	企业自行解决	要求政府担保或贴息

对实施特许权经营模式的公共项目应做以下三个方面的分析评价。一是对公共项目本身做经济分析（费用-效益分析或费用-效果分析），选定最好的方案。一般说来，特许权经营模式本身不能保证把坏的项目变成好的项目。二是从公共部门角度分析实施特许权经营的必要性。要回答"实施这种模式是否比政府自行投资或发行债券建设运营更有利？"这样的问

题。所谓"有利",是指不单单解决政府资金短缺的问题,更主要是两个方面:一方面是通过这种模式使政府资金的利用效率得到提高,即在这种模式下的政府净现金流的净现值是最大的;另一方面是通过这种模式使政府的风险被民间投资者所分担。三是从民间投资者角度,做完整的财务分析,保证对投资者有足够的吸引力。在 BOT 模式下,财务分析应建立在特许权协议规定的基础之上。项目清偿能力和全部投资盈利能力分析的主体就是特许权的受让企业(项目公司);项目的计算期要与特许经营期保持一致。如果期末无偿转移,也就不存在期末资产的回收的现金流入。

3. PPP 项目的物有所值(VFM)评价

2014 年以来,随着中国城市化进程的加快,利用政府与社会资本合作模式(Public Private Partnership,PPP)推进城市基础设施建设和公共服务供给,成为国家治理现代化与公共服务创新的一个重要改革方向。从本质上看,PPP 模式(项目)是一种通过利益共享、风险分担与长期合作,实现项目物有所值(Value for Money,VFM)的政府管理模式创新。其中物有所值(VFM)是评价政府采购行为和采购结果成功与否的关键。遵循国外 PPP 项目均进行 VFM 评价的国际惯例,2015 年 12 月,中国财政部发布了《PPP 物有所值评价指引(试行)》,要求国内拟采用 PPP 模式实施的项目,均需在项目识别阶段开展 VFM 评价。

(1)物有所值评价。

物有所值(Value for Money)评价是用来比较传统的政府采购模式与 PPP 模式孰优孰劣的评价方法。2004 年,英国财政部门在《物有所值评估指南》中明确定义了物有所值的含义:"商品和服务的全生命周期成本以及质量(或可用性)的最优组合,以期使用者的要求被满足"。该含义在衡量商品及服务的成本之外,明确了质量的重要性,并力求在两者之间寻求平衡点,即最优组合。PPP 模式定义下的物有所值是一个相对的概念,将模式和传统的政府采购模式进行对比:若两种采购模式的效益相同,则通过对比投入的成本来判别采用何种模式能实现物有所值最大化;若两种采购模式的成本相同,则通过对比效益大小来判别采用何种模式更物有所值。

物有所值主要评价内容是通过公共部门以及私人部门在项目全生命周期内的管理与运营,能否在最终产品和服务中获得最大效益。对价格、质量、资源利用率、风险分担、目标实现程度和长期运营效益等指标进行综合考虑后通过定性分析、定量计算求出来的值即为物有所值。在定性评价过程中,主要是评价难以进行量化的因素,比如项目在供给、风险分担、提高营运效率、促进创新,激发公平竞争意识等方面是否有所提高。定量评价一般是评价可以用货币量化的因素,比如成本、价格等。因此,物有所值评价包括定性评价和定量评价,通过了物有所值定性评价方能进行物有所值定量评价。

(2)公共部门比较标准。

在国际上,公共部门比较标准 PSC(Public Sector Comparator)的定义不统一,但是实质内容并无差异,主要是对项目完全由公共部门进行融资、采购、拥有、运营时所付出的成本的估算。其中,公共部门比较标值具有以下几个部分,即初始 PSC、竞争中立调整、保留风险、转移风险。PSC 的作用是为 PPP 项目前期立项提供评价依据,在进行物有所值定量评价时,需要计算 PSC 的值作为传统政府采购模式的成本,并将之与采用 PPP 模式所付出的成本进行比较,从而判断项目是否应该采用 PPP 模式。主要特点:一是 PSC 方案(传统政府采购模式)要与 PPP 模式提供相同的产品或服务,以便两种模式进行比较;二是由于公共部门的融资方式和经营模式都较为传统,所以 PSC 根据公共部门的成本历史数据来进行推算;三是 PSC 假设的是公共部门以最优方式提供产品或服务,因此在财务数据选取时,要充分考虑效率;四是 PSC 计算的生命周期与 PPP 合同中的特许经营期一致,才能使其比较与评价具有意义;五是 PSC 以项目整个生命周期的风险成本和收益为计算依据;六是需要计算与 PSC 有关的各种影响因素,以便搭建现金流模型。

(3) 定性评价。

中国的物有所值评价大多应用在 PPP 项目的前期决策阶段,采取定性评价与定量评价相结合的方法。通常是先准备定性评价所需的各项资料,按照流程进行定性评价,评价结果大于或等于 60 分的进入定量评价环节。

评价 PPP 模式是否优于传统政府采购模式的关键在于供给、风险配置,运营效率、创新公平等方面是否具有优势。在定性评价过程中主要依据专家的实践经验和主观判断,并通过问卷调查或专家咨询等方式来综合分析项目的基本条件、所处大环境(政治、经济、社会等)、行业趋势、公共部门资金实力、私人部门运营管理能力等来做出物有所值定性评价。物有所值定性评价指标包括基本评价指标和补充评价指标(表 9-7),在实际的评价中,根据具体情况选择补充评价指标。

表 9-7 定性评价指标和权重[①]

	指标	指标描述
基本指标 (80%)	可融资性	市场融资能力
	政府机构能力	政府转变职能、行政监管、依法履约和项目执行管理能力
	潜在竞争程度	项目内容对私人部门参与竞争的吸引力
	绩效导向与鼓励创新	绩效标准及监管机制的设置和项目各方面的创新程度
	风险识别与分配	行业风险及项目风险的清晰识别及优化分配
	全生命周期整合	项目全生命周期内各阶段在合同中的整合和管理
补充指标 (20%)	预期使用寿命长短	项目预期使用寿命
	运营收入增长潜力	对项目收入和未来发展情况的预测
	主要固定资产种类	项目本身所涉及的固定资产种
	行业示范性	项目在行业中的示范指导作用
	项目规模	项目总投资额大小
	全生命周期成本测算准确性	对项目成本各组成部分的理解程度及准确估算的可能性

在上述的评价指标中,基本评价指标权重为 80%,每个基本指标权重不超过 20%;补充指标权重为 20%,每个补充指标的权重不超过 10%。判断指标标准分为五个层级:有利(分值为 81~100 分)、较有利(分值为 61~80 分)、一般(分值为 41~60 分)、较不利(分值为 21~40 分)、不利(分值为 0~20 分)。负责项目开发的公共部门或者 PPP 中心与行业的主管部门一同制定各项指标的评分标准。

(4) 定量评价。

中国采用的定量评价方法是公共部门比较值法。假定采用 PPP 模式的项目和传统政府

---

① 资料来源:PPP 物有所值评价指引(试行),2015。

采购模式下的产出相同时,两个模式中公共部门所支出的全生命周期的成本净现值的比较,即 LCC(Life Cycle Cost)与 PSC 值的比较,来判断项目是否可以采用 PPP 模式。在具体的实践过程中依据以下两个标准:一是参照项目的确定,主要依据高效可行且与 PPP 模式产出相同的虚拟项目或是最近五年的相似项目。二是 LCC 与 PSC 值要具有同样的基准日期、折现率、生命周期、物价变动指数。其中,PSC 包括参照项目的建设、运营维护净成本、竞争性中立调整值、项目全部风险成本(可转移风险成本和自留风险成本)及 LCC 为公共部门各项财政支出的现值。在比较 LCC 与 PSC 值的大小来确定项目是否采用 PPP 模式的机制与国际上物有所值定量评价方法相同。中国物有所值定量分析机制如图 9-1 所示。若 PSC>LCC,则通过物有所值定量评价,而没有通过物有所值评价的项目,通过进行调整后可以再重新进行评价,但是调整之后仍旧不能通过的项目则要考虑该项目是否适合 PPP 模式。

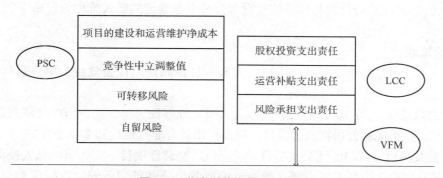

图 9-1 物有所值定量分析机制

资料来源:PPP 物有所值评价指引(试行),2015

习 题

一、判断题

1. 公共项目是指由各级政府或其他公共部门筹划、出资或运行的项目。 ( )
2. 公共投资项目一般投资回收期较长,收益率一般高于社会基准收益率。 ( )
3. 公共性指产品不具有使用权或受益方面的排他性,而是具有多人可以同时受益于同一物品或服务的公共性。 ( )
4. 公共项目大致上可划分为纯公共项目、准公共项目、战略性或政策性项目。 ( )
5. 凡是不完全由市场配置资源,而由政府或其他公共部门筹划、投资或参与的工程项目,都可称为公共项目。 ( )
6. 公共投资项目的直接收益(或成本)等同于内部收益(或成本),间接收益(或成本)等同于外部收益(或成本)。 ( )
7. 无形收益与成本是一些既不存在市场价格(难以货币化计量)又难以采用其他计量单位度量的收益与成本。 ( )
8. 如果项目的成本与收益都采用货币单位来计算,则相应的评价方法称为成本—效价评价法。 ( )

9. 如果采用收益成本比指标进行互斥方案间的相对比优，则应该采用增量收益成本比的方法。（ ）
10. 在成本—效能评价中，效能（或称效果、效用）是用货币单位计量的，成本是用非货币单位计量的。（ ）
11. 由于不同项目具有不同的目标，收益的性质千差万别，在效能计量单位的选择上，既要方便于计量，又要能够切实度量项目目标的实现程度。（ ）
12. 采用成本—效能评价法比选方案，其基本做法是计算各方案的效能成本比，并按效能成本比最小准则进行比选，即单位成本之效能越小者相对越优。（ ）
13. 当项目目标不是一个而是多个，且各目标的效能计量不具有同一物理或其他量纲时，无法使用同一计量单位度量效能，则无法使用成本—效能评价法。（ ）
14. 公用设施项目是指供水、供气、供电和公共交通一类项目。（ ）
15. 人们把民间参与公共基础设施建设和公共事务管理的模式统称为公私（民）合作。（ ）

二、选择题

1. （ ）指此类项目不以经济利益为第一目标而是以社会效益为第一目标，主要为社会提供使用价值和其他有用效果。
   A. 社会效益性   B. 公共性   C. 外部性   D. 经济利益性
2. （ ）指提供公用物品的项目，项目产出具有非排他性和非竞争性。
   A. 准公共项目   B. 纯公共项目   C. 经营性项目   D. 私人投资项目
3. 凡是不完全由市场配置资源，而由政府或其他公共部门筹划、投资或参与的工程项目，都可称为（ ）。
   A. 私人项目   B. 政府项目   C. 公共项目   D. 社会项目
4. 成本与收益的空间分布包括两类分布——地域分布和（ ）。
   A. 时间分布   B. 人群分布   C. 区域分布   D. 数量分布
5. 成本与收益的空间分布（ ）指在相同地域和相同人群中同时考察收益与成本。
   A. 同时性   B. 相同性   C. 一致性   D. 相似性
6. 在公共项目的经济评价中，以下哪一项指标是最常用的评价指标？（ ）
   A. 收益成本比   B. 内部收益率   C. 净年值   D. 净现值
7. 当项目的产出收益难以或不宜进行货币化计量时，应该采用（ ）评价法。
   A. 成本—收益   B. 成本—效能   C. 成本—绩效   D. 效能—收益
8. 采用成本—效能评价法比选方案，按效能成本比最大准则进行比选，这一比较原理及准则可以有不同的变通方式，通常不包括以下哪一项？（ ）
   A. 最大效用成本比法   B. 固定成本法
   C. 固定效能法   D. 最小效用成本比法
9. 公共项目普遍采用的特许权经营的具体模式中，（ ）模式整体基础设施的所有权属于政府，不存在公共产权的转让问题。
   A. 建设—运营—转让   B. 建设—拥有—运营
   C. 租赁—建设—运营   D. 建设—转让—运营

10. （　　）是由项目投资经营主体获得的收益。
    A. 内部收益　　　　B. 外部收益　　　　C. 直接收益　　　　D. 间接收益
11. （　　）是指可以采用货币计量单位（价格）或实物计量单位予以计量的收益。
    A. 内部收益　　　　B. 外部收益　　　　C. 有形收益　　　　D. 无形收益
12. 明确项目的（　　），是识别成本与收益的基本前提。
    A. 基本计划　　　　B. 基本目标　　　　C. 预计效益　　　　D. 实施规划
13. 项目成本与收益的发生具有时间性与空间性，在考察项目成本与收益时，须遵循成本与收益在空间分布和时间分布上的（　　）原则。
    A. 同步性　　　　　B. 一致性　　　　　C. 共同性　　　　　D. 相似性
14. （　　）评价法是建立在成本与收益的货币计量基础上的。
    A. 成本—收益　　　B. 成本—效能　　　C. 成本—绩效　　　D. 效能—收益
15. 如果采用收益成本比指标进行互斥方案间的相对比优，不能按收益成本比最大准则进行，正确方法是采用（　　）。
    A. 增量收益成本比　　　　　　　　　　B. 固定收益成本比
    C. 变化收益成本比　　　　　　　　　　D. 相对收益成本比

三、问答题

1. 公共项目具有哪些特点？
2. 私人投资项目和公共投资项目的差异主要表现在哪些方面？
3. 公共项目成本与收益的类别有哪些？
4. 成本—效能评价法的应用须满足哪些基本条件？
5. 成本—效能评价法的基本程序有哪些？
6. 成本—效能评价法中写的分析或研究报告包括哪些内容？
7. 目前公共项目普遍采用的特许权经营的具体模式有哪几种？
8. 对实施特许权经营模式的公共项目应做哪些方面的分析评价？

四、计算题

1. 现打算建设一座水电站，估计投资 200 万元，使用期 30 年。假设利率 7%，水电站的维修保养费每年约为 6 万元。设建成这一座水电站后，每年可以带来 80 万元的收益，试用成本—收益评价法评价建设水电站的计划是否值得实施。

2. 某水电站项目，运营期 20 年，投资（至建成的投资费用）2 080 万元，平均每年供水 1 亿吨。年经营成本中，能源费用 500 万元，化学品费用 700 万元，工资及附加费 210 万元，管理费用 150 万元，其他经常性费用 120 万元。销售税金税率为 5.5%，所得税税率为 15%。投资者要求的基准收益率为 10%（不含通货膨胀）。求该水电站最低的出厂电价。

习题参考答案

第 10 章 项目评价案例

10.1 工业项目——某新建化工项目的评价

一个新建化工项目，拟生产目前国内外市场均较紧俏的 P 产品，项目投产后能以国产品代替进口品。项目生产规模为年产 P 产品 2.3 万吨，建设期 3 年，投产后 2 年达到设计能力，寿命期从项目建设开始起 18 年。

10.1.1 财务预测数据

1. 资金规划

项目投资所需各项投资额以及资金来源，如表 10-1 所示。

表 10-1 投资使用计划与资金筹措

序号		1	1.1	1.2	1.3	2	2.1	2.2	2.2.1	2.2.2	2.3
项目		总投资	固定资产投资	建设期利息	流动资金	资金筹措	自有资金	借款	长期借款	流动资金借款	其他
合计（人民币）		68 754	53 786	5 013	7 266	68 754	22 000	46 754	41 888	4 866	
1	外币	722	691	31		722		722	722		
	人民币	5 037	4 462	51		5 037	3 920	1 117	1 117		
	合计	11 317	10 996	322		11 317	3 920	7 397	7 397		
2	外币	2 050	1 900	150		2 050		2 050	2 050		
	人民币	14 769	13 007	285		14 769	10 780	3 989	3 989		
	合计	32 605	31 011	1 594		32 605	10 780	21 825	21 825		
3	外币	1 152	864	288		1 152		1 152	1 152		
	人民币	7 545	6 267	589		7 545	4 900	2 645	2 645		
	合计	17 566	14 468	3 097		17 566	4 900	12 666	12 666		
4	外币										
	人民币	5 086			5 086	5 086	2 400	2 686		2 686	
	合计	5 086			5 086	5 086	2 400	2 686		2 686	

续表

序号		1	1.1	1.2	1.3	2	2.1	2.2	2.2.1	2.2.2	2.3
	项目	总投资	固定资产投资	建设期利息	流动资金	资金筹措	自有资金	借款	长期借款	流动资金借款	其他
5	外币										
	人民币	1 453			1 453	1 453		1 453		1 453	
	合计	1 453			1 453	1 453		1 453		1 453	
6	外币										
	人民币	727			727	727		727		727	
	合计	727			727	727		727		727	

注：表中人民币的单位为"万元"，外币的单位为"万美元"。

项目总投资为 68 754（万元），其中外币为 3 924 万美元。

投资使用按项目实施进度规划，项目建设期为 3 年，三年的投资分年使用比例为第一年 20%，第二年 55%，第三年 25%。

流动资金从投产第一年起按生产负荷安排使用。

资金筹措渠道有自有资金 22 000 万元，其余均为借款。

2. 成本费用估算

项目总成本费用估算如表 10-2 所示。

（1）所有原材料、辅助材料及燃料动力价格均以近几年国内市场已实现的价格为基础，预测生产期初的价格（到厂含税价）。

（2）工资及福利费按全厂定员和人均月工资及福利费估算。全厂定员为 820 人，人均月工资为 356 元，福利费按工资额的 14% 计取。由此得年工资及福利费总额为 399 万元。

（3）折旧费：固定资产折旧按直线折旧法计算，折旧年限 15 年，净残值率取 4%，则折旧率 = $(1-4\%)/15 \times 100\% = 6.4\%$。固定资产原值 58 282 万元，年折旧额 = $58\ 282 \times 6.4\% = 3\ 730$（万元）。

表 10-2　项目总成本费用估算　　　　　　　　　　　　　　单位：万元

序号	项目	投产期		达到设计生产能力时								
		4	5	6	7	8	9	10	11	12	13	14~18
	生产负荷/%	70	90	100	100	100	100	100	100	100	100	100
1	外购原材料	11 568	14 873	16 526	16 526	16 526	16 526	16 526	16 526	16 526	16 526	16 526
2	外购燃料	1 438	1 849	2 054	2 054	2 054	2 054	2 054	2 054	2 054	2 054	2 054
3	工资及福利费	399	399	399	399	399	399	399	399	399	399	399
4	修理费	1 865	1 865	1 865	1 865	1 865	1 865	1 865	1 865	1 865	1 865	1 865
5	折旧费	3 730	3 730	3 730	3 730	3 730	3 730	3 730	3 730	3 730	3 730	3 730
6	摊销费	394	394	394	394	394	248	248	248	248	248	0
7	财务费用	4 048	3 785	3 224	2 457	1 956	1 572	1 188	804	420	420	420
7.1	长期借款利息	3 816	3 427	2 804	2 037	1 536	1 152	768	384	0	0	0
7.2	流动资金借款利息	232	358	420	420	420	420	420	420	420	420	420
8	其他费用	1 068	1 068	1 068	1 068	1 068	1 068	1 068	1 068	1 068	1 068	1 068
	其中：土地使用税	70	70	70	70	70	70	70	70	70	70	70

续表

序号	项目	投产期		达到设计生产能力时							
		4	5	6	7	8	9	10	11	12	13	14~18
9	总成本费用	24 509	27 962	29 260	28 492	27 992	27 461	27 077	26 693	26 309	26 309	26 062
	其中：固定成本	11 504	11 240	10 680	9 912	9 412	8 882	8 498	8 114	7 730	7 730	7 482
	可变成本	13 006	16 722	18 580	18 580	18 580	18 580	18 580	18 580	18 580	18 580	18 580
10	经营成本	16 337	20 053	21 911	21 911	21 911	21 911	21 911	21 911	21 911	21 911	21 911

摊销费：无形资产 2 476 万元，按 10 年摊销，年摊销费为 248 万元；递延资产 730 万元，按 5 年摊销，年摊销 146 万元。修理费按折旧额的 50% 计取，每年为 1 865 万元。

（4）财务费用包括长期借款利息和流动资金借款利息。长期借款利息估算见借款还本付息表；流动资金借款利息按当年及以前年份流动资金借款合计乘以流动资金借款年有效利率计算，正常生产年份的年应计利息为 420 万元。

（5）其他费用包括在制造费用、销售费用、管理费用中扣除工资及福利费、折旧费、摊销费、修理费后的费用和土地使用税。其中土地使用税每年为 70 万元，其他费用每年为 1 068 万元。

3. 销售收入预测

本项目建设期 3 年，生产期 15 年（其中投产期 2 年，达产期 13 年），计算期 18 年。投产期 2 年的达产比例依序为 70%、90%，计算期第 6 年达到 100%。

销售收入和销售税金及附加估算如表 10-3 所示。其中，产品销售价格根据近年国内市场已实现的价格预测，生产期的市场价格为每吨产品出厂价（含税价）16 800 元，达产能力为年产 2.3 万吨。产品用于替代进口出售时，全部收取人民币，没有外汇收入。

表 10-3 销售收入和销售税金及附加估算

序号		1	2	2.1	2.2	2.3
项目		产品 P 销售收入	销售税金及附加	增值税	城市维护建设税	教育费附加
生产负荷（70%）（第 4 年）	销量/吨	16 100				
	金额/万元	27 048	2 244	2 040	t43	61
生产负荷（90%）（第 5 年）	销量/吨	20 700				
	金额/万元	34 776	2 886	2 623	184	79
生产负荷（100%）（第 6~18 年）	销量/吨	23 000				
	金额/万元	38 640	3 206	2 915	204	87

正常生产年份的年销售收入 = 16 800×2.3 = 38 640（万元）

投产期（第 4 年）= 38 640×70% = 27 048（万元）

投产期（第 5 年）= 38 640×90% = 34 776（万元）

销售税金及附加按国家规定计取。产品缴纳增值税，增值税税率为 17%，城市维护建设税按增值税额的 7% 计取，教育费附加按增值税额的 3% 计取。正常生产年份的年销售税金及附加估算值为 3 206 万元。

4. 借款的还款方式

项目借款分外汇借款和人民币借款，还款资金来源和还款方式估算如表 10-4 所示。

表 10-4 借款还本付息计算　　　　　　　　　　　　　　单位：万元

序号	项目	建设期			投产期		达产期				
		1	2	3	4	5	6	7	8	9	10	11
1	外汇借款（9%）											
1.1	年初借款本息累计		6 280	24 116	34 138	29 871	25 602	21 336	17 069	12 802	8 534	4 267
1.1.1	本金		6 010	22 537	30 050	29 871	25 603	21336	17 069	12 802	8 534	4 267
1.1.2	建设期利息		270	1 579	4 088							
1.2	本年借款	6 010	16 527	7 512								
1.3	本年应计利息	270	1309	2 509	3072	2 688	2 304	1 920	1 536	1 152	768	384
1.4	本年偿还本金				4 267	4 267	4 267	4 267	4 267	4 267	4 267	4 267
1.5	本年支付利息				3 072	2 688	2 304	1 920	1 536	1 152	768	384
2	人民币借款（9.6%）											
2.1	年初借款本息累计		1 117	5 105	7 750	7 697	5 208	1 215	0	0	0	0
2.1.1	本金		1 066	4 769	6 825	7 697	5 208	1 215	0	0	0	0
2.1.2	建设期利息		51	336	925							
2.2	本年借款	1 066	3 704	2 056								
2.3	本年应计利息	51	285	589	744	739	500	117	0	0	0	0
2.4	本年偿还本金				54	2 489	3 993	1 215	0	0	0	0
2.5	本年支付利息				744	739	500	117	0	0	0	0
	还本资金来源											
3.1	未分配利润				197	2 632	4 137	1 358	144	290	290	290
3.2	折旧费				3 730	3 730	3 730	3 730	3 730	3 730	3 730	3 730
3.3	摊销费				394	394	394	394	394	248	248	248
	还本资金合计				4 321	6 756	8 260	4 267	4 267	4 267	4 267	4 267
4.1	偿还外汇本金				4 267	4 267	4 267	4 267	4 267	4 267	4 267	4 267
4.2	偿还人民币本金				54	2489	3993	0	0	0	0	0
4.3	还本后余额				0	0	0	0	0	0	0	0

在表 10-4 中：

（1）还款资金来源于折旧费、摊销费和未分配利润。

（2）外汇借款还本付息估算用人民币表示，按 1 美元兑 8.70 元的比价计算。外汇借款从投产第一年起按 8 年等额还本（即项目计算期的第 4~11 年），利息按 9% 计算。

（3）人民币借款偿还，是在优先保证外汇借款偿还的前提下，按投产后的最大偿还能力计算还本付息，利息按 9.6% 计算。

（4）项目流动资金借款本金在项目计算期末用回收流动资金偿还，利息为 8.64%，计入财务费用。

10.1.2 主要财务报表

项目的主要财务报表有：

全投资现金流量表和自有资金现金流量表，分别如表 10-5 和表 10-6，基准折现率取 12%。

损益计算结果及税后利润分配如表 10-7 所示。

资金来源与运用表如表 10-8 所示。

资产负债表如表 10-9 所示。

表 10-5（基本报表 1.1） 现金流量表（全部投资）

单位：万元

序号	项目	建设期			投产期				达到设计生产能力期									
		1	2	3	4	5	6	7	8	9	10	11	12	13	14	15	16	17	18
	生产负荷（%）				70	90	100	100	100	100	100	100	100	100	100	100	100	100	100
1	现金流入				27 048	34 776	38 640	38 640	38 640	38 640	38 640	38 640	38 640	38 640	38 640	38 640	38 640	38 640	48 237
1.1	产品销售收入				27 048	34 776	38 640	38 640	38 640	38 640	38 640	38 640	38 640	38 640	38 640	38 640	38 640	38 640	38 640
1.2	回收固定资产余值																		2 331
1.3	回收流动资金																		7 266
2	现金流出	10 996	31 011	14 468	23 764	25 688	27 881	27 408	27 573	27 748	27 875	28 001	28 128	28 128	28 210	28 210	28 210	28 210	28 210
2.1	固定资产投资	10 996	31 011	14 468															
2.2	流动资金				5 086	1 453	727	0	0	0	0	0	0	0	0	0	0	0	0
2.3	经营成本				16 337	20 053	21 911	21 911	21 911	21 911	21 911	21 911	21 911	21 911	21 911	21 911	21 911	21 911	21 911
2.4	销售税金及附加				2 244	2 886	3 206	3 206	3 206	3 206	3 206	3 206	3 206	3 206	3 206	3 206	3 206	3 206	3 206
2.5	所得税				97	1 296	2 037	2 291	2 456	2 631	2 758	2 884	3 011	3 011	3 093	3 093	3 093	3 093	3 093
2.6	特种基金																		
3	净现金流量（1−2）	−10 996	−31 011	−14 468	3 283	9 087	10 758	11 232	11 067	10 897	10 765	10 683	10 511	10 511	10 430	10 430	10 430	10 430	20 027
4	累计净现金流量	−10 996	−42 007	−56 475	−53 192	−44 104	−33 346	−2 114	−1 048	−156	10 609	21 247	31 759	42 270	52 700	63 129	73 559	83 989	104 016
5	所得税前净现金流量	−10 996	−31 011	−14 468	3 380	10 384	12 796	13 522	13 522	13 522	13 522	13 522	13 522	13 522	13 522	13 522	13 522	13 522	23 120
6	所得税后净现金流量	−10 996	−42 007	−56 475	−53 095	−42 711	−29 915	−16 392	−2 870	10 653	24 175	37 698	51 220	64 743	78 265	91 788	105 310	118 833	141 952

计算指标：
	所得税前	所得税后
财务内部收益率：	12.90%	15.92%
财务净现值（$i_c = 12\%$）：	2 829 万元	13 371 万元
投资回收期：	9.01 年	8.21 年

表 10-6（基本报表 1.2） 现金流量表（自有资金）

单位：万元

序号	项目	建设期 1	建设期 2	投产期 3	投产期 4	投产期 5	达到设计生产能力期 6	7	8	9	10	11	12	13	14	15	16	17	18
	生产负荷(%)				70	90	100	100	100	100	100	100	100	100	100	100	100	100	100
1	现金流入				27 048	34 776	38 640	38 640	38 646	38 640	38 640	38 640	38 640	38 640	38 640	38 640	38 640	38 640	48 237
1.1	产品销售收入				27 048	34 776	38 640	38 640	38 640	38 640	38 640	38 640	38 640	38 640	38 640	38 640	38 640	38 640	38 640
1.2	回收固定资产余值																		2 331
1.3	回收流动资金																		7 266
2	现金流出	3 920	10 780	4 900	29 447	34 776	38 639	35 347	33 797	33 588	33 331	33 072	28 548	28 548	28 630	28 630	28 630	28 630	33 496
2.1	自有资金	3 920	10 780	4 900	2 400														
2.2	借款本金偿还				4 321	6 756	8 260	5 482	4 267	4 267	4 267	4 267	0	0	0	0	0	0	4 866
2.3	借款利息支付				4 048	3 785	3 225	2 457	1 957	1 573	1 189	804	420	420	420	420	420	420	420
2.4	经营成本				16 337	20 053	21 911	21 911	21 911	21 911	21 911	21 911	21 911	21 911	21 911	21 911	21 911	21 911	21 911
2.5	销售税金及附加				2 244	2 886	3 206	3 206	3 206	3 206	3 206	3 206	3 206	3 206	3 206	3 206	3 206	3 206	3 206
2.6	所得税				97	1 296	2 037	2 291	2 456	2 631	2 758	2 884	3 011	3 011	3 093	3 093	3 093	3 093	3 093
2.7	特种基金						0	3 292	4 843	5 052	5 309	5 566	10 091	10 091	10 009	10 009	10 009	10 009	14 741
3	累计净现金流量	-3 920	-10 780	-4 900	-2 400	0													

计算指标：财务内部收益率
所得税前 14.98%
财务净现值（$i_c = 12\%$）：
所得税后 5 257 万元

表 10-7（基本报表 2） 损益表

单位：万元

序号	项目	投产期			达到设计生产能力期										
		4	5	6	7	8	9	10	11	12	13	14	15	16	17	18
	生产负荷(%)	70	90	100	100	100	100	100	100	100	100	100	100	100	100	100
1	销售收入	27 048	34 776	38 640	38 640	38 640	38 640	38 640	38 640	38 640	38 640	38 640	38 640	38 640	38 640	38 640
2	销售税金及附加	2 244	2 886	3 206	3 206	3 206	3 206	3 206	3 206	3 206	3 206	3 206	3 206	3 206	3 206	3 206
3	总成本费用	24 509	27 962	29 260	28 492	27 992	27 461	27 077	26 693	26 309	26 309	26 062	26 062	26 062	26 062	26 062
4	利润总额(1-2-3)	294	3 929	6 174	6 942	7 442	7 972	8 356	8 740	9 124	9 124	9 372	9 372	9 372	9 372	9 372
5	所得税	97	1 296	2 037	2 291	2 456	2 631	2 758	2 884	3 011	3 011	3 093	3 093	3 093	3 093	3 093
6	税后利润	197	2 632	4 137	4 651	4 986	5 341	5 599	5 856	6 113	6 113	6 279	6 279	6 279	6 279	6 279
7	特种基金															
8	可供分配利润(6-7)			4 137	4 650	4 987	5 342	5 599	5 857	6 113	6 113	6 279	6 279	6 279	6 279	6 279
8.1	盈余公积金				465	499	534	560	586	611	611	628	628	628	628	628
8.2	应付利润				2 827	4 344	4 518	4 749	4 981	5 502	5 502	5 651	5 651	5 651	5 651	5 651
8.3	未分配利润	197	2 632	4 137	1 358	144	290	290	290	0						
	累计未分配利润	197	2 829	6 966	8 324	8 468	8 758	9 047	9 337	9 337	9 337	9 337	9 337	9 337	9 337	9 337

表 10-8(基本报表 3) 资金来源与运用表

单位:万元

序号	项目	建设期			投产期						达到设计生产能力期								
		1	2	3	4	5	6	7	8	9	10	11	12	13	14	15	16	17	18
	生产负荷(%)				70	90	100	100	100	100	100	100	100	100	100	100	100	100	100
1	资金来源	11 299	32 605	17 566	9 504	9 506	11 025	11 066	11 566	11 950	12 334	12 718	13 102	13 102	13 102	13 102	13 102	13 102	22 699
1.1	利润总额				294	3 929	6 174	6 942	7 442	7 972	8 356	8 740	9 124	9 124	9 372	9 372	9 372	9 372	9 372
1.2	折旧额				3 730	3 730	3 730	3 730	3 730	3 730	3 730	3 730	3 730	3 730	3 730	3 730	3 730	3 730	3 730
1.3	摊销费				394	394	394	394	394	248	248	248	248	248	0	0	0	0	0
1.4	长期借款	7 379	21 825	12 666															
1.5	流动资金借款				2 686	1 453	727												
1.6	其他短期借款																		
1.7	自有资金	3 920	10 780	4 900	2 400														
1.8	其他																		
1.9	回收固定资产余值																		2 331
1.10	回收流动资金																		7 266
2	资金运用	11 318	32 605	17 565	9 504	9 505	11 024	10 600	11 067	11 416	11 764	12 132	8 513	8 513	8 744	8 744	8 744	8 744	13 610
2.1	固定资产投资	10 996	31 011	14 468															
2.2	建设期利息	322	1 594	3 097															
2.3	流动资金				5 086	1 453	727												
2.4	所得税				97	1 296	2 037	2 291	2 456	2 631	2 758	2 884	3 011	3 011	3 093	3 093	3 093	3 093	3 093
2.5	特种基金				0	0	0	2 827	4 344	4 518	4 739	4 981	5 502	5 502	5 651	5 651	5 651	5 651	5 651
2.6	应付利润				0	0	0												
2.7	长期借款还本				4 321	6 756	8 260	5 482	4 267	4 267	4 267	4 267							
2.8	流动资金借款还本				0	0	0	0	0	0	0	0	0	0	0	0	0	0	4 866
2.9	其他短期借款还本				0	0	0	0	0	0	0	0	0	0	0	0	0	0	0
3	盈余资金	0	0	0	0	0	0	465	499	534	560	586	4 589	4 589	4 358	4 358	4 358	4 358	9 089
4	累计盈余资金	0	0	0	0	0	0	465	964	1 498	2 058	2 643	7 232	11 821	16 179	20 537	24 895	29 253	38 324

表 10-9（基本报表 4）　资产负债表

单位：万元

序号	项目	建设期			投产期						达到设计生产能力期								
		1	2	3	4	5	6	7	8	9	10	11	12	13	14	15	16	17	18
1	资产	11 317	43 912	61 488	63 634	61 173	57 931	54 273	50 648	47 204	43 786	40 394	41 006	41 617	42 245	42 873	43 501	44 129	44 757
1.1	流动资产总额				6 170	7 932	8 814	9 279	9 778	10 312	10 872	11 457	16 046	20 635	24 993	29 351	33 709	38 067	42 475
1.1.1	应付账款				1 278	1 643	1 826	1 826	1 826	1 826	1 826	1 826	1 826	1 826	1 826	1 826	1 826	1 826	1 826
1.1.2	存货				4 851	6 237	6 930	6 930	6 930	6 930	6 930	6 930	6 930	6 930	6 930	6 930	6 930	6 930	6 930
1.1.3	现金				41	52	58	58	58	58	58	58	58	58	58	58	58	58	58
1.1.4	累计盈余资金				0	0	0	465	964	1 498	2 058	2 643	7 232	11 821	16 179	20 537	24 895	29 253	33 661
1.2	在建工程	11 317	43 922	61 488															
1.3	固定资产净值				54 552	50 822	47 092	43 362	39 632	35 902	32 172	28 442	24 712	20 982	17 252	13 521	9 791	6 061	2 331
1.4	无形及递延资产净值				2 812	2 419	2 025	1 631	1 238	990	743	495	248					0	0
2	负债及所有者权益	11 317	43 922	61 488	63 534	61 172	57 931	54 273	50 648	47 204	43 786	40 394	41 006	41 617	42 245	42 873	43 501	44 129	44 757
2.1	流动负债总额				2 770	5 532	6 414	6 414	6 414	6 414	6 414	6 414	6 414	6 414	6 414	6 414	6 414	6 414	6 414
2.1.1	应付账款				1 084	1 393	1 548	1 548	1 548	1 548	1 548	1 548	1 548	1 548	1 548	1 548	1 548	1 548	1 548
2.1.2	流动资金借款				2 686	4 139	4 866	4 866	4 866	4 866	4 866	4 866	4 866	4 866	4 866	4 866	4 866	4 866	4 866
2.1.3	其他短期借款																		
2.2	长期借款	7 397	29 222	41 888	37 567	30 811	22 551	17 069	12 802	8 534	4 267	0	0	0	0	0	0	0	0
	负债小计	7 397	29 222	41 888	41 337	36 344	28 965	23 483	19 216	14 949	10 681	6 414	6 414	6 414	6 414	6 414	6 414	6 414	6 414
2.3	所有者权益	3 920	14 700	19 600	22 197	24 829	28 966	30 789	31 432	32 256	33 105	33 980	34 592	35 203	35 831	36 459	37 087	37 715	33 343
2.3.1	资本金	3 920	14 700	19 600	22 000	22 000	22 000	22 000	22 000	22 000	22 000	22 000	22 000	22 000	22 000	22 000	22 000	22 000	22 000
2.3.2	资本公积金																		
2.3.3	累计盈余公积金	0	0	0	197	2 829	6 966			1 498	2 058	2 643	3 255	3 866	4 494	5 122	5 750	6 378	7 006
2.3.4	累计未分配利润	0	0	0				465	964										
							8 324	8 468	8 758	9 047	9 337	9 337	9 337	9 337	9 337	9 337	9 337	9 337	9 337

计算指标：

资产负债率（%）：	65	67	68	65	59	50	43	38	32	24	16	16	15	15	15	15	15	14
流动比率（%）：				164	143	137	145	152	161	169	179	250	322	390	458	526	593	661
速动比率（%）：				35	31	29	37	44	53	61	71	142	214	282	350	418	485	553

10.1.3 财务评价

1. 财务盈利能力分析

（1）由全部投资现金流量表（见表 10-5），计算得出。

项目所得税后及税前全部投资回收期（含建设期）分别为 9.01 年及 8.21 年，均小于行业基准投资回收期 10.3 年。表明项目投资能够在规定时间内回收。

项目所得税后及税前财务净现值（i_c = 12%）分别为 2 829 万元及 13 371 万元，均大于零。表明项目经济效果可行。

项目所得税后及税前财务内部收益率分别为 12.90% 及 15.92%，均大于行业基准收益率 i_0 = 12%，也大于贷款利率；从全投资角度看，项目盈利能力满足行业最低要求。

（2）由项目自有资金现金流量表（见表 10-6）中数据可计算财务内部收益率。
结果为 14.98% > i_0 = 12%，财务净现值 5 257 万元 > 0，表明项目在财务上可以考虑接受。

（3）由损益表（见表 10-7）和项目投资估算数据，可以计算以下指标：

$$投资利润率 = \frac{年平均利润总额}{项目总投资} \times 100\% = \frac{7\ 664}{68\ 754} \times 100\% = 11.15\%$$

$$投资利税率 = \frac{年平均利税总额}{项目总投资} \times 100\% = \frac{10\ 784}{68\ 754} \times 100\% = 15.68\%$$

$$资本金利润率 = \frac{年平均利润总额}{资本金} \times 100\% = \frac{7\ 664}{22\ 000} \times 100\% = 38.84\%$$

本项目投资利润率大于行业平均利润率，表明项目单位投资盈利能力达到了行业平均水平；投资利税率大于行业平均利税率，表明项目单位投资对国家积累的贡献水平达到了行业平均水平；单位资本金平均年创利润 0.38 元，效益比较好。

2. 清偿能力分析

由资金来源与运用表（见表 10-8）可知，各年"累计盈余资金"≥0，说明项目筹措资金和项目净收益足以支付各项支出，满足资金运行条件。

由资金来源与运用表及借款还本付息计算表可推算出项目固定资产投资国内借款偿还期（从借款开始年算起）为 6.27 年，能够满足贷款机构要求的期限；外汇借款的还本付息已按要求的偿还条件进行计算，项目具有清偿能力。

由资产负债表（见表 10-9）的资产负债率、流动比率及速动比率三项指标看：项目建成后，资产负债率为 68%；偿债期间除个别年份外，资产负债率均在 50% 以下，随着达产时间延长，项目单位资产的负债进一步下降，说明总体偿债能力不断增强。项目投产后流动比率最低为 137%，达产后不断增长，说明项目偿还短期负债的能力也在不断增加。项目投产后速动比率较高，特别在项目达到设计生产能力一定年限后超过 100%，说明项目在很短时间内偿还短期负债的能力也是较强的。

3. 外汇平衡分析

项目建设期外汇运用按需用额从国外借入；生产期除支付外汇借款本息外无其他直接外汇支出，也无直接外汇收入；支付外汇借款本息的外汇是从外汇调节市场按需用额购买的。因此，项目各年的外汇来源与外汇使用是平衡的，无须再编制项目财务外汇平衡表。

4. 确定性分析

1) 盈亏平衡分析

按项目第 6 年（达产第一年）的年固定成本、可变成本、产品销售收入和销售税金计算，以生产能力利用率表示的项目盈亏平衡点（BEP）为

$$BEP = \frac{10\ 680}{38\ 640 - 18\ 580 - 3\ 206} \times 100\% = 63.37\% < 70\%$$

其表明项目达到设计生产能力的 63.37%（小于 70%），即年产 P 产品 1.46 万吨时，企业可以不盈不亏，具有一定的抗风险能力。

2) 敏感性分析

项目分别就固定资产投资、经营成本、产品销售收入三个主要因素，对项目全部投资所得税前财务内部收益率进行单因素敏感性分析。取变化率为±10%，计算结果如表 10-10 所示。

由表 10-10 可知，各因素变化对项目全部投资所得税前财务内部收益率（15.92%）的影响程度不同。按敏感程度排序由大到小依次为产品销售收入、经营成本、固定资产投资。另外，在±10%的变化范围内，仅产品销售收入下降 10%时所计算的内部收益率指标稍小于行业基准收益率，表明项目有较好的抗风险能力。对应的财务敏感性分析如图 10-1 所示。

表 10-10 财务敏感性分析计算表

变动因素	变化率/%	财务内部收益率/%	较基本方案增减/%
固定资产投资	+10	14.44	-1.48
	-10	17.61	±1.69
经营成本	+10	12.98	-2.94
	-10	18.64	±2.72
产品销售收入	+10	19.85	±3.93
	-10	11.51	-4.41

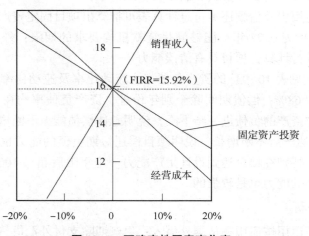

图 10-1 不确定性因素变化率

5. 财务评价结论

由上述财务效益分析结果,各项指标是:

所得税后财务内部收益率 FIRR = 12.90%,大于行业基准收益率 $i_0 = 12\%$;

所得税后财务净现值 NPV($i_c = 12\%$) = 2 829 万元,大于零;

全部投资回收期 = 9.01 年,低于行业基准投资回收期;

投资利润率 = 11.15%;

投资利税率 = 15.68%;

资本金利润率 = 34.84%;

国内借款偿还期 = 6.27 年,满足贷款机构要求。

这些指标说明项目盈利能力较强,均优于行业基准水平。通过资产负债和敏感性分析,说明项目面临风险不大,偿债能力较强。因此,从财务角度评价,项目可以接受。

10.1.4 项目国民经济评价

1. 基础数据准备

国民经济评价所需基础数据由 10.1 的基础数据调整求得。

收益和费用范围的调整:

(1)剔除计入财务收益和费用中的转移支付,包括引进设备、材料缴纳的关税及增值税;土地使用税;销售税金及附加;所得税;国内借款还本付息。其中,前两项在投资及经营费用调整中予以说明和剔除,后三项不计入国民经济评价报表,直接剔除。

(2)计入间接收益和间接费用。本项目引进先进的技术设备,通过技术培训、人才流动、技术推广和扩散,整个社会都将受益,应计为项目的间接收益。但由于计量上的困难,只做定性描述。本项目无明显的间接费用。

2. 收益和费用数值的调整

本项目财务评价中外汇与人民币的换算汇率为外汇调剂市场汇率,该汇率已基本反映了外汇的真实价值,故国民经济评价中取该汇率为影子汇率,即 1 美元 = 8.7 元。

1)投资的调整

本项目国民经济评价投资调整见表 10-11。

表 10-11 国民经济评价投资调整计算表

序号	项目	财务评价			国民经济评价			国民经济评价比财务评价增减(+)
		合计	其中		合计	其中		
			外币/万美元	人民币/万元		外币/万美元	人民币/万元	
1	固定资产投资	53 786	3 454	23 736	46 421	3 454	16 371	
1.1	建筑工程	3 466		3 466	3 813		3 813	347
1.2	设备	28 865	2 029	11 212	24 830	2 029	7 178	−4 034
1.2.1	进口设备	23 028	2 029	5 375	18 993	2 029	1 341	−4 034
1.2.2	国产设备	5 837		5 837	5 837		5 837	0
1.3	安装工程	11 455	870	3 883	10 002	870	2 433	−1 450
1.3.1	进口材料及费用	9 639	870	2 067	8 186	870	617	−1 450

续表

序号	项目	财务评价 合计	其中 外币/万美元	其中 人民币/万元	国民经济评价 合计	其中 外币/万美元	其中 人民币/万元	国民经济评价比财务评价增减（+）
1.3.2	国产材料及费用	1 816		1 816	1 816		1 816	0
1.4	其他费用	3 818	241	1 721	3 556	241	1 459	−262
	其中：土地费用	612		612	350		350	−262
1.5	基本预备费	4 760	314	2 028	4 220	314	1 488	−540
1.6	涨价预备费	1 426		1 426				−1 426
2	投资方向调节税	2 689		2 689				−2 689
3	建设期利息	5 013	470	925				−5 013
4	流动资金	7 266		7 266	7 285		7 285	19
	合计（1+2+3+4）	68 754	3 924	34 616	53 705	3 454	23 655	−15 049

在表 10-11 中：

（1）建筑工程费用按影子价格换算系数 1.1 调整，由 3 466 万元调至 3 813 万元。

（2）设备购置费用的调整。引进设备费用中，剔除关税及增值税，用 6% 的贸易费用率及影子汇率重新计算贸易费用；引进设备国内运输费用所占比重较小不进行调整；国内配套设备影子价格换算系数为 1，同理运输费用不进行调整，按此项目设备购置费用由 28 865 万元调为 24 830 万元。

（3）安装工程费用中，进口材料费用的调整方法同上述引进设备费用的调整方法，国产材料及费用不进行调整。按此项目的安装工程费用由 11 455 万元调为 10 002 万元。

（4）其他费用的调整。其他费用中仅对土地费用予以调整，采用土地机会成本（以现值表示）及新增资源消耗之和作为土地影子费用计入项目投资方式。

本项目占用土地 250 亩①，为一般农田。若无本项目占用，则将继续按现状用于农业生产，测算年最大净收入 $NB_0 = 741$ 元/亩（据项目开工前第 3 年数据），预计可按年均效益增长率 $g = 3\%$ 的年平均增长率增长，计算期 $n = 18$ 年，$r = 3$ 年，$i_s = 12\%$。按照单位土地的机会成本计算公式 $OC = NB_0(1+g)^{r+1} \dfrac{1-(1+g)^n(1+i)^{-n}}{i-g}$ 计算可得单位土地的机会成本 $OC = 7\,005$ 元/亩。土地机会成本总额为 $7\,005 \times 250 = 175$（万元）。占用土地的新增资源消耗经测算和土地机会成本相当，也按 175 万元计算。由此项目占用土地的影子费用共计为 350 万元。用土地影子费用代替财务评价中的土地费用，其他费用由 3 818 万元调为 3 556 万元。

（5）基本预备费按上述调整后费用重新计算，由 4 760 万元调为 4 220 万元；由于上述费用均已采用影子价格计算，故将涨价预备费扣除。

（6）建设期利息不再计入项目投资。

（7）流动资金按调整后的估算基础重新估算，由 7 226 万元调为 7 285 万元。

2）销售收入的调整

本项目产品按替代进口确定其影子价格，由于不能确定具体用户，按近几年该种商品进口的到岸价格，并考虑变化趋势确定。经分析确定的该种商品到岸价为 2 300 美元/吨，故 P

---

① 1 亩 = 667 平方米。

商品的影子价格：2 300×8.70＝20 010（美元）

本项目国民经济评价销售收入调整计算见表10-12。

表10-12　国民经济评价销售收入调整计算表

单位：人民币（万元），外币（万美元）

序号	产品名称	年销量/吨	单位/元	生产负荷70%（第4年）			生产负荷90%（第5年）			生产负荷100%（第6～18年）		
				外销	内销收入	收入小计	外销	内销收入	收入小计	外销	内销收入	收入小计
1	财务评价商品P	23 000	16 800		27 048	27 048		34 776	34 776		38 640	38 640
2	国民经济评价商品P	23 000	20 010		32 216	32 216		41 421	41 421		46 023	46 023

3）经营费用的调整

本项目国民经济评价经营费用调整计算见表10-13。

表10-13　国民经济评价经营费用调整计算表　　　　　　　　　　单位：万元

序号	项目	单位	年消耗量	财务评价				国民经济评价			
				单价/元	达产70%	达产90%	达产100%	单价/元	达产70%	达产90%	达产100%
1	外购原料				11 568	14 873	16 526		14 513	18 660	20 733
	A	吨	23 621	5 350	8 846	11 374	12 637	5 759	9 522	12 243	13 603
	B	吨	13 570	1 680	1 596	2 052	2 280	4 122	3 916	5 034	5 594
	C	吨	18 170	240	305	392	436	240	305	392	436
	D	吨	3 220	2 520	568	730	811	2 293	517	665	738
	E	吨	253	1 470	26	33	37	1 470	26	33	37
	F	吨	20 010	162	227	292	324	162	227	292	324
2	外购燃料及动力				1 438	1 849	2 054		1 627	1 964	2 182
	水	万吨	400.2	0.60	168	216	240	0.60	168	216	240
	电	万千瓦·时	6 336.5	0.17	754	969	1 077	0.218 1	967	1 244	1 382
	煤	万吨	4.2	175	516	668	737	133.05	392	504	560
3	工资及福利费				399	399	399		399	399	399
4	修理费				1 865	1 865	1 865		1 865	1 865	1 865
5	其他费用				1 068	1 068	1 068		998	998	998
	其中：土地使用				70	70	70				
6	经营费用合计				16 337	20 053	21 911		19 302	19 302	26 177

（1）外购原料A为非外贸货物，其费用占经营成本比重大，按分解成本法确定其影子价格。由于原料A可通过发挥现有企业生产能力满足供应，故按其可变成本进行分解。

原料A的单位可变财务成本构成如表10-14所示。按分解成本法调整后的耗用金额也列于同一表中。说明如下：

表10-14　原料A分解成本计算表（可变成本1）

项目	单位	耗用量	财务成本/元	分解成本/元
原料A	吨	1.283	3 531	4 237
原料B	吨	0.190	319	824
原料C	吨	0.210	56	56

续表

项　目	单　位	耗　用　量	财务成本/元	分解成本/元
其他			142	142
燃料、动力				
水	吨	157	63	63
电	千瓦·时	665	121	145
煤	吨	2.20	308	293
可变成本合计			4 540	5 759

原料 A 为非外贸货物，在国内属较紧缺产品，经测算其影子价格换算系数为 1.20，调整费用为 4 237 元。

原料 B 为外贸货物，其到岸价为 470 美元/吨，贸易费用率 6%，按此重新计算的该项费用为：470×8.70×1.06×0.19＝824（元）。

原料 C 所占比重较小，不予调整。

生产厂所在地区电力的影子价格为 0.218 1 元/（千瓦·时），按此调整后电费为 145 元。

生产厂所在城市煤的影子价格为 133.05 元/吨，按此调整后外购燃料煤费用为 293 元；水和其他项目不予调整。

以上各项单价中包含的运输费用因难以单列也未做调整。

综合上述，原料 A 的影子价格为 5 759 元/吨，因原料 A 由生产厂家直接供货给本项目，距离很近，故不考虑贸易费用和运输费用，直接将 5 759 元/吨的价格作为到厂影子价格。

(2) 外购原料 B 为外贸货物，按间接进口确定影子价格。到岸价为 447 美元/吨，由于供应厂和原用户难以确定，且项目地处港口，影子价格为 447×8.70×1.06＝4 122（元/吨）。

(3) 外购原料 D 为非外贸货物且为长线产品，经测算其影子价格换算系数为 0.91，按此计算的影子价格为 2 293 元/吨。

(4) 项目所在地区电力的影子价格为 0.218 1 元/（千瓦·时）。

(5) 项目所在城市煤的影子价格为 133.05 元/吨。

(6) 土地使用税为转换支付，故予以剔除。

(7) 其他各项不予调整。

由此得项目正常生产年份的经营费用为 26 177 万元。

3. 国民经济盈利能力分析

1. 项目全部投资国民经济效益费用流量如表 10-15 所示。从表中数据计算得到的国民经济评价指标看，经济内部收益率为 $27.20\% \geqslant i_s = 12\%$，经济净现值为 50 327 万元，大于零，表明从全部投资角度看项目在经济上是合理的。

(2) 项目国内投资国民经济效益费用流量见表 10-16。项目经济内部收益率为 $40.06\% \geqslant i_s = 12\%$，经济净现值为 52 202 万元，大于零，表明项目国内投资为本项目付出代价后，可得到超过社会折现率所代表的国民经济盈余，在经济上是合理的，应考虑接受。

4. 外汇效果分析

本项目产品可替代进口产品，为国家节省外汇。为进行外汇效果分析，编制经济外汇流量表和国内资源流量表（见表 10-17 和表 10-18）。由所得经济评价指标看：

(1) 项目经济外汇净现值为 19 018 万美元，表明项目产品替代进口节汇效果是可观的。

(2) 经济节汇成本 6.02 元/美元，小于影子汇率 8.70 元/美元，产品替代进口是有利的。

表 10-15 国民经济效益费用流量（全部投资）

单位：万元

序号	项目	建设期			投产期			达到设计生产能力期										
		1	2	3	4	5	6	7	8	9	10	11	12	13	14	15	16	17	18
	生产负荷/%				70	90	100	100	100	100	100	100	100	100	100	100	100	100	100
1	效益流量				32 216	41 421	46 023	46 023	46 023	46 023	46 023	46 023	46 023	46 023	46 023	46 023	46 023	46 023	55 036
1.1	产品销售收入				32 216	41 421	46 023	46 023	46023	46 023	46 023	46 023	46 023	46 023	46 023	46 023	46 023	46 023	46 023
1.2	回收固定资产余值																		1 729
1.3	回收流动资金																		7 285
1.4	项目间接效益	9 284	25 531	11 605	24 402	25 342	26 905	26 177	26 177	26 177	26 177	26 177	26 177	26 177	26 177	26 177	26 177	26 177	26 177
2	费用流量	9 284	25 531	11 605															
2.1	固定资产投资				5 099	1 457	728												
2.2	流动资金				19 302	23 885	26 177	26 177	26 177	26 177	26 177	26 177	26 177	26 177	26 177	26 177	26 177	26 177	26 177
2.3	经营费用																		
2.4	项目间接费用				7 815	16 078	19 118	19 846	19 846	19 846	19 846	19 846	19 846	19 846	19 846	19 846	19 846	19 846	28 860
3	净效益流量(1-2)	-9 284	-25 531	-11 605															

计算指标：经济内部收益率：27.20%
经济净现值($i_s=12\%$)：50 327 万元

表 10-16 国民经济效益费用流量（国内投资）

单位：万元

序号	项目	建设期			投产期							达到设计生产能力期							
		1	2	3	4	5	6	7	8	9	10	11	12	13	14	15	16	17	18
	生产负荷/%				70	90	100	100	100	100	100	100	100	100	100	100	100	100	100
1	效益流量				32 216	41 421	46 023	46 023	46 023	46 023	46 023	46 023	46 023	46 023	46 023	46 023	46 023	46 023	55 036
1.1	产品销售收入				32 216	41 421	46 023	46 023	46 023	46 023	46 023	46 023	46 023	46 023	46 023	46 023	46 023	46 023	46 023
1.2	回收固定资产余值																		1 729
1.3	回收流动资金																		7 285
1.4	项目间接效益	3 274	9 004	4 093	31 741	32 298	33 477	32 365	31 981	31 642	31 212	30 828	26 177	26 177	26 177	26 177	26 177	26 177	26 177
2	费用流量	3 274	9 004	4 093		1 457	728												
2.1	固定资产投资				5 099														
2.2	流动资金				19 302	23 885	26 177	26 177	26 177	26 177	26 177	26 177	26 177	26 177	26 177	26 177	26 177	26 177	26 177
2.3	经营费用				7 340	6 956	6 572	6 187	5 803	5 419	5 035	4 651							
2.4	流至国外的资金				4 267	4 267	4 267	4 267	4 267	4 267	4 267	4 267							
2.4.1	国外借款本金偿还				3 072	2 688	2 304	1 920	1 536	1 152	788	384							
2.4.2	国外借款利息支付																		
2.4.3	其他	-3 274	-9 004	-4 093	475	9 123	12 546	13 658	14 042	14 381	14 811	15 195	19 846	19 846	19 846	19 846	19 846	19 846	28 860
2.5	项目间接费用																		
3	净效益流量(1-2)																		

计算指标：经济内部收益率：40.06%

经济净现值($i_s=12\%$)：52 202 万元

表 10-17 经济外汇流量表

单位:万美元

序号	项目	建设期			投产期		达到设计生产能力期												
		1	2	3	4	5	6	7	8	9	10	11	12	13	14	15	16	17	18
	生产负荷/%				70	90	100	100	100	100	100	100	100	100	100	100	100	100	100
1	外汇流入	691	1 900	864	3 703	4 761	5 290	5 290	5 290	5 290	5 290	5 290	5 290	5 290	5 290	5 290	5 290	5 290	5 290
1.1	产品替代进口收入				3 703	4 761	5 290	5 290	5 290	5 290	5 290	5 290	5 290	5 290	5 290	5 290	5 290	5 290	5 290
1.2	外汇借入	691	1 900	864															
1.3	其他外汇收入	691	1 900	864	1 268	1 345	1 362	1 318	1 274	1 220	1 185	1 141	607	607	607	607	607	607	607
2	外汇流出																		
2.1	固定资产投资				425	546	607	607	607	607	607	607	607	607	607	607	607	607	607
2.2	间接进口原材料																		
2.3	进口零部件																		
2.4	技术转让费				844	799	755	711	667	623	579	535							
2.5	偿付外汇借款本息																		
2.6	其他外汇支出	0	0	0	2 435	3 416	3 928	3 972	4 016	4 016	4 015	4 149	4 683	4 683	4 683	4 683	4 683	4 683	4 683
3	净外汇效果																		

计算指标:经济外汇净现值 ($i_s=12\%$):19 018 万美元
经济节汇成本:6.02 元/美元

表 10-18 国内资源流量表

单位:万元

序号	项目	建设期			投产期		达到设计生产能力期												
		1	2	3	4	5	6	7	8	9	10	11	12	13	14	15	16	17	18
	生产负荷/%				70	90	100	100	100	100	100	100	100	100	100	100	100	100	100
1	固定资产投资	3 274	9 004	4 093	5 099															
2	流动资金					1 457	728													
3	经营费用				15 608	19 136	20 900	20 900	20 900	20 900	20 900	20 900	20 900	20 900	20 900	20 900	20 900	20 900	20 900
4	其他国内投入																		
5	合计 (1+2+3+4)	3 274	9 004	4 093	20 708	20 593	21 628	20 900	20 900	20 900	20 900	20 900	20 900	20 900	20 900	20 900	20 900	20 900	20 900

国内资源流量现值 ($i_s=12\%$):114 405 万元

5. 不确定性分析

本项目分别就项目固定资产投资、经营费用、产品销售收入三个主要因素，对全部投资经济内部收益率进行单因素敏感性分析。取变化率为±10%，计算结果如表10-19所示。

表 10-19　经济敏感性分析计算表

变动因素	变化率/%	经济内部收益率/%	较基本方案增减/%
固定资产投资	+10	25.21	−1.99
	−10	29.49	+2.29
经营费用	+10	23.97	−3.23
	−10	30.24	+3.04
产品销售收入	+10	32.37	+5.17
	−10	21.44	−5.76

可见，各因素变化对全部投资经济内部收益率的影响程度不同，按敏感程度排序由大到小依次为：产品销售收入、经营费用、固定资产投资。但在±10%的变化范围内，项目全部投资经济内部收益率均大于$i_s=12\%$，表明项目有较强的抗风险能力。相应的敏感性分析图如图10-2所示。

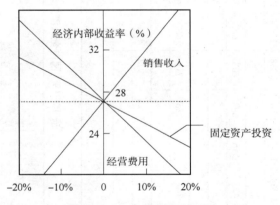

图 10-2　经济敏感性分析图

6. 项目国民经济评价结论

由上述国民经济评价结果看，本项目经济内部收益率高于社会折现率，经济净现值大于零；项目产品替代进口可节省大量外汇，且经济节汇成本小于影子汇率；项目的抗风险能力较强；还有未能量化的间接效益。因此，项目在经济上是合理的，应该考虑接受项目。

10.1.5　项目综合评价及建议

综合本项目的财务评价和国民经济评价结论，财务效益和国民经济效益均较好，且项目产品为国家急需，故项目应该接受。一般而言，财务盈利分析和国民经济分析都可行的项目，可以接受；都不可行的项目，不可接受；财务盈利分析可行但国民经济分析不可行的项目，一般以整体利益为主，应予否定；若某项目财务盈利分析不可行而国民经济分析可行，对于一些国计民生急需项目，应重新考虑方案，采取经济优惠措施，使项目具有财务生存能力。

10.2 农业项目——某综合治理盐碱地种植业项目财务评价[①]

10.2.1 概述

某种植业项目是通过大规模综合治理盐碱地 58 860 公顷、采用优良品种及新的种植技术大幅度提高农田生产能力的项目。该项目的主要内容是钻挖机井 6 540 眼，安装抽水机和电动机，调整种植结构，并建设必要的配套辅助工程，如修筑农村道路、挖排水沟、开展新的种植技术的推广和培训工作等。

该地区每个自然村的规模较小，每村仅有 9 公顷左右的土地，13 户居民，而且种植结构、作业水平大致相近。部分较大的村庄分为 1~3 个作业组不等，每个作业组的土地面积也在 9 公顷左右。根据勘察，在当地的水文地质条件下，一眼井的出水量可以满足 9 公顷土地的灌溉用水量。因此，本案例以 9 公顷农场作为模式农场进行评估，把模式农场的财务估算结果进行汇总，并综合各项公共性、半公共性的建设投资，得到整个项目的财务估算结果。

10.2.2 财务估算

1. 模式农场（9 公顷农场）财务估算

（1）土地利用。由于该项目处于华北平原，主要农作物是小麦、玉米、土豆、大豆和棉花，复种指数为 138%（现状）。项目建成后不考虑复种指数的提高，仅调整种植结构，扩大大豆和棉花的种植面积，减少玉米和土豆的种植面积，如表 10-20 所示。

表 10-20 模式农场土地利用（9 公顷）

作物		小麦	玉米	土豆	大豆	棉花	合计
现状	播种面积/公顷	4.7	3.2	1.2	1.7	1.6	12.4
	占总面积比率/%	52	36	13	19	18	138
将来无项目	播种面积/公顷	4.7	3.2	1.2	1.7	1.6	12.4
	占总面积比率/%	52	26	13	19	18	138
将来有项目	播种面积/公顷	4.7	3	0.9	2	1.8	12.4
	占总面积比率/%	52	33	10	22	20	137

（2）劳动力利用。13 户居民平均每户有 2 个劳动力，每月工作 25 天，共计每月有 650（2×13×25）个 1 日的劳动力。

根据分析，考虑到将来有项目劳动力需要量的增加，该项目的生产用劳动力需求高峰是每年的 6 月，需要 564 个工日，其他各月在 53~420 个工日不等。现状的劳动力需求高峰也是 6 月，需求量是 426 个工日，将来无项目的需要量是 463 个工日。

[①] 资料来源：周惠珍. 投资项目评估案例 [M]. 北京：中国计划出版社，2003.

（3）总产值。根据该地区农业生产现状和将来发展的可能性，由项目评估人员和农艺师一起预测了单产水平。财务价格是根据当地的价格构成由项目分析者确定的。据分析，一个9公顷的农场，现状总产值为13 219元，将来无项目可以达到14 454元，将来有项目可以达到20 976元。如表10-21所示。

表10-21　模式农场单产、总产及总产值（9公顷）

作　物	播种面积/公顷	单产/（吨·公顷$^{-1}$）	总产/吨	单价/（元·吨$^{-1}$）	总产值/元
现　状					
小　麦	4.7	1.54	7.24	557	4 033
玉　米	3.2	2.31	7.39	450	3 326
土　豆	1.2	2.87	3.44	273	939
大　豆	1.7	0.99	1.68	903	1 517
棉　花	1.6	0.55	0.88	3 868	3 404
合　计	12.4				13 219
将来无项目					
小　麦	4.7	1.76	8.27	557	4 606
玉　米	3.2	2.53	8.1	450	3 645
土　豆	1.2	2.87	3.44	273	939
大　豆	1.7	1.21	2.06	903	1 860
棉　花	1.6	0.55	0.88	3 868	3 404
合　计	12.4				14 454
将来有项目					
小　麦	4.7	2.42	11.37	569	6 470
玉　米	3	3.18	9.54	451	4 303
土　豆	0.9	4.82	4.34	273	1 185
大　豆	2	1.54	3.08	910	2 803
棉　花	1.8	0.77	1.39	4 471	6 215
合　计	12.4				20 976

（4）固定资产投资。农场固定资产投资主要是钻挖机井，购买安装水泵和柴油机，修筑田间工程，对农民进行新种植技术的培训。水泵的使用寿命为7年，在第8年需要更新。据估算农场固定资产投资为6 622元，更新投资为1 267元，见表10-22。在种植业项目评估中，要注意更新投资是否漏算。

表10-22　农场固定资产投资及更新投资（9公顷）　　　　　　单位：元

项　目	原值	更新
钻井及安装费	3 751	
水　泵	759	607
柴油机	825	660
小　计	5 335	1 267
田间工程	1 287	
合　计	6 622	1 267

(5) 流动资金。流动资金主要用于购买种子、化肥、农药和地膜等农业生产资料。这些资金应该提前一年准备。流动资金需要量的计算基础是用于购买的生产性支出，一般在项目投产的第一年流动资金维持原水平，以后逐年增加，直到达到设计生产能力。对于农业项目可以采用增量经营成本的某个百分数计算。百分数的计算取决于复种水平的高低，对于一年一熟的作物，可以取80%～100%；对于一年二熟的作物取40%～60%；对于连续收获的作物取20%～40%。本例中，复种指数为138%，故取70%计算流动资金。该模式农场增量经营成本为2 463元，按其70%计算出流动资金需要量为1 724元。

(6) 经营成本。经营成本主要包括农业投入物的购买和农业劳动力。估计现状水平经营成本为7 079元，有项目状态经营成本为9 542元，增量经营成本为2 463元。

(7) 所得税（农业税）。根据规定，该项目需缴纳相当于总产值10%的农业税。

(8) 筹资计划。

① 长期贷款。长期贷款使用国家拨改贷资金。根据该项目的情况，65%的钻井及其安装、购买水泵和柴油机、技术培训等费用可以贷款，贷款金额为4 304元，借款优惠利率为年利率4.32%，分4年等额还本付息。

② 流动资金贷款。流动资金贷款由当地农业银行帮助解决，按流动资金需要量的50%，贷款金额为862元，借款期1年，年利率为3.85%。

③ 筹资评估。该模式农场项目投资总需求量为8 346元，其中，固定投资6 622元，流动投资1 724元；项目筹资来源为8 346元，其中，长期贷款4 304元，短期流动资金贷款862元；模式农场自筹3 180元，平均每产自筹资金245元。以上筹资渠道获得相关单位和农场农户的承诺，能够保证资金需求，是可行的。

2. 项目整体财务估算

(1) 固定资产投资。

① 工程费用。工程费用是指发生在农场一级的建设工程费、设备费用、安装工程费以及公共工程费。本项目共计划新打机井6 540眼，分4年时间建成，每年建成的机井数分别为：1 500眼、1 640眼、1 700眼及1 700眼。由于假设机井都是一样的，因此可以得到农场一级的固定资产投资。固定资产投资估计为6 065.79万元，如表10-23所示。

表10-23 某种植业项目固定资产投资估算表　　　　　　　　　单位：万元

序号	项目	1	2	3	4	5	合计
1	固定资产投资	1 173.30	1 516.01	1 640.74	1 555.74	180.00	6 065.79
1.1	工程费用	1 123.30	1 406.01	1 510.74	1 445.74	130.00	5 615.79
1.1.1	钻井及安装费	562.65	615.16	637.67	637.67		2 453.15
1.1.2	水泵	113.85	124.48	129.03	129.03		496.39
1.1.3	柴油机	123.75	135.30	140.25	140.25		539.55
1.1.4	田间工程	193.05	211.07	218.79	218.79		841.70
1.1.5	公共工程	130.00	320.00	385.00	320.00	130.00	1 285.00
1.1.5.1	土方工程	50.00	130.00	155.00	130.00	50.00	515.00
1.1.5.2	建筑物	70.00	170.00	210.00	170.00	70.00	690.00

续表

序号	项 目	1	2	3	4	5	合计
1.1.5.3	道路	10.00	20.00	20.00	20.00	10.00	80.00
1.2	其他费用	50.00	110.00	130.00	110.00	50.00	450.00
1.2.1	无形资产						0.00
1.2.2	开办费	50.00	110.00	130.00	110.00	50.00	450.00
1.2.2.1	科研推广培训	20.00	50.00	50.00	50.00	20.00	190.00
1.2.2.2	建筑工程管理费	30.00	60.00	80.00	60.00	30.00	260.00
2	预备费用	97.86	180.32	252.73	292.35	48.13	871.41
2.1	基本预备费	61.17	81.30	88.54	83.29	11.50	325.79
2.2	涨价预备费	36.70	99.02	164.20	209.07	36.63	545.62
3	投资方向调节税						
4	建设期利息	18.55	62.46	79.13	84.31	58.89	303.34
	合计	1 289.71	1 758.79	1 972.60	1 932.40	287.02	7 240.53

②其他费用。其他费用指除直接形成固定资产之外的无形资产费及长期待摊费。该项目长期待摊费包括项目开办费、新技术推广及培训费等。根据工程估算这些费用总计为450万元,在项目开工后的1~5年陆续投入,年度使用额分别为:50万元、110万元、130万元、110万元和50万元。

(2) 预备费。本项目基本预备费按固定资产投资的5%计算,涨价预备费以固定资产投资与基本预备费之和为基数,按3%的年度涨价率计算。

(3) 流动资金。流动资金按照项目建设进度安排,正常年份计1 127.49万元,如表10-24所示。

表10-24 某种植业项目流动资金估算表　　　　　　　　　　单位:万元

项目 \ 年度	1	2	3	4	5	总计
第一年(1 500眼)	232.65	25.95				
第二年(1 640眼)		254.36	28.37			
第三年(1 700眼)			236.67	29.41		
第四年(1 700眼)				263.67	29.41	
合计	232.65	280.31	292.04	293.08	29.41	1 127.49

(4) 总投资估算。该项目总投资8 368.02万元,其中固定资产投资6 065.79万元,预备费871.41万元,建设期利息303.34万元,铺底流动资金1 127.49万元。

(5) 总产值和其他收入。根据9公顷农场总产值、其他收入和项目建设进度汇总。达产年的农业总产值为13 718.3万元,其他收入为1 287.2万元。

(6) 经营成本。根据 9 公顷农场经营成本和项目建设进度汇总。达产年项目经营成本为 6 240.5 万元，其中购买性支出为 3 275.9 万元，劳动力支出为 2 964.6 万元。

(7) 所得税（农业税）。根据 9 公顷农场农业税和项目建设进度汇总，总项目达产年农业税为 1 372.09 万元。

10.2.3 财务评估

1. 9 公顷模式农场财务评估

(1) 无项目现金流量。无项目现金流量包括农产品总产值和农场外的收入，如果有的话，还应该包括接受的捐赠或补贴。在本例中，每户的农场外收入按 165 元计算，9 公顷模式农场包含 13 户，共计 2 145 元；现金流出只有经营成本。现金流入减现金流出即为无项目的净效益，无项目农业总产值估算时，第 1 年用现状数据，13 219 元；第 3 年用将来无项目数据，14 454 元，而第 2 年取 50% 的增产能力计算，13 837 元，如表 10-25 所示。

表 10-25　无项目现金流量表（9 公顷）　　　　　　　　单位：元

年度 项目	1	2	3~15
现金流入			
农作物总产值	13 219	13 837	14 454
其他收入	2 145	2 145	2 145
现金流出			
经营成本	7 079	7 382	7 685
购买性支出	3 553	3 764	3 975
劳动力	3 526	3 618	3 710
净效益	8 285	8 600	8 914

(2) 有项目现金流量。全部投资情况下的有项目现金流量包括农产品总产值和农场外收入，如果有的话，也应该包括接受的捐赠或补贴，同时还要计入回收的固定资产残值和流动资金。在本例中，每户的农场外收入按 165 元计算，共计 2 145 元。固定资产投资的 5% 作为残值在第 15 年回收。

有项目现金流出包括固定资产投资、流动资金和经营成本。农业税专门列一行，计算税前和税后两套财务指标。

现金流入减现金流出即为有项目的净效益。由于第 1 年为施工期，收支不发生变化，因此用现状数据；同时由于项目简单，项目建设前后农技措施变化不大，机井的效益在第 3 年就可以采用达到设计生产能力的数据，而第 2 年取 70% 的增产能力计算。

根据计算，模式农场全部投资所得税后财务内部收益率为 22%，净现值为 7 052 元。所得税前内部收益率 49%，净现值 22 112 元，如表 10-26 所示。

表 10-26 农场财务现金流量表（9 公顷，全部投资）　　　　　　　　单位：元

年度 项目	1	2	3~7	8	9~14	15
现金流入	15 364	20 794	23 121	23 121	23 121	25 176
农作物总产值	13 219	18 649	20 976	20 976	20 976	20 976
其他收入	2 145	2 145	2 145	2 145	2 145	2 145
回收固定资产残值						331
回收流动资金						1 724
现金流出	16 574	11 333	11 640	12 907	11 640	11 640
固定资产投资	6 622			1 267		
流动资金	1 551	173				
经营成本	7 079	9 295	9 542	9 542	9 542	9 542
所得税（农业税）	1 322	1 865	2 098	2 098	2 098	2 098
所得税后净效益	−1 210	9 461	11 481	10 214	11 481	12 526
所得税前净效益	112	11 326	13 579	12 312	13 579	15 634
无项目净效益	8 285	8 598	8 914	8 914	8 914	8 914
所得税后增量净效益	−9 495	863	2 567	1 300	2 567	4 622
所得税前增量净效益	−8 173	2 728	4 665	3 398	4 665	6 720
内部收益率	所得税后　22%	所得税前　49%				

2. 总项目财务评估

在模式农场各项财务数据测算的基础上，经汇总计算，该种植业项目全部投资所得税后财务内部收益率为 12%，净现值为 990.9 万元；所得税前财务内部收益率为 32%，净现值为 9 544 万元，如表 10-27 所示。

10.2.4 财务评估结论

综合以上分析，对于 9 公顷模式农场的分析表明，该模式农场税后财务内部收益率可以达到 22%（全部投资），财务净现值为 7 052 元；总项目全部投资税后财务内部收益率为 12%，净现值为 990.9 万元。模式农场与总项目内部收益率高于行业水平，财务净现值大于零，它表明项目在财务方面是可行的。

本项目模式农场与总项目财务内部收益率相差较大，主要是因为在模式农场层次上财务分析时，没有考虑项目的公共投资，而在总项目财务分析时，要将项目涉及的所有公共投资都列入投资估算。因此，在种植业项目评估中要注意，虽然模式农场（或模式农户）是推算种植业投资项目总体财务效益的基础，但不能用模式农场（或模式农户）评估来代替总项目评估。

表 10-27 某种植业项目财务现金流量表（全部投资）

单位：千元

年度项目	1	2	3	4	5	6	7	8	9	10	11	12	13	14	15	16	17	18
现金流入	23 047	56 089	94 174	132 912	146 099	152 017	150 055	150 055	150 055	150 055	150 055	150 055	150 055	150 055	153 137.5	118 742.5	81 247.75	42 370.75
农作物总产值	19 829	49 653	84 520	120 040	133 227	139 145	137 183	137 183	137 183	137 183	137 183	137 183	137 183	137 183	137 183	105 719	71 318	35 659
其他收入	3 218	6 436	9 654	12 872	12 872	12 872	12 872	12 872	12 872	12 872	12 872	12 872	12 872	12 872	12 872	9 654	6 436	3 218
回收固定资产残值															497	543	563	563
回收流动资金															2 586	2 827	2 931	2 931
现金流出	27 826	50 190	72 690	92 047	78 472	76 320	76 123	78 592	79 490	79 899	79 822	76 125	76 123	76 123	76 123	58 663	39 574	19 787
固定资产投资	12 897	17 588	19 726	19 324	2 870			2 468	3 366	3 776	3 699							
流动资金	2 327	2 804	2 921	2 921	294													
经营成本	10 619	25 553	41 591	57 798	61 985	62 405	62 405	62 405	62 405	62 405	62 405	62 405	62 405	62 405	62 405	48 091	32 442	16 221
所得税（农业税）	1 983	4 965	8 452	12 004	13 323	13 915	13 718	13 718	13 718	13 718	13 718	13 718	13 718	13 718	13 718	10 572	7 132	3 566
所得税后净效益	-4 779	5 179	21 484	40 865	67 627	75 698	73 932	71 463	70 565	70 156	70 233	73 932	73 932	73 932	77 014	60 080	41 674	22 584
所得税前净效益	-27 96	10 144	29 936	52 869	80 950	89 612	87 650	85 182	84 284	83 874	83 951	87 650	87 650	87 650	90 733	70 652	48 806	26 150
无项目净效益	12 428	26 487	41 560	56 695	57 764	58 298	58 298	58 298	58 298	58 298	58 298	5 828	58 298	58 298	58 298	44 927	30 308	15 154
所得税后增量净效益	-17 207	-21 308	-20 076	-15 820	9 862	17 400	15 634	13 165	12 267	11 858	11 935	15 634	15 634	15 634	18 716	15 153	11 366	7 430
所得税前增量净效益	-15 224	-16 343	-11 624	-3 826	23 186	31 314	29 352	26 884	25 986	25 576	25 653	29 352	29 352	29 352	32 435	25 725	18 498	10 996

内部收益率　　所得税后　12%　　所得税前　32%

净现值（$i_c=10\%$）　990.9 万元　　9 544 万元

10.3 交通建设项目——国道318线（遂蓬段）国民经济评价[①]

10.3.1 项目概述

国道318线遂蓬段，现有公路技术标准低，大部分为三级公路，随着市场经济的迅速发展，交通量增长与道路承受能力之间的矛盾日趋尖锐，遂蓬公路的改建已势在必行。经过多次线路比选和方案论证，拟将该工程遂宁市中区境内段20.745 km改造成二级公路。工程预计总投资为10 485.498 9万元，资金来源为业主自筹资金2 500万元，其余需商请银行贷款。

10.3.2 基础数据分析

公路建设项目基础数据包括三个方面的内容：一是费用方面的数据；二是经济效益方面的数据；三是评价年限。

1. 费用方面的数据

公路建设项目费用方面的数据分为两个方面：一是公路建设项目的建设费用；二是公路建成后的养护大修及管理费用。

遂蓬公路建设费用根据可行性研究报告投资估算为10 485.498 9万元，按建设项目分列，如表10-28所示。

表10-28 分项投资估算表

建设项目	路基工程	路面工程	桥梁涵洞工程	交叉工程及沿线设施	施工技术装备费	计划利润	税金	办公及生活用家具购置费
投资金额/万元	2 224.9	2 828.9	1 087.2	56.2	165.0	220.0	218.8	5.0
建设项目	土地青苗等补偿费和安置补偿费	建设单位管理费	勘察设计费	供电贴费	建设期贷款利息	预留费用	估算总金额	
投资金额/万元	2 050.5	182.0	50.0	10.3	567.8	818.9	10 485.5	

遂蓬公路建成后的各年养护费用按公规院《公路技术经济指标》1989年第二版修订本的计算模式计算。本项目计划采用水泥路面，使用年限为20年，在评价年限内不考虑大修。

2. 经济效益方面的数据

公路建设项目效益集中体现在其交通量上，遂蓬公路交通量预测从2000年开始，年平均增长率为4.13%，到2019年各车型折合为中型车交通量合计达8 158辆。详细资料如表10-29所示。

[①] 修改自李国兵. 国道318线（遂蓬段）国民经济评价 [J]. 四川林勘设计, 1999(4).

表 10-29　遂蓬公路交通量（汽车）发展预测表　　　　　　　单位：辆/日

项目年份	2000	2001	2002	2003	2004	2005	2006	2007	2008	2009
交通量合计	3 707	3 855	4 009	4 170	4 299	4 433	4 571	4 711	4 858	5 115
项目年份	2010	2011	2012	2013	2014	2015	2016	2017	2018	2019
交通量合计	5 387	5 672	5 972	6 288	6 622	6 974	7 252	7 542	7 844	8 158

3. 评价年限

公路建设项目经济评价计算年限为建设年限加公路投入使用后的预测年限，投入使用后的预测年限原则上按 20 年计算。本项目计划在 1999 年开工，施工期 1 年，2000 年全部工程完成可投入使用。评价年限按 20 年加建设期 1 年共计 21 年。

10.3.3　国民经济评价

1. 影子价格

影子价格的作用就是在投资项目的国民经济评价中，使扭曲的价格得以纠正，通过对项目费用与效益比较，实现社会资源的合理配置和有效利用。

本项目所采用的影子价格系数和社会折现率以国家计划委员会和建设部 1993 年颁布的《建设项目经济评价方法和参数》第二版为准，社会折现率为 12%，贸易费用率为 6%，公路货运影子价格换算系数为 1.26，铁路货运影子价格换算系数为 1.84。残值按经济费用的 50%，以负费用形式列入评价年限的末年。本项目主要材料的影子价格如表 10-30 所示。

表 10-30　主要材料价格调整表

材料名称	口岸价格或分解成本 /(元·吨$^{-1}$)	平均运距（火车+公路）/千米	贸易费用率 /%	运费影子价格 /(元·吨$^{-1}$)	影子价格/(元·吨$^{-1}$)
原木	644	2 400+20	6	100.58	783.22
锯材	858	2 400+20	6	100.58	1 010.06
钢材	3 065	2 400+20	6	100.58	3 349.48
钢绞线	4 325	2 400+20	6	100.58	4 713.70
石油沥青	845	2 400+20	6	92.88	988.58
水泥	220	170	6	98.60	331.80

本项目中直接使用的民工，其影子工资应做调整，按总工日的 70% 计，其调整系数为 0.5，其余 30% 包括各种技工不做调整，影子工资换算系数按 0.650 0 调整。

本项目使用期 20 年内每亩土地的影子价格为 6 000 元，青苗赔偿及安置补偿费不做调整。拆迁建筑物按 1.100 0 系数调整。

材料价差预备费是考虑物价上涨因素而列入财务支出的。由于前面已将材料费用按影子价格进行了调整，故在经济费用中应扣除这部分费用，同时扣除的还有建安费中的税金、其他费用中的供电贴费、建设期贷款利息。

2. 费用计算

公路建设项目的经济评价是支出与获得效益的相对比较。对此，《公路建设项目经济评价办法》指出：应按照费用与效益计算范围对应一致的原则进行计算。费用是指项目投入物的经济价值。公路建设项目经济评价费用主要包括公路建设费、公路大修费、公路养护费、交通管理费和残值（负值）。

第一，根据材料的影子价格和材料的用量计算本项目的经济费用，调整后的公路建设费用如表 13-31 所示。

表 13-31　国民经济费用调整表　　　　　　　　　　单位：万元

项目方案	估算费用	调整系数	经济费用
一、人工工资	1 045.85	0.650 0	679.802 5
二、原木	11.769 1	0.790 0	9.320 3
三、锯材	26.705 0	0.660 0	17.676
四、钢绞线	0	0	0
五、钢材	19.116 8	1.016	19.427
六、石油沥青	10.070 6	0.422	4.250 9
七、水泥	1 094.443 5	0.962 0	1 052.569 1
八、税金	218.825 8	0	0
九、征地拆迁及安置费	2 050.484 0	1.100 0	2 255.532 4
十、供电贴费	10.341 4	0	0
十一、建设期贷款利息	567.804 6	0	0
十二、预留费	733.172 9	0	0
十三、不调整部分	4 696.915 2	1.000 0	4 696.915 2
合计	10 485.498 9	0.833 0	8 735.493 4

第二，公路大修费：本项目在评价年限内不考虑大修。

第三，公路养护费：本项目各年养护费用按公规院《公路技术经济指标》（1989 年第二次修订本）的计算模式计算，即

$$C_2 = 51.97 \times a_2 \times e^{0.0421\,1y} \text{（元/千米）}$$

式中，C_2 为各年份养护管理费用；y 为年序；a_2 为 2.7。

公路养护费用调整系数按国民经济费用调整系数，为 0.833 0。

第四，交通管理费：本项目的交通管理费主要为收费系统管理费。该公路为收费公路，共设一个收费站，收费站设管理人员 30 人，每人每年按 2.5 万元计算，共计 75 万元/年。交通管理费用不做调整。

第五，残值：本项目的残值按经济费用的 50% 以负费用形式列入评价年限的末年。

3. 效益计算

效益的分析计算是按"有""无"此项目的条件下所产生的运输成本的差额进行的，并遵循费用与效益对应一致的原则。本项目效益包括晋级效益、旅客节约时间效益、货物节约时间效益、减少交通事故效益、缩短里程效益和效益合计。由该项目所带来的总经济效益（可计算的）为上述各种效益的总和，如表 10-32 所示。

表 10-32　社会效益汇总表

序号	年度项目	晋级效益	旅客节约时间效益	货物节约时间效益	减少交通事故效益	缩短里程效益	效益合计
2	2000	722	173	10.2	5.1	147	1 057.3
3	2001	824	194	10.8	5.3	151	1 185.1
4	2002	952	218	11.5	5.6	156	1 343.1
5	2003	1 095	245	12.2	5.8	165	1 523
6	2004	1 238	273	12.8	6.0	169	1 698.8
7	2005	1 412	304	13.6	6.1	174	1 909.7
8	2006	1 576	339	14.2	6.3	178	2 113.5
9	2007	1 763	377	14.8	6.5	187	2 348.3
10	2008	1 989	420	15.7	6.7	192	2 623.4
11	2009	2 286	478	16.9	7.1	205	2 993
12	2010	2 594	543	18.1	7.5	214	3 376.6
13	2011	2 960	618	19.4	7.9	223	3 828.3
14	2012	3 392	703	21.0	8.3	236	4 360.3
15	2013	3 839	799	22.4	8.7	250	4 919.1
16	2014	4 373	909	24.1	9.2	263	5 578.3
17	2015	4 953	1 034	25.9	9.7	276	6 298.6
18	2016	5 537	1 162	27.5	10	285	7 021.5
19	2017	6 191	1 305	29.1	10.5	299	7 834.6
20	2018	6 891	1 466	30.8	10.9	308	8 706.7
21	2019	7 722	1 646	32.8	11.3	321	9 733.1
总计		62 309	13 206	383.8	154.5	4 399	80 452.3

4. 经济现金流量分析

经济现金流量分析计算结果如表 13-33 所示。经分析计算，本项目的经济内部收益率为 21.7%，大于社会折现率 12%；在社会折现率为 12% 时，项目经济净现值为 9 483.4 万元；经济效益费用比为 2.18，大于 1；动态投资回收期为 10.7 年（含建设期 1 年）。以上结果表明，本项目具有较高的国民经济效益。

表 13-33　经济现金流量分析计算表　　　　单位：万元

序号	年份	费别	费用	效益	净现金流量	社会折现率 12%		评价指标
						净现金流量折现率	折现值的累计值	
1	1999	基本建设费	8 735	0	-8 735	-7 799.1	-7 799.1	
2	2000	养护管理费	91.35	1 057.3	965.95	770.0	-7 029.1	ENPV=9 483.4 万元
3	2001	养护管理费	92.05	1 185.1	1 093.05	778.0	-6 251.1	EBCR=2.18
4	2002	养护管理费	92.78	1 343.1	1 250.32	794.6	-5 456.5	EIRR=21.7%
5	2003	养护管理费	93.55	1 523	1 429.45	811.1	-4 645.4	N=10.7 年

续表

序号	年份	费别	费用	效益	净现金流量	社会折现率 12%		评价指标
						净现金流量折现率	折现值的累计值	
6	2004	养护管理费	94.35	1 698.8	1 604.45	812.9	-3 832.5	
7	2005	养护管理费	95.18	1 909.7	1 814.52	820.8	-3 011.7	
8	2006	养护管理费	96.05	2 113.5	2 017.45	814.8	-2 196.9	
9	2007	养护管理费	96.96	2 348.3	2 251.34	811.9	-1 385.0	
10	2008	养护管理费	97.90	2 623.4	2 525.50	813.1	-571.9	
11	2009	养护管理费	98.88	2 993	2 894.12	832.0	260.1	
12	2010	养护管理费	99.91	3 376.6	3 276.69	841.0	1 101.1	ENPV=9 483.4（万元）
13	2011	养护管理费	100.98	3 828.3	3 727.32	854.2	1 955.3	EBCR=2.18
14	2012	养护管理费	102.10	4 360.3	4 258.2	871.3	2 826.6	EIRR=21.7%
15	2013	养护管理费	103.26	4 919.1	4 815.84	879.8	3 706.4	N=10.7 年
16	2014	养护管理费	104.48	5 578.3	5 473.82	892.9	4 599.3	
17	2015	养护管理费	105.75	6 298.6	6 192.85	901.9	5 501.2	
18	2016	养护管理费	107.07	7 021.5	6 914.43	899.1	6 400.3	
19	2017	养护管理费	108.45	7 834.6	7 726.15	897.1	7 297.4	
20	2018	养护管理费	109.89	8 706.7	8 596.81	891.2	8 188.6	
21	2019	残值	-4 256.1	9 733.1	13 989.2	1 294.8	9 483.4	

5. 敏感性分析

从费用和效益两个变化因素对本方案做敏感性分析，分析表明，本方案项目投资变化和预测交通量的变化对经济内部收益率有一定影响，但影响幅度不大，说明该项目对不确定因素的变化具有较强的抗风险能力，如表 13-34 所示。

表 13-34 国民经济评价敏感性分析表

因素变化情况评价指标	经济净现值/万元	经济效益费用比	经济内部收益率/%	投资回收期/年
效益与费用不变	9 483.4	2.18	21.7	10.7
效益不变，费用增加 10%	8 744	1.99	20.6	11.6
效益不变，费用增加 20%	8 004	1.84	19.5	12.5
费用增加 10%，收入减少 10%	6 991	1.79	18.9	12.8

6. 综合评价

在对本项目进行综合评价前先做一个说明，那就是由于本项目是收费公路，根据国家计划委员会和建设部 1993 年颁布的《建设项目经济评价方法和参数》（第二版）中有关规定，对于收费公路除应进行国民经济评价外，还应进行财务分析。本项目财务分析的具体步骤在本书中不再一一列出，其财务分析结果为：财务净现值（FNPV）7 412.3 万元；财务效益费用比（FBCR）1.72；财务内部收益率（FIRR）24.8%；动态投资回收期（N）8.9 年（含建设期 1 年）；每年的收费净收入全部用于偿还银行贷款，通车后第六年可偿还全部贷款并剩余1 136.92万元。

通过对本项目的国民经济评价和财务评价，可以看出本项目具有较好的国民经济效益，经济内部收益率达21.7%，远高于12%的社会折现率；财务评价也能满足低息贷款的要求，但受交通量变化及制定的收费标准影响很大。本项目除可以计算的国民经济效益以外，还具有难以定量分析的国民经济效益和社会效益：

第一，项目实施后，不仅可以满足运输上的需求，而且可以带动地区社会经济发展，进而提高该地区人民生活水平。

第二，本项目实施后，沿线的商业网点和服务设施将会迅速发展，这对增加劳动力就业机会和发展地方经济有显著作用。

第三，该公路属于国道318线的一个重要区段，因此项目改建后，不仅在经济上而且在国防上也有重要的战略意义。

项目实施既有对社会有利的一面，但也有负面效应，如项目占用耕地较多；项目投入使用后，不可避免地产生对环境的污染等。但综合正反两方面的作用，本工程项目所带来的国民经济和社会效益远远大于负面效应。

10.4 城市基础设施项目——泰安市排水工程项目可行性研究报告①

10.4.1 概述

1. 可行性研究的依据

（1）泰安市市政建设局19××年×月关于"泰安市给水排水工程可行性研究的委托函"。

（2）泰安市市政建设局和中国市政工程华北设计院关于"泰安市给水排水工程可行性研究协议书"。

（3）泰安市城市总体规划说明书（19××年8月）。

（4）山东省政府对于泰安市总体规划的批复。（19××年××月）其中污水工程规模：污水管网为：8万立方米/日。污水厂近期（19××年）5万立方米/日。远期8万立方米/日。

2. 可行性研究的范围

按照山东省政府批复的泰安市总体规划及市政府有关部门领导的意见，排水工程可行性研究的范围包括规划的20平方千米范围市区的雨污系统。

3. 市区排水系统的现状

泰安市是我国名山——泰山的所在地，是历史文化风景旅游名城。城市现状人口已达15万人，尚有流动人口每天约1万人。2000年城市人口规模为20万人，城市总用地为20平方千米。

随着工业生产的迅速发展，人民生活水平的不断提高，特别是旅游业的兴起，城市的用

---

① 引自天津中国市政工程华北设计院编写的《泰安市排水工程可行性研究报告》。

水量逐年增加。而作为城市基础设施之一的排水工程设施则缺乏统一的规划及必要的安排，工业及生活污水造成严重污染，与城市的发展和风景旅游城市的性质极不适应。

目前，城市基本上没有什么排水设施。只有少量的几条暗沟来排除沿街的部分雨、污水，乱泼乱倒现象十分严重，从而城市也被严重污染。素有泰山玉带之称的两条穿过市区的河流——漯河和梳洗河常年流淌着污水。流经市区下游的泮河，由于未经处理的工业废水任意大量排入而变黑发臭，水体处于无氧状态，泮河水中生物已绝迹。在沿河两岸居民饮用水的土井中取水呈茶色。据有关部门测定：泮河水体COD_{CR}（化学需氧量）高达1 202毫克/升。地下水污染严重，取样化验表明：六价铬超过生活饮用水标准6~10倍，大肠杆菌超标77倍。上述情况与泰安市作为一个历史文化名城和要建设成为全国第一流的风景旅游点的地位极不相称，因此，城市的排污工程急待进行统一的规划与治理。

10.4.2 可行性研究的原则

（1）在城市总体规划的指导下，统一规划城市的排水工程。采用远近期相结合的方针，根据市政建设的需要，逐步健全和完善市区的排水（雨、污）管网及分期建设污水处理厂。

（2）根据泰安市的城市特点及地形条件，排水体制宜采用分流制。雨水可充分利用地形实行地表径流，减少管道工程量，污水单独排除亦可减轻污水处理厂的负担和经常维护费用。

（3）按照城市规划与市政府的意见，污水工程远期按8万立方米/日考虑，近期按5万立方米/日设计，污水管网按远期规划，根据市政建设的要求逐步完善，污水处理厂分两期建设。雨水管网按市总体规划的20平方千米范围内统一考虑。

（4）遵照把泰安市建设成为第一流的风景旅游点的指示，同时考虑到城市排水的尾闾河道——泮河与大汶河，均属季节性河流。在干旱季节均无稀释能力，工业废水在城市污水中约占三分之二以上。因此城市污水必须采取二级处理才能满足城市规划的要求。

（5）市区所在的各工厂、医院等单位，都要按照国家的要求对其所排放的有毒有害废水进行预处理，达到国家三废排放标准的要求后，方能排入城市下水道。与此同时要抓紧进行工艺改革，加强计划用水，提高水的重复利用率，回收污水中的有用物质，化害为利，减少污水的排放量。

10.4.3 雨水系统的布置

如上所述，本市采用雨污分流制是较为合适的。整个市区处于泰山山脉的边缘地带，地面坡度较大。城市北部靠近山地，地面坡度一般为30%~50%，南部地区也在5%以上。同时穿过市区由北向南有三条较大的河流：漯河、梳洗河和三里河。这三条河道实际上是城市的排雨和泄洪干道。因此针对以上特点，充分利用有利的地形条件，雨水宜就地分散排除，就近引入附近的河道，充分发挥河道的排泄能力，避免雨水的长距离输送，尽量减少雨水沟道的断面尺寸及其长度，同时做到尽可能不设雨水提升泵站。

针对市区地面坡度较大的特点，可考虑部分雨水充分利用地形由地面排除而不流经雨水管道。同时在城市不同地区采用不同的溢流周期和径流系数（市区$P=1$，$\psi=0.7$；北部地区$P=0.5$，$\psi=0.6$）以降低雨水管道的工程造价。

按照上述原则，根据市总体规划的要求，进行雨水管渠的布置，在规划新的雨水管渠系统时应尽量利用城市原有的石砌暗沟，以减少工程量。本市无暴雨强度公式。采用济南市暴雨强度公式代替。

按照布置，雨水管渠断面尺寸：管道为 $D600\sim1\,000$ 毫米，暗渠为 $B\times H=1\,000\times 800\sim 2\,400\times 2\,000$（毫米），总长度为 64.8 千米。

10.4.4 污水系统的布置

（1）按照城市路网规划和地形条件，从北向南以及从西北向东南铺设管道。基本上以漆河为界，城市西部地区以泰肥公路和货场路为干线，城市东部以通天街等三条街道为干线，最后东西两部集中汇合于城市南部下游在灌庄以南入污水处理厂。污水干管总长为 55.45 千米，管径 $D=300\sim1\,500$ 毫米。污水经处理后，排入泮河，可利用泮河河道进一步自然净化，对二级处理出水进行补充处理，以达到更高的出水标准，经处理后的污水可用于农田灌溉。

（2）按照城市规划的情况，将污水厂设置于城区的东南部，灌庄的南部，距排水体泮河约 100 米的位置。该厂址具有如下优点：

①污水处理厂设置于城市规划区的外围，距市区边缘约 1.5 千米，在城市污水干管的下游，对于市区无不利影响。同时污水干管路线较短，比较容易接入污水厂且距排水水体泮河较近，约 100 米，污水处理后很快排入泮河。

②污水处理厂厂址距城市规划的路网较近，只需铺设约 1.5 千米的道路即可接通。宅子变电站距此只有 2 千米，供电十分方便，城市自来水管网也相距不远，污水厂厂区供水比较容易解决。

（3）污水经二级处理后入泮河；再沿泮河流入下游的大汶河，最后入东平湖。从污水厂排入泮河入口至大汶河，此段泮河长约 10 千米，河道宽度平均约为 50 米，估算有效水面约 50 公顷。经过二级处理后的污水，入泮河可将这段河道视为一个天然的氧化塘，使污水在其中经过天然净化而达到进一步处理，改善出水水质。

（4）针对泰安市尚无污水水质化验资料的具体情况参照国内中小型类似城市污水处理的实践经验，确定污水处理厂的原污水水质标准为：

生化需氧量（BOD）：200 毫克/升；

悬浮固体（SS）= 200 毫克/升；

经处理后的出水水质为：

生化需氧量（BOD）：20 毫克/升；

悬浮固体（SS）：20 毫克/升。

10.4.5 污水处理工艺的选择及方案比较

前已叙及，泰安市城市污水中工业废水占三分之二左右而生活污水只占约三分之一。

1. 针对泰安市的具体情况确定采用二级处理是较合适的。如果采用一级处理，处理后出水中的 BOD 四分之三没有去除，而 SS 只去除一半，在这种情况下如果利用下游河道泮河作天然氧化塘的话，将需要大约 200 公顷的有效面积。现有的泮河下游段（从污水排入口到大汶河）只有约 50 公顷的面积，相差悬殊，这显然是不可行的，其结果只能使泮河和现状一样成为一条臭河而污染环境，污染两岸的地下水源，没有得到预期的处理效果。这和泰安市总体规划的要求——作为一个第一流的风景点的要求是不相符的，因而也是不可取的。

2. 当前用于城市污水的二级处理为生物降解法。该方法本身又分为两大类型即活性污泥法与生物膜法。活性污泥法比较广泛应用于城市污水处理中，这主要是由于该方法运行稳妥可靠，BOD 与 SS 的去除率在 90% 以上。国内已有较丰富的运转经验，广泛地被国内外城市污水厂采用。针对泰安市的城市污水具体情况，我们认为采用活性污泥法是合适的。在活性污泥法系统中我们考虑两个工艺方案进行比较。

（1）氧化沟法。氧化沟法是活性污泥法的一种，属于延时暴气的一种形式。与常规的活性污泥法相比，在技术与经济上有以下特点：

处理流程比较简单，构筑物少。由于污泥龄较长，污水循环量大，因此可以补建一次沉淀池和污泥消化池，运行稳定，处理效果好，BOD 与 SS 的去除率高。同时可实现污水脱氮，脱磷等深度处理的要求。采用的机械设备较少，因而管理简便。此法对于进水有较大的稀释能力，能承受较强的冲击负荷，污泥生成量较低，故对于中小型污水厂来讲尤为合适。目前国内在上海已进行生产性运行并取得了成功，我院在秦皇岛白塔岭污水厂设计中已采用了这种方法，但由于没有消化池，沼气不能利用。

原污水经提升入沉砂池去除砂粒后直接流入凯罗瑟型氧化沟进行生物降解。然后流入二次沉淀池进行泥水分离。从二次沉淀池排出的剩余污泥经浓缩后送往脱水机房脱水，然后运出厂外作农肥或其他用途。该方法的剩余污泥不仅量少而且比较稳定，不需要设置消化池进行污泥消化。

（2）普通暴气法，也称常规的活性污泥法。它具有比较成熟的运转经验，去除 BOD 和 SS 的效率高，广泛地应用于国内外城市污水厂中。该方法与氧化沟相比运转管理要求较高，基建投资较大，占地也较多，但可回收沼气，节约部分能源消耗。

原污水经提升入沉砂池去除砂粒流入，一次沉淀池去除部分悬浮物和 BOD，再流入暴气池进行生物降解后入二次沉淀池进行泥水分离。

一次沉淀池和二次沉淀池排出的剩余污泥流入浓缩池进行浓缩，然后被提升至消化池内进行消化。为了达到中温消化的目的还需要一套相应的污泥加热设备。消化后的污泥送往脱水机房进行污泥脱水，脱水后的污泥用途如前所述。

上述两个方案对比见表 10-35。

表 10-35 两方案对比

项 目 方 案	基建投资第一部分费用/万元	污水成本/ (元·立方米污水$^{-1}$)	占地/公顷	年电费/万元	备 注
氧化沟法（方案一）	1 044	0.06	5	55	
普通暴气法（方案二）	1 300	0.08	6	63	
两者差额	256	0.02	1	8	

从表 10-35 中可以清楚地看到无论是基建投资、占地、污水处理成本以及常年运转费用，方案一均优于方案二。因此我们推荐方案一，即氧化沟法处理方案。

10.4.6 工程估算

泰安市排水工程，包括污水管道及 5 万吨/日污水处理厂一座，雨水管道，工程总投资为 3 996.29 万元。其中：污水部分（包括污水处理厂及污水管道）2 073.41 万元；雨水部分 1 922.88 万元（见表 10-36、表 10-37）。工程估算中未考虑议价因素。

1. 编制依据

本工程采用综合指标进行估算，以山东省市政工程预算定额及取费标准为依据，并参考有关指标结合泰安市实际进行计算。

2. 其他工程和费用标准

(1) 征地赔偿费。
①征地费，菜田 10 500 元/亩，旱田 7 200 元/亩。
②临时占地赔偿费 500 元/亩。
(2) 建设单位管理费按第一部分费用 1% 计算。
(3) 勘察费，按 13 万元估列。
(4) 设计费，按国家规定计算。
(5) 工器具和备品备件购置费，按第一部分费用设备费的 1.5% 计算。
(6) 办公及生活用具购置费，按设计定员每人 200 元计算。
(7) 生产职工培训费，按设计定员的 60%，每人 1 200 元计算。
(8) 联合试车费，按第一部分费用设备费的 1% 计算。
(9) 绿化费，按水厂面积 5 元/平方米计算。
(10) 预备费，按第一、第二部分费用合计的 7% 计算。

3. 成本计算数据

(1) 基本电价，为 4 元/（kV·A）。
(2) 电度电费，为 0.09 元/度。
(3) 电力补贴，为 140 元/（kV·A）。
(4) 平均工资，为 70 元/月/人。
(5) 折旧及大修综合费率，为 4.2%。

4. 三材用量（包括管子及管件用量）

项目	污水部分	雨水部分
钢材/吨	1 689	1 997
水泥/吨	9 095	20 465
木材/立方米	3 498	2 382

表 10-36 总估算书

泰安市排水工程（污水部分）　　　　　　可行性研究估算总值 2 073.41 万元

序号	工程和费用名称	概算价值/万元			
		建筑工程	安装工程	工器具及生产家具购置费	其他费用	合　计
一	第一部分费用					
1	污水管道		470.00			470.00
2	污水处理厂	1 044.00				1 044.00
3	住宅	96.00				96.00
4	高压输电线		4.00			4.00
5	电力补贴				22.40	22.40
6	维修车辆				8.00	8.00
	小计	1 044.00	474.00		30.40	1 644.44

续表

序号	工程和费用名称	概算价值/万元				
		建筑工程	安装工程	工器具及生产家具购置费	其他费用	合 计
二	第二部分费用					
1	建设单位管理费				16.44	16.44
2	征地赔偿费				158.00	158.00
3	勘察设计费				47.00	47.00
4	工器具购置费			4.93		4.93
5	办公生活用具购置费				3.00	3.00
6	生产职工培训费				10.80	10.80
7	联合试车费				3.20	3.20
8	绿化费				50.00	50.00
	小计			7.93	285.44	293.37
	第一、第二部分费用合计	1 140.00	474.00	7.93	315.44	1 937.77
三	预备费				135.64	135.64
四	总计	1 140.00	474.00	7.93	451.28	2 073.41

表 10-37 总估算书

泰安市排水工程（雨水部分） 可行性研究估算总值 1 922.88 万元

序号	工程和费用名称	概算价值/万元				
		建筑工程	安装工程	工器具及生产家具购置费	其他费用	合 计
一	第一部分费用					
1	雨水管渠		1 758			1 758
	小计		1 758			1 758
二	第二部分费用					
1	建设单位管理费				17.58	17.58
2	勘察设计费				20.58	20.58
3	办公及生活用具购置费			0.20		0.20
4	生产职工培训费				0.72	0.72
	小计			0.20	38.88	39.08
三	第一、第二部分合计		1 758	0.20	38.88	1 797.08
四	预备费				125.80	125.80
	总计		1 758	0.20	164.68	1 922.88

10.4.7 结论及建议

在对泰安市排水工程的现状做必要的分析，进行多方案比较后，得出以下初步意见提供有关部门考虑。

（1）根据城市的特点，本市排水工程宜采用雨污分流制。按照目前市区的污染状况以及资金等条件，先考虑污水工程的建设，尽快地消除环境污染，有条件时再逐步完善雨水工程的建设。

（2）按照市总体规划和市政府的意见，雨水工程按规划的 20 平方千米市区范围考虑，污水工程中的管网部分按 2000 年规划设计，逐步实现。污水处理厂分两期建设，在统一规划的指导下，1990 年先建 5 万立方米/日的污水厂，2000 年扩建成 8 万立方米/日污水厂。

（3）污水按二级处理后排放为宜。以达到消除污染，恢复泰山的二条玉带——漆河和梳洗河的功能，以求有一个明显的社会效益和环境效益。为把泰安建设成第一流的风景旅游城市创造一个基本条件。

（4）根据以上分析，推荐污水的二级处理工艺采用氧化沟法。

（5）按照市区的总体规划及污水系统的方案比较建设污水厂设置于灌庄以南和泮河的北岸。

（6）建议市环保部门及有关单位加强对工厂、医院等单位废水排放的监测、监督等工作。要求污水经过适当的预处理达到国家的排放标准后才能排入城市污水厂。

（7）要加强用水管理，改革工艺，减少污水排放量，提高水的重复利用率，推行计划用水，杜绝目前城市用水特别是工业用水的严重浪费现象。开展综合利用，把用水量降到一个合乎实际的水平上。

（8）按照规划要求，排水工程总投资为 3 996.29 万元。其中，污水工程 2 073.41 万元；雨水工程 1 922.88 万元。

（9）建议市政府有关部门制定有关排水收费的标准及规定，为排水工程的建设及污水处理厂的运转积累必要的资金。

附录 部分行业财务评价参数表

序号	行业名称	融资前税前财务基准收益率	项目资金税后财务基准收益率	资产负债率的合理区间	利息备付率的最低可接受值	偿债备付率的最低可接受值	流动比率的合理区间	速动比率的合理区间
01	农业							
011	种植业	6	6	30~50	2	1.3	1.0~2.0	0.6~1.2
012	畜牧业	7	9	30~50	2	1.3	1.0~2.1	0.6~1.2
013	渔业	7	8	30~50	2	1.3	1.0~2.2	0.6~1.2
014	农副食品加工	8	8	30~50	2	1.3	1.0~2.3	0.6~1.2
02	林业							
021	林产加工	11	11	50~70	2	1.3	1.0~2.0	0.6~1.2
022	森林工业	12	13	40~60	2	1.3	1.0~2.0	0.6~1.2
023	林纸林化	12	12	50~70	2	1.3	1.0~2.0	0.6~1.2
024	营造林	8	9	70~80	2	1.3	1.0~2.0	0.6~1.2
03	建材							
031	水泥制造业	11	12	40~70	2	1.3	1.0~2.0	0.6~1.2
032	玻璃制造业	13	14	40~70	2	1.3	1.0~2.0	0.6~1.2
04	石油							
041	陆上油田开采	13	15	40~60	2	1.3	1.0~2.0	1.0~1.5
042	陆上气田开采	12	15	40~60	2	1.3	1.0~2.0	1.0~1.5
043	国家原油存储设施	8	8	40~70	2	1.3	1.0~2.0	0.6~1.2
044	长距离输油管道	12	13	40~60	2	1.3	1.0~2.0	1.0~1.5
045	长距离输气管道	12	13	40~60	2	1.3	1.0~2.0	1.0~1.5
046	海上原油开采			40~60	2	1.3	1.0~2.0	0.6~1.2
05	石化							
051	原油加工及石油制品制造	12	13	40~60	2	1.3	1.5~2.5	1~1.5
052	初级形态的塑料及合成树脂制造	13	15	40~60	2	1.3	2~2.5	1~1.5
053	合成纤维单（聚合）体制造	14	16	40~60	2	1.3	2.0~3.0	1.5~2
054	乙烯联合装置	12	15	40~60	2	1.3	2.0~3.0	1.0~2.0
055	纤维素纤维原料及纤维制造	14	16	40~60	2	1.3	1.5~2.5	1~1.5

续表

序号	行业名称	融资前税前财务基准收益率	项目资金税后财务基准收益率	资产负债率的合理区间	利息备付率的最低可接受值	偿债备付率的最低可接受值	流动比率的合理区间	速动比率的合理区间
06	化工							
061	氯碱及氯化物制造	11	13	30~60	2	1.3	1.5~2.5	0.8~1.2
062	无机化学原料制造	10	11	30~60	2	1.3	1.5~2.5	0.7~1.1
063	有机化学原料及中间体制造	11	12	30~60	2	1.3	1.5~2.5	0.8~1.2
064	化肥	9	9	30~60	2	1.3	1.5~2.5	0.7~1.1
065	农药	12	14	40~70	2	1.3	1.5~2.5	0.8~1.3
066	橡胶制品制造	12	12	40~70	2	1.3	1.5~2.5	0.8~1.2
067	化工新型材料	12	13	40~70	2	1.3	1.5~2.5	0.9~1.3
068	专用化学品制造（含精细化工）	13	15	40~70	2	1.3	1.5~2.5	0.9~1.3
07	信息产业							
071	固定通信	5	5	40~60	2	1.3	0.45~0.55	0.4~0.5
072	移动通信	10	12	40~60	2	1.3	0.5~0.7	0.45~0.65
073	邮政通信	3	3	20~50	2	1.3	1.0~2.0	0.9~1.8
08	电力							
081	电源工程							
0811	火力发电	8	10	40~80	2	1.3	1.0~2.0	0.6~1.2
0812	天然气发电	9	12	60~80	2	1.3	1.0~2.0	0.6~1.2
0813	核能发电	7	9	70~90	2	1.3	1.0~2.0	0.6~1.2
0814	风力发电	5	8	60~80	2	1.3	1.0~2.0	0.6~1.2
0815	垃圾发电	5	8	60~80	2	1.3	1.0~2.0	0.6~1.2
0816	其他能源发电（潮汐、地热等）	5	8	40~70	2	1.3	1.0~2.0	0.6~1.2
0817	热电站	8	10	60~80	2	1.3	1.0~2.0	0.6~1.2
0818	抽水蓄能电站	8	10	60~80	2	1.3	1.0~2.0	0.6~1.2
082	电网工程							
0821	送电工程	7	9	20~40	2	1.3	1.0~2.0	0.6~1.2
0822	联网工程	7	10	50~60	2	1.3	1.0~2.0	0.6~1.2
0823	城网工程	7	10	40~50	2	1.3	1.0~2.0	0.6~1.2
0824	农网工程	6	9	70~80	2	1.3	1.0~2.0	0.6~1.2
0825	区内或省内电网工程	7	9					
09	水利							

续表

序号	行业名称	融资前税前财务基准收益率	项目资金税后财务基准收益率	资产负债率的合理区间	利息备付率的最低可接受值	偿债备付率的最低可接受值	流动比率的合理区间	速动比率的合理区间
091	水库发电工程	7	10					
092	调水、供水工程	4	6					
10	铁路							
101	铁路网既有线改造	6	6	40~60	2	1.3	1.0~2.0	0.6~1.2
102	铁路网新线建设	3	3	40~60	2	1.3	1.0~2.0	0.6~1.2
11	民航							
111	大中型（干线）机场建设	5	4	30~50	2	1.3	1.0~2.0	0.6~1.2
112	小型（支线）机场建设	1		20~40	2	1.3	1.0~2.0	0.6~1.2

参 考 文 献

[1] 葛宝山，邬文康．工程项目评估[M]．北京：清华大学出版社，2004．
[2] 王力．项目评估[M]．大连：东北财经大学出版社，2004．
[2] 成其谦．投资项目评价[M]．北京：中国人民大学出版社，2003．
[4] 张宇．项目评估实务[M]．北京：中国金融出版社，2004．
[5] 王国玉．投资项目评估学[M]．武汉：武汉大学出版社，2000．
[6] 范忠宝．投资项目评估教程[M]．北京：经济科学出版社，2002．
[7] 张启振，等．投资项目评估[M]．厦门：厦门大学出版社，2004．
[8] 戚安邦．项目论证与评估[M]．北京：机械工业出版社，2004．
[9] 李源生．投资项目评估基础[M]．北京：清华大学出版社，2002．
[10] 孙元欣，徐勇谋．投资项目评价理论、方法与案例[M]．上海：上海科学技术文献出版社，2005．
[11] 邓国胜．公益项目评估[M]．北京：社会科学文献出版社，2003．
[12] 〔英〕彼得·罗西，〔美〕霍华德·弗里曼．项目评估方法与技术[M]．北京：华夏出版社，2002．
[13] 周慧珍．投资项目评估方法与实务[M]．北京：中国计划出版社，2003．
[14] 王瑶琪．投资项目评估[M]．北京：中国金融出版社，2001．
[15] 王蔚松，夏建明．项目评估[M]．北京：清华大学出版社，2004．
[16] 余文青．投资项目评价[M]．上海：立信会计出版社，2004．
[17] 雷仲敏．技术经济分析与评价[M]．北京：中国标准出版社，2003．
[18] 雷仲敏．经济分析与战略评价[M]．北京：中国言实出版社，2003．
[19] 毕星，翟丽．项目管理[M]．上海：复旦大学出版社，2000．
[10] 傅家骥，全允桓．工程技术经济学[M]．清华大学出版社，1996．
[11] 接建峰．铁路建设项目经济评价系统[M]．北京：中国铁道出版社，2000．
[12] 姜伟新，张三力．投资项目后评价[M]．北京：中国石化出版社，2001．
[13] 姚光业．投资项目后评价机制研究[M]．北京：经济科学出版社，2002．
[14] 张明．投资项目评估与工程项目管理[M]．北京：中国物价出版社，2002．
[15] 范存彦，黄凯．论战略管理与项目管理的关联[J]．美中经济评论，2004(3)：35-41．
[16] 池仁勇．项目管理[M]．北京：清华大学出版社，2004．
[17] 国家发展改革委员会、建设部．建设项目经济评价方法与参数（第三版）[M]．北京：中国计划出版社，2006．
[18] 〔美〕哈罗德·科兹纳．组织项目管理成熟度模型[M]．张增华，吕义怀，译．北京：电子工业出版社，2006．
[19] 黄溶冰，胡运权，冯立新．基于可持续发展理论的大型建设项目评价模式研究[J]．技术经济与管理研究，2005(1)：54-55．
[20] 姜继娇，杨乃定，贾晓霞．基于顾客满意度的项目评价模糊技术研究[J]．管理工程学报，2005，19(1)：77-80．

[21] 张慧，杨建斌．水利投资项目多目标模糊综合评价方法应用探析[J]．长江科学院院报，2006，23（5）：52-55．

[22] 黄本笑，王国钟，刘江华．风险投资项目的评选指标体系与模糊优选决策研究[J]．科技与管理（哈尔滨），2004，6(6)：24-27．

[23] 杨锁强，樊建新，刘芳．产业化技术项目评价指标的系统集成与综合评价模型的构建[J]．研究与发展管理，2004，16(4)：63-69，84．

[24] 王宗军，冯娟．创投项目评价指标研究及其启示[J]．科技进步与对策，2004，21(6)：80-82．

[25] 骆绯，林晓言．项目评价体系发展的现实背景及理论基础[J]．铁道经济研究，2004(3)：41-43．

[26] 贺运初，杨仕承，胡祖汉．谈项目选择[J]．项目管理技术，2004(6)：37-40．

[27] 付运玲．简述项目评价的理论基础与方法[J]．成铁科技，2004(2)：24-25．

[28] 陈娟，孔庆瑜．中日两国轨道交通建设项目评价方法的比较[J]．城市轨道交通研究，2004，7(2)：3-5．

[29] 王世良，王世波．AHP模型在风险投资项目评价中的应用[J]．企业经济（江西），2004(4)：78-79，52．

[30] 陈利，钱永峰．国民经济评价在项目评价中的作用[J]．基建优化，2004，25(1)：22-23．

[31] 孙续元，孙然．资项目评价的基本准则及评价指标结构分析[J]．技术经济，2004(3)：56-58．

[32] 李秀宏，余攀峰．对高速公路建设项目后评价问题的探讨[J]．交通标准化，2004(7)：66-70．

[33] 张云，薛静．投资项目评价两种方法的比较与选择——净现值法和内含报酬率法[J]．财经问题研究，2004(3)：29-31．

[34] 杨军．阿诺德·哈伯格社会项目评估理论评介——潜在诺贝尔经济学奖得主学术贡献评介系列[J]．经济学动态，2001(3)：72-76．

[35] 杨列勋．R&D项目评估研究综述[J]．管理工程学报，2002，16(2)：60-65．

[36] 朱东恺．项目可持续发展影响评价初探[J]．中国人口、资源与环境，2004，14(2)：39-41．

[37] 谢晓红，周宇．基于模糊数学的项目评价方法研究[J]．安徽建筑工业学院学报，2003，11(2)：75-78．

[38] 李新，白思俊．项目管理成熟度模型及其评估方法研究[J]．项目管理技术，2004(4)：24-26．

[39] 王志群．组织的项目管理成熟度的发展和应用[J]．项目管理技术，2004（4）：36-38．

[40] 冯为民，任宏，曲成平，等．建设项目综合评价体系及模型研究[J]．重庆建筑大学学报，2004，26(6)：103-107，111．

[41] 徐绪松，但朝阳．项目评估智能决策支持系统研究[J]．武汉大学学报（自然科学版），1999，45(3)：311-316．

[42] 叶锦昭，宋树龙．项目评估信息系统初探[J]．中山大学学报（自然科学版），1999，38(6)：123-126．

[43] 周渭兵，刘汉屏．公共项目评估中的价格确定[J]．财政研究，2001(6)：44-47.

[44] 王劲，王江虹．项目评估中财务评价应注意的几个问题[J]．冶金经济与管理，2001(2)：25-25.

[45] 张文泉，等．项目后评价理论方法及其在城网改建中的应用[J]．电力技术经济，2004(1)：37-39，41.

[46] 李扬．项目评估面临的挑战与对策[J]．中国牧业通讯，2002(1)：9.

[47] 马生全，纪金水．模糊环境下带有平衡条件的投资项目评估与选择数学模型[J]．西北民族学院学报（自然科学版），2001，22(2)：24-27，49.

[48] 刘枘，刘小娟．房地产大数据的研究现状和趋势分析，建筑经济[J]．2015，36(6)：71-73.

[49] 张俊，刘洋，李伟勤．基于云技术的BIM应用现状与发展趋势[J]．建筑经济，2015，36(7)：27-30.

[50] 赵凯．BIM在国内的应用现状及发展对策[J]．工程技术研究，2017(2)：74-75.

[51] 郑红根．企业运用大数据与人工智能技术提高投资项目评估质量的研究[J]．企业改革与管理，2018(16)：63-65.

[52] 李嗣洋，戴征宇．大数据分析在招标项目后评价中的应用研究[J]．招标采购管理，2019(2)：65-67.

[53] 王振宇．大数据分析在招标项目后评价中的应用研究[J]．国际公关，2020(2)：177-178.

[54] 李佳嵘，王守清．我国PPP项目前期决策体系的改进和完善[J]．项目管理技术，2011(5)：17-22.

[55] 常雅楠，王松江．基于风险量化的PPP项目物有所值评价研究[J]．项目管理技术，2016(14)：29-33.

[56] 陈思阳，王明吉．PPP项目"物有所值"评价（VFM）体系研究[J]．财政科学，2016(8)：65-71.

[57] 张舒，徐裕钦．PPP项目物有所值评估方法的探讨[J]．中国资产评估，2018(7)：7-10.

[58] 张婷，尹伟洁．PPP项目评价的研究进展与述评[J]．江西社会科学，2018(11)：86-93.

[59] 游宗君，张冰清．物有所值评估方法中的定量分析：一个文献综述[J]．贵州商学院学报，2020(6)：62-71.

[60] 刘志军．PPP项目物有所值定性评价比较研究[J]．财务与金融，2020(3)：83-88.

[61] 吴叶葵．风险投资中项目评估的组织，中国高新技术企业，2001(4)：43-45.

[62] 崔毅，杨家梁．项目评估IRR法与MIRR法的比较研究[J]．山西大学学报：自然科学版，2001，24(4)：309-312.

[63] 周渭兵，刘汉屏．公共项目评估中的价格确定[J]．财政研究，2001(6)：44-47.

[64] 王劲，王江虹．项目评估中财务评价应注意的几个问题[J]．冶金经济与管理，2001(2)：25-25.

[65] 李国兵．国道318线（遂蓬段）国民经济评价[J]．四川林勘设计，1999(4)：30-35.

[66] 冯中朝，李强．科研项目评估中专家权重确定的方法与模型[J]．科技管理研究，2000(4)：47-50.

[67] 徐绪松，但朝阳．项目评估智能决策支持系统研究[J]．武汉大学学报（自然科学

版），1999，45（3）：311-316．
[68] 叶锦昭，宋树龙．项目评估信息系统初探[J]．中山大学学报（自然科学版），1999，38(6)：123-126．
[69] 王立国，王红岩．完善项目评估体系之对策研究[J]．财经问题研究，1998(10)：19-20．
[70] 黎建强，李录书，等．模糊环境下带有平衡条件的投资项目评估与选择决策方法[J]．运筹与管理，1998，7(3)：1-7．
[71] 周惠珍．投资项目评估案例[M]．北京：中国计划出版社，2003．
[72] [英] 亨利·马尔科姆·斯坦纳．工程经济学原理[M]．北京：经济科学出版社，2012．
[73] 杨列勋，研究与开发项目评估及应用[M]．北京：科学出版社，2002．
[74] 财政部，《PPP物有所值评价指引（试行）》财金〔2015〕167号，2015年12月．